사회복지 법제와 실천

김제선 · 김현기 · 이덕희 · 최인하

창지사

머리말

사회복지학 전공교과목과 사회복지관련 교과목 등에 관한 사항을 규정하고 있는「사회복지사업법 시행규칙」제3조가 개정됨에 따라 2020학년도부터 '사회복지 법제'에서 '사회복지 법제와 실천'으로 교과목 명칭이 변경되었다. 이는 사회복지 법과 제도가 사회복지 실천의 환경이 된다는 것을 의미하고 있다. 즉, 사회복지법제는 사회복지정책 및 서비스의 근간을 이루는 것으로 사회복지분야를 이해하는데 있어 필수적인 요소로서 사회복지사는 이러한 법과 제도를 사회복지실천에 활용해야 한다.

사회복지사 자격증 취득 및 전문직 사회복지사로서 진출하기 이전에 사회복지 관련 법의 원리와 체계, 그리고 법률 내용 등을 반드시 이해하고 실무에 적용할 수 있는 역량이 있어야 한다. 이를 위해 사회복지사가 되기 위한 과정으로서 사회복지관련법을 학습함으로써, 효과적인 사회복지실천을 하고 한국의 사회복지를 법적 차원에서 고찰하며 앞으로의 발전방향을 탐색하는 것은 매우 중요한 과정이 아닐 수 없다.

이를 위해 본 서에서는 사회복지법제에 대한 접근을 위해 사회복지학과 법학적 지식을 접목하였다. 사회복지법의 개념, 역사적 생성배경과 과정, 사회복지법의 체계와 현실과의 관계 등을 헌법과 관련하여 총론적으로 다루었고, 사회보장기본법, 사회복지사업법을 포함하여 개별적인 사회복지법의 고찰을 통해 현행법의 범주와 체계를 기술하였다. 또한 판례 등 법적 해석을 할 수 있도록 관련 내용을 포함시켜 사회복지실천의 현장에서 사회복지법을 적용하고 이용할 수 있도록 하였다. 동시에 헌법 및 사회보장기본법, 사회복지사업법 등의 사회복지 관련 법률, 또한 지방자치 조례 등의 자치법 등을 사회복지실천현장에 체계적으로 적용하는 방법 및 주의해야 할 점 등 이해할 수 있게 내용을 구성하였다.

이 책은 크게 총론과 각론이라는 2개의 '부'로 구성되었다. 제1부에서는 사회복지법제를 이해하기 위해 이론 등을 중심으로 한 주제로서 총 6개의 '장'을 갖추고 있는데, 제1장은 사회복지법제의 개념 및 특성, 제2장은 사회복지법제의 역사, 제3장은 법원과 사회복지법의 체계, 제4장은 사회복지법의 권리성과 구제, 제5장은 법률 및 자치입법의 형성 과정, 그리고 제6장은 법령의 해석과 판례의 이해라는 주제를 다루었다. 제2부에서는 사회복지법제에 해당라는 각각의 법률 등을 중심으로 한 주제로서 총 7개의 '장'을 갖추고 있는데, 제7장은 사회보장법제, 제8장은 공공부조법제, 제9장은 사회보험법제, 제10장은 사회서비스법제, 제11장은 대상별 사회복지서비스법제, 제12장은 영역별 사회복지서비스법제, 그리고 제13장은 사회복지 인적 · 물적자원법제라는 주제를 다루었다.

끝으로, 이 책의 구성 및 내용적 기반을 주신 많은 동료 연구자들과 사회복지실천현장에서 함께 해 준 사회복지사들에게 감사하며, 출판을 해 준 창지사 임직원께도 고마움의 인사를 전한다.

2024년 1월

저자 일동

1부 총론

1장 사회복지법제의 개념 및 특성

2장 사회복지법제의 역사

3장 법원과 사회복지법의 체계

4장 사회복지법의 권리성과 구제

5장 법률과 입법 및 자치입법의 형성과정

6장 법령의 해석과 판례의 이해

2부 각론

7장 사회보장법제의 구성과 개별 법령

8장 공공부조법제의 구성과 개별 법령

9장 사회보험법제의 구성과 개별 법령

10장 사회(복지)서비스법제의 구성과 개별 법령

11장 대상별 사회복지서비스법제의 개별 법령

12장 영역별 사회복지서비스법제의 개별 법령

13장 사회복지 인적·물적자원법제의 구성과 개별 법령

1부

총론

1장

사회복지법제의 개념 및 특성

KEY WORD :

학 습 목 표

1. 법과 사회복지의 관계를 통해 사회복지법제의 필요성을 제시할 수 있다.
2. 사회복지법제의 개념을 정의할 수 있다.
3. 사회복지법제의 목적을 제시할 수 있다.
4. 사회복지법제의 특성을 설명할 수 있다.

1. 법과 사회복지의 관계

1) 법과 사회복지

법과 사회복지는 밀접한 관계를 가지고 있다. 즉, 이 둘은 상호보완적인 관계를 가지면서, 사회적 정의와 안녕을 실현할 수 있도록 서로 기여한다.

(1) 법의 역할과 기능

가. 법의 역할

법은 사회의 질서와 안전을 유지하고 규제하는 역할을 한다. 즉, 법을 통해 사회는 기본적인 규칙과 원칙을 제정하고 적용함으로써 사회질서를 유지하게 된다. '사회가 있는 곳에 법이 있다.' 라는 말이 있듯이, 법은 사회의 질서를 유지시켜 주는 가장 중요한 규범이다.

또한, 법은 개인과 집단 간의 균형과 조화를 유지하며, 사회의 안전과 안정을 보장한다. 법은 범죄를 예방하고 처벌하는 역할을 수행하여 사회의 안전을 증진시키는데 중요한 도구이다.

나. 법의 기능

법의 기능은 법이 실행됨으로써 일반적으로 법의 목적이 구현되는 것을 의미하기 때문에, 법의 목적에 따라 결정된다. 일반적으로 설명되는 법의 기능은 다음과 같다.

① **질서유지의 기능**

법은 개인의 생명, 신체, 인격, 그리고 권익에 대한 모든 침해로부터 보호하고, 나아가 사회 및 국가의 이익까지 보호함으로써 사회공동생활의 질서유지를 하는 기능이 있다. 여기서의 질서유지란 입법 군주 국가에서의 공공의 안녕질서와 같은 개념으로 보는 견해로서, 사회의 평온을 유지하고, 그 평온에 대한 위험이나 해를 사전에 방지하는 일을 의미한다. 사회의 안정이야말로 법의 제1차적 기능이며, 이것은 법적 안정성으로 나타난다.

② **통제의 기능**

법은 통제성 수반하는 사회규범, 개인의 의사 구속, 자유로운 의사결정을 허용하지 않는다. 법의 목적 실현을 위해 국가권력은 개인에게 일정한 행위를 명령, 강제, 금지, 통제하는 기능이 있으며, 국가는 법을 제정하고 집행하는 역할을 한다. 결국, 국가는 법을 제정하고 집행하는 제도적 장치를 마련함으로서 지속적인 정부의 정책을 시행하며, 그것은 곧 국민으로부터 정부를 신뢰하고 공권력에 대한 바른 공감으로 연결된다.

③ **선도적 기능**

본래 법은 사후적인 구제에 주안점을 두었지만, 오늘날의 법은 급격한 사회변천에 따라 관습법 등에만 의존할 수 없게 되어, 법의 목적과 이념을 추구하고 합리적 또는 합목적적인 법의 정립을 이룸으로써 사전적 보장이나 예방이라는 법의 기능에 상당한 비중을 두게 되었다. 이것이 법의 선도적 기능이다. 이는 법의 준수가 국민의 내면적 가치 기준과 결부되어야 한다는 점을 강조한 것이다.

④ **평가의 기능**

법은 사회생활에 있어서 인간행위의 준칙이므로 인간의 행위에 관한 타당성 여부를 평가하게 된다. 이처럼 어떠한 행위에 대해 합법적 또는 위법적인가로 판단하는 가치기준으로서 법은 평가의 기능을 갖는다.

⑤ **예측의 기능**

법은 일정한 행위의 결과에 대한 정확한 예측 내지 기대를 가능하게 한다. 이는 내용에 따라 사회생활 관계를 확실하게 보장하는 예측성에 기인한다. 따라서 예측기능은 위법성을 방지하고 법의 내용을 명확히 하며 함부로 법을 개폐되지 않도록 한다.

⑥ **제도형성의 기능**

법치주의국가에서 모든 정책이나 제도는 법에 의하여 수립되고 추진된다. 따라서 법은 형식이고 사회제도는 소재로서의 관계에 있다. 즉, 법은 사회제도를 정립하며, 때로는 제도의 폐지 또는 개혁을 추진하는 기능을 한다.[1)]

(2) 사회복지의 역할과 기능

가. 사회복지의 역할

사회복지는 개인과 집단의 복지와 안녕을 촉진하는데 주력한다. 즉, 사회는 사회복지를 통해 개인과 집단의 복지와 안녕을 촉진하기 위한 다양한 서비스와 지원을 제공한다. 사회복지는 개인의 기본적인 생활 필요를 충족시키고, 교육, 보건, 주거 등의 사회적 서비스를 제공하여 사회적 차별과 불평등을 완화하고 사회통합을 촉진한다.

또한, 사회복지는 사회취약계층 및 장애인, 어린이, 노인 등의 사회적 약자 또는 소외 계층 등에 대한 보호와 지원을 제공하여 사회적 불평등을 해소하고 공정한 기회를 제공한다.

나. 사회복지의 기능

사회복지의 기능은 사회적인 측면에서 그리고 복지적인 측면에서 각각 기능하게 된다. 일반적으로 설명되는 사회복지의 기능은 다음과 같다.

① **상부상조의 기능**

길버트와 테렐(Gilbert & Terrell, 1997)이 사회제도의 기능으로서 사회복지가

---

1) http://contents.kocw.or.kr/KOCW/document/2014/gacheon/leejaesam/9.pdf

상부상조의 기능이 있다고 한 것처럼, 사회복지는 사회공동체 정신을 바탕으로 하는 상호원조와 상호부조 활동을 극대화하는데 주력한다. 사회취약계층 또는 사회소외계층 등으로 인한 사회적 불안감과 대량실업 등으로 인한 사회적 공동현상과 무질서에 대해 사회복지는 해결책으로서 기능한다.

② **사회통합의 기능**

사회복지를 매개로 사회 구성원 간의 결합 관계를 강화하고 사회적 구심력을 높이는 사회통합의 기능이 있다.

③ **복지적 기능**

사회복지는 자립생활을 촉진하고 유지하기 위한 지원 활동을 하며, 사회복지서비스를 이용하는 사람들이 사회에 참가하고 통합하려고 하는 것을 지원한다. 그리고 그 과정에서 사회경제적, 정치적, 법적 측면 등의 필요한 환경을 정비하는 기능을 한다.

〈표 1-1〉 법과 사회복지의 기능

법의 기능	사회복지의 기능
- 질서유지의 기능 - 통제의 기능 - 선도적 기능 - 평가의 기능 - 예측의 기능 - 제도형성의 기능	- 상부상조의 기능 - 사회통합의 기능 - 복지적 기능

(3) 법과 사회복지의 상호작용

법과 사회복지는 서로 사회적 정의와 안녕을 실현하는 데 기여할 수 있다. 또한, 법과 사회복지는 사회적 문제에 대한 대응과 개선을 위해 협력하여 법과 정책의 개발과 실행을 향상시킬 수 있다. 이렇듯 법과 사회복지의 관계는 매우 밀접한 관계에 있었다.

첫째, 사회복지는 국민의 삶의 질을 향상시키기 위한 '맞춤형 보장제도'를 근간으로 하고 있어서 기존 근대 민사법이 지향하던 개별적 특별한 관계에서 적용되던 법원칙이 성격상 적용되지 않거나 변형될 수밖에 없다. 사회복지법에 관한 법률의 전개에 있어 역사적 배경, 실천적 과정이 일반 전통적인 민법, 형사법제와는 달리 변화하여 왔으나 그것이 실정법질서의 체계에 편입되어 있고 현실적으로 규율 하고 있는 이상, 법학 측면에서 고려되어야 하는 것은 당연하다.

둘째, 현행 사회복지법제는 사회보장, 사회보험, 공공부조, 사회복지서비스분야의 법과 기타관련분야의 법으로 나누어져 있는데 구체적으로 사회보장기본법을 선두로 30여개 이상의 단행법이 그 연구대상이 되는 간단하지 않은 법체계다. 각각의 규율대상과 내용이 달라 그 자체의 통일적인 입법과 해석이 어렵고 이미 형성되어 있는 것도 기존의 법학적인 개념과 엄밀하게는 일치 하지 않는 모습을 보이고 있다. 예를 들면 법체계는 최근의 기초노령연금법은 성문법 체계인 독일, 일본, 한국에만 있는데 실제 사회복지 운영 및 행정, 학계 종사자들은 주로 미국에서 교육을 받은 사람들이어서 법의 체계의 해석, 응용 등에서 갈등 내지 마찰이 생기고 있다.

셋째, 사회복지법제와 기존의 법률학의 관계를 일변하면 우선 사회보험분야로 보면 보험이 갖고 있는 사전적 의미의 사회보험은 상법전의 보험과는 그 성격, 범위, 내용에 있어 전혀 달리 법에 의하여 정하여시고 가입이 강제되는 점이고 그 보충적으로 사보험이 적용되는 것이다. 국민연금제도를 예를 들면 국민연금으로는 부족하다고 느끼고 일정한 수입수준을 확보하기 위하여 개별연금 보험에 드는 경우를 살펴볼 수 있고, 국민연금은 현재 보도된 바로는 약 400조원의 기금이 조성되어 운용되고 있는데 그 중 일부는 국민연금이 기관투자자로 자본시장(증권시장)에 관여하는 경우 단순히 국민연금법의 문제를 떠나 상법(회사편) 자본시장과 금융투자업에 관한 법률에 의하여 주로 될 것이다. 특히 일자리창출과 관련된 사회적 기업이 나타나고 있어 그에 대한 법률적 근거나 기존의 회사법과의 관계, 활동영역 등 많은 분야에서 새로운 접근과 해석이 필요하다.

넷째, 국가, 지방자치단체 등 공공기관은 물론이거니와 다른 기관 역시 사회복지를 실천하는데 반드시 재정적 지출을 수반한다. 재정지출의 근거에는 조세제도가 필수적으로 연결되므로 그 집행 면에서 재정학적인 고려가 당연히 포함된다.

다섯째, 현재까지 사회복지에서의 급부는 원칙적으로 급부 책임이 국가, 지방자치단체 등에게 있어 복지수요자가 원하는 것을 행정처분형식- 급부의 결정, 지급을 취하게 되어 급부 제공이 대부분 행정처분 형식을 취하여 계약법리가 적용되지 못하는 것으로 인식되어왔다. 그러나 현대사회가 복잡하여지고 복지수요가 다양화 세분화 되면서 종래의 처분형식에 의한 급부만으로 복지수요를 만족시킬 수 없게 되었다. 이미 선진국에서는 복지수요를 충족시키기 위하여 계약방식에 의한 급부실시를 연구하고 있다.[2)]

결론적으로, 법과 사회복지는 상호보완적인 관계를 가지며, 사회의 안전과 복지를 촉진하는 데 기여한다. 이 둘은 상호작용하면서 사회적 정의와 균형을 유지하고 취약계층의 보호와 지원을 통해 공정하고 풍요로운 사회를 구현하기 위해 협력해야 한다.

2) 법학과 사회복지학

(1) 법학

사전적으로 법학(法學)이란 "법질서와 법 현상 따위를 연구하는 학문"[3)], 또는 "법에 관한 체계적인 인식을 목적으로 법에 관한 체계적인 인식을 목적으로 하는 학문"[4)]으로 정의된다. 유사 용어로는 '법률학'이 있다.

법학은 실정법의 체계적인 해석을 중심 과제로 삼는 학문이므로, 실정법과 무관하게 발전할 수는 없다. 그런데 우리나라는 20세기에 전통적인 법체계를 버리고 서구의 근대적인 법체계를 수용하게 되어, 우리의 법은 역사적 연속성을 단절하게 되었다. 이로써 법학도 전통적 율학(律學)과 근대적 법학으로 갈라지게 되었다.[5)]

2) 장경찬(2013). "사회복지법제의 이해". 법률신문. 2023년 12월 19일자. https://www.lawtimes.co.kr/news/138813

3) 국립국어원(2023). 표준국어대사전. https://stdict.korean.go.kr/search/searchResult.do

4) 한국학중앙연구원(2023). 한국민족문화대백과사전. https://encykorea.aks.ac.kr/Article/E0022760

5) 한국학중앙연구원(2023). 한국민족문화대백과사전. https://encykorea.aks.ac.kr/Article/E0022760

현대 법학의 학문 분야는 광범위하지만, 대체로 헌법학, 행정법학, 민법학, 상법학, 형법학, 소송법학, 사회법학, 문화법학, 국제법학 등의 범주로 나누어져 발달하였다.

(2) 사회복지학

사회복지학의 사전적 정의는 “인간의 사회적 욕구와 사회문제를 해결하기 위해 국가 또는 민간이 제공하는 정책 및 서비스를 연구하는 학문”[6]이다.

사회복지가 학문으로서 체계화된 지는 오래되지 않았다. 한동안 사회복지에 대해 올바로 이해하지 못한 채 사회사업, 특히 미국의 전문사회사업과 동일시하는 경우가 있었으나 이는 해방 이후 미군정과 6·25전쟁으로 인한 외원 사회사업의 영향이라 할 수 있다. 그러나 1977년 5월 한국사회사업대학협의회에서 기존의 사회사업학과를 사회복지학과로 변경하면서 기존 사회사업 개념이 사회복지 또는 사회복지학으로 발달하기 시작하였다. 명칭이 변경된 주요 이유는 사회사업의 개념이 주로 구호사업 또는 시설보호사업으로 인식되고, 또 미국식 전문사회사업이 우리 나라의 현실에 적합하지 않기 때문이다.[7]

사회복지학은 본질적으로 인간과 사회문제에 대한 과학적 분석과 문제해결을 위한 노력의 결과로 이루어진 지식체계로서, 사회과학의 한 분야이다. 그러나 구체적으로 현실에 개입하여 현실을 변화시키는데 기여한다는 점에서 여느 학문과 다르다.

사회복지학의 이론적인 체계는 크게 사회사업(social work)학과 사회정책(social policy)학으로 구분된다. 사회사업학은 구체적인 문제해결의 실천방법을 중심으로 한 전문직으로 발전되어 온 반면, 사회정책학은 개인의 복지향상을 목적으로 국가가 제공하는 사회서비스와 관련된 제반 사회현상에 대한 연구를 대상으로 발전되어 왔다.

6) 한국학중앙연구원(2023). 한국민족문화대백과사전. https://encykorea.aks.ac.kr/Article/E0026135
7) 한국학중앙연구원(2023). 한국민족문화대백과사전. https://encykorea.aks.ac.kr/Article/E0026135

(3) 법학과 사회복지학의 상호작용

사회복지학은 사회과학에서 후발 학문으로, 사회학과 심리학은 물론 인접 학문인 경제학, 행정학, 정치학 등의 영향을 많이 받은 응용학문이며 실천학문이다.

학문으로써 사회복지학의 독립성과 차별성을 탐구한 연구는 20년 전부터 시작되었다. 하지만 학문으로써 사회복지학의 독립성과 차별성을 탐구한 연구는 20년 전부터 시작되었다. 하지만 현재는 역으로 경제학의 후생경제학, 사회학의 복지사회학, 행정학의 복지행정학, 정치학의 복지정치학 등과 같이 타 학문분야에서 사회복지학 영역으로 진입해오고 있다.

사회복지학은 순수학문이 아닌 실천학문과 응용학문의 성격으로 인하여 인접한 사회과학분야들과 밀접한 교류를 갖는다. 특히 역사적으로 우리나라의 사회복지학은 미국의 사회사업(sociai work)의 영향을 받아 도입되었고, 사회복지가 발달함에 따라 유럽의 사회정책(social policy)을 통합하였기 때문에 다른 국가의 사회복지학보다 광범위하다.[8)]

이런 차원에서 사회복지학은 법학과의 융합과 통섭을 통해 그 이해의 폭을 넓히거나 실천방법을 구체화할 수 있다. 사회복지학은 사회현상에 대한 이해와 설명의 폭과 깊이를 더하고 토착화된 지식을 구축하기 위해, 또한 연구방법의 편중성을 벗어나기 위해 다른 학문과의 융합과 통섭이 필요하다. 법학은 특히 사회복지학의 연구방법이나 실천방안을 찾을 때 실질적인 대안을 줄 수 있는 학문이다.

2. 사회복지법제의 개념

사회복지법제의 개념 또는 범주를 명확히 정의하기에는 아직도 논란이 있기 때문에[9)] 쉽지는 않지만, 일반적으로 사회복지법제는 복지국가를 지향하는 현대 자본주의 국가에서 국민의 생존권과 생활권을 보장하기 위한 사회보장정책이나 제

8) 유혜림·민인식(2018). "한국 사회복지학의 최근 연구경향: 연관규칙 분석의 활용". 보건사회연구 38(2): 555–588. http://dx.doi.org/10.15709/hswr.2018.38.2.555

9) 윤찬영(2001). 사회복지법제론. 나남출판. 59쪽.

도의 근간이 되는 법제이다.[10] 즉, 사회복지법제는 사회복지실천을 규정하는 법적 규범인 것이다.

본 서에서는 사회복지법제를 사회복지와 법제라는 용어가 합쳐져서 만들어진 복합적 개념[11]으로 이해한다. 따라서 사회복지와 법제라는 각각의 용어를 살펴보고, 복합적 개념으로서 그 의미를 설명하고자 한다.

1) 사회복지의 개념

사회복지(Social welfare)는 어의적으로 모든 국민이 고통받지 아니하고 평안하게, 만족스럽고 행복하게 잘 지내는 상태[12]로 정의된다.

「사회복지사업법」 제2조 제1호에서는 '사회복지사업'이라는 용어를 정의하고 있는데, 「국민기초생활 보장법」 등 27개[13]의 법률 및 그 밖에 대통령령으로 정하는 법률에 따른 보호 · 선도(善導) 또는 복지에 관한 사업과 사회복지상담, 직업지원, 무료 숙박, 지역사회복지, 의료복지, 재가복지(在家福祉), 사회복지관 운영, 정신질환자 및 한센병력자의 사회복귀에 관한 사업 등 각종 복지사업과 이와 관련된 자원봉사활동 및 복지시설의 운영 또는 지원을 목적으로 하는 사업을 말한다. 또한, 동법 제2조 제2호에서 지역사회복지를 "주민의 복지증진과 삶의 질 향상을 위하여 지역사회 차원에서 전개하는 사회복지"라고 정의하고 있다.

이처럼 법적 측면에서 사회복지는 법률에 근거하여 국가가 국민에게 보호 · 선도 또는 복지, 사회복지상담, 직업지원, 무료 숙박, 지역사회복지, 의료복지, 재

10) 이중호(2015). "사회복지법의 개념과 법체계의 개선방안". 동아법학. 68: 435-476.
11) 이중엽(2016). 사회복지법제론(개정4판). 양서원.
12) 이중엽(2016). 사회복지법제론(개정4판). 양서원.
13) 「국민기초생활 보장법」, 「아동복지법」, 「노인복지법」, 「장애인복지법」, 「한부모가족지원법」, 「영유아보육법」, 「성매매방지 및 피해자보호 등에 관한 법률」, 「정신건강증진 및 정신질환자 복지서비스 지원에 관한 법률」, 「성폭력방지 및 피해자보호 등에 관한 법률」, 「입양특례법」, 「일제하 일본군위안부 피해자에 대한 생활안정지원 및 기념사업 등에 관한 법률」, 「사회복지공동모금회법」, 「장애인·노인·임산부 등의 편의증진 보장에 관한 법률」, 「가정폭력방지 및 피해자보호 등에 관한 법률」, 「농어촌주민의 보건복지증진을 위한 특별법」, 「식품등 기부 활성화에 관한 법률」, 「의료급여법」, 「기초연금법」, 「긴급복지지원법」, 「다문화가족지원법」, 「장애인연금법」, 「장애인활동 지원에 관한 법률」, 「노숙인 등의 복지 및 자립지원에 관한 법률」, 「보호관찰 등에 관한 법률」, 「장애아동 복지지원법」, 「발달장애인 권리보장 및 지원에 관한 법률」, 「청소년복지 지원법」

가복지, 사회복지관 운영, 정신질환자 및 한센병력자의 사회복귀, 그리고 그와 관련된 자원봉사활동 및 복지시설의 운영 또는 지원 등이라고 할 수 있다.

결국, 사회복지에 대한 학술적 개념은 인간이 가지고 있는 욕구를 충족하고, 인간이 겪을 수 있는 사회적 위험으로부터 보호되며, (지역)사회문제가 해결되는 총체적인 사회적 개입 행위로 정의할 수 있다.[14]

사회복지란 "□를 ○되도록 하는 △"으로 정의

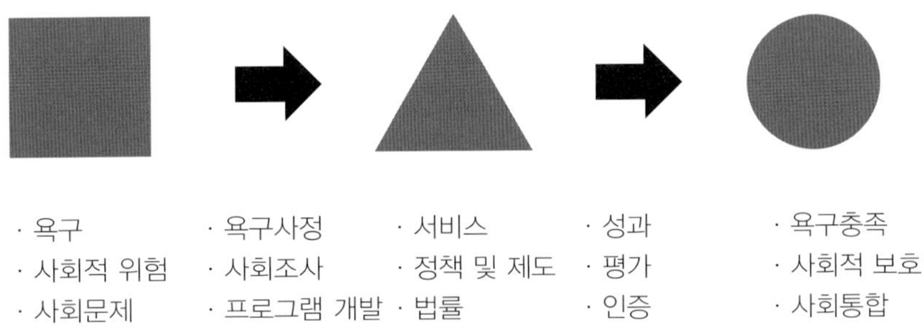

[그림 1-1] 사회복지의 개념

2) 법제의 개념

법제(legal system)는 '법'과 '제도'를 의미[15]한다.

(1) 법

법(法)이란 명사와 접사로서 사용된다. 우선, 명사로서 법은 사전적으로 "국가의 강제력을 수반하는 사회 규범"으로 "국가 및 공공 기관이 제정한 법률, 명령, 규칙, 조례 따위"로 정의된다. '법률(法律)'이라는 용어와 혼용되고 있다. 다음으로, 접사로서 '-법'은 "방법 또는 규칙"의 뜻을 가진다.[16]결국, 법은 국가가 사회규범을 유지하기 위해 법률, 명령, 규칙, 조례 등의 강제력을 수반하기 위해 공식

14) 김제선(2021). 사회복지행정론. 공동체.
15) 이중엽(2016). 사회복지법제론(개정4판). 양서원.
16) 국립국어원(2023). 표준국어대사전. https://stdict.korean.go.kr/search/searchResult.do

화한 것을 의미한다.

법의 개념은 다시 다음과 같은 하위 개념으로 구성되어 있다.

① 법은 사회규범

사회규범으로는 법, 도덕, 종교, 관습 등이 있다. 이 가운데 법은 사람들 간의 분쟁이나 갈등을 조정 · 해결하고, 사회를 안정시키고 질서를 유지하며 사회생활을 평화롭게 하는 준칙이다. 법은 사회적 목적을 달성하기 위하여 사회 구성원이 준수해야 규범법칙 또는 당위법칙이다.

② 법은 문화규범

법은 '가치'를 지향하며, 인간이 현실에서 일정한 가치를 향한 노력으로 생성되는 '문화'를 반영한다. 따라서 법은 가치만을 나타내는 것이 아니라 현실을 반영하는 존재 규범이다.

③ 법은 행위규범

사람의 의사에 기하여 이루어지는 신체의 외부적 동적인 행위를 '하여야 하거나 또는 하여서는 안 되거나'에 관한 판단의 근거가 되는 준칙이다. 어떤 영역에서는 법을 통해서 사람들의 행동이 어떠할 것이라고 예정하고 본인도 그렇게 행동할 것을 예상한다. 또 타인도 그 사람이 그렇게 행동할 것이라고 예상할 수 있다. 또한, 경쟁적 사회에서 일정한 질서를 예측할 수 있다. 이에 법관은 재판의 과정에서 법을 소송 당사자들에게 적용되는 행위규범으로 인정하므로 법을 재판규범이라고도 한다.

④ 법은 강제규범

강제는 법의 본질적 속성으로 법을 실현하기 위해서는 국가권력에 의한 강제력이 필요하다. 행위규범에 위반하는 행위에 대하여 국가권력이 일정한 제재를 가함으로써 강제적으로 강행되는 강제력을 가진 규범이다. 도덕, 종교적 명령, 관습과 같은 사회규범을 위반하면 '도덕적 비난'을 감수하지만, 법의 위반은 '부정적 대가'를 지불해야 한다. 강제가 있다는 점에서 법은 도덕이나 종교 또는 관습과 구별된다.

(2) 제도

제도(制度)란 사전적으로 "관습이나 도덕, 법률 따위의 규범이나 사회 구조의 체계"[17]로 정의된다.

이처럼 제도는 사회적 규칙, 규범 및 구조로 구성된 복잡한 체계를 가리키며, 사회, 정치, 경제, 문화, 교육 등 다양한 영역에서 발견된다. 이러한 제도는 사회의 안정과 기능을 유지하며 사람들 간의 상호작용을 조절하고 조직화하기 위해 만들어진 것으로 생각할 수 있다. 즉, 제도는 사회의 기반이 되며, 사람들이 함께 살아가고 협력하는 데 필수적이다.

결국, 제도는 사회적 질서를 유지하고 사회의 다양한 측면을 조절하며, 사회 구성원들의 행동과 상호작용에 영향을 미치는 중요한 역할을 하는 것이다.

(3) 법제

이상의 두 의미를 합친 법제를 종합적으로 정리하면, 법제란 사회 규범 또는 사회 구조의 체계를 유지하기 위해 국가가 법률, 명령, 규칙, 조례 등의 공식적이고 강제적인 방법뿐만 아니라, 그 사회가 오랫 동안 지속해 왔던 관습이나 도덕 등의 윤리적 방법을 포함하는 것으로 정의할 수 있다.

17) 국립국어원(2023). 표준국어대사전. https://stdict.korean.go.kr/search/searchResult.do

〈법의 개념과 이념〉

ㅇ 법의 개념 : 사회규범, 강제규범, 문화규범, 행위규범, 조직규범, 재판규범
* 법은 상대적인 규범인 동시에 절대적 규범인가? 존재의 측면에서는 상대적 규범이고, 정의의 측면에서는 절대적 규범

ㅇ 법의 이념
- 법의 이념이란 법은 무엇을 위하여 존재하는가 하는 문제로서 법의 존재가치를 말함.
- 독일의 법학자 라드브루흐(G. I. Radburch)는 법의 이념으로 정의, 합목적성, 법적 안정성을 제시. 이 세 이념은 서로에게 무관한 독자적 이념이 아니라, 상호 긴장과 협조의 관계에 있을 수 있음

ㅇ 법의 목적
- 정의로서 법적 정당성
- 합목적성으로서 공공의 복지
- 법적 안정성으로서 사회질서유지
-

* 출처 : 남기민·홍성로(2020). 사회복지법제와 실천(제7판). 공동체.

3) 사회복지법제의 정의

사회복지법제는 복지국가를 지향하는 현대자본주의 국가에서 국민의 생존권과 생활권을 보장하기 위한 사회보장정책이나 제도의 근간이 되는 법제이다.

사회복지법이란 사회복지가 법의 형태를 띤 것이라고 할 수 있다. 다시 말하면 사회복지법이란 사회복지에서 추구하는 생존권 이념을 실현하기 위한 구체적 실천방안들을 우리사회를 규율하는 가장 중요한 규범인 법으로 명문화한 것이다. 사회복지가 법으로서 명문화되었다는 의미는 사회복지법에서 규정하고 있는 내용들이 국가와 사회를 강제할 수 있는 권리성을 갖게 되었다는 데 그 중요성이 있다.[18)]

모든 국민의 인간다운 생활을 보장하고자 하는 목적에서 사회구성원 모두가 안녕과 행복을 유지하며 잘 지낼 수 있도록 국가가 이러한 사회복지의 목적 실현을 위해 제반 규정을 법으로 만들고, 제정된 법에 근거하여 각종 사회복지제도가 실시됨을 의미한다[19)]

18) 이중호(2015). "사회복지법의 개념과 법체계의 개선방안". 동아법학. 68: 435-476.
19) 이중엽(2016). 사회복지법제론(개정4판). 양서원.

사회구성원 다수가 평안하고 만족스러운 상태를 유지하며 살아갈 수 있도록 규정하는 제반 법규,[20] 또는 사회복지에 관한 법으로서 사회관계속에서 인간다운 생활을 보장하고 사회적 정의를 실현하기 위한 공적 · 사적 제도와 정책 등을 규율하기 위한 제반 법규[21]를 사회복지법이라고 정의하였다.

〈사회복지법의 개념 정립〉

사회복지, 사회보장의 용어들이 사회복지학의 전문용어로서 혹은 법률용어로서 사용되고 있다. 또한, 사회복지사업, 사회복지서비스, 사회서비스라는 용어도 함께 혼용되어 사용되고 있다. 사회복지법상의 용어의 혼란을 줄이고 용어를 통일하기 위해서는, 그 개념이 목표하는 바에 따라 용어를 적절하게 표현하여, 법적 안정성과 통일성을 가진 사회복지법의 개념 정립이 필요하다. 첫째, 협의의 사회복지 개념인 사회보장의 개념만으로 이해되기 보다는, 광의의 사회복지 개념으로서 실정법에서도 반영되어, 사회보장기본법이 사회복지기본법으로 불리는 것이 바람직하다.

둘째, 사회보장기본법에서 사회보장을 사회보험, 공공부조, 사회서비스로 정의하고 있지만, 사회복지사업에 대한 정의는 존재하지 않고 있다. 또한 사회보장기본법의 사회서비스, 사회복지사업법의 사회복지사업과 사회복지서비스의 용어에 대한 구분이 불분명하다.

셋째, 1970년 사회복지사업법 제정 당시에는 복지5법이었으나, 2013년 복지25법으로 대폭 확대되었다. 사회가 다원화, 복합화되어 가는 상황에서 사회복지의 욕구를 사회복지사업법에 추가하여 나열하는 방식으로 사회복지사업의 종류와 범위를 규정하는 것은 보편성과 전문성이 다소 떨어지므로, 사회복지사업법과 독립된 형태의 입법이 제정되어야 할 것이다.

* 출처 : 박정선(2014). "사회복지법의 개념 정립을 위한 소고". 사회보장연구. 30(1): 81–103.

20) 조원탁 · 김형수 · 이형하 · 조준(2020). 사회복지법제와 실천(제13판). 양서원. 26–27쪽.

21) 이중호(2015). "사회복지법의 개념과 법체계의 개선방안". 동아법학. 68: 435–476.

3. 사회복지법제의 목적

1) 법의 목적

법의 목적은 사회 질서와 안정을 유지하고, 개인과 집단의 권리와 자유를 보호하는 것이며, 사회 구성원들 간의 규칙과 규범을 정하는 체계로서 법을 준수하면서 사회가 조화롭게 운영될 수 있도록 돕는 것이다. 이러한 목적을 가지고 법은 법체계와 법적 규칙을 통해 사회를 조직하고 지배하게 된다.

보다 구체적인 법의 목적은 다음과 같이 설명될 수 있다.

① 질서와 안정의 유지

법은 사회 질서와 안정을 유지하기 위해 필요한 규칙과 제한을 제공한다. 법을 준수하는 것은 모든 사람이 예측 가능하고 안전한 환경에서 살 수 있도록 도와준다.

② 권리와 자유의 보호

법은 개인과 집단의 권리와 자유를 보호한다. 예를 들면, 인권과 헌법적 자유, 재산 권리, 양육 권리 등 다양한 권리를 보호하고 법적 피해를 방지하는 것이 해당한다.

③ 사회 정의의 실현

법은 사회 정의를 실현하기 위해 사용될 수 있다. 법은 모든 사람에게 동등한 규칙을 적용하고, 차별과 부당한 대우를 방지하는 역할을 한다.

④ 공공의 이익 촉진

법은 공공의 이익을 촉진하기 위해 사용된다. 법은 환경 보호, 소비자 보호, 건강과 안전 규제, 경제 발전을 위한 규칙 등 다양한 분야에서 사회적 이익을 추구한다.

⑤ 분쟁 조정과 해결

법은 분쟁을 조정하고 해결하는 역할을 한다. 법적 절차와 체제는 분쟁의 공정한 판단과 법적 해결책을 제공하여 사회 구성원들 간의 갈등을 해결하는 데 도움을 준다.

2) 사회복지법제의 목적

사회복지법제는 사회복지서비스의 제공과 사회적 보호를 강화하기 위한 다음과 같은 다양한 차원의 법적 기반을 마련하는 것을 목적으로 한다.

① 사회복지서비스의 제공과 관련된 법적 장치의 마련

사회복지법제는 사회복지서비스의 제공과 관련된 법적 장치를 마련하는 것을 목적으로 하며, 여기에는 공공부조제도, 사회보험제도, 그리고 노인, 장애인, 아동, 청소년, 한부모가정, 다문화가족 등의 취약계층을 보호하는 것을 포함할 수 있다. 이를 통해 사회적으로 취약한 개인과 집단이 필요한 지원과 보호를 받을 수 있도록 하는 것이다.

② 사회적 공정성과 평등성의 강화

사회복지법제는 사회적인 공정성과 평등성을 강화하는 데 중점을 둔다. 이는 차별 금지 및 사회적 포용을 목표로 한다. 인종, 성별, 성적 지향, 장애 등 다양한 차별에 대한 법적 보호를 제공하고, 사회적으로 소외되는 개인과 집단을 지원하여 사회적 포용을 증진시키는 것이다.

③ 사회적 보호를 강화하기 위한 법적 장치의 마련

사회복지법제는 사회적 보호를 강화하기 위한 법적 장치를 마련한다. 이는 법적으로 보호되지 않은 개인과 집단의 권리를 보호하고, 그들이 안전하고 안정적인 생활을 영위할 수 있도록 지원하는 것이다. 예를 들면, 가정 폭력, 아동학대, 노인학대 등에 대한 법적 조치와 보호를 강화하는 것이 해당할 수 있다.

④ 사회취약계층의 권리와 자유 보호

사회복지법제는 앞의 목적들을 실현하는 과정에서 사회취약계층의 권리와 자유를 보호한다. 이를 통해 보다 건강하고 공정한 사회를 구축하는 것을 목적으로 한다.

결국, 사회복지법제는 '법에 의해', 그리고 '법을 통해' 사회적 취약계층 및 사회적 어려움을 겪는 개인과 집단에게 사회복지실천을 함으로서 그들을 돕고, 우리 사회에 공정성과 평등성을 증진시키는 것이다.

첫째, 법에 의한 사회복지 실천은 법과 규정을 사용하여 사회적 문제를 해결하고 사회복지 서비스를 제공하는 방식을 의미한다. 이는 법과 규정에 기반을 두고 있으며, 이를 준수하는 것이 필수적이라는 것이며, 이러한 법적 규제는 사회복지 서비스의 품질과 균일성을 유지하고, 서비스의 공정한 배분을 보장하기 때문이다. 대부분 정부와 공공 부문이 사회복지 서비스의 주요 제공자로서, 정부는 예산을 할당하고 정책을 제정하여 사회적 문제를 대처하며, 법에 따라 서비스를 제공한다.

둘째, 법을 통한 사회복지 실천은 법과 규정을 사용하여 사회적 변화를 촉진하고 불평등을 해소하는 방식을 의미한다. 이처럼 법을 통한 사회복지 실천은 법률 제정, 수정, 폐지를 통해 사회적 문제나 불평등을 개선하고 사회 정의를 추구하며, 이는 사회 운동, 활동가, 단체, 그리고 정치적 참여를 통해 이루어지는데, 시민들은 법적인 변화를 촉진하기 위해 시위, 캠페인, 로비활동 등 다양한 방법으로 참여할 수 있어, 사회적 의식을 높이고 정책 변화를 이끌어내는 데 도움을 줄 수 있다.

이 두 가지 접근 방식은 종종 혼합하여 사용되며, 법적인 사회복지 제도를 개선하거나 새로운 법률을 제정하여 사회복지를 실현하는 데 사용된다.

4. 사회복지법제의 이념과 특성

1) 사회복지법제의 이념

(1) 법의 이념

법의 이념이란 법은 무엇을 위하여 존재하는가 하는 문제로서 법의 존재가치를 말한다. 독일의 법학자 라드브루흐(G. I. Radburch)는 법의 이념으로 정의, 합목적성, 법적 안정성을 제시하고 있는데, 이 세 가지의 이념은 서로에게 무관한 독자적 이념이 아니라, 상호 긴장과 협조의 관계에 있을 수 있다.[22)]

① 정의로서 법적 정당성

법이 추구하고 지키고자 하는 가장 중요한 핵심적인 내용이 정의이다. 법이 추구하는 궁극적인 목적이 정의의 실현이므로 정의는 사회질서의 내용에 대한 가장 중요한 핵심이 되는 내용이다.

② 합목적성으로서 공공의 복지

공공복지란 공공의 이익, 일반적 이익 또는 행복 등으로 표시되는 불확정개념(不確定槪念)이다. 공공복지 내지 공공의 이익은 개개인의 기본권 보장과 상호 밀접한 관계에 있기도 하지만, 다른 한편 기본적 인권에 대한 규제의 근거로서 작용할 수도 있다. 공공복지의 개념을 어떻게 구성하느냐에 따라 인권의 실재가 보장되고, 때로는 보장되지 못하고 전락할 위험성도 있다.

③ 법적 안정성으로서 사회질서유지

한 사회에서의 자율적인 원칙과 규칙의 준수 및 평화로운 질서유지가 불가능해진다면, 사회질서 유지를 위한 인위적 강제적 방법이 필요하게 된다. 강제적으로 통제와 제제를 가할 수 있는 방법이 법이라고 할 수 있다.

---

22) 남기민·홍성로(2020). 사회복지법제와 실천(제7판). 공동체.

(2) 사회복지법의 이념

사회복지법은 사회복지에 관한 국내법이며, 생존권 보장을 이념으로 하는 사회법이다. 따라서 사회복지법은 인간다운 생활보장의 이념, 국가에 의한 사회복지 증진의 이념, 소득재분배의 이념, 사회통합의 이념, 그리고 자립과 자활의 이념을 갖는다.

① 인간다운 생활보장의 이념

「헌법」 제34조 제1항의 "모든 국민은 인간다운 생활을 할 권리를 가진다.", 「사회보장기본법」 제10조의 "건강하고 문화적인 최저생활의 보장" 등의 규정은 결국 사회복지법은 궁극적으로 '모든 국민의 인간다운 생활의 보장'을 위한다는 이념과 연관된 것이다. 생존권적 기본권은 자유권 수준의 인권을 확대하여 인간이 인간답게 살아가는 권리로서, 국가에 대하여 생존에 필요한 최소한의 요구를 할 수 있는 권리를 법적으로 확립할 수 있다. 즉, 국민 개인을 사회적 위험으로부터 보호하고 사회적 취약계층 등을 보호하여 인간다운 생활을 하도록 보장함에 그 의의가 있다.

② 국가에 의한 사회복지 증진의 이념

사회적 약자의 삶의 질 향상을 위해 사회복지법이라는 것을 통해 사회복지의 개선을 추구하는 노력인 것이다. 일반적으로 사회적 약자에게 현금 · 현물 · 서비스 형태보다는 사회복지서비스의 형태가 더욱 실질적인 도움을 줄 수 있는 형태이며, '전문적 방법(상담, 조언)과 재활을 위한 직업훈련으로 손상된 사회적 기능을 회복시켜 정상적 사회활동을 할 수 있도록 지원'하는 사회복지서비스를 사회적 약자에게 제공하도록 사회복지법을 마련함으로써 국가가 이들에게 사회복지 증진을 하도록 강제화하는 것이다.

③ 소득재분배의 이념

사회복지법의 제정 또는 개정 시에 소득재분배의 기제로서의 기능을 중시한다. 사회복지법에 의한 소득재분배 효과는 다른 조세법 등에 의한 재분배 효과보다 규모가 크고 지속성을 보인다. 이에 따라 공공부조는 조세의 부담 없이 혜택을 받아 소득이 이전되어 소득재분배의 효과가 발생하며, 사회보험 또한 소득이전 효과가 크게 나타난다.

④ 사회통합의 이념

사회통합은 사회구성원의 개인 또는 집단, 사회의 집단, 단체, 기관들 간에 상호 결속력을 갖게 해 주는 것으로서, 보호를 필요로 하는 사회적 약자를 사회로부터 배제시키지 않고 더불어 살도록 경제적 자립과 체적 재활을 도와주는 노력과 목표라고 할 수 있다. 이러한 사회통합을 위해 사회복지법은 부의 불평등 완화, 사회적 위험의 분산, 사회적 약자의 보호 등으로 사회적 연대감을 형성하고, 사회통합을 실현하는 것을 지향한다.

⑤ 자립과 자활의 이념

국가나 타인으로부터 급여를 지원받는 의존적 삶으로부터 스스로 자신의 삶을 영위해가는 자주적 · 독립적 생활을 하도록 사회적 자원을 지원하는 것이 곧 사회복지법이 최종적으로 추구하는 이념이다. 「사회보장기본법」 제7조의 "모든 국민은 자신의 능력을 최대한 발휘하여 자립 · 자활할 수 있도록 노력하고 국가의 사회보장정책에 협력하여야 한다."가 이에 해당하고 있다.

2) 사회복지법제의 특성

법은 사회 질서를 유지하고 조절하기 위해 정해진 규칙과 원칙의 집합으로 다음과 같은 특징들을 보인다.

① 범용성과 추상성

법은 범용성과 추상성을 갖는다. 법은 모든 사람에게 적용되는 범용적인 규칙이어야 한다. 법은 특정한 상황이나 개인에게만 적용되는 것이 아니라, 모든 사람과 상황에 동일하게 적용되어야 한다. 또한, 법은 추상적인 원칙과 규칙으로 이루어져야 한다. 예를 들어, "타인에게 해를 가하지 말라"와 같이 추상적인 원칙을 법으로 구체화하여 적용한다.

② 사회적 합의의 반영

법은 사회적 합의를 반영한다. 법은 특정한 사회나 국가의 가치와 문화, 역사적 배경을 반영한다. 법은 사회의 집단적인 의견과 가치관을 반영하여 정해진다. 이를 통해 법은 사회의 합의와 희망을 나타내는 도구가 될 수 있다.

③ 법적 절차에 따른 제정

법은 법적 절차에 따라 제정되어야 한다. 법은 특정한 절차를 거쳐 제정되어야 한다. 대개 법은 입법기관(국회, 의회 등)에서 법안이 제출되고 토론, 검토, 수정, 투표 과정을 거쳐 법으로 승인된다. 이러한 절차를 통해 법은 권위와 합법성을 확보하며, 법적인 효력을 갖게 된다.

④ 의무와 권리의 부여

법은 의무와 권리를 부여한다. 법은 개인과 개인, 개인과 국가, 그리고 국가와 국가 간의 관계에서 의무와 권리를 부여한다. 의무는 특정한 행동이나 행위를 해야 한다는데 대한 법적인 요구사항을 의미하며, 권리는 개인이나 단체가 가지는 특정한 권리나 자유를 보호받을 수 있는 법적 보호를 의미한다.

⑤ 시행과 제재

법은 시행과 제재를 포함한다. 법은 단순히 원칙과 규칙을 제시하는 것뿐만 아니라, 이를 시행하고 위반 시에는 제재를 가할 수 있는 체계를 구축한다. 법은 일반적으로 정부나 법 집행기관에 의해 시행되며, 위반 시에는 벌칙, 처벌, 손해배상 등의 제재가 가해질 수 있다.

〈법의 특성〉

① 규율성 : 법은 사회 질서를 조직하고 유지하기 위한 규칙과 원칙의 체계로서 존재한다. 법은 사회 구성원들의 행동을 조절하고 사회적인 상호작용을 조정하는 역할을 수행한다.

② 구속성 : 법은 개별 개인과 집단에게 적용되는 규범이기 때문에 사회적으로 구속력을 가지고 있다. 법은 사회 구성원들에게 의무와 권리를 주는데, 이를 준수하지 않으면 법적인 제재를 받을 수 있다.

③ 공정성 : 법은 공정성과 정의를 기반으로 사회적인 원칙을 적용하려고 한다. 법은 개인과 집단 간의 균형을 유지하고 모든 사람에게 평등한 권리와 보호를 제공하기 위해 노력한다.

④ 가변성 : 법은 사회적인 변화와 발전에 대응하기 위해 유연하게 조정될 수 있다. 법은 시간이 지남에 따라 사회적인 가치관과 필요성에 맞게 수정될 수 있다.

⑤ 다양성 : 법은 범죄, 계약, 가족, 국제 관계, 환경 등 다양한 분야에서 적용된다. 법은 사회적인 모든 영역을 다루며, 사회의 안정과 질서를 유지하기 위해 필요하다.

⑥ 복잡성 : 법은 정확하고 명확한 해석이 필요한 분야이기 때문에 복잡하고 기술적인 언어를 사용한다. 법적인 텍스트는 전문적인 이해와 해석이 필요하다.

▣ 학습문제

문제 1	
법의 역할에 대한 설명으로 가장 옳지 않은 것은? ① 법은 사회의 질서를 유지한다. ② 법은 사회를 규제하지 않는다. ③ 법은 범죄를 예방하고 처벌하는 역할을 수행한다. ④ 법은 사회의 안전을 보장하고 증진시키는 중요한 도구이다. ⑤ 법은 개인과 집단 간의 균형과 조화를 유지한다.	
정답	②
해설	사회는 법을 통해 기본적인 규칙과 원칙을 제정하는등의 규제하는 역할을 담당한다.

문제 2	
법의 이념 중 무엇을 설명한 것인가? 공공복지란 공공의 이익, 일반적 이익 또는 행복 등으로 표시되는 불확정개념(不確定槪念)임 ① 효율성 ② 정당성 ③ 형평성 ④ 합목적성 ⑤ 안정성	
정답	④
해설	독일의 법학자 리드브루흐(G. I. Radburch)는 법의 이념으로 정의, 합목적성, 법적 안정성을 제시하였다.

문제 3	
사회복지법제의 목적으로 옳은 것은? ① 경쟁적인 사회 구축 ② 지배계층의 권리와 자유 보호 ③ 다양한 차별 인정 ④ 사회적 포용 증진 ⑤ 사회적 불평등성 강화	
정답	④
해설	사회복지법제는 사회복지서비스의 제공과 관련된 법적 마련하고, 건강하고 공정한 사회의 구축, 사회취약계층의 권리와 자유를 보호, 사회적인 공정성과 평등의 강화, 그리고 사회적 포용의 증진 등을 목적으로 한다.

문제 4	
법의 기능으로 보기 어려운 것은? ① 과정의 기능 ② 선도적 기능 ③ 질서유지의 기능 ④ 통제의 기능 ⑤ 예측의 기능	
정답	①
해설	법은 질서유지, 통제, 선도, 평가, 그리고 예측의 기능을 갖고 있다.

문제 5	
법의 특성 중 어느 것을 설명한 것인가? 법은 사회 구성원들에게 의무와 권리를 주는데, 이를 준수하지 않으면 법적인 제재를 받을 수 있다. ① 공정성 ② 다양성 ③ 가변성 ④ 복잡성 ⑤ 구속성	
정답	⑤
해설	법의 구속성에 의해 사회 구성원들에게 의무와 권리를 주며, 만약 이를 준수하지 않으면 법적인 제재를 가한다.

2장

사회복지법제의 역사

KEY WORD :

학 습 목 표

1. 사회복지법제의 기원과 동향을 제시할 수 있다.
2. 외국 사회복지법의 역사적 특징을 설명할 수 있다.
3. 국내 사회복지법의 발달과정을 구분할 수 있다.

1. 사회복지법제의 기원과 동향

1) 사회복지법 탄생의 요인

사회복지법은 사회복지서비스와 혜택을 제공하기 위해 법적 기반을 마련하는 법률로서, 사회적으로 취약한 개인과 집단의 복지를 증진하고 사회적 정의를 실현하기 위해 제정된 것에서 출발하고 있다.

사회복지법의 기원은 다양한 요인과 사회적 변화에 따라 다르지만, 일반적으로 다음과 같은 요인들을 제시할 수 있다.

① 산업화와 도시화

산업화와 자본주의의 발달, 그리고 정치 · 경제 · 사회체제의 변동에 따라 나타난 사회문제를 해결하기 위한 사회복지제도와 함께 형성되고 발전하였다.[23] 즉, 산업화와 도시화는 사회적인 문제와 취약한 계층의 등장을 촉진하였다. 노동자들의 불안정한 근로조건과 생활상황은 사회적 문제로 부각되었고, 이에 대응하기 위한 사회복지 정책과 법률의 필요성이 대두되었다.

② 사회적 진보와 인권 운동

19세기와 20세기 초기의 사회적 진보 운동과 인권 운동은 사회적 불평등과 차별을 개선하기 위한 노력을 촉발하였다. 이러한 운동은 사회취약계층의 권리와 복지에 대한 인식을 높였으며, 이를 반영하기 위한 법적 조치가 필요하게 되었다.

23) 남기민·홍성로(2020). 사회복지법제와 실천(제7판). 공동체. 31쪽.

결국, 사회복지법은 역사적 소산으로서 자본주의 체제와 시민사회의 성립 · 진행 · 발전 과정과 불가분의 연관성 속에서 생성 · 발전하여 왔다[24]고 할 수 있다.

③ **경제대공황과 사회적 안정**

20세기 초기의 경제대공황은 많은 사람들이 고통받고 어려움을 겪게 하였는데, 정부는 이러한 경제적 어려움을 겪는 국민들이 대처하고 사회적 안정을 유지할 수 있도록 사회복지 프로그램을 개발하고 이를 법적으로 보장하기 시작하였다.

④ **복지국가 이론과 사회주의운동**

복지국가 이론은 개인의 복지와 사회적 정의를 보장하기 위해 정부의 역할을 강조하는 이론이다. 이러한 이론은 사회주의운동과 긴밀하게 연결되어 사회적으로 취약한 계층을 보호하고 복지서비스를 제공하기 위한 법적 장치의 필요성을 제시하였다.

2) 사회복지법제의 기원

사회복지법제는 시민법을 거쳐 사회법이 발달한 후에 시작되었다.

(1) 시민법

사회복지법은 시민법의 한계에 대한 비판적 견시에시 출현한 사회법으로서, 독립된 법 영역을 확보해 나왔다.[25] 여기서의 시민법(Civil Act)이란 사법(민법)을 말하며, 계약자유의 원칙, 사적소유, 개인의 책임 등의 특징이 있다. 시민법이라고 하는 용어는 사회법에 대한 용어로서 사용되는 일이 있는데, 이 경우의 시민법은 만민법에 대한 의미로서의 시민법과는 다르며 본래는 유럽 중세의 도시에서 발달한 법을 말한다. 중세의 도시에서는 상인이나 수공업자가 거주하고, 도시는 영주로부터 자치권을 획득하여 자치권에 기하여 영주의 국가에서 시행되는 법과는 다른 도시법을 만들었다. 도시법의 원리는 근대사법에 영향을 끼친 것으로서, 근대사법은 개인의 자유 · 평등을 전제로 하여 자유 · 평등한 개인의 자유로운 거

24) 이중호(2015). "사회복지법의 개념과 법체계의 개선방안". 동아법학. 68: 435-476.
25) 남기민 · 홍성로(2020). 사회복지법제와 실천(제7판). 공동체. 31쪽.

래활동을 인정한다고 하는 원리에 근거를 두고 있다.

시민법과 사회복지법은 다음과 같은 이유들로 서로 밀접하게 연관되어 있다.

첫째, 시민법은 시민들의 권리와 의무를 보호하고 조절하는 목적을 갖고 있는데, 이는 개인이 안전하게 살고 균형을 이루며 사회적으로 참여할 수 있는 기반이 된다. 이러한 기능은 곧 사회복지라는 제도와 정책를 통해 시민의 권리와 의무를 보호하고 강화하게 되고, 사회적 취약계층에게 필요한 지원을 제공할 수 있게 되었다.

둘째, 시민법은 개인들 간의 평등과 공정을 유지하기 위해 필요한 규범을 제공한다. 이는 인종, 성별, 종교, 출신 등의 차별을 방지하고, 개인의 기회와 자유를 보장한다. 결국, 사회복지는 이러한 시민법에서 정한 규범을 통해 사회적으로 취약한 개인들에게 평등한 기회와 자원을 제공하여 사회적인 격차를 해소하고 공정성을 실현할 수 있었다.

셋째, 시민법은 개인의 복지와 안녕을 보장하기 위해 필요한 법적인 구조를 제공한다. 이는 개인의 생존, 건강, 교육, 주거, 일자리 등에 대한 보호와 지원을 포함한다. 사회복지는 이러한 구조화된 시민법을 통해 개인의 복지와 안녕을 제공하기 위한 다양한 사회복지 정책과 서비스를 제공하며, 사회적으로 취약한 개인들이 필요한 지원을 받을 수 있도록 도와 주었다.

넷째, 시민법과 사회복지는 사회적인 통합과 안정을 도모하는 것을 공통으로 한다. 즉, 시민들이 권리를 행사하고 의무를 이행할 수 있는 사회적인 구조가 갖출 수 있도록 시민법은 그 근거가 되었고, 실제 생활에서는 사회적으로 취약한 개인들에게 사회복지가 지원을 함으로써 사회적인 통합을 촉진하고 안정한 사회를 형성하는 데 기여하게 되었다.

결국, 개인의 권리와 의무를 규제하고 정의와 공정을 구현하기 위한 법률의 집합을 통해 시민법은 이며, 사회복지는 사회적으로 취약한 개인과 집단에게 복지와 안녕을 제공하는 정책과 서비스라는 관련성을 갖는다. 이러한 관련성이 높은 내용은 현대 사회복지법에도 반영되어 나타나게 되었다.

(2) 사회법

사회법(Social Law)이란 사법과 공법이 혼합된 법(노동법 등)을 말하며, 계약의 공정성, 소유의 사회성, 사회 및 국가의 책임 등을 대표적 특징이라 할 수 있다. 시민법 이후에도, 실제 생활에서 평등을 실현하기 위한 법체계가 요구되었고 그래서 만들어진 것이 이른바 '사회법'이다. 사회법 아래에서 모든 인간은 불평등하다. 따라서 불평등하게 적용함으로써 평등을 구현하는 것이 사회법의 원리이다.

이러한 사회법과 사회복지법은 사회적 문제와 그 해결에 관련된 법적 측면에서 서로 연관성을 가지고 있다.

사회법은 사회질서를 유지하고 사회적인 균형과 정의를 실현하기 위해 제정된 법률의 집합을 말한다. 이는 사회적인 문제에 대한 해결책을 제시하고, 사회의 안전과 안녕을 유지하는 역할을 한다. 예를 들어, 형법이나 노동법 등 사회적 규범을 수립하여 범죄 예방과 징벌, 노동자의 권리와 보호 등을 다루는 법적 제도들이 사회법에 해당한다.

반면, 사회복지법은 사회적 취약 계층이나 어려운 상황에 처한 개인과 집단에게 사회적 지원과 복지 서비스를 제공하기 위해 제정된 법률을 말한다. 사회복지법은 사회적 평등과 사회적 안녕을 추구하며, 사회적으로 취약한 이들의 기회균등과 복지증진을 위한 법적인 보호와 지원체계를 구축하는 데 초점을 둔다. 사회복지법은 사회보장법, 보호관찰법, 장애인복지법 등 다양한 법적 제도들로 이루어져 있다.

따라서, 사회법은 사회적 문제의 원인과 결과를 다루며, 이를 예방하고 제어하기 위한 법적 장치를 제공한다. 반면에 사회복지법은 사회적으로 취약한 이들에게 직접적인 지원과 복지 서비스를 제공하고, 사회적 불평등을 완화하고 사회적 안녕을 추구하는 데 중점을 둔다. 이러한 방식으로 사회법과 사회복지법은 상호 보완적이며 연계적인 역할을 수행하여 사회적 문제의 해결과 사회적 복지의 증진을 목표로 한다.

3) 사회복지법제의 최근 동향

2000년대 이후, 한국을 비롯하며 많은 국가들에서 사회복지법제가 발전해 왔다. 이러한 발전은 주로 복지국가의 기능을 강화하고, 사회적 평등을 증진하기 위한 노력의 일환으로 이루어졌다.

(1) 사회정책의 다양성 확대

복지국가들은 다양한 사회복지정책을 도입하고 개선해왔다. 이러한 다양성은 사회적인 다양성과 다양한 삶의 형태를 반영하며, 개인의 다양한 필요에 부합하는 사회복지서비스를 제공하기 위한 것이다. 주로 다음과 같은 법 또는 제도들이 제정(개정)됨으써 사회정책이 다양해지고 강화되고 있다.

① 차별금지법

차별금지법(Anti-discrimination law 또는 Non-discrimination law)은 어떠한 형태의 차별도 허용하지 않고 모든 시민이 동등한 접근권을 가지도록 보장하는 것을 내용으로 한다. 이는 인종, 성별, 나이, 장애 등에 대한 차별을 금지하는 법률이다.

② 사회보장법

사회보장법(Social security law)은 국민이 경제적으로 어려움을 겪을 때 필요한 지원을 제공하는 것을 내용으로 한다. 이를 테면, 식량, 주거, 의료, 교육 등의 인간이 생존하는데 기본적으로 필요한 것을 충족시키는데 도움을 주는 법률이다.

③ 균등기회법

균등기회법(Equal opportunity law)은 모든 시민이 교육, 일자리, 경제활동 등에서 공평한 기회를 가질 수 있도록 지원하는 것을 내용으로 한다. 이는 사회적으로 약자를 보호하고 소외된 그룹에 대한 차별을 막는데 중점을 두는 법률이다.

④ 노동법

노동법(Labor law)은 근로자의 권리와 안전을 보호하며 고용자의 권리와 의무를 규제하는 것을 내용으로 한다. 이는 근로자들이 적절한 임금, 안전한 작업 환경, 적정 근로시간 등을 확보할 수 있도록 하는 법률이다.

⑤ 소득재분배 정책

소득재분배 정책은 소득 격차를 완화하고 사회적으로 취약한 계층에게 보다 많은 지원을 제공하는 목적을 가진다. 이를 테면, 세금제도, 사회보험, 사회복지 프로그램 등을 통해 이루어질 수 있다.

⑥ 보육 정책

보육 정책은 어린이와 가족의 복지를 증진시키기 위한 목적을 가진다. 이는 보육시설의 확대, 보육비 지원, 육아휴직 등을 포함할 수 있다.

⑦ 장애인 보호 및 지원 정책

장애인 보호 및 지원 정책은 장애인의 권리를 보호하고 사회적 포용을 증진하기 위한 목적을 가진다. 이는 장애인의 교육, 고용, 건강, 접근성 등에 대한 지원을 포함할 수 있다.

(2) 사회적 포용을 위한 노력

복지국가들에서는 사회적으로 취약한 계층의 포용과 사회적 차별을 감소시키기 위한 노력 등이 강조되었다. 예를 들어, 성별, 인종, 출신 지역, 장애 여부 등에 따른 차별을 줄이기 위한 정책이 확대된 경우이다. 이러한 노력은 사회적인 다양성을 인정하고, 더 많은 사람들이 사회적으로 참여하고 혜택을 받을 수 있도록 돕기 위한 것이다.

① 동등한 기회 보장

복지국가는 인종, 성별, 출신 지역 등과 같은 인적 특성에 따라 차별이 없이 모든 시민에게 동등한 기회를 보장하기 위해 법을 제정한다. 이를 위해 고용, 교육, 주거 등의 분야에서 차별금지법이 시행된다.

② 사회보장제도

복지국가는 사회적 약자나 경제적으로 취약한 개인이나 가구를 보호하기 위해 사회보장제도를 수립한다. 이는 예산 지원, 건강 보험, 의료 서비스, 장애인 지원, 실업 보험 등을 포함한다.

③ **공공서비스의 보장**

복지국가는 국민에게 균일하게 공공 서비스를 제공하기 위해 법을 제정한다. 이는 교육, 보건, 교통, 문화 등 다양한 분야에서 이루어진다. 모든 국민이 공공 서비스에 접근할 수 있도록 하는 것이 사회적 포용을 강화하는 한 방법이다.

④ **인권 및 평등 보호**

복지국가는 모든 시민의 인권과 평등을 보호하기 위해 법을 제정한다. 인종차별 금지, 성별평등, 장애인 권리 보호 등과 같은 법들이 이에 해당한다. 이러한 법들은 사회적인 차별을 예방하고 다양성을 존중하는 사회를 조성하는 데에 기여한다.

⑤ **양극화 방지 및 소득재분배**

복지국가는 경제적인 양극화를 방지하고 소득의 공정한 재분배를 위해 법을 제정한다. 예를 들어 세금 제도를 통해 고소득층에게는 더 높은 세금 부담을 요구하고, 저소득층에게는 재정적 지원을 제공하는 방식으로 재분배를 이루어낼 수 있다.

(3) 사회보장체계 강화

많은 국가들에서 사회보장체계를 강화하고 보호하는 방향으로 나아갔다. 이를 위해 사회보장제도에 대한 개선과 확장이 이루어졌으며, 실질적인 보호와 안전망을 제공하기 위한 목표로 더 많은 자금이 투입되었다. 이러한 발전은 고령화사회에서의 노인복지, 실직자와 저소득층의 생활보장, 의료서비스의 접근성 등에 영향을 미치고 있다.

① **사회보장의 확대**

2000년대 이후 복지국가들은 사회보장의 범위를 확대하고 보호 대상을 확장시키는 데 많은 노력을 기울였다. 이는 예산 지원, 의료 서비스, 주거 지원, 교육 등 다양한 분야에 이루어지며, 저소득층, 노인, 장애인, 실직자 등을 대상으로 하였다.

② **노동자보호법의 강화**

노동자의 권리와 안전을 보장하기 위해 노동법과 노동기준법 등의 법 강화가 이루어졌다. 최저임금 인상, 근로시간 단축, 사회안전망 확대, 노동환경 개선 등을 통해 노동자의 권익과 복지를 강화하고자 하였다.

③ **여성과 가족의 권리 보장**

여성과 가족의 권리 보장을 위한 법적 조치가 강화되었다. 이는 성평등 관련 법의 강화, 육아휴직 확대, 육아복지 정책, 가족돌봄서비스 확충 등이 포함된다. 결국, 이를 통해 여성의 사회참여와 경제적 안정, 가족의 행복 등을 지원하고자 하였다.

④ **다문화사회에 대한 대응**

다문화사회에 대한 법적 대응이 강화되었다. 이는 이주노동자, 결혼이주민, 난민 등의 다문화인들의 권리 보호뿐만 아니라, 다문화 교육 및 문화다양성 확대를 위한 정책, 인종차별 금지 등을 통해 다문화 사회의 사회적 포용을 강화하고 다양성을 존중하는 사회를 구축하고자 하였다.

⑤ **사회적 기업과 사회적 경제 활성화**

사회적 기업 및 사회적 경제 활동을 지원하기 위한 법적 조치가 증가하였다. 사회적 기업의 설립과 운영을 지원하는 법과 제도의 확충, 사회적 경제 분야의 지원과 장려, 사회적 가치 창출을 위한 정책 등이 해당한다.

(4) 국제기구와 국가 간 협력 강화

국제적으로도 사회복지법의 발전과 협력이 이루어지고 있다. 예를 들어, 유엔을 비롯한 국제기구와 많은 국가들은 사회적 포용과 사회적 보호를 강화하기 위한 목표를 공유하고 협력하고자 노력하고 있다. 이러한 국제적 협력은 사회복지법 발전에 긍정적인 영향을 미치며, 다양한 국가 간의 사례 공유와 최선의 실천방법에 대한 토론을 촉진하고 있다.

이러한 경향은 국가마다 차이가 있을 수 있으며, 사회복지법이 계속해서 발전해 나갈 것으로 예상된다. 그러나 동시에 금융적, 인구학적인 변화, 정치적인 이슈 등에 따라 다양한 도전과 과제가 존재한다. 이러한 도전에 대응하면서도, 사회복지법이 사회취약계층을 보호하고 포용하는 역할을 충실히 수행할 수 있도록 노력하고 있다.

2. 외국 사회복지법제의 역사와 특징

1) 영국

영국의 사회복지법은 영국 정부가 사회복지와 관련된 문제를 다루기 위해 제정한 법률과 규정을 포괄하고 있다. 사회복지법은 영국 내에서 사회적 책임, 사회복지 지원, 보호 및 지원 서비스를 제공하는 것을 목적으로 하였다. 이 법들은 사회복지서비스 제공에 대한 기준을 설정하고, 개인과 가정, 노인, 장애인, 아동, 가정폭력 피해자 등 다양한 취약계층에게 보호와 지원을 제공하는 것으로, 주로 다음과 같은 법률들이다.

(1) 사회보장법

사회보장법(Social Security Act)은 영국 내에서 재정적 지원을 받을 자격을 규정하고, 빈민, 장애인, 실업자, 노인 등 다양한 집단에게 사회보장 혜택을 제공하였다. 이 법은 사회보장제도와 관련된 다양한 수당과 급여를 포함하고 있다. 대표적으로, 빈민을 위한 사회보장법으로 빈민법(1601년), 신빈민법(1834년) 등이 있었다.

가. 1601년 빈민법

엘리자베스 1세 통치 중인 1601년에 제정된 영국의 빈민법(Poor Law)[26]은 빈민(빈곤층)과 사회적 취약계층에 대한 법적 지원과 보호를 제공하는 목적으로 만들

26) 이 법은 '엘리자베스 빈민법(The Act for the Relief of the Poor)'이라고도 불리거나, 신빈민법과 구별하기 위해 ' 구빈법(舊貧法)'이라고도 불린다.

어졌다. 빈민법은 가난한 사람들에 관한 국가 정책을 수립할 뿐만 아니라 초기 법안을 성문화하려고 시도했기 때문에 중요하다. 또한, 정부는 법체계를 통해 빈민에 대한 정책적 지원의 대상, 즉 구제 대상을 범주화(categories)하였다는 의미가 있다.

〈빈민법을 사회복지법의 기원으로 볼 수 있는가?〉

- (볼 수 있다는 입장) 일단 국가적 차원에서 빈민문제를 다루었고, 19세기 말 이후 공공부조법으로 발전하였다는 점[24)]
- (볼 수 없다는 입장) 영국 자본주의의 본원적 축적기에 있었던 빈민의 대량발생과 질서유지와 치안방위적인 입장에서 제정된 빈민관리법과 조례들을 집대성한 것에 지나지 않는다는 점[25)]

공공부조의 대상 중 근로할 수 있는 대상인지의 여부를 구분한다는 것은 국가로부터 부조를 받는 조건으로 계속 일하도록 강제적 규제를 받도록 한다는 것을 의미한다. 이는 1697년 제정된 작업장법(Workhouse Test Act)도 이와 같은 측면에서 제정된 것이었다. 결국, 빈민법 또는 작업장법 등은 실업자들이 구제를 받기 위해서는 그들이 일하도록 강제하는 수단을 가져야 한다는 현재의 사회보험정책에도 영향을 미쳤다.[29)] 빈곤층의 일자리 부족 문제에 대응하기 위해 지역사회에서의 노동능력을 활용하는 방안을 법적 규제를 통해 실현하고자 한 것으로, 빈곤층의 경제적 자립을 촉진하는 것과 관련이 있다고 보아야 할 것이다.

빈민법이 갖는 현대적 의의는 다음과 같이 정리할 수 있다.[30)]

첫째, 세계 최초로 구빈(poor relief)을 법으로 규정하였다는 것이다.

둘째, 현대 사회보장제도 중 공공부조(Public assistance)의 시초였다는 것이다.

셋째, 빈민구제에 대한 정부의 책임을 인정함으로써 구빈원리를 확립하였다는

27) 남기민·홍성로(2020). 사회복지법제와 실천(제7판). 공동체. 33쪽.
28) 남기민·홍성로(2020). 사회복지법제와 실천(제7판). 공동체. 33쪽.
29) Chauncey A. Alexander(1976). "What does a representative represent? Get access Arrow". Social Work. 21(1): 5-9. https://doi.org/10.1093/sw/21.1.5
30) 조원탁·김형수·이형하·조준(2020). 사회복지법제와 실천(제13판). 양서원.

것이다.

넷째, 빈민구제 담당행정기관을 설립하여 구빈세(poor tax)를 부과하였다는 것이다.

다섯째, 보호대상 아동을 공적으로 보호하였다는 것이다.

여섯째, 노동능력 유무에 따라 강제노역장과 구빈원(오늘날의 시설보호)을 활용하였다는 것이다.

일곱째, 친족부양 책임을 강조하였다는 것이다.

여덟째, 부랑자의 발생 방지에 주력하였다는 것이다.

이와 같은 빈민법은 최초로 빈민구제를 국가책임으로 인정하고 국세를 빈민구제사업에 투입하였기 때문에 사회복지의 근원이라는 평가가 이루어지고 있다.

〈빈민법 이전의 구빈정책의 특징〉

빈민법 이전의 구빈정책은 인도적인 구제보다는 사회통제적 기능이 더 강조되었다. 즉, 구빈활동은 노동능력자와 노동무능력자를 구분하여 대우하였는데, 노동능력이 있는 사람은 강제노동을 통해, 그리고 노동능력이 없는 사람은 구빈원에 수용하여 구제하였고, 그 당시는 빈민이 자유롭게 돌아다니는 것을 방지하는 데 우선적 목표를 두었기 때문이다.

「노동자 칙령(The Ordinance of Labourers)」(1349)의 자선금지조항, 「케임브리지법(Statute of Cambridge)」(1383)[27]의 방랑금지조항과 아울러 빈민이 수용시설에서 탈출하다 잡히면 도망자라는 F자 표시를 하는 「걸인처벌법(Vagabonds Act)」(1530)이 제정되었었다. 이것은 오늘날 사회적 요보호자에 대한 낙인(stigma)의 유래로 볼 수 있다.

* 출처 : 이준영 · 김제선 · 박양숙 · 오지선(2021). 사회보장론: 이론과 실제(제4판). 학지사.

나. 빈민법과 신빈민법 사이의 법률들

빈민법은 그 의의에도 불구하고 국가는 빈민에 대한 구빈정책을 감당하기 위한 재정을 줄여야 하는 상황에 직면하게 되었다. 그에 따라 여러 가지 정책 또는 제도를 도입해야 했는데, 그것이 곧 정주법, 작업장법, 길버트법, 스핀햄랜드법 등으로 나타났다.

31) 이 법은 이후 1597년 개정되었다가, 1495년 'Vagabonds and Beggars Act'으로 개정되었다.

① **정주법**

1662년 제정된 정주법(The Laws of settlement)[32] 은 정착 및 이주에 관한 법률로서 구제를 찾아 한 교구에서 다른 교구로 빈민들이 이동하는 것을 방지하는 것을 목적으로 한 법이었다. 즉, 부랑인을 단속하기 위한 법이었다. 이 법의 배경에는 도움이 필요한 가난한 사람들을 책임지는 것은 관할 지역에서 출생한 자만을 책임지고자 하였다는 것이다. 이 법은 현재까지도 영향을 미치고 있는데, 특히 과거 세계 각국이 제국주의 및 식민지 통치를 하던 시대에 거주를 지원의 필수 요건으로 하여 식민지 국민들을 통치하려고 할 때 크게 영향을 미친 법률 중 하나였다.

② **작업장법**

작업장법(The Workhouse Test Act)[33]은 노동이 가능한 빈민을 고용하여 국가적 부의 증대에 기여하고자 하는 목적에서 1697년 제정된 법이었다. 동시에 빈민에게 노동을 강제함으로써 구빈 재정의 지출을 줄여보자는 의도도 있었다.

③ **길버트법**

1782년 제정된 길버트법(Gilbert Act)[34]은 기존의 원내구제(indoor relief) 즉, 작업장에서 빈민들의 비참한 생활과 착취를 개선할 것을 목적으로 하였다. 노동력이 있는 빈민을 작업장에 보내는 대신 자기 가정이나 인근의 적당한 직장에서 취업하도록 알선해 주는 원외구제(outdoor relief)를 인정하는 내용이었다. 이 때문에 오늘날의 탈시설화(deinstitutionalization)나 지역사회복지(community care)의 기반이 되었다.

④ **스핀햄랜드법**

1795년 제정된 스핀햄랜드법(Speenhamland Act)[35]은 일종의 빈민에 대한 '임금보조제도'(Relief Allowance System)로서, 최저생활비 미달의 임금에 대해서 그 부족분을 보조해 주는 제도이다. 이것은 오늘날 가족수당이나 최저생활보장의 기

32) 또는 거주제한법 등으로도 불린다.
33) 또는 작업장선서법, 나치블법 등으로도 불린다.
34) 이 법은 길버트 토마스(Gilbert Thomas)가 제안하였기 때문에 '길버트법'이라고 한다.
35) 스핀햄랜드는 영국 버크셔(Berkshire) 주의 지역으로서, 스핀햄랜드 치안판사회의에서 법을 제정하였다.

반이 되었다.[36)]

다. 1834년 신빈민법

1601년 제정된 빈민법이 의도한 대로 시행되지 않는다는 우려에 대한 반응으로 1834년 '빈민법 개혁법'(Poor Law Reform Act)이 통과되었는데, 이 법을 개정 빈민법(The Poor Law Reformed) 또는 신빈민법(New Poor Law Act)이라고 부른다.

물론, 법 제정 이전인 1832년 왕립위원회는 빈곤이라는 질병을 치유하려면, 노동능력자와 그들의 피부양자에 대한 구제를 제한해야 한다고 판단하에 임금보조제도(relief allowance system)의 철폐, 작업장(workhouse)의 활용, 원외구호의 제한, 구호행정의 통합, 열등처우, 그리고 중앙통제라는 여섯 가지의 원칙을 권고하였다.

이러한 권고를 바탕으로 2년 뒤인 1834년 구빈비용의 계속적인 증가와 사회적 변동으로 기존의 빈민법들로서는 그 기능을 발휘할 수 없게 되어 구빈 비용을 절감하기 위해 개정 빈민법을 제정하게 되었다. 이 법에서는 모든 형태의 원외구제(가정에 있는 사람들에 대한 지원)를 폐지하고, 1601년 빈민법 조항의 전체 의도를 엄격하게 시행할 것을 명령하였다. 또한 이 법은 최저임금 근로자보다 수혜자가 더 나은 금액의 지원을 제공하지 않도록 하기 위해 열등처우의 원칙(the principle of less eligibility)과 더불어, 균일처우의 원칙(the principle of national uniformity), 강제노역장 활용의 원칙(the principle of workhouse) 등과 같은 구빈행정 체제의 원칙을 마련하였고, 오늘날 초기 사회복지 법률들과 공공복지의 기본 원칙이 되었다

라. 베버리지 보고서와 사회복지법

빈민법은 20세기 초 자유당 정부의 대대적인 사회정책 입법에 의해 주요 원칙들이 변화되었고, 제2차 세계대전 이후 베버리지 보고서(1942)의 출현으로 사회복지법으로 발전되었다.[37)] 제2차 세계대전이 진행 중이던 1941년 영국 노동조합

36) 박석돈 · 김병찬 · 박연희 · 우혜숙 · 이정미 · 정윤수(2019). 사회복지법제(3판). 양성원.

37) 남기민 · 홍성로(2020). 사회복지법제와 실천(제7판). 공동체.

총연맹의 청원을 계기로 영국정부와 의회는 베버리지(William Henry Beveridge)를 위원장으로 한 위원회를 조직하여, 당시 영국 청년 등의 생활실태와 노동자들의 건강보장에 대한 제도 등을 조사하게 되었다. 1942년 11월 건강보험, 실업보험, 연금 등 모든 국민을 대상으로 하는 제도를 정비할 것을 주 내용으로 제시한 사회보험과 관련 서비스(Social Insurance and Allied Services)라는 정식 명칭을 가진 보고서가 발간되는데, 그것은 곧 위원장의 이름을 딴 '베버리지 보고서(Beveridge Report)'로 불렸다. 이 보고서는 사회보장 제도의 확대를 위해 구상되었고, 대중의 관심이 집중되면서 제2차 세계 대전 후의 영국이 가야 할 복지국가의 토대가 되었다.

영국 복지국가의 사회복지 입법화의 주요 내용은 가족수당법(1945), 국민보험법(1946), 산업재해법(1946), 국민보건서비스법(1946), 국민부조법(1948), 아동법(1948) 등이며, 1948년에 사회보장법이 전면 실시되었다.

① 가족수당법

1945년 가족수당법(Family Allowances Act)은 영국에서 아동 수당을 제공하는 최초의 법률. 가족 수당은 1942년 베버리지 보고서에서 제안한 항목 중 하나였다.

② 국민보험법

1946년 국민보험법(National Insurance Act)은 근로연령의 모든 사람은 주간 기여금을 납부해야 했으며 그 대가로 후견인(또는 고아) 수당, 사망 보조금, 실업수당, 과부 수당, 질병 수당 및 퇴직 연금 등 다양한 수당을 받을 수 있었다.

③ 산업재해법

1946년 영국의 산업재해법[38]은 영국의 산업 안전 및 노동자 보호에 대한 중요한 법률 중 하나로 노동자들이 산업 활동에서 발생하는 재해 및 질병으로부터 보호받을 수 있도록 하기 위해 제정되었다.

38) 이 법의 정식 명칭은 "산업재해 및 질병보상법"이라고 알려져 있다.

④ **국민보건서비스법**

1946년 국민보건서비스법(The National Health Service Act 1946)은 영국에서 국민보건서비스(National Health Service, NHS)를 만들기 위해 제정된 법률(1948년 시행)로, 영국에서 모든 시민에게 동일한 품질의 의료 서비스를 무료로 제공하는 체제를 구축하였다.

⑤ **국민부조법**

1948년 국민부조법(National Assistance Act)은 엘리자베스 1세 시대부터 존재했던 구빈법 제도를 공식적으로 폐지하고, 노숙자, 장애인, 미혼모 등 국민보험료를 내지 않아 방치된 사람들을 위한 사회안전망을 구축하는 것을 주요 골자로 하였다.

⑥ **사회보장법**

1948년에 제정된 사회보장법은 "1948년 국민보건서비스 및 사회보장법(National Health Service and Social Security Act 1948)"이라 불리는데, 국민보건서비스(NHS : National Health Service)를 비롯하여 사회보장 체계를 정립하고 국민에게 일정한 수준의 복지를 제공하기 위해 제정되었다. 이 법은 국민에게 건강, 의료, 실업, 노령 등 다양한 상황에서의 보호를 제공하고자 하였다.

(2) 노동자법

18세기 초반인 1700년대 영국에서 노동자들은 다양한 산업 부문에서 일하며 삶을 유지하고 있었다. 그러나 그들의 상황은 극도로 어려웠고, 노동 조건은 매우 열악하였다. 산업혁명의 초기 단계에서는 수공업과 소규모 공장이 주를 이루었는데, 이러한 공장에서 일하는 노동자들은 많은 경우 낮은 임금, 장시간 노동, 불건전한 작업 환경과 안전 문제 등에 직면하였다. 일주일에 12~16시간을 일하는 것이 흔하며, 휴식이 거의 없었다. 더구나, 어린 아이들까지도 노동력으로 활용되었는데, 아이들은 저렴한 노동력으로 활용, 장시간 노동, 안전 및 위생 문제, 교육부족 등 극도로 힘든 조건에서 일하는 경우가 많았다. 심지어 일부 공장에서는 아이들을 대량으로 고용하고 일종의 "팩토리 시스템"을 도입하여 체계적으로 노동력을 활용하는 경우도 있어, 결국 노동자들에게 잔악한 조건을 제공하여 생존하기 어렵게 만들었다. 그러나 당시에는 노동자의 권리를 보호하고 조직화할 수 있는 제도나 단체가 부족하였다.

1796년, 의회 의원이자 의사인 사이러스 뉴라니호베(Siraj–ud–Daulah)는 어린이와 여성 노동자의 고용과 근로 조건에 대한 조사를 진행한 보고서를 발표하였다. 이 보고서에서는 주로 어린이와 여성 노동자들이 공장에서 근로하는 시간과 조건을 살펴보았다. 그 결과, 근로 시간이 지나치게 길고, 작업 환경이 위험하며 불건전하다는 문제를 지적하였다. 특히, 뉴라니호베는 노동자들의 건강과 안전 문제에 대한 우려를 표명하면서 어린이와 여성들이 동일한 작업 환경에서 성인 남성과 동등하게 노동하지 않는 것이 필요하다고 강조하였다.

뉴라니호베의 보고서를 기반으로 1802년 주로 어린이와 여성의 노동자들을 보호하고 공장에서의 노동 조건을 개선하기 위해 '공장법'이 제정되었다. 즉, 이 법은 어린이와 여성들의 근로 시간을 제한하고 안전 및 위생 조건을 규제하기 위한 법이었다. 이 법의 제정은 당시에 공론화를 일으켜 노동자들의 보호에 대한 인식을 높였다. 그 후, 1833년 근대적인 최초의 사회정책적 공장법으로 제정되었다.

(3) 사회복지서비스법

① **아동보호법**(Children Act)

아동의 복지와 안전을 보장하기 위해 제정된 법률이다. 이 법은 아동에 대한 보호, 양육, 교육 및 서비스 제공을 강화하며, 아동 학대 예방과 조치를 포함한다.

② **노인복지법**(Older People's Welfare Act)

이 법은 노인에게 건강 관리, 주거, 사회적 연결, 재가 지원 등을 제공하여 노인의 삶의 질을 향상시키기 위해 제정되었다. 노인들의 복지와 재가 지원 서비스를 강화하는 것을 목표로 한다.

③ **장애인복지법** (Disability Act)

장애인의 권리와 차별금지를 보호하기 위해 제정된 법률이다. 이 법은 장애인의 교육, 고용, 주거, 교통 등 다양한 분야에서 차별 없는 접근을 보장하고, 그들의 권리를 증진시키는 데 초점을 두고 있다.

④ **가정폭력법** (Domestic Violence Act)

가정 폭력 피해자를 보호하기 위해 제정된 법률이다. 이 법은 가정 폭력에 대한 예방, 피해자 지원 및 법적 조치에 대한 프레임워크를 마련하고, 가해자에 대한 제재와 처벌을 강화한다.

2) 미국 사회복지법의 역사

(1) 노동자 재해보상법과 와그너-루이스법

미국에서는 1910년부터 의료 및 산재 등에 대한 다양한 민간보험이 존재하였으며, 1911년 민주당의 윌슨(Thomas Woodrow Wilson) 대통령이 「노동자 재해보상법(worker's compensation law)」을 제정하려는 시도를 시작으로 여러 차례의 시도에도 불구하고 임의보험 형태로만 유지되었다.

하지만 1929년 대공황(Great Depression)의 발발로 여러 사회문제가 나타나게 되면서 자유주의적 가치관이 변화하는 계기가 되었으며, 대량실업의 원인이 개인의 결함이 아닌 사회적 모순이라는 연구가 잇달아 발표되었다. 실제로 대량실업자의 생활문제는 개인은 물론 민간기관이나 지방기관이 감당하기에도 역부족이었다.

타운센드운동(Townsend Movement)에서는 60세 이상의 모든 노인에게 200달러를 지급하라고 요구하였다. 와그너-루이스(Wagner-Lewis) 법안에서는 기업으로부터 5%에 달하는 실업기금을 징수하는 것을 골자로 하였다. 뉴딜(New Deal) 정책은 「와그너-루이스법」에 따른 기업의 부담을 줄이기 위한 대책으로 입안되었는데, 시민생활의 안정을 위해 현금지원, 식료품, 의류제공 및 공공사업의 발주와 같은 연방정부 차원의 대규모 구호대책을 수립하는 것을 목적으로 하였다.

(2) 사회보장법(1935년)

1934년 의회에 보낸 교서에서 사회보장법(Social Security Law)의 제정에 관하여 언급하였는데, 사회재건은 경기회복과 병행되어야 하고, 사회재건의 목적은 주택, 고용기회 및 생활변동대비책을 통하여 시민생활을 보장하는 데 있어야 한다는 것이었다.

「사회보장법」 제정의 의의는 생활문제에 대한 연방의 책임을 인정한 점에서 획기적이라고 할 수 있다. 그러나 의료보험이 도입되지 않은 것은 개인책임을 강조하는 미국적 전통을 유지한 것이며, 강한 이익집단의 의견이 정책에 반영되는 다원주의의 한 모습이라고 할 수 있다. 「사회보장법」은 생활안정이라는 목표보다는 사적부문으로의 복귀를 목표로 철저하게 경제적인 계산에 기초한 것이라는 견해가 있다.[39)]

3) 독일 사회복지법의 역사

독일의 사회복지법은 사회복지 서비스 및 혜택을 제공하는 법적 규정과 체계를 포함한다. 주요 법률오는 '사회보험법'과 '사회적 도움법' 등이 있다. 이 법률들은 국가와 지방 정부 간의 역할과 책임을 명시하고, 개인 및 가정이 사회적 보호와 지원을 받을 수 있는 자격 요건 및 절차를 규정하였다.

(1) 사회보험법

독일의 사회보장제도 특히 노동자 사회보험은 독일민족의 통일과 근대국가 형성을 위한 거대 프로젝트의 일부였다. 이러한 프로젝트는 우선, 1878년의 사회주의 진압법(Sozialistengesetz)을 제정하고, 폭력혁명으로 계급해방을 추진하여, 독일제국의 발전을 방해하는 세력을 탄압하는 "채찍"의 방법을 이용하였다. 다음은 1881년 11월 7일의 황제칙서(Kaiserliche Botschaft)로 노동자계급을 위한 사회정책이 구체적으로 추진되기 시작하였다.

먼저, 노동자질병보험법(Gesetz uber die Kranken Versicherung der Arbeiter)

39) 이준영·김제선·박양숙·오지선. 『사회보장론: 이론과 실제(제4판)』. 학지사. 2021.

을 제정하여, 1883년 6월 15일 효력이 발생하였다. 관리운영방식으로 직역별 · 지역별 조합방식을 채택하고, 보험가입은 강제였다. 급여의 종류로는 요양급여와 질병보상으로 이루어졌다. 또한, 재해보험법(Unfallversicherungsgesetz)의 도입에는 난항이 따랐다. 비스마르크는 고용주책임법(Reichshaftpflicht- Gesetz)을 제정하였으나 이것은 당시 산업재해의 20% 정도만 보호의 전제조건인 고용주 과실을 물을 수 있었기 때문에, 모든 노동자를 산업재해로부터 보호하는 안정적 수단이 되지를 못하였다. 이 때문에 고용주 과실을 묻지 않고 산업재해로부터 노동자를 보호하는 법을 제정하여야 했다. 그러나 재해보험의 재원확보, 관리운영, 급여방식을 둘러싸고 당시 정치세력들은 모두 입장을 달리하였다. 재해보험의 재원을 국고가 부담하고, 전국적인 조직으로 관리 운영하여야 한다는 비스마르크의 아이디어는 실현되지 못하였다. 한마디로, 국가사회주의(Staatssozialismus)에 대한 우려가 이유였다. 결국 재해보험은 직업조합이 관리운영의 주체가 되고, 고용주의 보험료를 재원으로 기금을 창설하는 법률을 제정하였다.[40)]

오늘날의 연금보험에 해당하는 「노령과 폐질보험법」은 비스마르크가 가장 큰 관심을 보였는데, 이는 장기급여로 노동자를 국가에 구속시키는 데 가장 적절한 수단이라고 생각하였기 때문이었다. 실제로는 여러 이익집단의 저항으로 이 보험법이 가장 늦은 1889년에 제정되었다.

비스마르크의 사회보험 관련 법은 현재까지 독일 사회보험제도의 골격을 형성하고 있으며 다른 나라의 사회보험제도의 초석을 이루고 있다는 점에서 중요한 사회정책적 의의를 가지고 있다. 하지만 기존의 사회정치 질서 속에서 산업화의 부산물로 생겨나는 사회문제를 해결하고 다른 한편으로 노동자들을 통합하려는 의도로써 마련된 비스마르크의 사회정책은 사회개혁을 위한 제도로서는 한계가 있다.

(2) 사회적 도움법

사회적으로 취약한 개인이나 가정은 사회적 도움을 받을 수 있다. 이는 실직자, 장애인, 노인, 임신부, 소득이 낮은 가정 등을 포함한다. 사회적 도움은 생계비 지

40) 정기혜 · 김용하 · 이지현(2012). 주요국의 사회보장제도: 독일편. 한국보건사회연구원.

원, 주택 보조금, 의료비 지원, 교육비 지원 등을 포함한다.

(3) 사회복지서비스법

① 장애인복지법

독일은 장애인들의 권리와 복지에 대한 보장을 중시한다. 장애인들은 장애 유형과 수준에 따라 다양한 서비스와 혜택을 받을 수 있다. 이는 장애인 복지 시설, 교육 및 직업 훈련, 장애인 수당 등을 포함한다.

② 노인복지법

독일은 고령화 사회에 대한 복지 시스템을 갖추고 있다. 노인들은 건강 관리, 장애를 위한 도움, 사회 활동 지원, 주거 시설 등 다양한 혜택을 받을 수 있다.

이외에도 독일의 사회복지법은 가정 양육 지원, 가족 수당, 법적 보호 등 다양한 사회복지 서비스 및 혜택을 다루고 있다. 독일 사회복지법은 사회적 평등과 안전망 제공을 목표로 하며, 국가와 지방 정부의 협력을 통해 시민들의 복지를 증진하기 위해 계속 발전하고 있다.

3. 한국 사회복지법의 발달과정

사회복지법제는 일정한 정치적 조건, 노사당사자 또는 국민의 의식과 요구, 경제적 관계 등과 관련되어 발전되어 왔으나, 자생적이며 자율적인 발전 과정을 거친 서구의 자본주의와는 달리 한국자본주의는 일제 식민지하에서 타율적으로 성립 · 발전하여 왔다.[41)]

사회복지원리의 헌법적 수용은 제헌헌법에서부터 시작되었다. 제헌헌법 제19조는 "노령, 질병 기타 근로능력의 상실로 인하여 생활유지의 능력이 없는 자는 법률의 정하는 바에 의하여 국가의 보호를 받는다"라고 규정하였다. 동 규정은 우리나라 사회복지법제 60년 역사를 생성하게 하는 초석으로 작용하였다. 방

41) 이중호(2015). "사회복지법의 개념과 법체계의 개선방안". 동아법학. 68: 435-476.

동희(2011)[42]는 헌법 제19조에 이후로 생성된 60여년의 기간의 사회복지법제 전개과정을 살피는데 있어서는 일정한 분류와 기준이 필요하다고 하였다. 사회복지는 정치 · 경제 · 사회 · 문화 등 다양한 생활영역과 밀접하게 관련을 맺고 있으며 어느 국가 및 사회에서도 마찬가지이겠지만 특히 한국사회에서 사회복지의 발전은 경제발전과 그 궤를 같이 해 왔고, 경제뿐만 아니라 정치 · 사회 등의 주변상황과 다차원적인 상호작용을 필수불가결하게 맺으로 변화의 과정을 겪었다는 것이다. 때문에 첫째, 어떠한 정치 · 사회 · 경제적 환경 하에서 우리의 사회복지법이 입법되고 변화되었는지, 둘째, 어떤 주체가 입법과정에 주도적인 역할을 하였고, 그 해당 주체간 역학관계는 어떠했는지, 셋째, 현실적인 규범력과 그 적용관계는 어떠했는지를 중점기준으로 파악하여 법제의 변천과정을 살폈보아야 한다고 하였다. 그 결과로서 우리나라 사회복지법제의 변천과정을 ① 구호적 사회복지법의 시기(1948년~1960년), ② 전시적 사회복지법의 시기(1961년~1979년), ③ 명분적 사회복지법의 영역확대 시기(1980년~1992년), ④ 사회복지법의 체계정비 시기(1993년~2011년)로 분류하였다.

본 서에서는 이러한 분류 체계를 바탕으로 1948년부터 2020년대까지를 6단계로 분류하여 설명하고자 한다.

〈표 2-1〉 한국 사회복지법제의 발달 시기와 특징

발달 시기	주요 특징과 법률 내용
1948년~1950년대	: 외원단체의 물자를 통해 빈곤과 고통을 해결해나가는 시기 • 1952. 후생시설 운영요령(사회부장관 훈령) • 1953. 근로기준법 • 1956. 어린이헌장
1960년대~1970년대	: 유신체제, 사회복지법의 입법 및 출발시기 • 1961. 공무원연금법(한국 사회보험법의 효시), 갱생보호법(징역, 가석방자, 선고유예자, 가퇴원자 등의 재범 위험 방지와 자립활동의 경제적 기반 조성), 군사원호보상법(한국전쟁 후의 상이군인, 전몰군경 및 그 유족 보호), 윤락행위 등 방지법(전쟁 후유증과 서구적 가치관의 유입으로 인한 윤락 등의 문제에 대처), 고아입양특례법(외국 입양 합법화), 생활보호법('조선구호령' 폐지, 기본골격은 유지), 아동복리법(생활보호법과 함께 아동복지에 관심)

42) 방동희(2011). "사회복지법제 현황 및 개선방향: 사회복지법제의 법치주의적 수용". 공법학연구. 12(2): 27-53.

발달 시기	주요 특징과 법률 내용
1960년대~1970년대	• 1962 선원보험법, 재해구호법 • 1963. 군인연금법, 산업재해보상보험법, 사회보장에 관한 법률, 의료보험법 • 1968. 자활지도에 관한 임시조치법(생활보호법의 보충적 성격) • 1970. 사회복지사업법(사회복지서비스법의 모법) • 1973. 사립학교교원연금법, 국민복지연금법 • 1977. 의료보호법, 공무원 및 사립학교의료보험법
1980년대~1997년	: 민주화 투쟁, 사회복지법의 정비와 질적 확대기 • 1980. 사회복지사업기금법 • 1981. 노인복지법, 심신장애자복지법, 아동복지법 전면개정 • 1986. 국민연금법, 최저임금법 • 1988. 농어촌지역 의료보험 전면실시, 보호관찰법 • 1989. 모자복지법, 도시지역 의료보험 시행(의료보험법 시행 12년 만에 전국민을 대상으로 한 의료보험제도 정착) : 정권교체, 민주화와 경제발전, 그러나 외환위기 등으로 인해 사회복지법제의 내실화 및 확대 필요 • 1991. 영유아보육법(영유아의 복지증진 및 여성의 사회진출과 여권신장), 청소년기본법, 고령자고용촉진법 • 1993. 고용보험법 • 1994. 성폭력범죄의 처벌 및 피해자 보호 등에 관한 법률 • 1995. 여성발전기본법, 농어민연금의 시행, 사회보장기본법, 정신보건법 • 1997. 가정폭력방지 및 피해자 보호 등에 관한 법률, 청소년보호법, • 1999. 사회복지공동모금회법 전부개정, 남녀차별 금지 및 구제에 관한 법률, 상애인복지법, 국민건강보험법(종래의 의료보험법을 확대 개편, 직장근로자, 공무원 및 교직원, 농어촌 및 도시 자영업자 전체를 포괄하는 통합의료보험체제구축), 국민기초생활보장법(2000.10.1. 전면실시)
1998년~2000년대	: 외환위기로 인한 사회복지법의 구조조정기 • 2001. 장애인고용촉진 및 직업재활법, 의료급여법(종래의 '의료보호법' 폐지), '아동복지법' 개정 • 2003. 청소년활동진흥법 • 2004. 건강가정기본법, 성매매방지 및 피해자 보호 등에 관한 법률 • 2005. 자원봉사활동기본법, 여성발전기본법 개정('남녀차별금지 및 구제에 관한 법률' 폐지) • 207. 한부모가족지원법(모부자복지법 폐지), 기초노령연급법, 노인장기요양보험법, • 2008. 다문화가족지원법 • 2010. 장애인연금법 • 2011. 장애인활동 지원에 관한 법률, 장애아동복지지원법, 노숙인 등의 복지 및 자립지원에 관한 법률

발달 시기	주요 특징과 법률 내용
2010년대	: 사회적 약자와 취약계층의 보호와 지원을 강화하기 위해 다양한 법률과 제도가 개정 : 사회복지정책의 방향성과 사회복지서비스의 질적 향상에 대한 관심과 투자가 증가 2011. 사회복지사업법 개정 2012. 노인복지법 개정 2014. 장애인복지법 개정 2015. 아동 · 청소년복지 관련 법 개정 2016. 차상위계층지원 관련 법
2020년대	: 사회안전망의 확대, 다양한 사회복지분야의 법률의 개정, 사회복지인력의 양성 및 역량을 강화 : 코로나19에 대한 대응 : 디지털을 사회복지에 적용하려는 시도

1) 1948년~1950년대

우리나라의 사회복지법이 시작된 것은 1960년대 이전 구빈 사업부터이다. 농업을 위주로 해온 우리나라는 이에 큰 영향을 미치는 풍수해나 가뭄, 태풍과 같은 천재지변에 대한 구제를 주 임무로 삼았다. 따라서 삼국시대 이전부터 재난 구제 사업이 행해지고 있었지만, 이는 고려 시대가 되어서 더 본격적으로 시행된다. 예를 들어 춘궁기에 빈민들에게 곡식을 빌려주고 추수기가 되어 이를 갚게 하기도 하였고, 대비 원 또는 제생원의 의료 시혜 기관으로 가난하고 아픈 사람들을 구호하기도 하였다. 이와 같은 제도들은 조선 시대까지도 이어 내려오기도 하였으나 이는 근대적인 이념과 같은 체계적 사업이라기보다 하나의 구빈 사업으로만 존재하였다.

1944년에 일본이 군사적인 목적으로 우리나라 국민에게 노무 징용과 징병을 억지로 요구하면서 본토에서 시행하던 구호법들을 우리나라에도 들여와 시행하기는 하였으나 이 또한 형식적 구빈 사업에 불과했고, 일본에서 자체적으로 시행되는 복지 정책과는 전혀 다른 모습이었다. 조선구호령으로 불린 이 구빈 사업은 1945년 해방된 이후 3년의 미국 군정 동안 구호 행정으로 형식적 계승은 되었으나, 실질적으로는 외국의 민간 원조 단체들로부터 도움을 받아 난민과 해외로부터 귀환한 전재민들에게 구호 사업이 시행되는 형태였다. 그리고 1948년 대한민국 정부가 수립된 이후에도 6.25 전쟁으로 1960년대 초까지 국민의 생활을 보장하는 법률보다는 전쟁으로 재난을 입은 사람들을 돕고 보호하는 사업에 치중되었다. 다시 말해 1952년 이후에는 전재민들의 응급생계구호에 치우쳐 있었고, 그 이후 외국 민간 구호 단체들의 도움으로 난민 정착을 위한 사업이 시행되는 것에 불과했다. 1950년 대한민국 정부 수립 초기에는 사회복지법적인 제도가 전혀 존재하지 않았으며, 행정조치 형태의 응급구호와 외국의 원조에 의지하는 형태로 존재했다.[43]

2) 1960년대~1970년대

도시화와 산업화로 인한 지역간 빈부격차, 상대적 빈곤감, 분배의 불평등, 노동자의 희생내지 심한 갈등 및 투쟁이 있던 시대로서, 사회복지입법의 필요성이 시대적으로 요구되었다.

근대적인 사회보장의 기운이 싹트기 시작할 때는 1960년대가 되고부터다. 1960년대 초기의 5· 16 쿠데타 이후 군사정부에 의해서 사회보장에 대한 몇 가지의 법률이 제정되었다. 1962년에 사회보장심의위원회가 만들어졌고, 이를 통해 사회보장에 관한 법률들이 마련되었다. 하지만 여러 가지 경제적 어려움으로 인해 이러한 법률들을 뒷받침할 만한 수단들이 존재하지 않아 실질적인 효과가 발휘되지 못하는 경우가 다반사였다.

당시 군사정부는 먼저 생활 능력이 없는 이들에게 최저한도의 생활을 보장해주기 위해 시행하는 공적 부조 사업을 체계화하였다. 1962년에 제정된 생활보호법, 재해구호법이 이에 해당한다. 생활보호법을 통해 65세 이상의 노인들과 18세 미만의 아동들, 몸이 불편한 자 등 근로를 할 수 없는 사람들에 대한 시설보호와 거

43) https://lovely-life-coach.tistory.com/entry/%EC%9A%B0%EB%A6%AC%EB%82%98%EB%9D%BC-%EC%82%AC%ED%9A%8C%EB%B3%B5%EC%A7%80%EB%B2%95%EC%9D%98-%EB%B0%9C%EB%8B%AC

택보호 등과 같은 생계를 보호하고자 시행되었으나 그 정도가 크지 않아 40만 명 정도의 인구에 밀가루가 지급되는 것이 주된 사업이었고, 이는 1970년대 중반까지 계속되었다. 그리고 근로할 능력은 있지만 스스로 살아갈 힘이 없는 가정을 위하여 자조 근로 사업이 1964년부터 실시되었는데, 이는 정부의 재정과 정부 지원 양곡으로 충당되는 정도였다.

1963년에는 산업재해보상보험법이 제정되었다. 이는 노동청에서 주관하여 제조업과 광업, 500명 이상의 사업장에 우선 적용되었으며, 강제적으로 적용되는 사회보험의 형태로 실행되었다. 작업 또는 업무와 관련하여 발생한 질병, 부상, 사망과 같은 재해를 보상하기 위한 보험으로 사용자가 모두 부담하게 하였지만, 실적 요율 주의로 사업주가 공평하게 부담하도록 하기도 했다. 또한, 이때 의료보험법도 만들어졌다. 그 당시에 이러한 의료보험의 도입은 너무 이르다는 평가도 있었지만, 국민경제력과 의료비의 부담 능력, 의료 실태에도 불구하고 이와 같은 법률 제정이 추진되었다.

1960년대에 군사혁명 정부에 의한 법령 제정은 혁명적 공약에 따라서 새로운 시대의 요구에 따라 시행되었으나, 각각의 법률에 대한 구체적인 통찰과 연구가 미비한 상태에서 무더기로 입법되어 실시되었다고 볼 수 있다.

1970년대에는 이전보다 사회보장이 훨씬 넓어지고 충실해졌다. 경제개발을 목표로 한 우리나라에는 산업화와 도시화가 지속해서 일어났고, 이에 따라 절대적 빈곤보다는 상대적인 빈곤의 문제로 농촌과 도시 사이의 빈부 격차가 심화하였다. 이는 분배의 문제로 사회적인 갈등을 심화시켰고, 이 시기 헌법에 생존권이라는 개념이 나타나게 되었다. 또한, 이 시기 의료보장 정책이 중점적으로 추진되기 시작했다. 국민의 의료적 문제를 해소하기 위한 의료보호 서비스가 시행되어 보호 대상자들에게 의료적 지원이 이루어졌다. 그리고 1977년부터는 생활보장대상자를 위해 밀가루에 보리쌀과 쌀을 섞어 양곡을 지급하였으며, 연료비와 부식비가 지원되는 등 지급 수준이 크게 향상되었다. 그리고 저소득층의 가구 중 근로할 능력이 있는 자들에게 기능훈련사업과 생업자금 융자 등이 시행되기도 하였다. 결론적으로 1970년대는 사회복지사업이 처음으로 법률로써 규정된 시기라 할 수 있으며, 이에 따라 사회복지 관계법의 시행령과 시행규칙 등이 함께 수립된 시기라 볼 수 있다.

3) 1980년대~1997년

1980년대에서는 노동조합의 획기적 증대, 산업화 및 도시화의 가속화, 산업재해, 환경오염, 가정문제, 장애인문제, 청소년비행문제, 노인문제 등의 사회문제가 대두되면서 새로운 사회복지입법이 필요하게 되었다.

1980년대 경제개발 후 분배정책으로 인해 야기된 소득분배의 불균형과 도시화에 따른 지역 격차 등의 사회 문제가 대두되었다. 이에 따라 정부가 복지국가의 건설을 목적으로 국가의 책임을 더 부각하여 드러낸다. 이는 형식적이고 행정의 편리함을 기준으로 한 규정들을 만들어내었다.

1990년대는 민주화가 더욱 진척되었고, IMF와 같은 경제위기와 김대중 정부의 정치적, 경제적, 사회적 변화 추진과 같은 다양한 사회적인 변혁이 일어난 시기였다. 이 시기 도시화로 인한 범죄 증가, 계층과 세대 간의 갈등과 청소년의 비행 증가, 노인 인구의 증가, 환경문제 등 다양한 사회적 문제들이 발생하였다. 이에 따라 정부는 여러 제도적이고 보편적인 사회복지법의 기초를 마련해야 할 심각성을 느꼈고, 사회서비스 상화와 공적 부조의 개선을 준비하기 시작하였다.

4) 1998년~2000년대

1997년 11월 IMF 구제금융을 신청함으로써 IMF 관리체제하에 들게 된 한국에서의 경제위기는 기업도산, 기업구조조정, 정리해고 등을 초래했고 실업률을 급격하게 증가시켜 지난 30여 년간 지속되어 온 '고성장 · 저실업' 구조를 붕괴시켰다. 이에 따라 단기적으로는 '제로성장 · 고실업' 구조화되었고 중장기적으로는 '저성장 · 고실업' 구조가 만성화될 것으로 예상되었다.

이에 따라 지금까지 '고성장 · 저실업' 구조를 전제로 했던 한국의 사회복지체계가 대량실업 및 고실업에서 파생되는 사회적 문제에 대처하기 위해서는 획기적인 공적 사회복지의 확대와 재정비가 필요한 것으로 인식되어 시민단체를 중심으로 한 각계의 문제제기와 노력으로 1999년 8월 12일 「국민기초생활보장법」이 제정되어 2000년 10월 1일부터 실시되고 있다.[44)]

2000년대는 국제적으로 정보화 시대가 전개되었다. 우리나라 또한 세계화가 이루어지면서 생산적인 복지가 필요해졌고, 노동시장을 위한 적극적인 정책의 중요성이 커졌다. 급속한 노령화와 저출산, 장애인 고용과 같은 사회적 문제들이 발생하였고, 이를 해결하기 위한 사회복지법의 연구와 제정이 지속해서 이루어진다.[45)]

5) 2010년대

〈「사회복지사업법」의 역사적 의미와 개정에 대한 과제〉

국내 사회복지 역사를 뒤돌아볼 때, 「사회복지사업법」(이하 사업법)이 제·개정된 시기는 실천적으로, 정책적으로 사회복지 성장 시기와 내용 면에서 밀접한 관련성을 맺고 있다. 1970년 사업법 제정은 외국 원조단체의 도움이 아닌 우리의 독자적인 사회복지가 성장하는 출발점을 만들었다. 정부와 지방자치단체에서 그 책임과 의무를 소홀히 할 때에도 민간부문은 사업법에 의거하여 사회복지를 실천하고 발전시키는 기본적인 틀을 제공했다. 1980년대 후반부터 2012년 「사회보장기본법」(이하 보장법)이 전면 개정되기 전까지 사업법은 민간부문뿐 아니라 공공부문의 사회복지 제공 책임과 역할, 관련 내용 등을 모두 담고 있던 모법(母法)이었다. 이러한 사업법이 현재 개정되어야 하는 과제에 놓여 있다.

우리나라 사회복지 환경이 수요와 공급 모두 빠르게 변화하면서 관련 법률이 큰 폭에서 제·개정되고 있다. 이는 다시 우리의 사회복지전달체계, 급여, 재정 등을 비롯한 구조와 관점을 바꾸는 계기가 되고 있다. 이미 공공부문의 경우 상당수 개편이 추진되고 있거나 완료된 상태이다. 민간부문 또한 조만간 본격적인 개편이 있을 것으로 예상된다.

2012년 전면 개정된 보장법과 2014년 말 「사회보장급여 이용·제공 및 수급권자 발굴에 관한 법률」이 제정됨에 따라 그간 실천적, 정책적 그리고 학술적 차원에서 이해되던 개념 등이 혼동을 겪고 있다. 민간사회복지전달체계와 관련한 전반적 사항을 담은 사업법 개정이 필요하다.

이전까지를 부분적 개편 또는 '선(先)개편-후(後)제도화'였다면, 이제는 전체적 차원에서 선제도화-후개편이 있어야 한다. 하지만 정부가 소극적 태도를 가지고 있거나 사회복지계의 합의보다는 갈등이 지속된다면 사업법의 전면 개정은 어려울 수도 있다.

---

44) 류기형(2004). "지역사회복지와 상황적 발전전략". 한국지역사회복지학회 편. 한국의 지역사회복지실천. 파주: 현학사. 41-64쪽. 위 내용은 41쪽.

45) https://lovely-life-coach.tistory.com/entry/%EC%9A%B0%EB%A6%AC%EB%82%98%EB%9D%BC-%EC%82%AC%ED%9A%8C%EB%B3%B5%EC%A7%80%EB%B2%95%EC%9D%98-%EB%B0%9C%EB%8B%AC

심지어 현장의 목소리가 반영되지 않거나, 민간부문의 바람직한 복지서비스 제공에 관한 역할과 기능, 이를테면 전달체계, 재정, 인적자원, 정보체계 등이 개선되지 않은 채 개정될 수도 있다. 우리의 지속적인 관심이 요구되는 이유가 여기에 있다.

이런 이유들 때문에 사회복지실천 및 교육현장에서는 지난해 말부터 사업법 개정 방향과 관련한 공론화 작업이 한창이다. 그간 논의되었던 주요한 방향을 정리하면 다음과 같다. 첫째, 현 시대의 이념과 가치를 충분히 반영하고 자긍심을 가질 수 있는 사회복지 패러다임을 갖도록 해야 한다. 둘째, 확대되는 사회복지 분야와 영역을 포괄하고 사회적으로 합의될 수 있는 개념과 의미를 안은 법제명과 관련 규정 조항들로 구성되어야 한다. 셋째, 사회복지법인 · 시설 등이 민간 전달체계로서 제 역할과 기능을 할 수 있는 기반과 정부 및 지방자치단체가 지원하는 제도적 근거를 마련해 주어야 한다. 넷째, 전문성을 제고하는 사회복지 인적자원에 대한 관리와 개발, 그리고 그들의 처우 및 지위 향상과 관련한 사회복지사제도의 전반적 사항을 개편하는 내용이 반영되어야 한다. 다섯째, 민관 협치(governance)를 지향하는 진정한 협력(partnership)의 방향이 제시되어야 한다.

* 출처 : 김제선(2021). 사회복지행정론. 공동체.

2010년대에는 한국에서 사회복지법이 큰 발전을 이루었다. 이 기간 동안 사회복지법은 사회적 약자와 취약계층의 보호와 지원을 강화하기 위해 다양한 법률과 제도가 개정되었다. 이러한 법률 개정과 함께, 사회복지정책의 방향성과 사회복지서비스의 질적 향상에 대한 관심과 투자가 증가하였다. 정부와 지자체는 사회복지서비스의 확대 및 개선을 위해 예산을 증액하고, 다양한 사회복지인력을 양성하는 등의 노력을 기울였다. 또한, 사회적 기업, 비영리단체, 민간단체 등과의 협력을 통해 사회복지 서비스의 효율성과 다양성을 높이는 노력도 이어졌다. 2010년대 사회복지법의 발달은 한국 사회에서 사회적 약자와 취약계층에 대한 보호와 지원 체계를 강화하고, 사회적 평등과 복지 증진을 추구하는 데 큰 도약을 이루었다.

다음은 2010년대에 이루어진 주요 발전 사항이다.

첫째, 사회복지사업법의 개정(2011년)이다. 이 법은 사회복지서비스의 확대와 질적 향상을 목적으로 개정되었다. 개정된 법률은 노인, 장애인, 아동, 청소년, 여성, 차상위계층 등 다양한 사회적 약자를 대상으로 하는 다양한 사회복지서비스를 제공하기 위한 기반을 마련하였다.

둘째, 노인복지법의 개정(2012년)이다. 이 법은 고령화 사회에 대비하여 노인복지서비스를 확대하고 강화하기 위해 개정되었다. 노인복지법 개정으로 인해 노인들에게 생활지원, 의료보장, 건강증진, 복지시설 등 다양한 혜택이 제공되었다.

셋째, 장애인복지법의 개정(2014년)이다. 이 법은 장애인의 권익 보호와 사회참여를 증진하기 위해 개정되었다. 개정된 법률은 장애인에게 일자리 창출, 교육, 보건의료, 복지시설, 교통 · 정보 접근성 등 다양한 지원을 제공하였다.

넷째, 아동 · 청소년복지법의 개정(2015년)이다. 이 법은 아동과 청소년의 건강한 성장과 보호를 위해 개정되었다. 개정된 법률은 학대 예방 및 대응체계의 구축, 가정폭력 피해 아동 · 청소년 보호, 청소년 복지시설 확충 등을 목표로 삼았다.

다섯째, 차상위계층지원법의 제정(2016년)이다. 이 법은 경제적으로 취약한 차상위계층의 생활안정을 도모하기 위해 제정되었다. 차상위계층지원법은 소득보장, 주거 · 의료비 지원, 교육 · 훈련, 일자리지원 등 다양한 프로그램을 통해 차상위계층을 지원하는 것을 내용으로 하였다.

6) 2020년대

2020년대 한국에서 사회복지법의 발전과 관련된 주요 동향은 다음과 같이 설명할 수 있다.

첫째, 사회안전망이 확대된 것이다. 2020년대에는 사회안전망을 강화하기 위해 다양한 법률과 제도 개정이 이루어졌다. 사회적 약자와 취약계층을 보호하고 지원하기 위한 사회복지서비스의 범위와 질이 개선되었다.

둘째, 코로나19에 대한 대응이다. 2020년대 초반에는 코로나19(COVID-19)로 인한 '팬데믹' 현상이 사회적, 경제적 등 모든 영역에 어려움에 주었던 시기이다. 이에 따라 사회복지법은 코로나19 대응을 위한 특별한 조치와 지원을 제공하는 방향으로 발전하였다. 예를 들어, 긴급재난지원금, 소득보장 대책 등이 도입되었다.

셋째, 디지털을 사회복지에 적용하려는 시도들이다. 2017년부터 나타난 4차산업혁명의 정토통신기술을 코로나19를 계기로 하여 디지털과 사회복지를 접목하려는 관심이 증가하였다. 소위 '디지털 사회복지'는 정보기술을 활용하여 사회적 약자와 취약계층에게 지원과 서비스를 제공하는 것을 의미한다. 예를 들어, 온라인 상담 및 지원 서비스, 디지털 교육 등이 활성화되었다.

넷째, 다양한 사회복지분야의 법률의 개정이다. 2020년대에는 노인복지, 장애인복지, 아동 · 청소년복지, 차상위계층지원 등 다양한 사회복지분야에서 법률 개정이 이루어졌다. 이를 통해 각 분야의 지원 범위와 품질이 개선되었으며, 보호대상의 권익과 복지가 보다 효과적으로 증진되고자 노력되었다.

다섯째, 사회복지인력의 양성 및 역량을 강화하는 것에 대한 목표이다. 2020년대에는 사회복지서비스의 품질 향상을 위해 사회복지인력 양성 및 역량 강화에도 노력이 기울여졌다. 사회복지전문인력의 양성 및 교육 체계가 강화되었고, 사회복지인의 직무 역량과 전문성을 강화하는 정책과 프로그램이 도입되었다.

▣ 학습문제

문제 1	
사회법과 사회복지법에 대한 설명이 옳지 않은 것은? ① 사회법은 사회적 문제의 원인과 결과를 다루며, 이를 예방하고 제어하기 위한 법적 장치를 제공한다. ② 사회복지법은 사회적 불평등을 완화하고 사회적 안녕을 추구하는 데 중점을 둔다. ③ 사회법과 사회복지법은 독립적인 관계이므로, 사회적 문제의 해결과 사회복지 증진을 위해 사회복지법으로 충분하다. ④ 사회복지법은 사회적 평등과 사회적 안녕을 추구한다. ⑤ 사회법은 계약의 공정성, 소유의 사회성, 사회 및 국가의 책임 등이 특징이다.	
정답	③
해설	사회법과 사회복지법은 상호보완적이며 연계적인 역할을 수행하여 사회적 문제의 해결과 사회적 복지의 증진을 목표로 한다.

문제 2	
독일 사회복지법의 역사라고 보기 어려운 것은? ① 민간보험을 배제하고 강제보험원칙을 적용하였다. ② 강한 이익집단의 의견이 정책에 반영되는 다원주의의 한 모습을 모였다. ③ 노동자를 국가의 보호하에 두고 충성심을 고취시키기 위할 목적이 있었다. ④ 「의료보험법」은 모든 근로자의 강제가입이 아니었으며, 연차적으로 대상자를 확대하였다. ⑤ 산재보험을 위해 「노동자 재해보험법안」이 1881년에 제정되었다.	
정답	②
해설	강한 이익집단의 의견이 정책에 반영되는 다원주의의 한 모습을 보인 사회복지법은 미국의 역사에서 나타났다.

문제 3	
사회복지법의 기원이 된 요인으로 보기 어려운 것은? ① 사회주의운동 ② 인권운동 ③ 경제대공황 ④ 산업화 ⑤ 분권화	
정답	⑤
해설	일반적으로 사회복지법이 탄생하게 된 요인으로는 산업화와 도시화, 사회적 진보와 인권운동, 경제대공황과 사회적 안정, 복지국가 이론과 사회주의운동 등으로 설명할 수 있다.

문제 4	
사회복지법제의 최근 동향으로 보기 어려운 것은? ① 사회적 포용을 위한 노력 ② 선별주의 관점의 법 강화 ③ 사회보장체계의 강화 ④ 국제기구와 국가 간 협력의 강화 ⑤ 복지정책의 다양성 확대	
정답	②
해설	선별주의 관점의 법은 사회복지법의 탄생부터 계속 이어져 오고 있으며, 최근에는 보편주의 관점의 법이 강화되고 있는 추세이다.

문제 5	
1601년 제정된 빈민법의 특징에 해당하는 것은? ① 빈민을 노동능력이 있는 빈민, 노동능력이 없는 빈민, 빈곤아동 등으로 분류하였다. ② 빈민에 대한 징벌 조치를 위한 법이다. ③ 빈민 행정은 지역사회의 비공식적 조직에 위탁하였다. ④ 빈민사업에 소요되는 재원을 중앙정부가 일괄 확보하는 것을 원칙으로 하였다. ⑤ 빈곤구제의 책임은 가족으로 한정하였다.	
정답	①
해설	빈민법에 나타난 커다란 진보는 빈민에 대한 징벌조치만으로는 충분하지 않다는 것, 사회는 보다 불행한 사람들과 그 가족들을 위하여 어떠한 책임을 지지 않으면 안 된다는 것, 더구나 그 책임을 실행에 옮기기 위한 적절한 실행기구를 설치하였다는 것이며, 빈민사업에 소요되는 재원의 확보는 교구를 단위로 주민이 납부하는 일종의 고정자산세 성격의 구빈세(poor rate)였고, 빈곤구제의 국가 책임을 인정하였다.

3장

법원과 사회복지법의 체계

KEY WORD :

학 습 목 표
1. 법원의 법적 개념을 정의할 수 있다. 2. 우리나라 법령의 위계를 나열할 수 있다. 3. 우리나라 사회복지법제의 범주에 따라 체계를 그릴 수 있다. 4. 사회복지법제 상호 간 및 타법과의 관계를 설명할 수 있다.

1. 법원과 법령의 위계

1) 법원

(1) 법원의 개념

법원(法源)은 법의 존재 형식 또는 현상 상태를 말하는 것으로 '법의 근원'이다. 즉, 법을 아는 데는 무엇을 보면 되는가, 또 법은 어디에서 비롯되는가의 문제가 곧 법원인 것이다.

학술적으로 법원의 개념에 대한 시각은 협의와 광의라는 두 가지로 크게 나눠어진다. 먼저, 협의적인 시각에 의한 학설에서는 법원을 일반규범으로 보는 것이 맞다는 주장이다. 따라서 계약의 법원성을 부정하거나 논리적으로 조리와 판례의 법원성을 부정한다고 할 수 있다. 반면, 광의적인 시각에 의한 학설은 법원을 규범뿐만 아니라, 재판준칙까지지도 보는 것이 옳다는 주장이다. 일반규범 이외에 계약도 법원이 된다고 보기 때문에, 논리적으로 조리와 판례의 법원성을 긍정하는 것이다.

(1) 성문법과 불문법

법은 성문법과 불문법으로 존재한다. 성문법과 불문법은 서로 상충되는 개념은 아니지만, 각각 다른 목적과 관점에서 언어를 다루는 접근 방식이다.

성문법은 규범과 규칙에 기반을 두고 언어를 평가하고 통제하는 반면, 불문법은 실제 언어 사용 현상을 관찰하고 이해하는 데 중점을 둔다.

① **성문법**

성문법(Prescriptive Grammar)이란 문법 규칙을 정해진 형식에 따라 규정하는 전통적인 접근 방식이다. 이는 언어의 '올바른' 사용을 규제하려는 목적을 가지고 있다.

문자로 표현되고 문서의 형식을 갖춘 법이므로 국가의 입법작용에 의해 일정한 목적을 달성하기 위해서 하는 의식적 법 정립 행위를 거치는 것이 일반적이며, 입법작용에 의하여 제정되었다는 점에서 제정법이라고도 한다. 현대국가들은 일반적으로 성문법주의를 채택하고 있다.[46)]

성문법은 표준어에 대한 규범을 제시하고, 문법적인 규칙과 규범을 어긴 표현을 비난하거나 규제한다. 이러한 접근 방식은 주로 교육 혹은 편집 작업에서 사용되며, 예시로는 특정 언어 교과서, 문법서, 언어 교육 규정 등이 있다. 성문법은 언어의 정확성과 일관성을 강조하며, 문법적인 오류를 피하기 위한 지침을 제공한다.

② **불문법**

불문법(Descriptive Grammar)이란 성문법 외의 모든 법을 말한다. 불문법은 언어 사용 현상을 연구하고 설명하는 접근 방식이다. 이는 사람들이 실제로 언어를 사용할 때 어떻게 구문, 의미, 발음 등을 형성하는지를 이해하고 기술한다. 불문법은 특정 언어의 구조, 문법 규칙, 어휘 등을 관찰하고 기술하는 데 중점을 둔다. 이러한 관찰은 자연 언어의 다양한 변형과 언어 사용자들의 실제 행동을 반영한다. 불문법은 언어의 다양성과 유연성을 인정하며, 표준이 아닌 형태의 언어 사용을 포함한다.

관습법, 조리 등이 해당하는데, 학계에서는 이를 두고 부정설 대 긍정설로 나뉘어 관련 연구들이 제시되고 있는 상황이다.

(3) 법령과 법규

법을 부르는 명칭은 법령, 법규, 법률(법) 등 여러 가지가 있다. 일반적으로는 어떻게 부르든 큰 무리는 없으나, 법령과 법규에 대한 의미를 구분하면 다음과 같다.

46) 박봉국(2006). "법기술론(I) : 법령 및 자치법규 개요". 자치발전. 2006(1): 64-77.

① **법령**

법령은 법률의 일반적인 의미로, 법을 만들고 행사하는 법적인 표현이다.

법령은 협의적 측면과 광의적 측면으로 나뉘어 그 개념이 다르게 정의된다. 먼저, 협의적 측면에서의 법령이란 성문법 중에서도 법률과 명령만을 의미한다. 다음으로, 광의적 측면에서의 법령이란 일반적으로 성문법 전체를 총칭한다. 이 경우 법령은 헌법 · 법률 · 조약 · 명령 · 조례 · 규칙 등을 포함하는 의미한다. 즉, 판례나 규칙 등 사실적인 규제법 성질을 띤 모두를 포함한다는데 의의가 있다.

법령은 국가나 정부 엄밀히 말하면, 국가의 입법기관인 국회에서 제정되며, 법을 통해 사회 질서와 규제를 유지하고 조정하는 역할을 한다.

법령은 사회의 법적인 체계를 구축하고, 시민과 기업, 정부 등의 권리와 의무를 규정한다.

② **법규**

법규는 법령의 구체화된 형태로, 법령에서 파생된 구체적인 규정이나 규칙을 의미한다.

법령이 발효되고 나면 법령 내에 구체적인 세부 규정이 담긴 법규가 작성되어 시행된다. 법규는 법령에 따라 사회 구성원들의 행동을 규제하고 제한한다. 법규는 주로 행정부나 기관에서 발효하며, 특정한 법적 상황이나 분야에 적용된다. 예시로는 행정규칙, 행정지침, 규정 등이 있다. 법규는 법령의 세부 사항을 명확히 정의하고 구체화하여 적용할 수 있도록 한다.

법규의 개념은 법령의 개념과 엄밀한 의미에서 구별된다. 법규 개념은 근대 입헌주의 및 법치주의의 소산으로서 여러 가지 의미로 사용된다.

법규의 개념을 광의와 협의로 구분할 수 있다. 광의적 측면에서 법규란 법규범을 갖는 모든 것, 즉 성문법 형태로 만들어진 모든 것을 총칭한다. 협의적 측면에서 법규란 특수한 성질을 가지는 법규범만을 칭한다. 즉 구체적 의미를 가지는 행정행위나 판결에 대립되는 추상적 의미를 가지는 법규범을 가리키거나 일반 국민의 권리 · 의무에 관계되는 법규범(법규명령)을 특히 법규라 하여 구체적인 행정행위나 판결 또는 행정명령과 구별하기도 한다.

요약하면, 법령은 법을 제정하고 행사하는 법적인 표현을 일반적으로 의미하며, 법규는 법령의 구체적인 규정이나 규칙을 의미한다. 법령은 법의 전반적인 체계를 구축하고 규제하는 역할을 하며, 법규는 법령의 세부적인 사항과 적용 방법을 규정한다.

2) 법령의 위계

우리나라의 현행 성문법령에는 국가의 최고 · 기본법인 헌법이 있고, 이 헌법에서 여러 가지 법령의 종류를 인정하고 있다.

국회입법에 의한 법률(헌법 제40조 · 제51조 · 제53조), 법률의 효력을 가지는 대통령의 긴급재정 · 경제명령, 긴급명령(헌법 제76조제1항 · 제2항)과 조약(헌법 제6조제1항 · 제73조), 행정입법으로 대통령령(헌법 제75조), 총리령 및 부령(헌법 제95조), 지방자치단체의 자치입법권에 의한 자치법규(헌법 제117조), 국회의 자율권에 의한 국회규칙(헌법 제64조), 대법원의 사법 입법권에 의한 대법원규칙(헌법 제108조),헌법재판소의 심판사무입법권에 의한헌법재판소규칙(헌법 제113조), 중앙선거관리위원회의 선거사무관리입법권에 의한 중앙선거관리위원회규칙(헌법 제114조), 감사원법에 의한 감사원규칙 등이 있다.

헌법은 법령 상호 간의 위계체계를 구체적으로 규정하고 있다. 헌법은 국가의 최고 · 기본법이므로 모든 법령의 상위에 서게 됨은 물론이고 국회입법의 법률은 그 하위에 서게 되며 대통령령은 법률에서 위임된 사항과 법률을 집행하기 위하여 필요한 사항을 규정하므로(헌법 제75조) 법률의 하위에 오게 된다. 총리령 · 부령은 법률이나 대통령령의 위임 또는 직권으로 발하므로(헌법 제95조) 그 지위가 대통령령의 하위에 있게 된다. 그리고 대통령의 긴급재정 · 경제명령이나 긴급명령은 법률의 효력을 가지고(헌법 제76조제1항 · 제2항), 헌법에 의하여 체결 · 공포된 조약과 일반적으로 승인된 국제법규는 국내법과 동일한 효력을 가진다(헌법 제6조).

지방자치법은 자치법규의 종류에 지방자치단체가 제정하는 조례(지자법 제15조)와 규칙(지자법 제16조)을 인정하고 있다.[47]

〈표 3-1〉 법령의 위계

구분	법령	근거	제 명	입 법 례
법령법령	헌법	국가의 근본 규범	대한민국헌법	
	법률	헌법 제40조 · 제51조 · 제53조	법, 법률	지방자치법 서울특별시 행정특례에 관한 법률
	조약 국제법규	헌법 제6조 · 제73조	헌장, 협약, 협정 등	국제연합헌장, 국제원자력기구협약, 국제부흥개발은행협정
	대통령 긴급재정 · 경제명령, 긴급명령	헌법 제76조	긴급재정 · 경제명령, 긴급명령	
	대통령령	헌법 제75조	시행령, 영, 규정, 직제	지방자치법시행령, 지방공무원임용령, 지방공무원보수규정, 서울특별시와 그 소속기관직제
	국회규칙	헌법 제64조	규칙, 직제	국회청원심사규칙, 국회사무처직제
	대법원규칙	헌법 제108조	규칙	법원관할구역에 관한 규칙, 대법원장 비서실직제에 관한 규칙
	헌법재판소 규칙	헌법 제113조	규칙	헌법재판소 보조기구에 관한 규칙
	중앙선거관리 위원회규칙	헌법 제114조	규칙	국회의원선거관리규칙
	감사원규칙	감사원법 제52조	규칙, 직제	감사원심사규칙, 감사원사무처직제

47) 박봉국(2006). “법기술론(I) : 법령 및 자치법규 개요”. 자치발전. 2006(1): 64-77.

구분	법령	근거	제 명	입 법 례
자치법규	조례	지방자치법 제15조	조례	서울특별시의회위원회조례
	규칙	지방자치법 제16조	규칙	서울특별시공무원제안규칙
	교육규칙	지방교육자치에 관한 법률 제35조	규칙	서울특별시교육청행정심관위원회 운영규칙

* 출처 : 박봉국(2006). "법기술론(I) : 법령 및 자치법규 개요". 자치발전. 2006(1). 68쪽.

(1) 수직적 체계화

켈젠(H. Kelgen) 등 순수법학파의 학자들에 의하여 주장된 법단계설(Rechtsstufentheorie)에 의하면 국법은 무수한 법규범의 단순한 병렬적 집합이 아니고 복수의 단계에 정서된 체계로서 그 정점에 이른바 근본규범이 있고 헌법 · 법률 · 명령의 종위입법의 각 단계를 거쳐 구체적인 재판 또는 행정처분에 이른다고 한다.[48]

우리나라 국내법의 체계는 헌법[49]을 정상으로 하는 단계적 구조를 가지고 상 · 하로 배열하여 하나의 통일된 위계체계를 형성하고 있다. 헌법에 이어, 법률, 시행령과 시행규칙, 조례 및 규칙, 행정지침, 정관 등으로 이어져 있다.

48) 박봉국(2006).

49) 그러나 헌법은 일정한 법형식의 행정입법을 인정하고 있으나 그 이외의 법형식을 법률로 정하는 것을 배제하는 것이 아니므로 감사원규칙은 법률이 인정한 법규명령이라는 견해와 행정기관에 의한 법규정립은 국회입법에 대한 예외이므로 헌법의 근거가 있어야 한다고 하는 반대견해도 있다(박윤흔(1985). 행정법강의(상). 국민서관. 187쪽.

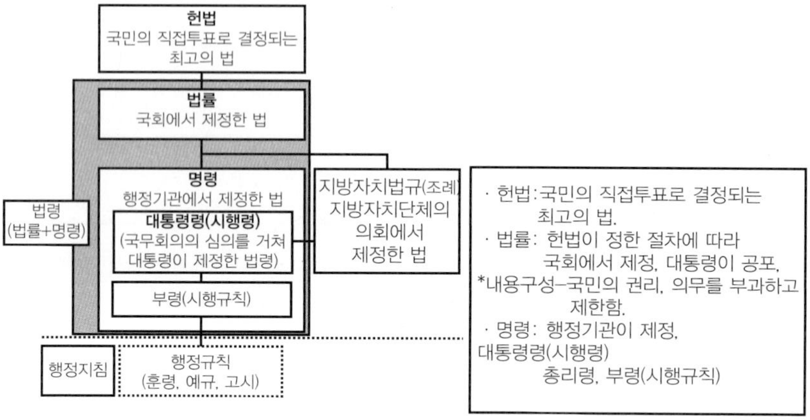

[그림 3-1] 법령의 수직적 체계

① 헌법

헌법은 국가 생활 속에서 개인의 지위인 기본권을 규정하고, 공동체를 이끌어 가기 위한 입법부, 행정부, 사법부 등의 국가의 통치조직과 통지작용의 원리, 국민의 의무를 정하고 있는 최고의 법규범이다.

헌법은 형식적 의미의 헌법과 실질적 의미의 헌법으로 분류된다. 이 두 가지 의미의 헌법은 종종 상호 보완적인 성격을 띠며, 형식적 의미의 헌법은 국가의 법적 구조를 제공하고 실질적 의미의 헌법은 그 법체계가 어떻게 기능하고 있는지를 설명한다.

첫째, 형식적 의미의 헌법(Formal Constitution)이란 법률문서로서의 헌법을 의미한다. 이는 국가의 기본 법률로서 국가의 기본적인 틀과 기관, 그리고 국가의 통치 체제에 대한 규정을 포함한다. 형식적 의미의 헌법은 헌법이라는 명칭을 가지며, 국가의 헌법법률에 명시적으로 규정되어 있다. 미국 헌법, 독일 기본법 등이 형식적 의미의 헌법에 해당한다.

둘째, 실질적 의미의 헌법(Substantive Constitution)이란 형식적 의미의 헌법에 담긴 규정 이상으로 실제로 국가가 운영되고 행사하는 권력의 특성과 법체계의 본질을 나타낸다. 이는 형식적 의미의 헌법에서 파생되는 원리, 국가의 가치체계, 법의 해석, 사법 제도의 운영 방식 등을 포함한다. 실질적 의미의 헌법은 헌법을 형성하는 원칙과 가치에 대한 깊은 이해와 함께 국가의 행동과 정책을 이끌어내는 역할을 한다.

「대한민국헌법」은 다양한 원칙과 가치에 기반하여 구성되어 있으며, 이러한 기본 원리들은 국가의 기본 법률 체계를 지배한다.

첫째, 헌법은 국민주권을 기본으로 삼고 있다. 국민이 자유롭게 의사를 표명하고, 그로부터 정부를 세우며, 정부의 권한을 행사하게 한다. 대한민국은 대표성 있는 민주주의(Democracy)를 지향하고 있다.

둘째, 헌법은 법치주의(Rule of Law)를 강조하고 있다. 모든 국민은 법 앞에 평등하며, 법률에 따라 처벌을 받거나 보호를 받을 권리를 가지고 있다. 정부와 국민은 법에 따라 행동하며, 법으로 정해진 절차에 따라 행정되어야 한다.

셋째, 헌법은 생명, 자유, 행복추구권 등 국민의 기본권을 보장(Protection of Basic Rights)한다. 기본권은 헌법적 가치체계의 핵심을 이루며, 국가의 권력을 제한하고 국민의 삶의 질을 향상시키기 위한 목적을 가지고 있다.

넷째, 헌법은 지방자치와 분권(Social Autonomy and Decentralization)을 강조한다. 지방자치단체는 자치권을 가지며, 지방의 특성에 맞는 지방자치제도를 활용하여 지역사회의 발전과 안정을 추구한다.

다섯째, 헌법은 한반도의 평화적 통일(Peaceful Unification)을 추구한다. 대한민국 정부는 통일의 원칙에 따라 통일을 위한 정책을 수립하고 추진한다.

여섯째, 헌법은 사회적 정의(Social Justice)를 추구하며, 모든 국민이 인간다운 삶을 누릴 수 있도록 하는 것을 목표로 한다. 이를 통해 경제적, 사회적 평등을 추구하고 사회적 차별을 없애기 위해 노력한다.

② 법률

법률(Law)은 국가에서 제정된 법규체계의 최상위 규범으로 국가의 기본 법적 규칙을 제정하고 정의한다. 법률은 국회에서 입법 절차를 거쳐 제정되며, 보편적으로 국회에서 통과한 법(또는 법률)만을 칭하고, 시행령이나 시행규칙은 법률이라 부르지 않는다.

법률에서는 국민의 기본적인 권리와 의무, 사회질서, 국가의 조직 및 기능 등을 규정한다. 법률은 일반적으로 "법"이라고 부르지만, 법의 명칭에는 '~법률' 혹은 '~법'으로 끝나는 것이 일반적인데, 법 명칭이 '~에 관한'이 앞에 붙을 경우는 '~법률'을 붙여 사용하고, 법 명칭이 명사로 끝나면 '~법'으로 명기한다.

법의 종류에는 위에서 설명된 헌법도 포함되며, 일반적으로는 일반법과 특별법 등이 있다. 일반법 (General Law)은 국가의 일반적인 사항을 규정하는 법률로서, 모든 국민에게 공통으로 적용되는 법이다. 헌법, 민법, 형법 등이 일반법에 속하며, 국가의 기본적인 법규를 제정하고 규정한다. 이러한 법은 국회에서 입법 절차를 거쳐 제정되며, 국가의 기본 법률 체계를 형성한다. 특별법(Special Law)은 특정한 사물이나 특수한 범위에만 적용되는 법률로서, 일반법의 적용 범위를 한정적으로 정의한다. 특별한 사회적 상황이나 특수한 분야에 대한 규제를 목적으로 하는데, 특정 업종에 대한 규제, 지역별 특례사항, 특수한 사회적 그룹에 대한 규정 등이 특별법에 해당한다. 특별법은 특정 법률에 따라 제정되며, 일반법보다는 한정된 범위에서 적용된다.

〈일반법(보통법)과 특별법〉

"법률들은 상호간 그물망처럼 서로 얽혀 있다. 때문에 법률끼리 서로 상충할 수도 있으며 혹은 효율성을 위하여 어떤 법률에는 그 내용을 규정하고 또 어떤 법률에는 규정을 하지 않는 경우도 있다. 이러한 경우는 위계를 파악하여 위계가 높은 규정을 따르며, 같은 위계에 있는 법률이라면 원칙적으로 특별법이 우선적으로 적용되고, 만일 특별법에 규정이 없는 내용이 일반법에 규정되어 있다면 이를 보충적으로 따라야 한다. 일반법은 보통법이라고도 부르며 특별법에 비하여 넓은 범위의 사람 · 장소 또는 사항에 적용되는 법이라는 의미이고, 특별법은 일반법보다도 좁은 범위의 사람 · 장소 또는 사항에 한정하여 적용되는 법으로 동등한 위계를 지니는 법률 상호간의 법 해석상의 개념명칭으로 이해하면 된다.

구분		일반법	특별법
사람	대상	국민전체에 적용	소년(20세미만)에 대한 형벌 및 이를 과하는 절차를 정한 법
	법명	형법, 형사소송법	소년법(은 형법 및 형사소송법의 특별벌)
장소	범위	우리나라 전국에 적용	지방자치행정에 대하여 서울특별시에만 적용
	법명	지방자치법	서울특별시행정에 관한 특별조치법
사항	범위	일상생활	상거래에 적용
	법명	민법(사람에 대해서도:국민전체)	상법 (사람: 상인 대상)

③ 시행령과 시행규칙

시행령(Presidential Decree)은 법률의 시행을 위한 경우이거나 법률이 특정 사항을 대통령에게 위임하는 경우 대통령이 발하는 명령이다. 법률은 원칙적인 규정을 담고 있으나, 그 구체적인 시행 방법이나 세부적인 사항은 시행령을 통해 명시된다. 법에서 시행령에 대한 위임사항을 표현할 때 "…대통령령령으로 정하는…"이라는 문구를 사용하고 있다. 시행령은 대통령이 발령하며, 법률에 따라 그 내용을 규정한다. 일반적으로 특정 법률에 대한 시행 세부 규정이 필요할 때 시행령이 사용된다.

시행규칙(Enforcement Regulation)은 법률이나 특별법의 시행에 필요한 세부적인 사항이나 세칙을 규정하는 규칙이며, 법률이 특정사항을 각급 장관에게 위임하는 경우 그 장관이 제정하기 때문에 부령[50]이라고도 한다. 법률이나 특별법은 원칙적인 규정을 담고 있고, 시행령은 그 법률의 구체적인 시행 방법을 규정하지만, 시행규칙은 그 시행 방법을 더욱 세부적으로 규정한다. 일반적으로 행정청이나 관련 기관에서 시행규칙을 제정하며, 이는 법률이나 시행령에 근거하여 발효된다.

〈법률유보의 원칙〉

법률유보의 원칙이란 법률에 의할 경우에만 국민의 자유와 권리를 제한할 수 있다는 것을 의미하는 것이다.

그런데 역사적으로 통상 국민의 자유와 권리를 제한하는 권력은 행정부이다. 따라서 행정부가 국민의 자유와 권리를 제한하려는 경우 국회가 만든 법률에 의하여서만 가능하도록 하는 것이 법률유보원칙이다. 그러한 법률유보원칙 아래, 과연 행정 권력의 국민의 자유 권리의 제한이 적법하게 이루어진 것인지 여부를 따지는 것이 사법부이다. 그러한 점에서 법률유보원칙은 권력분립 원칙의 하나이기도 하다.

다만, 현대사회가 발전하면서 법률유보원칙은 엄격하게 지켜질 수 없다. 법률유보원칙이 엄격하게 지켜진다는 것은 결국 국민의 자유와 권리의 제한에 관한 사항이 모두 법률로 정하여져야 한다는 것을 의미하는 것인데, 복잡하고 다변화하는 현대에서 그러한 제한사항을 모두 국회에서 법률로 정하기는 실질적으로 불가능한 것이기 때문이다.

---

50) 시행규칙에 위임하는 경우 '000령(예컨대 행정자치부령)'으로 정하는'이라는 표현을 사용하는 것이 일반적이다.

> 그러한 점에서 법률유보의 원칙을 약간 완화하여 법률에서 하위법규에 위임을 한다면, 꼭 법률만이 아니더라도 대통령이 발령하는 대통령령이나 각급 장관이 발령하는 부령으로도 국민의 자유와 권리를 제한할 수 있다고 하여야 하는 것이 아니냐, 즉 국회가 국민의 자유와 권리에 대한 모든 사항을 정할 수 없으므로 법률에서 위임할 사항을 특정하여 대통령이나 각급 장관에게 위임을 한다면 대통령과 각급 장관은 대통령령과 부령으로 국민의 자유와 권리를 제한할 수 있다고 해석되게 되었다.

④ 조례 및 규칙

「지방자치법」 제15조와 제16조에서는 지방자치단체가 제정하는 조례와 규칙에 대해 각각 규정하고 있다. 지방자치단체의 조례는 「법령의 범위안」에서 제정할 수 있으므로 총리령 · 부령의 하위에 있게 되며, 규칙은 「법령 또는 조례가 위임한 범위안」에서 제정할 수 있으므로 그 하위에 있게 된다.

조례에 대한 입법을 하는 기관인 지방의회이다. 시 · 군 · 구[51]의회는 1991년 4월 15일, 그리고 시 · 도의회는 같은 해 7월 8일에 각각 개원하였기 때문에 자치법규인 조례 등이 제정된 것 역시 1991년부터라고 할 수 있다.[52]

한편, 규칙은 지방자치법의 규정에 의한 규칙(일반규칙)과 지방교육자치에 관한 법률의 규정에 의한 교육규칙으로 다시 구분된다. 헌법에 따르면, 지방자치단체는 법령의 범위 안에서 자치에 관한 규정을 제정할 수 있다(헌법 제117조제1항)고만 규정하고 그 형식에 관하여는 규정하고 있지 아니하므로 지방자치관계법인 지방자치법은 지방의회의 의결로서 제정하는 조례와 지방자치단체의 장이 제정하는 규칙을, 그리고 지방교육자치에 관한 법률에서는 교육감이 제정하는 교육규칙을 각각 인정하고 있다. 또한 지방자치법 및 지방교육자치에 관한 법률에서는 지방의회의 자율권에 기하여 지방의회 및 교육위원회에서 각각 정할 수 있는 규칙을 인정하고 있다.

---

51) 자치구를 말한다.

52) 물론 그 이전에도 지방자치단체는 있었고 조례도 있었다. 그러나 지방의회가 1961년 5월 16일 오후 8시 군사혁명위원회 포고 제4호에 의하여 해산되었고, 중앙정부가 단체장을 임명하면서 형해화된 지방자치법이 운용되었기 때문에 1961년부터 1991년까지 지방의회가 없이 지방자치단체의 장이 상급청의 승인을 얻어 조례를 제정할 뿐이었다(박봉국(2006). "법기술론(I) : 법령 및 자치법규 개요". 자치발전. 2006(1): 64-77.).

〈표 3-2〉 조례와 규칙의 비교

구분	조례	규칙
개념	지방자치단체가 법령의 범위 안에서 그 권한에 속하는 사무에 관하여 지방 의회의 의결을 거쳐 제정하는 자치	• 지방자치단체의 장이 법령 또는 조례가 위임한 범위 안에서 그 권한에 속하는 사무에 관하여 제정하는 자치 법규. • 제정권한에 따라 법령 또는 조례의 위임에 의하여 제정하는 위임규칙과 법령 또는 조례에 위반되지 아니 하는 범위 안세서 직권에 의하여 제정하는 직권규칙이 있다.
범위	1. 지방자치단체의 사무 (고유사무,단체위임사무)	1. 지방자치단체의 장의 권한에 속하는 사무 가. 자치사무의 집행에 필요한 사무 • 사무집행절차에 관한 사항 • 기관의 내부관계에 관한 사항 • 조례의 시행에 관한 세부사항 • 조례의 위임사항 나. 기관위임사무 • 법령의 위임사항 • 법령의 시행에 관한 세부사항
	2. 주민의 권리,의무에 관한 사항 –반드시 법률의 위임리 필요 3. 법령 및 상급지방자치단체의 조례 규칟의 범위안 4. 벌칙사항 –행정형벌은 반드시 법률의 위임이 필요 –행정질서벌은 1100만	2. 주민의권리,의무에 관한 사항 – 반드시 법령 또는 조례의 구체적,개별적 위임이 필요 3. 법령 및 조례나 상급지방자치단체의 조례 규칙에 위배되어서는 아니됨 4. 벌칙사항 – 행정형법은 규정할 수 없음 – 행정잘서벌은 조례의 구체적 위임사항의 범위 내
근거	지방자치법 제15조 범위 안에서	지방자치법 제16조 규정

지방자치단체의 자치입법권에 의해 제정된 이러한 조례와 규칙을 통틀어 '자치법규'라고 한다. 「헌법」 제117조에서 말하는 지방자치단체의 자치입법권에 의한 자치법규란 지방자치단체의 자치입법권에 의해 제정된 이러한 조례와 규칙을 통틀어 말하는 것이다. 자치법규는 지방자치단체에서 제정된 것이므로 당해 지방자치단체 구역 내에서만 원칙적으로 그 효력을 가지고 지방자치단체별로 독자적인

법체계를 형성한다. 그러나 자치법규도 헌법을 정점으로 하는 국가법령체계 전체의 한 구성분자이므로 체계상 국가 법령의 하위의 체계에 있게 된다. 이에 관하여 「헌법」 제117조 제1항에서 자치법규는 「법령의 범위안」에서 제정할 수 있음을 명백히 하고 있다. 지방자치단체는 자치권의 작용으로서 소관사항에 관하여 법령의 범위 안에서 일정한 규정을 정립할 수 있는 자치입법권을 부여받고 있으므로 일반적으로 자치법규라 하면 이러한 자치입법권에 의하여 제정된 조례 · 규칙을 말한다.

이러한 자치법규 외에 지방자치단체의 장이 정하는 것으로서 법규의 성질을 가지고 있지 아니한 사항을 주된 내용으로 하는 훈령 · 예규 · 지시 · 일일명령 등 행정규칙에 속하는 것이 있다.

〈표 3-3〉 자치법규의 체계

지방자치 단체의구분	제정권자	자치법규	근거	입법례
특별시 · 광역시 · 도	지방의회	조례	지방자치법 제15조	규칙
	특별시장 · 광역시장 · 도지사	규칙	지방자치법 제16조	규칙
	교육감	교육규칙	지방교육자치에 관한 법률 제35조	규칙
	지방의회	회의규칙	지방자치법 제63조	규칙
	교육위원회	회의규칙	지방교육자치에 관한 법률 제15조 · 제24조	규칙
시 · 군 · 자치구	지방의회	조례	지방자치법 제15조	규칙
	시장 · 군수 · 구청장	규칙	지방자치법 제16조	규칙
	지방의회	회의규칙	지방자치법 제63조	규칙

⑤ 행정규칙(지침)

행정부가 거대한 행정조직을 거느리면서 전문기술적인 행정을 수행함에 있어서 행정의 통일성을 도모하기 위해서는 행정조직 내부에서 그 조직과 활동에 관한 규율을 하는 것이 불가피하다. 따라서 행정규칙은 행정조직 내부에서 그 조직과 활동을 규율하기 위해서 발하는 일반적 · 추상적인 명령으로서 법규적 성격을 가지지 않는 것이다. 행정규칙은 행정기관을 구속하지만, 일반국민은 구속하지 않는다는 특징이 있다.

행정규칙의 효과는 주로 행정법적인 측면에서 이해할 수 있다. 즉, 행정규칙은 행정기관이 특정 법률에 따라 정한 규정으로, 행정행위를 실시하거나 특정 사항에 대한 규칙을 명시한다. 또한, 행정외부적으로도 행정규칙은 행정조직 내부의 규률일 뿐 사인의 권리 · 의무에 영향을 미치지 못하며, 법원도 구속하지 못하며, 행정규칙은 평등의 원칙을 매개로 하여 외부적으로 간접적 구속효과를 가진다.[53]

⑥ 정관

정관이란 조직이나 기업의 설립과 운영에 관한 기본 규정이나 규약을 포함하는 문서를 가리키는 용어로서, 그 조직 또는 법인의 자주적 법규라고 할 수 있다. 실질적으로는 단체 또는 법인의 조직 · 활동을 정한 근본규칙을 뜻하고, 형식적으로는 그 근본규칙을 기재한 서면을 의미한다. 정관은 강행규정이나 사회질서에 반하지 않는 한 회사 또는 법인의 구성원 내지 기관을 구속한다.

정관의 기재사항에는 절대적 기재사항과 상대적 기재사항, 그리고 임의적 기재사항이 있다. 절대적 기재사항은 정관에 반드시 기재하여야 할 사항으로서, 그 기재가 누락되거나 적법하게 기재되지 아니한 경우 정관 자체가 무효가 된다.

(2) 수평적 체계화

법의 수평적 위계란 사회정책 각 분야에 따라 법적 규제와 정부의 역할을 다양한 수준과 범위로 조절하는 구조를 말한다. 수평적 위계는 법적 규제와 정부의 역할을 체계적으로 조절하여 정부가 국민에게 서비스를 전달 하는데 있어 일관성과 효율성을 유지하고, 국민의 권리와 복지를 보호하는 데 도움을 준다.

53) 법제처(2008). 훈령 등 내부규정의 개선방안에 관한 연구. 법제처.

① 대상자 중심의 체계화

법의 수평적 위계 중 대상자 중심의 체계화는 법의 적용 대상이나 국민들을 중심으로 한 체계를 의미한다. 이러한 체계화는 법이 국민의 권리와 의무를 중시하며, 국민의 이익을 보호하고 존중하는 방향으로 발전함을 나타낸다.

사회복지법의 경우 행위 중심에서 구체적으로 존재하는 행위자, 구체적 욕구상황에 존재하는 자에 관한 법이 사회복지법이므로 구체적인 형태로 존재하는 인간들에 대한 규정이 필요하다. 일정한 자격과 조건, 그리고 누가 사회복지대상이 되는가의 문제는 한정된 사회적 자원을 누구에게 할당할 것인가의 문제로서 급여의 수급자격 결정 원칙과 관계를 규정할 필요가 있다.

사회복지대상자를 범주화할 때, 보편주의, 선별주의, 특별주의 등에 따라 달라질 수 있다. 보편주의는 전체 국민에게 하나의 사회적 권리로서 급부를 제공하는 것이지만, 선별주의는 개별화된 개인적인 욕구에 기초하여 급부를 제공하는 것이다. 특권주의는 보편주의와 긍정적 선별주의보다 더 강한 권리성을 추구하는 것이다.

예를 들면, 모든 아동 및 청소년들이 교육서비스를 받아야 한다면 이것은 보편주의적 범주이다. 그런데 특정 집단이나 지역의 아동 및 청소년들에게 더욱 많은 자원을 제공하면서 교육서비스를 받게 한다면, 즉 장애아동 또는 비행아동 등을 위한 특수교육서비스가 제공된다면 이것은 긍정적 선별주의의 범주이다. 그러나 특정종파의 학교, 소규모학교, 진보적 교육방법을 사용하는 학교 등을 통한 아주 특수한 교육서비스를 제공한다면 이것은 특권주의의 범주에 포함된다.

(3) 욕구 개념에 의한 대상자의 구체화

법의 수평적 위계 중 욕구 개념에 의한 대상자의 구체화는 대상자의 다양한 욕구와 이를 충족시키기 위한 법적 보호와 규제를 의미한다. 이러한 관점에서 대상자는 다양한 욕구와 이에 따른 다양한 권리 및 의무를 가지며, 법은 이러한 욕구를 존중하고 보호하기 위해 다양한 수단을 도입한다.

일반적으로 귀속적 욕구, 보상적 욕구, 진단적 욕구, 자산조사에 의한 욕구 등의 4가지 분류에 의해 법의 수평적 위계를 구분하고 있다.

① **귀속적 욕구**

귀속적 욕구(Attributive Needs)는 법이 특정 권리나 의무를 특정한 대상자에게 할당하거나 귀속시키는 욕구를 나타낸다. 예를 들어, 헌법이나 법률이 특정 기본권을 국민에게 부여하고, 국가가 특정 의무를 지는 것은 귀속적 욕구를 반영한 것이다.

② **보상적 욕구**

보상적 욕구(Compensatory Needs)는 법이 특정 상황에서 발생하는 손해나 불이익을 보상하거나 보호하기 위한 욕구를 의미한다. 법은 개인이나 집단이 특정 사건으로 인해 입은 손해에 대한 보상 체계를 마련하고, 이를 통해 보상적 욕구를 충족시키려고 한다.

③ **진단적 욕구**

진단적 욕구(Diagnostic Needs)는 법이 사회의 현재 상황을 분석하고 진단하여 필요한 규제나 개선 사항을 도출하려는 욕구를 나타낸다. 법은 사회의 다양한 부분에서 발생하는 문제를 진단하고, 이를 개선하기 위한 규제나 정책을 마련함으로써 진단적 욕구를 충족시킨다.

④ **자산조사에 의한 욕구**

자산조사에 의한 욕구(Asset-Based Needs)는 법이 국가의 자산이나 자원을 보호하고 지속 가능하게 활용하기 위한 욕구를 나타낸다. 환경보호법이나 자원관리법은 국가의 자연 자산을 보호하고, 지속 가능한 방식으로 활용하려는 자산조사에 의한 욕구를 반영한다.

그러나 이러한 4분법에 따른 대상자를 분류하는 것은 사회복지에서 자원할당의 기준을 이렇게 나눈다면 잔여적 사회복지제도는 계속적으로 사회복지의 개념 속에 남아 있어야 하는가 하는 문제가 제기될 수 있거나, 4분법의 경계가 명확하거나 상호배타적인 것이 아니라 중복되는 부분이 많다는 한계가 있다.

또한, 사회복지법상 급여제공의 구성요건을 대상자의 적격성 요건, 구성 요건, 그리고 절차적 요건에 따라 체계화하는 경우가 일반적이다.

첫째, 대상자 적격성 요건은 법의 적용을 받는 대상자 요건이다. 예를 들면, 대상자의 욕구의 성격을 객관적인 상태로 표현하는 경우이다.

둘째, 구성요건은 급여가 적용되는 사실적 범위에 관련되는 요건이다. 예를 들면, 사회보장법상 사회적 위험을 질병, 부상, 분만, 사망, 노령, 빈곤, 실업, 업무상 재해 등으로 분류하고 있는 경우이다.

셋째, 절차적 요건은 보험료의 납입, 신청, 심사 등의 요건이다.

사회복지법 간에 체계화할 때 다음과 같은 요소 등을 고려하여 확대하고 있다.

첫째, 사회복지법의 수평적 체계화는 법적 일관성을 유지하는 것을 목표로 한다. 이는 다양한 사회복지 법률 및 규제가 서로 충돌하지 않도록 조화롭게 조정되어야 함을 의미한다. 이를 위해 법률 제정 단계에서 다른 법령과의 조화성을 고려하고, 필요한 경우 법률의 개정이나 조문의 해석 등을 통해 일관성을 유지하려고 노력한다.

둘째, 사회복지법의 수평적 체계화는 다양한 사회복지 서비스를 효과적으로 통합하는 것을 목표로 한다. 이는 예를 들어, 노인 복지, 장애인 지원, 아동 보호 등 다양한 분야의 사회복지 서비스를 일관된 기준과 절차로 제공하고 조정하는 것을 의미한다. 이를 통해 서비스의 중복이나 겹침을 최소화하고, 국민들이 필요한 지원을 효과적으로 받을 수 있도록 돕는다.

셋째, 사회복지법의 수평적 체계화는 다양한 혜택과 지원을 일치화하는 것을 목표로 한다. 예를 들어, 서로 다른 법률에 의해 제공되는 혜택이 중복되거나 겹치지 않도록 혜택의 대상자, 지급 기준, 지원 방식 등을 효율적으로 일치화한다. 이를 통해 국민들이 혜택을 신청하고 받는 과정이 단순하고 일관성 있게 이루어질 수 있다.

넷째, 사회복지법의 수평적 체계화는 관련 기관 및 당사자 간의 협력과 연계를 강화하는 것을 목표로 한다. 이는 정부 기관, 지방 자치 단체, 사회복지 기관, 시민 단체 등이 효율적으로 협력하여 사회복지 서비스를 제공하고 관리하는 데 필요한 제도 및 메커니즘을 구축하는 것을 의미한다. 이를 통해 자원의 효율적인 분배와 협력적인 사회복지 네트워크의 구축이 가능해진다.

(4) 사회복지 법(률)관계의 기준

법률관계란 인간의 다양한 생활관계 중에서 법의 규율을 받는 생활관계를 의미한다. 즉, 사회복지급여를 제공해야 하는 법적 근거가 무엇인가 하는 문제의 해결과 연계되는 것이다.

사회복지법관계는 사회적 급여의 수급권자와 제공주체 간에 존재하는 법률관계이다. 따라서 관계는 사회적 급부를 매개로 하여 이루어진다.

급부가 제공되는 근거는 인과적 동기와 합목적적 동기에 따른 법관계로 설명된다.

첫째, 입법상의 목적론적 관점에서의 인과적 법관계로서 협의의 인과적 법관계라고 할 수 있다. 사회복지법의 입법 목적상 사회복지급여의 지급사유(질병, 사망, 폐질, 실업 등)가 법정 원인에 의해 발생하였는가 하는 점에 주목한다. 개인에게 책임을 돌릴 수 있는 경우는 급여대상에서 제외한다.

둘째, 법 적용의 방법론상 인과관계 요구로서 광의의 인과적 법관계라고 할 수 있다. 제도 실행의 방법상 수급권자가 일정한 기여를 하는 것을 전제로 급여를 제공한다. 사회보험법에서 기여금과 급여지급 사이에 일정한 인과관계, 또는 보험료 납부의 이행이라는 반대급부적 조건 전제를 포함한다.

셋째, 합목적적 법관계란 사회복지급여를 지급하여야 할 사유가 특정한 원인에 의하여 발생하였는가의 여부나 기여금의 지불여부를 묻지 않고 급부를 제공하는 법관계이다. 지급사유가 왜 발생하게 되었는가, 수급권자의 개인적인 책임을 묻지 않는다. 개인의 생존권 보장, 사회적 욕구의 충족 등 사회정책적 목적을 실현하는 것에 중점을 두는 입법에서 나타난다. 공공부조, 사회적 수당, 사회복지서비스와 관련된 법에서 보편적으로 설정되는 법관계 등이다.

넷째, 인과적 법관계의 대상자들은 사회복지급여에 대한 강한 권리성을 인정한다. 합목적적 법관계의 대상자들(빈민, 노인, 장애인, 아동)에 대한 급여를 보충적으로 인식하여 권리성에 대해 소극적이거나 부정적이다.

(5) 내용적 체계화

법적 체계에서 규범적 타당성과 실효성은 각각 법규가 규범적으로 타당하게 정의되고 있는지, 그리고 이를 어떻게 실제로 이행하고 구제할 수 있는지를 나타낸다.

① 규범적 타당성

규범적 타당성(Normative Validity)은 법규가 유효하고 타당하게 정의되어 있는 정도를 나타낸다. 법규가 헌법이나 상위법과 일치하며, 법적인 절차에 따라 제정되었는지 여부 등을 평가한다. 법규가 규범적 타당성을 가지려면 법의 원리와 목적에 부합하며, 이를 제정하는 과정 역시 법적인 절차에 따라 진행되어야 한다.

② 실효성

실효성(Effectiveness)은 법규가 현실에서 얼마나 효과적으로 시행되고 적용되는지를 나타낸다. 법이 규정한 내용이 실제로 이행되며, 권리가 보호되고 의무가 이행되는지 여부를 평가한다. 실효성은 법의 적용과 집행, 권리의 구제, 벌칙 등을 통해 실현된다.

이 두 가지 요소는 상호 보완적인 관계에 있으며, 법의 효과적인 운용을 위해서는 두 가지 측면이 모두 고려되어야 한다. 일반적으로 법이 규범적 타당성을 가지려면 헌법이나 상위법과 일치하며, 합법적인 절차에 따라 제정되어야 한다. 그러나 이렇게 규범적으로 타당한 법이라도 현실에서 실효적으로 시행되지 않는다면 법적 체계의 신뢰성과 효력이 저하될 수 있다.

실제로 법의 실효성을 확보하기 위해서는 법을 지키지 않을 경우 어떤 조치가 취해질지를 명확히 규정하고, 이를 효과적으로 집행하는 체계가 필요하다. 또한 권리를 침해받은 경우에는 효과적인 구제가 가능하도록 법적 절차와 제도가 마련되어야 한다. 이를 통해 법의 규범적 타당성과 실효성을 동시에 확보할 수 있다.

2. 사회복지법제의 범주 및 체계

1) 사회복지법제의 범주

오늘날 수많은 법규들 가운데 과연 어떤 것이 사회복지에 관계되는 법규들인가처럼, 사회복지법의 개념 범주에는 논란이 있을 수 있다.[54)]

이는 사회복지의 개념이 시대에 따라, 국가에 따라, 사람에 따라, 이념에 따라 다르게 나타나기 때문이다. 그러므로 사회복지법규(social welfare laws)에 관한 개념 규정도 마찬가지로 일률적으로 정형화할 수 있는 것은 물론 아니다.

사회복지법규란 "사회복지를 구체적으로 실천하는 제도 · 기구 · 기관 및 시설 · 권리 · 의무 등을 규정한 것[55)]으로 정의된다.

(1) 형식적 의미와 실질적 의미

사회복지법규는 형식적 의미와 실질적 의미에 따라 그 개념이 다르게 정의된다.

형식적 의미의 사회복지법규란 법의 목적이나 명칭이 사회복지를 표방하고 있는 법을 말한다. 사회복지법이라는 외적 형식을 갖춘 제반 법규를 의미하고 있다. 주로 각국의 실정법상 사회복지와 연관된 법규의 모든 법들이 포함된다.

실질적 의미의 사회복지법규란 전 국민의 물질적 · 정신적 · 사회적 기본 욕구를 해결함으로써 인간다운 생활을 영위케 하는 공사의 제반 사회적 서비스와 관련된 법률을 말하며, 보다 더 구체적으로는 현실 생활에서 어려움을 겪거나 스스로 자신의 삶을 영위하지 못하는 사회적 약자 혹은 요보호대상자를 위한 제한적인 제반 사회복지정책 및 사회정책 등과 관련된 법규범을 말한다.

(2) 실정법상의 의미와 이념적 의미 및 법규범적 의미

사회복지법규는 실정법상의 의미와 이념적 의미 및 법규범적 의미로 또한 그 개념이 다르게 정의된다.

---

54) 윤찬영(2001). 사회복지법제론. 나남출판. 59쪽.

55) 이중엽(2016). 사회복지법제론(개정4판). 양서원.

① 실정법상의 의미

실정법상의 사회복지법규는 사회복지 분야에서 법적으로 규정된 법률과 규정을 의미한다. 이 법규는 사회복지 서비스 및 혜택의 제공, 사회복지 시스템의 운영, 사회적 취약 계층의 보호 등과 관련된 사회복지 정책과 규정을 담고 있다.

실정법상의 사회복지법규는 국가의 법령체계에 따라 다를 수 있으며, 각 국가에서 사회복지 분야를 조정하고 지원하기 위해 법적인 토대를 마련한다. 이 법규는 다양한 사회복지 서비스를 제공하는 주체들에 대한 요건과 책임, 서비스의 범위와 내용, 혜택을 받을 수 있는 자격 조건 등을 명시하고 있다.

첫째, 법규는 사회복지서비스의 종류와 범위를 규정하며, 어린이 및 청소년 보호, 노인 복지, 장애인 지원, 신체적 또는 정신적인 장애가 있는 개인의 지원, 국가보장급여 등이 이에 해당한다.

둘째, 법규는 사회복지체계의 구성과 운영 방식을 규정한다. 사회복지 기관 및 기타 관련 기관의 설립, 운영, 관리, 감독, 자격 요건, 정부의 역할과 책임 등이 포함된다.

셋째, 법규는 경제적으로 불안정하거나 사회적으로 취약한 개인이나 집단을 보호하기 위한 조치를 포함한다. 이를 위해 예산 배정, 긴급 지원, 보호 조치, 교육 및 재활, 사회통합 프로그램 등이 법규에 규정되어 있다.

넷째, 사회복지서비스 및 혜택을 받기 위한 자격 조건이 법규에서 규정된다. 소득, 재산, 나이, 건강 상태, 가정 상황 등의 요건이 포함될 수 있으며, 자격 조건의 충족 여부는 해당 국가의 사회복지 체계에서 평가된다.

② 이념적 의미

이념상의 사회복지법규는 사회복지분야에서 이념적인 가치와 원칙에 기초하여 제정된 법규를 말한다. 이러한 법규는 단순히 법적인 규제 역할뿐만 아니라 사회적 공정성과 평등, 인권 보장 등과 같은 더 넓은 사회적 목표를 추구하기 위해 활용된다. 이념적 사회복지법규는 사회복지 정책의 방향성과 원칙을 반영하며, 사회적 이익을 추구하는 데 중요한 역할을 한다.

첫째, 사회주의 이념에 기반하여 사회적 공정성, 경제 평등, 재분배 등을 강조하는 사회복지법규가 있다. 이러한 법규는 경제적인 자원을 균등하게 분배하고, 사회적으로 취약한 계층에게 보호와 지원을 제공하는 데 중점을 둔다.

둘째, 개인의 자유와 자기 결정권을 최대한 존중하면서도 사회적 불평등과 양극화를 완화하기 위한 사회복지법규가 있다. 이 법규는 개인의 책임과 자율성을 강조하면서도, 사회적으로 취약한 개인에게 필요한 지원과 기회를 보장하는 데 초점을 둔다.

셋째, 사회적 공정성과 사회적 포용을 추구하는 사회복지법규입가 있다. 이 법규는 모든 개인이 필요한 경우에 사회적인 지원과 혜택을 받을 수 있도록 보장하며, 국가와 사회의 역할을 강조한다.

③ 법규범적 의미

법규범상의 사회복지법규는 사회복지 분야에서 법적인 효력을 갖는 법규를 의미한다. 이러한 법규는 국가의 법률체계에 따라 정해지며, 사회복지 정책과 관련된 규정과 원칙을 포함한다. 법규범적 사회복지법규는 법령의 형태로 제정되어 시행력을 갖고 있으며, 개인과 기관의 행동을 규제하고 지침을 제공한다.

첫째, 법규는 법률로 제정되어 국가 법률체계에 따라 효력을 갖는다. 이는 개인과 기관이 법규를 준수해야 하며, 법규를 위반하는 경우에는 법적 책임이 발생할 수 있다.

둘째, 법규는 사회복지 분야에서 활동하는 주체들의 행동을 규제하고, 사회복지 정책과 서비스의 운영에 대한 지침을 제공한다. 이는 사회복지 서비스 제공자, 수혜자, 정부 기관 등에 대한 의무와 책임, 자격 조건, 서비스의 범위와 품질 등을 규정한다.

셋째, 법규는 개인과 집단의 권리와 보호에 대한 내용을 담고 있다. 예를 들어, 장애인의 권리 보장, 아동 및 청소년의 보호, 노인의 복지, 가정 폭력 피해자의 지원 등을 규정하여 이들의 권리와 안전을 보장한다.

넷째, 법규는 사회복지 분야의 법적 구조를 강화한다. 이는 사회복지 시스템의 조직과 운영 방식, 감독과 규제 체계, 법적 제재 등을 포함한다. 이를 통해 사회복지 서비스의 효율성과 투명성을 높이고, 부정행위와 차별 등을 방지한다.

다섯째, 법규는 사회복지 정책의 법적 기반을 형성하며, 사회적 공정성과 복지 보장을 위한 규제와 보호를 제공한다. 이는 사회복지 분야에서의 법적 안정성과 규범 준수를 촉진하여 공공의 이익을 증진시키는 역할을 한다.

〈사회복지와 사회보장의 법적 관계〉

(1) 상위개념으로서 사회보장과 하위개념으로서 사회복지

법학계에서 권리보장을 강조하는 관점으로 사회보장이라는 용어를 선호한다. '사회보장 · 사회복지'의 조항은 사회복지를 좁은 의미로 보며, 사회복지법을 사회보장법이라는 커다란 범주에 포함되는 하위개념으로 파악한다. 법학계에서는 독일중심의 사회보장을 상위의 큰 개념으로 보아 사회보장법을 중심으로 하고, 사회복지는 사회보장의 하위개념으로 보아 사회복지법을 사회복지서비스법으로 간주하고 있는 것으로 보인다.

(2) 사회법으로서의 사회보장법

시민사회의 시민법은 절대왕정이 지배했던 구질서를 시민혁명을 통해 무너뜨리고 건설한 시민 개개인의 권리와 의무를 보장하고, 신분사회에서의 각종 억압으로부터 자유, 신분에 따르는 불평등으로부터 법 앞에서의 평등을 의미하는 법체계이다. 그러나 시민사회는 자본주의적 생산양식의 모순과 경쟁적 자본주의의 불평등을 야기시킴으로써, 시민법의 법리는 전체 공동체의 안녕을 추구하는 단체주의적 사회법의 법리로 전환되었다. 법학계의 입장은 사회보장법을 사회법과 동일시하였다.

(3) 상위개념으로서 사회복지와 하위개념으로서 사회보장

사회복지학계에서는 사회복지가 전체를 포괄하는 상위개념이고, 그 하부에 사회보장이 존재한다. 전통적인 개념에서 보자면, 사회복지는 대인사회서비스를 내용으로 하는 현금급여와 개인이 다른 사람들과 또한 사회에 적응해가는 것을 원조하는 두 가지 기능을 포함하는 비경제적 서비스 형태를 취하는 것으로 이해하고 있고, 사회보장은 경제적 욕구에 대한 소득보장의 기능을 가지고 있으며, 급여형태는 현금급여이다.

* 출처 : 박정선(2014). "사회복지법의 개념 정립을 위한 소고". 사회보장연구. 30(1) : 81–103.

3. 사회복지법 상호 간의 관계

사회복지법 상호 간의 관계는 다양한 법규들이 상호작용하고 조화를 이루는 구조를 의미한다. 사회복지법은 다양한 법적 규정들로 구성되어 있으며, 이들은 상호보완적이고 연계된 형태로 작동한다. 이를테면, 사회복지 서비스 제공을 위한 법규, 사회적 보호를 위한 법규, 인권 보장을 위한 법규 등이 서로 상호작용하면서 사회복지 정책과 시스템을 형성한다.

사회복지법 상호 간의 관계에는 몇 가지 원칙이 작용한다.

① **상호보완성**

사회복지법들은 서로 보완적인 기능을 갖고 있다. 예를 들어, 사회복지 서비스 제공을 위한 법규와 사회적 보호를 위한 법규는 함께 작동하여 사회적으로 취약한 계층에게 필요한 지원과 보호를 제공한다. 이러한 법규들은 각각의 역할과 목적을 가지면서도 서로 보완하고 연계되어 사회복지 시스템을 운영한다.

② **상호연계성**

사회복지법들은 서로 연계되어 상호작용한다. 예를 들어, 사회보장법과 사회복지서비스법은 서로 연계되어 경제적인 지원과 사회적 서비스 제공을 조화롭게 수행한다. 이러한 연계성은 사회복지 정책과 프로그램을 효율적으로 구성하고 실현하는 데 도움을 준다.

③ **법적인 일치성**

사회복지법들은 일관성과 일치성을 유지해야 한다. 서로 다른 법규들 사이에는 상호적인 관계와 일치하는 원칙이 필요한다. 예를 들어, 사회복지법과 인권법은 상호 일치해야 하며, 개인의 권리와 사회적 보호 간에 균형을 유지해야 한다.

④ **법적 우선순위**

사회복지법들은 법적 우선순위를 가지고 있을 수 있다. 어떤 법규는 다른 법규보다 우선하여 적용되는 경우가 있을 수 있다. 이는 특정한 사회복지 상황이나 우려 사항에 따라 결정될 수 있으며, 법적 규정과 사회적 판단의 조합을 통해 이루어진다.

4. 사회복지법과 타법과의 관계

1) 국내법과의 관계

사회복지법과 타법(다른 법규) 사이에는 다양한 관계가 존재한다. 사회복지법과 타법 사이의 관계는 법적인 해석, 판단, 조정의 과정을 통해 조화를 이루어야 한다. 이를 통해 사회복지 정책과 법규들이 효율적으로 운영되며, 권리와 보호의 균형을 유지하는데 기여한다.

이를 위해 사회복지법은 다른 법규와 함께 상호작용하며, 이들 간의 관계는 다음과 같은 형태로 나타날 수 있다.

① 상위법과 하위법

사회복지법은 상위법과 하위법의 관계에 있을 수 있다. 예를 들어, 국가의 헌법은 사회복지와 관련된 권리와 원칙을 포함하고 있을 수 있다. 이와 같은 상위법은 사회복지법의 법적 기반을 형성하고, 사회복지 정책과 법규들의 일관성을 유지하는 역할을 한다.

② 일치와 충돌

사회복지법과 타법은 일치할 수도 있고 충돌할 수도 있다. 일치하는 경우, 다른 법규와 사회복지법은 동일한 목표를 공유하며 상호 보완적으로 작용할 수 있다. 그러나 때로는 사회복지법과 타법 사이에 충돌이 발생할 수 있다. 이러한 충돌은 법적 해석과 사회적 판단을 통해 조정되어야 한다.

③ 특수법과 일반법

사회복지법은 종종 특정한 사회복지 영역에 특화된 법규로 분류된다. 예를 들어, 장애인 보장법이나 노인복지법은 특정 인구군을 대상으로 하는 법규이다. 이들은 사회복지 서비스와 보호를 제공하는 데 특화되어 있으며, 다른 일반적인 법규들과는 구별될 수 있다.

④ 권리와 의무

사회복지법과 타법은 개인과 집단의 권리와 의무를 규제한다. 사회복지법은 사회적으로 취약한 개인과 집단에게 권리를 보장하고, 그들에게 의무를 부과할 수 있다. 이들 권리와 의무는 다른 법규들과 상호작용하면서 균형을 유지해야 한다.

2) 국제법과의 관계

국제법은 국제 사회에서 국가 간의 합의에 의해 성립된 협의 및 그 관계를 말한다.

국제법에는 조약과 선언 등이 있다. 조약이란 국가 간에 공식적인 문서 등으로 이루어진 합의 또는 규율로 법적 효력이 있는 것을 말한다. 반면, 선언이란 국제적인 단체나 국가간에 공식 또는 비공식적으로 형성되는 규범으로 법적 효력이 없는 것을 말한다.

헌법 6조에서는 "헌법에 의해 체결된 조약과 일반적으로 승인된 국제법규"으로 명시하고 있다. 이에 따라 국내 사회복지법과 국제법 간의 관계는 국가 간 혹은 국제 기구 간의 협력, 국제인권규약, 아동권리협약, 장애인 인권 선언 등 국제인권, 국제개발에 관해, 그리고 국제적인 규범과 표준에 따른 사회취약계층을 보호하고 국가 간 협력을 촉진함으로써 사회복지의 목표를 강화하는 데 영향을 받고 있다.

첫째, 국제법은 기본적인 인권과 관련된 규범을 제공한다. 여러 국제협약과 조약이 인간의 기본적 권리와 자유를 보장하고 있다. 이러한 규정들은 사회복지법의 기반을 형성하고, 국가가 국제사회에서 인간의 기본적 권리를 보호하고 증진하는 데에 기여한다.

둘째, 국제법은 국가 간의 개발 협력을 조율하고 지원한다. 국제사회에서는 개발도상국에 대한 지원, 빈곤 완화, 교육, 보건 등의 분야에서 협력이 이루어지고 있다. 이러한 국제적 노력은 사회복지법의 중요한 측면 중 하나로 여겨진다.

셋째, 국제법은 난민들의 권리와 보호에 대한 원칙을 규정하고 있다. 난민 보호와 관련된 국제협약은 난민들이 안전하게 이주하고 살 수 있도록 보장하며, 이는 사회적 취약 계층에 대한 보호와 관련이 있다.

넷째, 국제법은 지속가능한 개발에 대한 원칙을 포함하고 있다. 환경에 대한 파괴를 방지하고 지구촌의 지속 가능한 발전을 지원하기 위한 국제적 노력은 사회복지의 목표와 관련이 있다.

다섯째, 국제기구들은 사회복지 목표를 달성하기 위해 국제법의 원칙을 활용한다. 예를 들어, 유엔은 전 세계적으로 사회적 안전망을 구축하고 빈곤을 줄이는데 기여하고 있다.

■ 학습문제

<table>
<tr><th colspan="2">문제 1</th></tr>
<tr><td colspan="2">성문법에 대한 설명으로 옳지 않은 것은?

① 언어의 '올바른' 사용을 규제하려는 목적을 가지고 있다.
② 현대 국가들은 일반적으로 성문법주의를 채택하고 있다.
③ 문법적인 오류를 피하기 위한 지침을 제공한다.
④ 관습법, 조리 등이 해당한다.
⑤ 문법 규칙을 정해진 형식에 따라 규정하는 전통적인 접근 방식이다.</td></tr>
<tr><td>정답</td><td>④</td></tr>
<tr><td>해설</td><td>관습법, 조리 등이 해당하는 것은 불문법이다.</td></tr>
</table>

<table>
<tr><th colspan="2">문제 2</th></tr>
<tr><td colspan="2">사회복지법제의 범주에 대한 설명으로 가장 옳지 않은 것은?

① 실질적인 의미에서 사회복지법제는 전 국민의 물질적 · 정신적 · 사회적 기본 욕구를 해결함으로써 인간다운 생활을 영위케 하는 공사의 제반 사회적 서비스와 관련된 법률이다.
② 실정법상의 의미에서 사회복지법제는 사회복지 분야의 법률과 규정, 그리고 관습까지 포함한다.
③ 이념적 의미에서 사회복지법제는 사회복지 분야에서 이념적인 가치와 원칙에 기초하여 제정된 법규를 말한다.
④ 형식적인 의미에서 사회복지법제는 사회복지법이라는 외적 형식을 갖춘 제반 법규이다.
⑤ 일반적으로 사회복지법규는 사회복지를 구체적으로 실천하는 제도 · 기구 · 기관 및 시설 · 권리 · 의무 등을 규정한 것이다.</td></tr>
<tr><td>정답</td><td>②</td></tr>
<tr><td>해설</td><td>실정법상의 사회복지법규는 사회복지 분야에서 법적으로 규정된 법률과 규정을 의미한다.</td></tr>
</table>

<table>
<tr><th colspan="2">문제 3</th></tr>
<tr><td colspan="2">우리나라의 행정규칙, 행정지침, 규정 등을 뜻하는 개념은?

① 헌법
② 법규
③ 법률
④ 조약
⑤ 법령</td></tr>
<tr><td>정답</td><td>②</td></tr>
<tr><td>해설</td><td>법령이 발효되고 나면 법령 내에 구체적인 세부 규정이 담긴 법규가 작성되거나 세부 사항을 명확히 정의하고 구체화하여 시행되며, 우리나라의 경우 행정규칙, 행정지침, 규정 등이 있다.</td></tr>
</table>

문제 4	
조례 및 규칙에 대한 설명으로 가장 옳지 않은 것은? ① 조례는 「법령의 범위안」에서 제정할 수 있다. ② 지방자치단체의 자치입법권에 의해 제정된 조례와 규칙을 통틀어 '자치법규'라고 한다. ③ 조례에 대한 입법을 하는 기관인 국회이다. ④ 조례규칙은 「법령 또는 조례가 위임한 범위안」에서 제정할 수 있다. ⑤ 지방자치법에서 지방자치단체가 제정하는 것으로 규정하고 있다.	
정답	③
해설	조례에 대한 입법을 하는 기관은 지방의회이다.

문제 5	
사회복지법 상호 간의 관계에서 작용하는 원칙이라고 보기 어려운 것은? ① 비용효과성 ② 법적 우선순위 ③ 법적인 일치성 ④ 상호연계성 ⑤ 상호보완성	
정답	①
해설	사회복지법 상호 간의 관계에서 작용하는 원칙들로는 상호보완성, 상호연계성, 법적 일치성, 그리고 법적 우선순위 등이다.

4장

사회복지법의 권리성과 구제

KEY WORD :

학 습 목 표

1. 사회복지 권리성의 의미를 기술할 수 있다.
2. 인권 및 기본권의 개념을 정의할 수 있다.
3. 사회보장수급권과 권리구제의 절차를 설명할 수 있다.

1. 사회복지 권리성의 의미

1) 권리의 개념

권리(right)란란 개인 또는 단체가 다른 개인, 단체 또는 국가로부터 행사하고 증명할 수 있는 특정한 권한이나 자유로움의 범주를 말한다. 즉, 일정한 이익을 향유하게 하기 위하여 법이 인정하는 힘인 것이다. 따라서 권리는 일정한 이익을 목적으로 하며, 특정인에 대하여 부여된 것이다. 권리는 폭력과 같은 힘이 아니라 법에 의하여 부여된 벌률상의 힘이며, 권리와 의무는 상대적 개념으로 존재한다.

권리의 내용에 따라 어떠한 행위를 할 수 있는지 또는 어떠한 행위로부터 방해받지 않을지에 따라능동적 권리와 비능동적 권리로 구분할 수 있다.

① 능동적 권리

능동적 권리(positive right)란 특정한 행위를 할 수 있는 권리이다. 즉, 능동적 권리는 개인이나 단체에게 어떠한 행위나 서비스를 제공하거나 수행할 수 있는 권리를 의미한다. 교육을 받을 권리, 의료 서비스를 받을 권리, 일정한 생활 수준을 유지할 권리 등이 해당한다. 이 권리는 종종 타인이나 국가에게 의무를 지워, 특정한 행위나 서비스를 제공하거나 보장하도록 한다.

② 비능동족 권리

비능동적 권리(negative right)란 어떠한 행위로부터 방해받지 않을 권리이다. 즉, 비능동적 권리는 다른 개인이나 단체로부터 어떠한 행위로부터 방해받지 않을 권리를 의미한다. 언론의 자유, 신조의 자유, 사생활 보호 등으로 다른 사람들이 특정한 행위로 개입하지 않도록 하는 것을 목표로 한다. 이 권리는 타인에게 의무를 지워, 특정한 행위로부터 개인이나 단체를 방해하지 않도록 한다.

이 두 권리는 모두 법적으로 보호되어야 한다. 즉, 전자는 일반적으로 사회적, 경제적 서비스에 관련된 권리들을 보장하려는 법적 규정이 필요하며, 후자는 자유와 개인의 자율성에 관련된 권리 등 주로 타인의 개입으로부터 방어하려는 법적 구제가 필요하다.

〈권리와 구별되는 개념〉

- 권한: 타인이 본인 또는 권리자를 위하여 일정한 법률효과를 발생시키는 행위를 할 수 있는 법률상의 자격을 말한다. 예) 장관, 법관, 국회의원, 법인이사, 대리인의 권한임.
- 권능: 권리의 내용을 이루는 법률상의 힘을 말한다. 예) 소유권은 권리이지만, 내용을 이루는 사용권, 수익권, 처분권은 권능임.
- 반사적 이익: 법률상의 권리는 아니고 법규를 실현하는 결과로 반사적 효과로서 저절로 받게 되는 이익을 말한다. 예) 산림법 제정–부근 주민이 청정한 공기와 깨끗한 물을 반사적으로 얻음.

2) 사회복지 권리성의 의미와 특성

(1) 의미

사회복지 권리성은 개인과 사회적으로 취약한 집단에게 사회복지 서비스와 혜택을 제공하는 것을 보장하기 위한 개념이다. 이는 개인이 기본적인 생활 수준과 사회적 포용을 위한 필수 서비스와 지원을 받을 권리를 갖는 것을 의미한다.

사회복지 권리성은 사회적 공정성과 사회적 안전망의 구축을 위한 중요한 원칙으로 작용한다. 이는 사회복지 정책과 프로그램의 기반이 되며, 개인과 사회의 복지와 안녕을 촉진하는 데 일조한다.

(2) 특징

① 보장성

사회복지 권리성은 개인과 집단에게 사회적 보호와 복지를 보장하는 것을 목표로 한다. 이는 사회복지 서비스 제공, 건강보험, 교육, 주거, 식량보장, 고용기회 등의 측면에서 이루어질 수 있다. 사회복지 권리성은 사회적으로 취약한 개인과 집단을 보호하고 지원하기 위해 중요한 역할을 한다.

② 균형과 상호존중

사회복지 권리성은 개인의 권리와 사회적 이익, 공공의 이익 사이에 균형을 유지하려는 노력을 포함한다. 개인의 권리와 자유를 존중하면서도 사회적 목표와 사회적 정의를 달성하기 위해 사회적 재원과 책임을 조화롭게 조정한다.

③ 참여와 자기결정권

사회복지 권리성은 개인과 집단이 사회복지 정책과 서비스에 대한 참여와 자기결정권을 가지는 것을 강조한다. 이는 개인이 자신의 상황과 필요에 대해 발언하고 의사결정에 참여할 수 있는 권리를 가질 수 있도록 하는 것을 의미한다.

④ 인권과 평등

사회복지 권리성은 인간의 기본적인 인권과 평등에 기초한다. 개인과 집단은 사회적 및 경제적으로 불공평한 상황에서도 인간의 존엄성과 평등한 대우를 받을 권리를 가진다. 이를 위해 사회복지 권리성은 차별금지, 사회적 포용, 기회균등 등을 강조한다.

3) 사회복지 권리성을 위한 법 관계

인간의 복잡다양한 생활을 법의 입장에서는 법률관계와 사실관계로 분류하고 있다.

첫째, 법률관계란 법에 지배를 받는 생활관계로서 권리와 의무로 구성된다. 권리는 일정한 이익을 향유하게 하기 위하여 법이 인정하는 힘이기 때문에 권리를 법률상의 힘이라고 한다. 의무는 자기의 의사 여하를 불문하고 일정한 행위를 하여야 할 법적인 구속(강제)력이다.

둘째, 사실관계란 법의 지배를 받지 않는 생활관계이다.

2. 사회복지법제에서 사회복지 권리성의 성격

1) 헌법상 사회복지권의 성격

사회복지에 대한 헌법적 접근은 자유권인가 사회권인가의 논의에서 사회권으로, 자연권인가 실정권인가의 논의에서는 실정권으로 이해해 왔다. 그리고 추상적 권리인가 구체적 권리인가에 대한 논의에서는, 헌법으로부터 직접 도출될 수 없다는 의미에서의 추상적 권리로 이해하는 견해와 헌법으로부터 직접 도출될 수 있다는 의미에서의 구체적인 권리로 이해하는 견해가 대립하여 왔다.[56]

그러나 헌법재판소의 몇몇 판례에서 살펴보듯 사회복지권은 계층에 따라 다양한 내용일 수 있으므로, 그 성질을 일률적으로 볼 것은 아니다.[57]

헌법재판소는 "의무교육의 무상원칙을 규정한 헌법 제31조 제3항은 초등교육에 관한 직접적 효력규정으로서 개인이 국가에 대하여 수업료 등을 면제받을 수 있는 헌법상의 권리"라고 판시하여[58], 의무교육인 초등교육을 받을 권리는 헌법에서 직접적으로 도출될 수 있는 권리임을 인정한 바 있다.

---

56) 사회적 기본권의 대상영역과 실현정도가 법률에서 구체화된다고 하어도 사회적 기본권은 '헌법적 권리'이지 법률적 권리가 아니다. 따리시 사회석 기본권은 단지 국가에 대해서 의무를 부과하는데 지나지 않는 객관적 규범일 뿐만 아니라 헌법상 보장된 '주관적 권리'이고, 법률에 의해서 비로소 구체적인 권리로 변하는 추상적인 권리가 아니라 그 자체로 법적 효력을 가지는 구체적인 권리이다(이준일(2010). 헌법과 사회복지법제. 세창출판사. 9쪽).

57) "자유권·사회권 또는 자연권·실정권은 선험적으로 구분되기 보다는 선험적으로 구분할 수 있다고 이해되는 개념이며, 헌법규범체계 내지 기본권체계의 안전성을 해치지 않는 범위 내에서, 공동체의 시대적·사회적 가치판단에 따라 개념구분 기준점은 이동될 수 있기 때문이다(최승원(2009). "사회복지권 소고", 지방자치법연구. 21. 181쪽).

58) 헌법재판소 1991.2.11. 90헌가27

그리고 전몰한 군경의 유족의 연금법에 의한 유족연금수급권과 관련한 사례에서 "인간다운 생활을 할 권리로부터는 인간의 존엄에 상응하는 생활에 필요한 '최소한의 물질적인 생활'의 유지에 필요한 급부를 요구할 수 있는 구체적인 권리가 상황에 따라서는 직접 도출될 수 있다고 할 수는 있어도, 동 기본권이 직접 그 이상의 급부를 내용으로 하는 구체적인 권리를 발생케 한다고는 볼 수 없다고 할 것이다. 이러한 구체적 권리는 국가가 재정형편 등 여러 가지 상황들을 종합적으로 감안하여 법률을 통하여 구체화할 때에 비로소 인정되는 법률적 권리"라고 판시하여7), 최소한의 물질적 생활을 위한 급부를 요구할 수 있는 권리를 헌법으로부터 직접 도출할 수 있다고 보았다.

한편 장애인을 위한 저상버스 도입의무와 관련하여 "사회적 기본권은 국가의 모든의사결정과정에서 사회적 기본권이 담고 있는 국가목표를 고려하여야 할 국가의 의무를 의미"한다고 판시하여, 장애인도 인간다운 생활을 누릴 수 있는 정의로운 사회질서를 형성해야 할 국가의 일반적인 의무가 있다는 것이지, 장애인을 위해서 저상버스 도입해야한다는 것이 헌법으로부터 직접 도출되는 의무는 아니라고 보는 등, 헌법으로부터 직접 도출될 수 있는 권리와 직접 도출될 수 없는 권리에 대한 고려를 하고 있는것으로 보인다. 즉 헌법재판소는 헌법으로부터 직접 도출될 수 있는 사회복지에 대한 권리를 인정하고 있으며, 직접 도출되지 않는 경우 중에는 국가에게 의무를 부여한 것으로 이해하여 국가가 법률상의 이익으로 관련 법률을 통해 구체화시키는 과정이 필요한 경우가 있다고 해석하고 있는 것으로 보인다.

2) 사회복지법률상의 권리성–개인적 공권성 여부

구체적인 사회복지영역에서 도출되는 복지에 관한 권리가 헌법으로부터 직접 도출될 수 있는 경우 이는 행정작용법적 관점에서 개인적 공권을 갖는 것으로 이해된다. 헌법상 보장되는 기본권 중에서 구체적이고도 현실적인 권리로 인정될 수 있는 경우 헌법에 의한 개인적 공권의 성립을 인정할 수 있으며, 사인은 헌법상의 기본권의 침해를 이유로 행정소송을 제기할 수 있게 된다. 다만 이는 법률이 없는 경우이며, 학설은 법률의 헌법에 대한 적용우위의 원칙을 전제로 하여 공권은 우선적으로 관련 개별법규범에서 인정근거를 찾아야 하고, 그로부터 개인적 공권이 도출될 수 없을 경우에 개인의 중대한 법익의 침해를 방지하기 위하여 헌법의 기본권규정이 개인적 공권성립의 보충적인 근거규정이 될 수 있다고 본다.[59)]

그런데 기본권에 의한 개인적 공권성립의 범위와 관련하여서는 자유권적 기본권과 청구권적 기본권을 나누고 자유권적 기본권은 기본권 규정에 의하여 직접 개인적 공권이 성립될 수 있다고 보면서도 청구권적 기본권인 경우 바로 구체적인 개인적 공권이 성립된다고 어렵다고 보며 이는 지배적인 견해인데, 이러한 입장은 앞에서 제시한, 구체적인 사례에서 법률규정 없이 복지에 대한 권리가 도출될 수 있다고 보는 헌법재판소의 견해와는 다소 거리가 있는 것으로 생각된다.

한편 헌법상 기본권으로서 사회복지권이 부여된 것으로 볼 수 없는 경우라고 하더라도, 국가에 사회복지실현의무가 부여된 경우에, 그 복지를 누리는 이익은 법률상 이익인지 반사적 이익인지 여부가 검토되어야 한다. 헌법에 근거한 권리로 보기 어렵다하더라도, 법률상 이익으로 인정되면 국가에 대해 요구할 수 있는 법적인 힘, 즉 개인적 공권을 주장할 수 있게 된다. 상대적이기는 하나, 기본권적 규범가치가 주관적 공권과 객관적 규범질서의 양면에서 실현되는 것임을 감안하면, 사회적 기본권 실현과 사회복지제도 보장의 경우도 엄격한 분리보다는 상호 긴밀히 융합되는 것이 필요하다. 이렇게 이해하면 국가에 주어진 사회복지실현의무로 인하여 개인이 누리게 되는 이익은 법률상 이익이 될 수도 있으며 반사적 이익으로만 형성할지 여부는 입법의 역할이 된다.[60)]

59) 홍정선(2011). 행정법원론(상). 박영사. 150쪽.

60) 양승미(2011). "사회복지서비스 신청권과지방자치단체의 과제: 사회복지서비스 신청권 판례를 중심으로" 지방자치법연구. 11(2): 313-334. DOI : 10.21333/lglj.2011.11.2.011

3. 인권의 개념과 종류

1) 인권의 개념

인권의 기원은 인간의 역사만큼이나 오래되었다는 시각이 있는 반면, 원래부터 사람에게 인권이라는 것은 부여된 적이 없다는 시각차가 존재한다. 인간의 역사와 더불어 인권이 존재했다는 관점에서 고전적 정의라 할 수 있는데, 인권이란 인간이기 때문에 당연히 가지는 권리로서 인간존엄성을 보장받을 권리, 즉 인간 자신이 곧 인권과 기본적 자유의 중심적 주체임을 의미한다. 논쟁의 여지에도 불구하고, 일반적인 견해는 17, 18세기 계몽주의 사상가들에 의해 인권이 본격적인 제도화의 길로 들어섰다는 것이다. 영국의 '인권 선언'이라 할 수 있는 대헌장(마그나 카르타, 1215년) 권리청원(1628년), 인신보호법(1679년)을 비롯하여 미국의 독립선언(1776년)과 프랑스 혁명기의 인권선언(1789년) 등의 세계적 격변기를 겪는 동안 홉스(Thomas Hobbes), 로크(John Locke), 루소(Jean-Jacques Rousseau) 등의 계몽주의 사상가들에 의해 인권의 개념이 이론적으로 체계화되기 시작하였다. 하지만 또 다른 한편에서 보면. 그 이론적 개념에도 불구하고 실질적 보장은 허구였다는 점이다. 재산을 소유한 중소상공인을 가리키는 부르주아지(엘리트 시민계급) 위주의 권리였던 반면, 실제로 가난한 사람, 임금노동자, 하인 및 여성의 인권은 완전히 배제된 권리였다. 19세기와 20세기에 이르서야 비로소 격렬한 시민에 의한 정치적 투쟁의 산물로 안착될 수 있었다.

인권이라는 용어는 Paine(1791)[61]의 "The Rights of Man"에서 처음 유래되었으며, 바이마르헌법(Weimarer Verfassung, 1919)에서 그 개념이 성문화 되었다. 또한, UN은 1948년 12월 10일 세계인권선언(Universal Declaration of Human Rights)과 1966년 12월 16일 국제인권규약(International Covenant on Civil and Political Rights) 등을 선언 또는 채택함으로서 보다 많은 국가들에서 실효성이 있

61) M. Philp(2004). 'Paine, Thomas (1737-1809)', Oxford Dictionary of National Biography, Oxford: Oxford University Press.

는 다자간 조약으로서 제공하였다. 이들 조약에서 인권은 경제적 · 사회적 · 문화적 권리에 관한 규약(A규약)과 시민적 · 정치적 권리에 관한 규약(B규약)으로 분류되었는데, A규약은 노동자의 단결권, 사회보장 등이었으며, B규약은 비인도적 처우 금지, 소수민족의 권리 등을 보장받을 권리로 명시되었다. 그리고 국가와 함께 개인도 국제연합에 인권침해를 제소할 수 있게 한 (자유권규약에 대한) 「선택의정서」(Optional Protocol)가 채택이 되고, 1976년에 발효됨으로써 각 가맹국에 대한 광범위한 인권 보호 의무를 규정하였다. 이러한 내용들을 바탕으로 UN인권센터(UN Center for Human Rights)는 인권을 "타고난 천성에 내재되어 있는 것으로 이것 없이는 인간으로 살 수 없는 권리"로 정의하고 있다.

1970년대와 1980년대를 거치면서 국가인권기구를 설립하는 나라들이 점차 늘어났으며, 1980년대 이후 권위주의 체제를 벗어나 민주화의 길에 접어든 많은 제3세계 국가들도 민주화를 촉진하고 인권보장 체제를 건설하기 위하여 국가인권기구를 도입하기 시작하였다. 이윽고, 1991년 국가인권기구의 지위에 관한 원칙, 소위 '파리원칙'을 제정하게 되면서, 국가인권기구의 설립에 관한 보편적인 기본 준칙을 마련하였다고 볼 수 있다. 우리나라의 국가인권위원회도 이 원칙을 바탕으로 2001년 11월 설립되었다.

우리나라의 「국가인권위원회법」에서는 인권을 "헌법 및 법률에서 보장하거나 대한민국이 가입 · 비준한 국제인권조약 및 국제관습법에서 인정하는 인간으로서의 존엄과 가치 및 자유와 권리"(제2조)라고 정의하였다. 즉, 이 정의는 인권의 국내법적 보장뿐만 아니라 국제인권법 및 국제관습법까지 확대 적용하는 세계적 추세를 반영하고 있다.

인권의 실질적 의미는 국가나 실정법에 의하여 부여된 것이 아니라 인간이기 때문에 인정되는 모든 인간의 생득적이고 절대적인 기본권이라는데 그 보편성의 근거가 있다. 다만, 우리나라 헌법 등에서 정하고 있는 법률적 '기본권'(up→down)과 위에서 기원된 인권(bottom→up)의 개념에서 나타나는 차이를 어떻게 받아들이는가에 따라 인권의 개념이 협의적으로 정의되는가, 아니면 광의적으로 정의되는가 등이 결정된다.

인권의 실체적 개념으로서는 법률적 기본권과 연계하여 다음과 같은 세 가지 내용으로 분류되어 설명될 수 있다. 첫째는 행복추구권, 평등권 등과 같은 일반적 기본권이다. 둘째는 신체의 자유권, 사생활에 관한 자유권, 정신적 활동에 관한 자유권, 경제생활에 관한 자유권, 정치활동에 관한 자유권 등의 자유권적 기본권이다. 셋째는 인간다운 생활을 할 권리, 교육을 받을 권리, 근로의 권리, 근로자의 3권, 환경권, 보건에 관한 보호를 받을 권리, 청구권적 기본권 등, 소수민족의 권리 등의 생존권적 자유권이다.

2) 인권 개념의 발달 과정

① 제1세대 인권

제1세대의 인권은 시민적 · 정치적 권리(civil and political rights)인 자유권을 말한다. 근대 시민사회 형성기에 부르주아들의 자유로운 산업 활동을 보장하기 위한 권리 보장에 근거를 두며 이후 계속적으로 발전하게 되었다. 자유권은 인간의 존엄성과 가치와 자유에 초점을 맞춘 권리 개념으로서 주로 인간이 국가의 강압으로부터 자유로운 어떤 상태를 지향하는 것이며 도덕적 권리(moral rights)와 법적 권리(legal rights)로 구분된다.

② 제2세대 인권

제2세대의 인권은 경제적 · 사회적 · 문화적 권리(economic, social and cultural rights)인 사회권을 말한다. 파리코뮌과 러시아혁명을 거치면서 19세기 후반에 출현한 사회권은 의 · 식 · 주 문제 해결, 사회보장 문제 등을 포함하는 기본적 생활에 대한 국가의 적극적인 조치를 요구하며, 일정한 경제적 자원이 기반이 되었다. 사회권은 주로 사회주의권 국가 및 제3세계 국가들에 의해 자유권보다도 더 선행되어야 한다는 논리가 제기되기도 하였다. 그러나 자유권과 사회권은 둘 다 중요하고 상호 보완적이며 함께 발전시켜 나가야 한다는 점에서 서론 분리될 수 없는 성격이다.

③ 제3세대 인권

제3세대의 인권은 민족자결권 및 발전권을 말한다. '아시아적 가치'를 둘러싼 동아시아의 인권 논쟁이나 평화에 대한 접근법으로 기존의 제1세대, 제2세대 인권 논쟁과 복합적으로 어우러지면서 전개되었다. 논쟁의 핵심은 개인의 권리보다는 집단의 권리(collective rights)에 초점이 맞춰지고 있는데, 발전에 대한 민중의 권리, 환경권, 문화적 유산 보존 및 인도주의적 원조(humanitarian assistance), 더 나아가 평화권 등의 현안들이 망라되고 있다.

사회복지실천방법 중 지역사회 조직과 밀접한 관련성을 지니고 있는 권리가 바로 제3세대 인권이라 할 수 있다. 지역사회조직은 지역사회개발, 사회계획, 사회행동 등의 방법(모델)을 통해 지역사회의 변화와 발전을 도모하고 그 결과로서의 혜택이 지역주민들에게 돌아가게 하는 것을 목적으로 한다. 최근 다문화 사회의 등장, 외국 이주 노동자의 권익 보장 등의 문제 역시 지역사회조직에서 다루어야 할 사회문제이다. 이러한 지역사회의 현안을 인권 관점에서 접근할 때 훨씬 더 바람직한 성과가 도출될 것이다. 뿐만 아니라 최근 관심을 모으고 있는 국제사회복지 역시 제3세대의 인권과 관련성이 높은 사회복지 영역이다.

국제적 빈곤 지역에 대한 활동을 통해 빈곤 문제의 심각성을 국제적으로 알리고 이의 해결을 위한 조치의 필요성을 강조하는 활동들은 인권과 사회복지의 연계 가능성 및 실효성을 보여주는 대표적인 사례이다.

〈표 4-1〉 인권 세대의 진화와 사회복지분야의 관련성

	소극적 차원 (의도적으로 침해하지 않아야 하는 차원)	적극적차원 (자원투입과 구체적 정책이 필요한 자원)	관련되는 사회복지분야
시민적,정치적 영역의 권리 제1세대	- 고문 및 가혹한 처우 - 자의적 구금 - 초법적 살인 및 실종 - 불공정한 재판 - 선거부정	- 사법개혁 - 법 집행 절차 및 교정 시설 개선 - 법 집행 공직자 인권 교육 - 경찰처우 개선 - 선거제도 개선 - 과거 인권 침해 사건 조사 및 과거사 정리	장애인 복지 등 적용 대상별 복지 (예:장애인 이동권 보장)
경제 · 사회 · 문화적 영역의 권리 제2세대	- 보건, 복지, 교육 영역에서의 젠더, 인종, 나이, 언어 등에 따른 차별관행 및 정책	- 보건 - 복지 - 교육 - 기업 등 사적주제에 의한 인권 피해자 구제 - 과거사 정리 - 진실,화해,배상 - 외채탕감 - 해외개발원조	사회복지 전분야 (사회권과 직결)
연대, 집단 영역의 권리 제 3세대	- 환경 훼손 - 지구 온난화 - 불공정 무역	- 과거사 정리, 진실/회해/배상 - 외채탕감 - 해외개발원조	국제사회복지 지역사회복지

3) 평등권 침해의 차별행위

인권에 대한 정의에서와 마찬가지로 '차별(discrimination)'이라는 용어도 다양한 의미로 사용된다. 차별은 '차이', '범주화'와 유사한 의미로 사용하여 단순한 구분을 뜻하기도 하지만, 일반적으로 인식 뿐 아니라 태도와 행동을 포함한 '배제', '왕따', '거부', '억압', '탄압' 등의 의미로 사용되는 경우도 많다. 국어사전에서도

차별은 차등이 있게 구별함을 뜻함으로 이미 등급을 달리한다는 의미가 포함되어 있다고 볼 수 있다. 또한 '차별 대우'의 정의에서는 '정당한 이유 없이 남보다 나쁜 대우를 함'이라고 규정하고 있다. 즉, 차별은 특정 집단이나 개인에게 자의적(恣意的)인 기준에 의해 불평등하게 대우하고 격리시키거나 소외시키는 현상을 의미한다. 차별은 편견에 의해 나타나는 부정적 결과로, 편견은 단지 마음의 상태라고 한다면 차별은 개인 또는 사회의 명백한 관적 행위라 할 수 있다. 차별은 태도(attitude)의 전통적 세 가지 요소인 정의(affection), 인지(cognition), 그리고 행동(behavior) 중 행동적 요소와 관련이 있는데, 이러한 측면에서 차별은 집단명칭에 근거해 불이익을 주는 행동을 지칭한다. 즉, 능력, 장점, 업적과 무관한 속성들을 근거로 해서 개인이나 집단이 의도적이건 비의도적이건 간에 부당하게 다루어지는 것으로, 차별은 고정관념이나 편견과는 달리 행동적(behavioral)인 측면을 주된 태도적 구성요소로 하는 것이다.[62]

「국가인권위원회법」 제2조 제3항에 명시된 '평등권 침해의 차별행위'란 합리적인 이유 없이 성별, 종교, 장애, 나이, 사회적 신분, 출신 지역, 출신 국가, 출신 민족, 용모 등 신체 조건, 기혼 · 미혼 · 별거 · 이혼 · 사별 · 재혼 · 사실혼 등 혼인 여부, 임신 또는 출산, 가족 형태 또는 가족 상황, 인종, 피부색, 사상 또는 정치적 의견, 형의 효력이 실효된 전과(前科), 성적(性的) 지향, 학력, 병력(病歷) 등을 이유로 한 다음의 행위를 말한다.

첫째, 고용(모집, 채용, 교육, 배치, 승진, 임금 및 임금 외의 금품 지급, 자금의 융자, 정년, 퇴직, 해고 등)과 관련하여 특정한 사람을 우대 · 배제 · 구별하거나 불리하게 대우하는 행위이다.

둘째, 재화 · 용역 · 교통수단 · 상업시설 · 도지 · 주거시설의 공급이나 이용과 관련하여 특정한 사람을 우대 · 배제 · 구별하거나 불리하게 대우하는 행위이다.

셋째, 교육시설이나 직업훈련기관에서의 교육 · 훈련이나 그 이용과 관련하여 특정한 사람을 우대 · 배제 · 구별하거나 불리하게 대우하는 행위이다.

넷째, 성희롱(업무, 고용, 그 밖의 관계에서 공공기관의 종사자, 사용자 또는

62) 원영희 · 이금룡 · 김욱 · 최혜지 · 한은주(2006). 노인에 대한 사회차별 실태조사-개인적 및 제도적 차별경험을 중심으로. 국가인권위원회.

근로자가 그 직위를 이용하여 또는 업무 등과 관련하여 성적 언동 등으로 성적 굴욕감 또는 혐오감을 느끼게 하거나 성적 언동 또는 그 밖의 요구 등에 따르지 아니한다는 이유로 고용상의 불이익을 주는 것) 행위이다.

차별은 차별 범위에 따라 개인적, 제도화된 차별로 구분할 수 있다. '개인적 차별(individual discrimination)'은 외집단에 속한 사람을 멸시하고, 외집단의 참여 기회를 부정하며 그들의 생명과 재산에 대해 폭력을 가하는 개인 수준의 공공연한 행위를 말한다. 반면 '제도화된 차별(institutionalized discrimination)'은 소수집단의 성취를 저해하거나 제한하여 그들을 종속적으로 불이익을 당하는 위치에 묶어두려는 관행적으로 확립된 행위양식을 가리킨다. 그리고 차별은 편의상 정치적, 경제적, 사회적 차별로 나누어 살필 수도 있다.[63] 즉 차별은 개인적 차원에서부터 집단과 국가, 국가 간에 이르기까지 특정 개인이나 집단이 불평등한 대우를 받는 것을 의미하며, 일반적으로 부정적 의미를 내포하고 있다고 할 수 있다. 노인차별의 유형으로 노인층을 무시, 배제하고 그들의 욕구를 덜 반영하는 행위, 노인층에 대해 보다 방어적이고 동정적 행위, 그리고 노인에게 부정적이거나 보다 드러나게 치명적으로 해를 주는 행위 등이 있다.[64]

63) 차종천(2004). "차별의 개념 및 실태와 원인". 보건복지포럼. 95 : 6-20.

64) 원영희·이금룡·김욱·최혜지·한은주(2006). 노인에 대한 사회차별 실태조사-개인적 및 제도적 차별경험을 중심으로. 국가인권위원회.

4. 기본권의 개념 및 종류

1) 기본권의 개념

〈표 4-2〉 헌법상 사회적 기본권의 변천

헌법 제정 · 개정	사회적 기본권의 조항
1948.7.17 제헌헌법	제19조 노령,질병,기타 노동능력의 상실로 인하여 생활유지의 능력이 없는 자는 법률이 정하는 바에 의하여 국가의 보호를 받는다.
1962.12.26 5차 개헌	제8조 모든 국민은 인간으로서의 존엄과 가치를 가지며,이를 위하여 국가는 국민의 기본적 인권을 최대한으로 보장할 의무를 진다. 제30조 ① 모든 국민은 인간다운 생활을 할 권리를 가진다. ② 국가는 사회보장의 증진에 노력하여야 한다. ③ 생활능력이 없는 국민은 법률이 정하는 바에 의하여 국가의 보호를 받는다.
1980.10.27 8차 개헌	제9조 모든 국민은 인간으로서의 존엄과 가치를 가지며,행복을 추구할 권리를 가진다. 국가는 개인이 가지는 불가침의 기본적 이권을 확인하고 이를 보장할 의무를 진다. 제32조 ① 모든 국민은 인간다운 생활을 할 권리를 가진다. ② 국가는 사회보장,사회복지의 증진에 노력할 의무를 진다. ③ 생활능력이 없는 국민은 법률이 정하는 바에 의하여 국가의 보호를 받는다.
1987.10.29 9차 개헌	제10조 모든 국민은 인간으로서의 존엄과 가치를 가지며,행복을 추구할 권리를 가진다. 국가는 개인이 가지는 불가침의 기본적 인권을 확인하고 이를 보장할 의무를 진다. 제34조 ① 모든 국민은 인간다운 생활을 할 권리를 가진다. ② 국가는 사회보장,사회복지의 증진에 노력할 의무를 진다. ③ 국가는 여자의 복지와 권익의 향상을 위하여 노력하여야 한다. ④ 국가는 노인과 청소년의 복지향상을 위한 정책을 실시할 의무를 진다. ⑤ 신체장애자 및 질명,노령,기타의 사유로 생활능력이 없는 국민은 법률 이 정하는 바에 의하여 국가의 보호를 받는다. ⑥ 국가는 재해를 예방하고 그 위험으로부터 국민을 보호하기 위하여 노력하여야 한다.

* 출처 : 박정선(2014). "사회복지법의 개념 정립을 위한 소고". 사회보장연구. 30(1) : 81-103.

기본권은 개인의 인간다운 존엄성과 자유를 보호하고 보장하는 권리이다. 즉, 기본권은 개인의 자유와 인간다운 존엄성을 보호하고, 개인과 국가의 관계에서 균형을 유지하기 위한 중요한 원칙이다. 이를 통해 개인은 자유롭게 생각하고 표현하며, 독립적인 선택을 할 수 있으며, 차별받지 않고 공정한 대우를 받을 수 있다.

개인의 본성적이고 불가침의 권리로 간주되는 기본권은 법적으로 인정되고 보호받을 수 있다. 즉, 기본권은 일반적으로 개인의 생명, 자유, 동등성, 인간다운 생활 등을 보호하는 다양한 권리로 이루어져 있으며, 다양한 국가의 헌법이나 법규에서 규정되어 있으며, 헌법이나 법률에 의해 제한될 수 있다.

2) 기본권의 특징

① 보장성

기본권은 법적으로 보장되는 권리이다. 국가는 개인의 기본권을 인정하고 보호하기 위해 법적인 보장을 제공한다. 헌법이나 법률은 기본권을 명시하고 개인의 인권과 자유를 보호하는 규정을 포함하고 있다.

② 일반성

기본권은 모든 개인에게 일반적으로 적용된다. 인종, 성별, 종교, 출신 등에 상관없이 모든 개인은 기본권을 가지고 있다. 기본권은 인간으로서의 본성적인 권리로 간주되기 때문에 모든 사람에게 균일하게 적용된다.

③ 제한과 균형

기본권은 다른 개인과 사회적 이익과의 균형을 유지해야 한다. 기본권은 개인의 자유와 권리를 보호하면서도 공공의 이익과 사회적 안전을 고려할 수 있다. 이를 위해 기본권은 법적 제약과 규제를 받을 수 있으며, 이러한 제한은 합리적이고 필요한 경우에만 허용된다.

④ 상호의존성

기본권은 서로 상호 의존적이다. 한 권리의 행사는 다른 권리와 연결되어 있을 수 있으며, 하나의 권리의 제한은 다른 권리에도 영향을 줄 수 있다. 예를 들어,

언론의 자유와 개인의 프라이버시는 서로 상호작용하며 균형을 유지해야 한다.

3) 기본권의 종류

헌법 “제2장 국민의 권리와 의무”에 있는 제10조부터 제39조를 바탕으로 기본권의 종류가 규정되어 있다.

① **인간존엄성과 행복추구권(제10조)**

모든 국민은 인간으로서의 존엄과 가치를 가지며, 행복을 추구할 권리를 가진다. 국가는 개인이 가지는 불가침의 기본적 인권을 확인하고 이를 보장할 의무를 진다.

② **평등권(제11조)**

모든 국민은 법 앞에 평등하다. 누구든지 성별 · 종교 또는 사회적 신분에 의하여 정치적 · 경제적 · 사회적 · 문화적 생활의 모든 영역에 있어서 차별을 받지 아니한다.

사회적 특수계급의 제도는 인정되지 아니하며, 어떠한 형태로도 이를 창설할 수 없다.

훈장 등의 영전은 이를 받은 자에게만 효력이 있고, 어떠한 특권도 이에 따르지 아니한다.

③ **생명권(제12조)**

모든 국민은 신체의 자유를 가진다. 누구든지 법률에 의하지 아니하고는 체포 · 구속 · 압수 · 수색 또는 심문을 받지 아니하며, 법률과 적법한 절차에 의하지 아니하고는 처벌 · 보안처분 또는 강제노역을 받지 아니한다.

모든 국민은 고문을 받지 아니하며, 형사상 자기에게 불리한 진술을 강요당하지 아니한다.

체포 · 구속 · 압수 또는 수색을 할 때에는 적법한 절차에 따라 검사의 신청에 의하여 법관이 발부한 영장을 제시하여야 한다. 다만, 현행범인인 경우와 장기 3년 이상의 형에 해당하는 죄를 범하고 도피 또는 증거인멸의 염려가 있을 때에는 사후에 영장을 청구할 수 있다.

누구든지 체포 또는 구속을 당한 때에는 즉시 변호인의 조력을 받을 권리를 가진다. 다만, 형사피고인이 스스로 변호인을 구할 수 없을 때에는 법률이 정하는 바에 의하여 국가가 변호인을 붙인다.

누구든지 체포 또는 구속의 이유와 변호인의 조력을 받을 권리가 있음을 고지받지 아니하고는 체포 또는 구속을 당하지 아니한다. 체포 또는 구속을 당한 자의 가족 등 법률이 정하는 자에게는 그 이유와 일시 · 장소가 지체없이 통지되어야 한다.

누구든지 체포 또는 구속을 당한 때에는 적부의 심사를 법원에 청구할 권리를 가진다.

피고인의 자백이 고문 · 폭행 · 협박 · 구속의 부당한 장기화 또는 기망 기타의 방법에 의하여 자의로 진술된 것이 아니라고 인정될 때 또는 정식재판에 있어서 피고인의 자백이 그에게 불리한 유일한 증거일 때에는 이를 유죄의 증거로 삼거나 이를 이유로 처벌할 수 없다.

④ **자유권(제13조)**

모든 국민은 행위시의 법률에 의하여 범죄를 구성하지 아니하는 행위로 소추되지 아니하며, 동일한 범죄에 대하여 거듭 처벌받지 아니한다.

모든 국민은 소급입법에 의하여 참정권의 제한을 받거나 재산권을 박탈당하지 아니한다.

모든 국민은 자기의 행위가 아닌 친족의 행위로 인하여 불이익한 처우를 받지 아니한다.

⑤ **거주 · 이전의 자유(제14조)**

모든 국민은 거주 · 이전의 자유를 가진다.

⑥ **직업선택의 자유(제15조)**

모든 국민은 직업선택의 자유를 가진다.

⑦ **주거의 자유**(**제**16**조**)

모든 국민은 주거의 자유를 침해받지 아니한다. 주거에 대한 압수나 수색을 할 때에는 검사의 신청에 의하여 법관이 발부한 영장을 제시하여야 한다.

⑧ **사생활의 비밀과 자유**(**제**17**조**)

모든 국민은 사생활의 비밀과 자유를 침해받지 아니한다.

⑨ **통신의 비밀과 자유**(**제**18**조**)

모든 국민은 통신의 비밀을 침해받지 아니한다.

⑩ **양심의 자유**(**제**19**조**)

모든 국민은 양심의 자유를 가진다.

⑪ **종교의 자유**(**제**20**조**)

모든 국민은 종교의 자유를 가진다.

국교는 인정되지 아니하며, 종교와 정치는 분리된다.

⑫ **언론·출판의 자유와 집회·결사의 자유**(**제**21**조**)

모든 국민은 언론 · 출판의 자유와 집회 · 결사의 자유를 가진다.

언론 · 출판에 대한 허가나 검열과 집회 · 결사에 대한 허가는 인정되지 아니한다.

통신 · 방송의 시설기준과 신문의 기능을 보장하기 위하여 필요한 사항은 법률로 정한다.

언론 · 출판은 타인의 명예나 권리 또는 공중도덕이나 사회윤리를 침해하여서는 아니된다. 언론 · 출판이 타인의 명예나 권리를 침해한 때에는 피해자는 이에 대한 피해의 배상을 청구할 수 있다.

⑬ **학문과 예술의 자유**(**제**22**조**)

모든 국민은 학문과 예술의 자유를 가진다.

저작자 · 발명가 · 과학기술자와 예술가의 권리는 법률로써 보호한다.

⑭ **재산권**(**제**23**조**)

모든 국민의 재산권은 보장된다. 그 내용과 한계는 법률로 정한다.

재산권의 행사는 공공복리에 적합하도록 하여야 한다.

공공필요에 의한 재산권의 수용·사용 또는 제한 및 그에 대한 보상은 법률로써 하되, 정당한 보상을 지급하여야 한다.

⑮ **선거권(제24조)**

모든 국민은 법률이 정하는 바에 의하여 선거권을 가진다.

⑯ **공무담임권(제25조)**

모든 국민은 법률이 정하는 바에 의하여 공무담임권을 가진다.

⑰ **청원권(제26조)**

모든 국민은 법률이 정하는 바에 의하여 국가기관에 문서로 청원할 권리를 가진다.

국가는 청원에 대하여 심사할 의무를 진다.

⑱ **재판 받을 권리(제27조)**

모든 국민은 헌법과 법률이 정한 법관에 의하여 법률에 의한 재판을 받을 권리를 가진다.

군인 또는 군무원이 아닌 국민은 대한민국의 영역안에서는 중대한 군사상 기밀·초병·초소·유독음식물공급·포로·군용물에 관한 죄중 법률이 정한 경우와 비상계엄이 선포된 경우를 제외하고는 군사법원의 재판을 받지 아니한다.

모든 국민은 신속한 재판을 받을 권리를 가진다. 형사피고인은 상당한 이유가 없는 한 지체없이 공개재판을 받을 권리를 가진다.

형사피고인은 유죄의 판결이 확정될 때까지는 무죄로 추정된다.

형사피해자는 법률이 정하는 바에 의하여 당해 사건의 재판절차에서 진술할 수 있다.

⑲ **보상 청구권(제28조)**

형사피의자 또는 형사피고인으로서 구금되었던 자가 법률이 정하는 불기소처분을 받거나 무죄판결을 받은 때에는 법률이 정하는 바에 의하여 국가에 정당한 보상을 청구할 수 있다.

⑳ **배상 청구권(제29조)**

공무원의 직무상 불법행위로 손해를 받은 국민은 법률이 정하는 바에 의하여 국가 또는 공공단체에 정당한 배상을 청구할 수 있다. 이 경우 공무원 자신의 책임은 면제되지 아니한다.

군인 · 군무원 · 경찰공무원 기타 법률이 정하는 자가 전투 · 훈련등 직무집행과 관련하여 받은 손해에 대하여는 법률이 정하는 보상외에 국가 또는 공공단체에 공무원의 직무상 불법행위로 인한 배상은 청구할 수 없다.

㉑ **구조 받을 권리(제30조)**

타인의 범죄행위로 인하여 생명 · 신체에 대한 피해를 받은 국민은 법률이 정하는 바에 의하여 국가로부터 구조를 받을 수 있다.

㉒ **교육권(제31조)**

모든 국민은 능력에 따라 균등하게 교육을 받을 권리를 가진다.

모든 국민은 그 보호하는 자녀에게 적어도 초등교육과 법률이 정하는 교육을 받게 할 의무를 진다.

의무교육은 무상으로 한다.

교육의 자주성 · 전문성 · 정치적 중립성 및 대학의 자율성은 법률이 정하는 바에 의하여 보장된다.

국가는 평생교육을 진흥하여야 한다.

학교교육 및 평생교육을 포함한 교육제도와 그 운영, 교육재정 및 교원의 지위에 관한 기본적인 사항은 법률로 정한다.

㉓ **근로권(제32조)**

모든 국민은 근로의 권리를 가진다. 국가는 사회적 · 경제적 방법으로 근로자의 고용의 증진과 적정임금의 보장에 노력하여야 하며, 법률이 정하는 바에 의하여 최저임금제를 시행하여야 한다.

모든 국민은 근로의 의무를 진다. 국가는 근로의 의무의 내용과 조건을 민주주의원칙에 따라 법률로 정한다.

근로조건의 기준은 인간의 존엄성을 보장하도록 법률로 정한다.

여자의 근로는 특별한 보호를 받으며, 고용 · 임금 및 근로조건에 있어서 부당한 차별을 받지 아니한다.

연소자의 근로는 특별한 보호를 받는다.

국가유공자 · 상이군경 및 전몰군경의 유가족은 법률이 정하는 바에 의하여 우선적으로 근로의 기회를 부여받는다.

㉔ **단결권· 단체교섭권 및 단체행동권(제33조)**

근로자는 근로조건의 향상을 위하여 자주적인 단결권 · 단체교섭권 및 단체행동권을 가진다.

공무원인 근로자는 법률이 정하는 자에 한하여 단결권 · 단체교섭권 및 단체행동권을 가진다.

법률이 정하는 주요방위산업체에 종사하는 근로자의 단체행동권은 법률이 정하는 바에 의하여 이를 제한하거나 인정하지 아니할 수 있다.

㉕ **생활보장권(제34조)**

모든 국민은 인간다운 생활을 할 권리를 가진다.

국가는 사회보장 · 사회복지의 증진에 노력할 의무를 진다.

국가는 여자의 복지와 권익의 향상을 위하여 노력하여야 한다.

국가는 노인과 청소년의 복지향상을 위한 정책을 실시할 의무를 진다.

신체장애자 및 질병 · 노령 기타의 사유로 생활능력이 없는 국민은 법률이 정하는 바에 의하여 국가의 보호를 받는다.

국가는 재해를 예방하고 그 위험으로부터 국민을 보호하기 위하여 노력하여야 한다.

㉖ **환경권(제35조)**

모든 국민은 건강하고 쾌적한 환경에서 생활할 권리를 가지며, 국가와 국민은 환경보전을 위하여 노력하여야 한다.

환경권의 내용과 행사에 관하여는 법률로 정한다.

국가는 주택개발정책등을 통하여 모든 국민이 쾌적한 주거생활을 할 수 있도록 노력하여야 한다.

㉗ **혼인과 가족생활권(제36조)**

혼인과 가족생활은 개인의 존엄과 양성의 평등을 기초로 성립되고 유지되어야 하며, 국가는 이를 보장한다.

국가는 모성의 보호를 위하여 노력하여야 한다.

모든 국민은 보건에 관하여 국가의 보호를 받는다.

㉘ **헌법에 명시되지 않은 기본권에 대한 보호(제37조)**

국민의 자유와 권리는 헌법에 열거되지 아니한 이유로 경시되지 아니한다.

국민의 모든 자유와 권리는 국가안전보장 · 질서유지 또는 공공복리를 위하여 필요한 경우에 한하여 법률로써 제한할 수 있으며, 제한하는 경우에도 자유와 권리의 본질적인 내용을 침해할 수 없다.

3) 기본권의 충돌 및 제한과 보호

(1) 기본권의 충돌

이처럼 헌법에서 보장된 기본권은 서로 다른 권리와 자유를 보호하고 있지만, 때로는 이러한 권리 간에 충돌이 발생할 수 있다. 이러한 충돌을 해결하기 위해 헌법과 법률은 여러 가지 원칙과 절차를 마련하고 있다.

① **절대적 권리의 충돌**

일부 기본권은 절대적인 성격을 가지고 있어 상대적인 제한을 허용하지 않는다. 이러한 권리가 충돌할 경우, 두 권리 중 하나를 우선시해야 한다. 예를 들어, 생명권은 특별한 상황이나 조건 없이 절대적으로 보호되므로 다른 권리와 충돌할 경우 생명권이 우선될 수 있다.

② **비교적 권리의 충돌**

대부분의 기본권은 특정한 상황이나 조건에서만 제한될 수 있는 비교적 성격을 가지고 있다. 이 경우, 각 권리의 중요성과 사회적 필요성, 제한의 정당성 등을 고려하여 균형을 찾아야 한다. 예를 들어, 언론의 자유와 명예피해에 대한 권리가 충돌할 경우, 법적인 기준과 균형을 고려하여 판단해야 한다.

③ 합리적 규율의 원칙

헌법이나 법률에서는 권리의 행사에 제한을 두는 원칙으로 "합리적 규율"이나 "필요한 경우의 제한" 등이 자주 언급된다. 이는 권리의 행사가 다른 권리나 사회적 공공이익에 불리하지 않도록 조절하는 원칙이다.

④ 제한의 명시성과 예측 가능성

권리에 대한 제한이나 충돌이 발생할 경우, 이를 명확하게 규정하고 그 범위를 예측 가능하게 만들어야 한다. 제한의 명시성과 예측 가능성은 개인이나 단체가 자신의 행위를 결정할 때 도움이 되며, 이를 통해 정부의 권한을 제한하고 권리를 보호할 수 있다.

⑤ 헌법재판소의 역할

헌법재판소는 기본권과 법률 간의 충돌이나 기타 헌법적 문제를 판단하는 중요한 역할을 한다. 헌법재판소의 판결은 헌법과 기본권의 해석에 관한 권한을 가지고 있으며, 이를 통해 권리 간 충돌이나 제한의 정당성을 평가한다.

(2) 기본권의 제한과 보호

헌법에서는 기본권을 일정한 조건과 절차에 따라 제한할 수 있는 규정을 명시하고 있다. 즉, 제37조 2항의 전문에 따라 기본권이 제한될 수 있다. 이는 권리의 행사가 다른 권리나 사회적 공익에 불리하게 작용하지 않도록 균형을 유지하고, 합리적인 제한을 통해 공공의 안전과 질서를 보호하기 위함이다.

첫째, 헌법은 기본권을 행사할 때 그 행사에 필요한 경우에는 법률로 정하는 한 그에 따르도록 규정하고 있다. 이는 권리의 행사에 일정한 조건을 부과하여 합리적인 규제를 허용하며, 이러한 제한이 법률에 따라 정당하게 이루어져야 한다.

둘째, 기본권은 공공의 안전과 질서를 유지하거나 도덕, 사회윤리를 기준으로 규제될 수 있다. 또한 다른 사람의 권리나 자유를 보호하기 위해 필요한 경우에도 기본권을 제한할 수 있다.

셋째, 기본권의 제한은 명시적이고 예측 가능해야 한다. 제한 사유와 범위는 법률에 명시되어야 하며, 국민이 어떤 상황에서 권리가 제한될 수 있는지 미리 예측 가능해야 한다.

넷째, 제한은 정당한 절차에 따라 이루어져야 하며, 법률에 의하여 규정되어야 한다. 또한 제한은 필요하고 적절한 범위여야 하며, 그 목적을 달성하기 위한 최소한의 제한만을 허용한다. 즉, 기본권 제한 시 법률유보의 원칙과 과잉금지의 원칙에 따라야 한다. 법률유보의 원칙은 행정행위나 처분 등이 법령에 근거하여 이루어져야 한다는 법률 원칙이다. 이 원칙은 행정기관이나 정부 기관이 권한을 행사하고자 할 때, 그 권한이나 행위의 근거가 법령에 명시되어 있어야 한다는 원칙을 강조한다. 과잉금지의 원칙은 헌법적인 규제나 행정조치가 규범적인 범위를 넘어서거나 지나치게 특정한 사람이나 집단에 대해 과도한 영향을 미치지 않도록 하는 원칙을 의미한다. 이는 국가나 행정기관이 권한을 행사함에 있어서 적절한 범위 내에서 이루어져야 하며, 특히 권한의 남용이나 무분별한 행정조치로부터 시민을 보호하는 역할을 한다.

다섯째, 제한된 권리에 대한 규제는 그 목적에 비례해야 한다. 다시 말해, 특정한 공익을 위해 권리를 제한하는 경우, 그 제한이 권리의 본질을 침해하지 않고 그 목적을 달성하기에 적절하고 필요한지를 고려해야 한다.

그럼에도 불구하고 헌법 제37조 2항의 후문에 따라 기본권이 제한될 수 있지만, 자유와 권리의 본질적 내용은 침해될 수 없도록 또한 보호하고 있다. 이를 위해 위헌법률심판, 헌법소원심판 등이 마련되어 있다.

또한, 기본권 보호를 위해 저항권이 인정되고 있는데, 저항권(Resistance Rights)이란 국가의 권력이 개인의 기본권을 침해하거나 불법한 행동을 할 때, 개인이나 군중이 이에 대항하고 저항하는 권리를 나타낸다. 이는 국가나 행정기관의 횡포나 권력 남용에 대해 개인이나 집단이 합법적이고 정당한 수단으로 반발할 수 있는 권리를 의미한다. 이러한 저항권은 평화적인 저항, 시민적 복종의 거부, 사회적 운동 및 시민 항의, 행정청에 대한 법적인 도전, 정부의 불법 행위에 대한 자위권 등 다양한 형태로 나타난다.

(3) 의무

한편, 헌법 제31조와 제32조, 그리고 제38조와 제39조에서는 국민의 기본권뿐만 아니라, 국민의 의무도 명시하고 있다.

① **교육의 의무(제31조제2항)**

모든 국민은 그 보호하는 자녀에게 적어도 초등교육과 법률이 정하는 교육을 받게 할 의무를 진다.

② **근로의 의무(제32조제2항)**

모든 국민은 근로의 의무를 진다.

③ **납세의 의무(제38조)**

모든 국민은 법률이 정하는 바에 의하여 납세의 의무를 진다.

④ **국방의 의무(제39조)**

모든 국민은 법률이 정하는 바에 의하여 국방의 의무를 진다.
누구든지 병역의무의 이행으로 인하여 불이익한 처우를 받지 아니한다.

5. 사회보장수급권

1) 사회보장수급권의 개념과 성격

사회보장수급권 또는 사회복지급여수급권이란 모든 국민이 사회보장에 관한 관계법령이 정하는 바에 의하여 사회보장급여를 받을 권리를 가지고 있는 것을 말한다. 사회복지급여수급권은 사회복지법상 사회복지서비스를 받을 권리이며, 사회보장급여를 받을 권리는 최저한도의 생활보장(금전적 급여)과 사회복지서비스(비금전적급여)에 대한 청구권이다. 즉, 국가 또는 사회에서 제공하는 다양한 복지 혜택을 받을 수 있는 권리를 의미한다.

사회권적 기본권의 하위 개념으로서 생존권 차원에서 모든 국민은 사회복지서비스를 받을 권리를 갖고 있는데, 일반적으로 국민의 생존과 안녕을 보장하며, 복지정책에 따라 다양한 형태로 나타날 수 있다. 생활보호법 시대에는 보호대상자(프로그램규정적 권리)로, 국민기초생활보장법 시대에는 수급권자(추상적 법적 권리)로 표현되고 있다.

사회보장수급권의 법적 성격은 다음과 같은 세가지의 설로 설명할 수 있다.

첫째, 프로그램 규정설이다. 단순한 입법방침에 불과한 입법 방침설 이다.

둘째, 법적 권리설 중 추상적 권리설이다. 법적 권리이며, 재판에 의해 강제될 수 없어도 국가의 생존권 보장의 의무는 헌법에 의거한 법적 의무이다.

셋째, 법적 권리설 중 구체적 권리설이다. 생존권에 관한 헌법규정은 구체화하는 입법이 존재하지 않은 경우에도 현실적 효력을 갖는 규정이다.

〈클라이언트 용어의 의미와 변화〉

클라이언트(client)라는 의미는 일반적으로 "전문가로부터 전문적 조언 또는 서비스를 이용하는 개인 또는 그룹"으로서 "고객(a customer)"과 같은 뜻이다. 사전적으로는 다음과 같이 정의된다. "사회복지기관, 정부 등으로부터 급여나 서비스 등을 제공받는 사람" 또는 "복지기관으로부터 서비스를 받거나 재정적 도움을 받는 또는 등록되어 있는 사람"이다.

한편, 사회복지에서는 그 개념을 미시적, 중간적, 거시적 개념으로 구분해 정의하고 있다(Garthwait, 2012). 미시적(micro) 개념은 "사회서비스를 찾거나 받는 개인 또는 가족"이며, 중간적(mezzo) 개념은 "사회서비스를 찾거나 받는 그룹, 조직 또는 지역사회"이다. 거시적(macro) 개념은 "제공되거나 목표가 되는 개체로서 사회, 사회정책, 사회변화 또는 연구"이다.

그러나 근래에 들어오면서 민간부문과 공공부문에서 용어가 변화되었고, 그에 따른 개념적 의미도 다르게 사용되고 있다.

먼저, 민간을 중심으로 한 사회(복지)서비스 영역에서는 「사회서비스 이용 및 이용권 관리에 관한 법률」에 따른 사회서비스의 개념이 도입되면서 기존의 '클라이언트(client)'라는 용어보다 '이용자(user)'라는 용어를 더 많이 사용하는 추세에 있다. 이용자란 "사회서비스이용권을 사용하여 제공자로부터 사회서비스를 제공받는 사람을 말한다."

다음으로, 공공을 중심으로 공공부조 및 사회보장급여영역에서 사용되는 수급권자 및 수급자라는 용어는 1999년 9월 7일 「국민기초생활 보장법」(제2조)이 제정되면서 사용되기 시작하였다. 그리고 이들 용어는 최근 제정(2014년 12월 30일)된 「사회보장급여의 이용 · 제공 및 수급권자 발굴에 관한 법률」(제2조)에서도 사회보장급여 제공을 명확히 하는 측면에서 다시 그 정의가 규정되어 있다. 이들 법률에 따르면, 수급권자란 "사회보장급여를 받을 수 있는 자격, 즉 급여를 제공받을 권리를 가진 사람"이며, 수급자란 "사회보장급여를 받고 있는(받는) 사람"을 말한다.

이에 따라 수급권자와 수급자라는 의미를 구별해 사용할 필요가 있다. 그 이전에는 「생활보호법」 등을 근거로 '피보호자', 또는 '보호대상자'라는 용어가 사용되었다. 이렇게 변화된 이유는 급여 자격의 선정기준을 변경하면서 기존의 인구학적 기준에 근거한 선별성과 시혜적 성격을 수정하기 위해 '보호'라는 표현에서 '보장'이라는 표현으로, 또한 국가로부터 지원을 받을 권리가 인정되었다는 수급권의 개념이 도입되면서 '대상자'라는 표현에서 '수급권자'라는 표현으로 변화하게 된 것이다.

또한, 민간과 공공부문에서 중요시되는 사례관리영역에서는 '내담자'라는 용어를 많이 사용하고 있다. 이처럼 사회보장의 급여 또는 사회(복지)서비스 이용과 관련한 그 대상에 대한 용어가 다양하고, 그 용어들이 변화되면서 여러 표현으로 사용되고 있다.

하지만, 아직도 일반적인 의미에서 클라이언트라는 용어가 공통적으로 사용되고 있다. 이러한 내용을 정리하면 다음 그림과 같다.

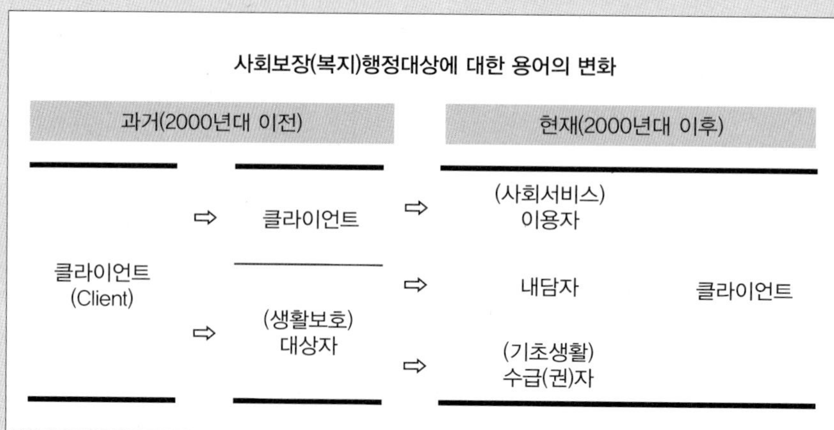

* 출처 : 김제선(2021). 사회복지행정론. 공동체.

2) 사회보장수급권의 구조

(1) 규범적 구조

규범적 구조란 수급권의 내용과 형식을 체계적으로 정리하는 것을 의미한다.

① 실체적 권리

사회급여를 청구할 수 있는 권리이다. 사회복지서비스청구권, 공공부조청구권, 사회보험청구권 등이 포함된다.

② **수속적 권리**

사회복지급여를 받기 위하여 적절한 절차에 참가하는 권리이다. 즉, 청구권 실현을 위해 불평등하게 취급당하지 않을 권리 등이 포함된다.

③ **절차적 권리**

실체적 권리를 실현하기 위해 보장되지 않는 경우 이를 보전, 이행, 강제를 구체적으로 실현하는 절차와 관계된 권리이다. 복지입법청구권, 복지행정참여권, 복지급여쟁송권 등이 포함된다.

3) 사회보장수급권의 보호 및 제한과 소멸

(1) 사회보장수급권의 보호

사회보장수급권은 일반적으로 기본적 인권으로 인식되어 보호된다.

① **법률적 보호**

국가의 사회보장 수급권은 주로 법률에 의해 보호받는다. 국가는 사회보장 수급권을 규정하고 보호하기 위한 법률체계를 마련하고 있다. 이를 통해 국민은 특정 혜택이나 지원을 받을 권리를 가지게 된다.

「국민기초생활 보장법」은 국민의 기초생활 보장을 목적으로 하는 법률이다. 이 법에 따라 저소득층 가구나 노령, 장애, 사망 등의 상황에 있는 국민에게 기초생활비를 지원하는 제도가 운영되고 있다.

「국민건강보험법」과 「국민연금법」은 국민의 의료와 노후생활을 보장하기 위한 제도로 명시하고 있고, 국민의 보험가입 의무가 부과되어 있다. 국민건강보험은 의료비 일부를 보장하고, 국민연금은 노후에 대비한 연금을 지원한다.

「의료급여법」에 따라 국민중증질환자 의료비 지원, 의료급여 수급자를 위한 본인부담금 감면, 의료급여 수급자를 위한 특별보험료 지원 등을 통해 의료 서비스의 접근성을 높이고 경제적 부담을 완화하는 제도가 운영되고 있다.

「산업재해보상보험법」에 따라 산업재해에 대한 보상을 통해 근로자의 안전과

건강을 보호하고 있다. 산재보상보험은 산업재해로 인한 치료비, 휴업급여, 장해급여 등을 지원한다.

「사회복지사업법」 등에 의해 다양한 사회복지시설이 운영되어 노숙인, 노약자, 장애인 등의 취약계층에게 주거, 식사, 의료, 교육 등 다양한 형태의 지원을 제공하고 있다.

② 헌법적 보호

국가의 헌법은 국민의 기본권과 자유를 보호하고 있다. 이에 따라 사회보장 수급권도 헌법적으로 보호된다.

③ 국제적 보호

국제인권규범에서도 사회보장 수급권은 보호받고 있다. 유엔의 인권규약이나 국제노동기구(ILO)의 규약 등에서 국가는 국민의 사회보장 수급권을 존중하고 보호해야 한다는 원칙이 명시되어 있다.

〈사회복지서비스 신청권에 대한 소송의 사례〉[58)]

중증장애인 요양시설에 19년간 생활해온 원고는 자립생활을 동경하여 지역사회에서 살 수 있도록 주거 편의 등 복지서비스를 제공해달라는 내용의 사회복지서비스 변경신청을 주민등록지인 기초지방자치단체에 하였다. 즉 피고가 직접 제공할 수 있는 서비스뿐만 아니라 당해 지자체가 소속되어 있는 광역지방자치단체, 국가, 다른 기초지방자치단체 및 기타 사회복지서비스 제공기관이 제공할 수 있는 서비스를 포함하여, 제공받을 수 있는 복지서비스의 유형과 내용을 결정하여 줄 것을 요청한 것이다.

이에 대해서 당해 기초지방자치단체는 원고의 자립생활을 위한 복지행정작용은 국민기초생활보장법에 근거한 생계급여, 의료급여, 주거급여 대상자로의 선정여부 라고만 판단하여, 원고의 재산상황을 고려하여 국민기초생활수급자 선정기준에 부적합하다는 것을 내용으로 신청내용에 대한 회신을 보냈다.

이 회신을, 원고는 '사회복지서비스 변경신청의 거부처분'에 해당한다고 보고 취소소송을 제기하였다. 한편 피고는 원고가 자의로 복지시설에 입소하였으므로 사회복지서비스변경신청을 할 신청권이 없고, 혹여 '처분 등'에 해당한다 하더라도 그 취소를 구할 법률상 이익이 없다고 보았다.

* 출처 : 양승미(2011). 사회복지서비스 신청권과 지방자치단체의 과제- 사회복지서비스 신청권 판례를 중심으로. 지방자치법연구. 11(2): 313-334. DOI : 10.21333/lglj.2011.11.2.011

(2) 사회보장수급권의 제한과 소멸

사회보장수급권은 일반적으로 국가의 복지정책 및 법률에 따라 보호받지만, 특정 조건이나 상황에 따라 제한되거나 소멸될 수 있다.

① 자격조건 미충족

사회보장 혜택을 받기 위해서는 특정 자격조건을 충족해야 한다. 소득 수준, 가족 구성원 수, 연령 등이 자격 조건으로 사용될 수 있다. 자격 조건을 충족하지 못하는 경우 혜택을 받을 수 없거나 제한을 받을 수 있다.

② 긴급한 상황과 예외

특별한 긴급한 상황이나 예외적인 상황에서는 일시적으로 사회보장 혜택의 제공이 제한될 수 있다. 이는 재난 상황, 비상사태 등이 해당할 수 있다.

③ 법적 제한

법률이나 규정에 따라 특정 혜택이나 지원이 제한될 수 있다. 법적으로 규제된 사항에 어긋나거나 법률의 변경 등에 따라 혜택이 조정되는 경우가 있다.

④ 자원 부족 및 예산 한정

국가의 예산이 한정되어 있는 경우, 특정 혜택이나 지원이 한정될 수 있다. 예산 한계로 인해 혜택의 범위나 규모가 축소되거나 새로운 지원이 제공되지 않을 수 있다.

⑤ 변경된 법률과 정책

법률이나 정책이 변경되면서 기존의 혜택이나 지원이 수정, 변경, 폐지될 수 있다. 이는 정부의 새로운 방향성이나 우선순위에 따라 결정된다.

⑥ 개인의 의사나 선택:

일부 혜택은 개인의 의사나 선택에 따라 받거나 거절할 수 있다. 개인이 혜택을 받지 않기로 선택하는 경우에는 자발적으로 사회보장수급권을 포기하는 셈이 된다.

---

65) 행정법원 2011. 1. 28, 2010구합28434

6. 권리구제

1) 권리구제의 의미 및 유형

(1) 권리구제의 의미

권리구제는 권리에 대한 책임의 이행이 이루어지지 않을 때 이를 실현하기 위한 법적 절차로서 권리가 침해되거나 불법적으로 제한될 때, 이를 복구하거나 보호받기 위해 법적인 조치나 절차를 통해 구제하는 것을 의미한다. 이는 주로 법적인 맥락에서 다뤄지며, 권리를 주장하고 이를 실현하기 위한 법률적인 절차와 제도를 포함한다.

권리구제의 특징은 다음과 같이 설명될 수 있다.

첫째, 권리구제는 주로 법적인 권리에 대한 보호를 의미한다. 헌법, 민법, 형법 등에서 규정된 다양한 권리들이 이에 해당한다.

둘째, 권리구제는 특정 권리가 침해되었을 때 이를 복구하거나 보호하기 위한 조치를 포함한다. 침해된 권리를 복구하려면 법원에 소송을 제기하거나 행정절차를 통해 권리를 주장할 수 있다.

셋째, 권리구제는 종종 침해된 권리를 재정립하거나 침해로 인한 손해를 보상받기 위한 목적을 가지고 있다. 법원은 침해된 권리를 복구하거나, 손해가 발생한 경우 이에 상응하는 보상을 명령할 수 있다.

넷째, 권리구제는 법률 체계 내에서 이루어지며, 법원, 중재기관, 행정청 등 다양한 기관을 활용하여 이루어진다. 법률적인 절차와 체계를 통해 권리주장이 이루어지고, 권리의 보호가 이루어진다.

다섯째, 권리구제는 법의 지원을 받으며 법적인 효력을 가진다. 법률에 근거하여 권리를 주장하고, 이를 효과적으로 지키기 위한 법적인 대응이 이루어진다.

(2) 권리구제의 유형

권리구제의 유형은 권리의 종류와 침해된 상황에 따라 다양하다.

① **형사 소송**

형사 소송(Criminal Prosecution)은 범죄 행위에 대한 처벌을 목적으로 한다. 권리가 침해되었을 때, 범죄 행위로 간주되는 경우 국가는 피해자를 대신하여 공소를 제기하고, 범죄자에 대한 처벌을 추구한다.

② **민사 소송**

민사 소송(Civil Litigation)은 개인 또는 단체 간의 민사적 분쟁을 해결하는 데 사용된다. 권리가 민사적으로 침해되었을 때, 피해자는 법원에 소송을 제기하여 손해배상, 계약 이행, 소유권 주장 등을 요구할 수 있다.

③ **헌법소원**

헌법 소원(Constitutional Complaint)은 국민의 헌법상 권리가 침해되었을 때 사용되는 권리구제 수단이다. 국민은 헌법재판소에 권리 침해 사실을 제기하여 헌법상의 불합치 여부를 심판받을 수 있다.

④ **행정소송**

행정 소송 또는 행정심판(Administrative Litigation)은 행정청의 행위나 처분으로 인해 권리가 침해되었을 때 행정청의 행위나 처분의 취소 또는 수정을 요구하는 소송이다. 행정청의 처분에 불복한 국민이나 법인이 행정청의 처분의 취소 또는 변경을 법원에 소송을 제기하여 행정청의 조치를 당연히 나타나게 하는 소송 절차를 말한다. 즉, 국민이나 법인이 행정청의 행위나 처분에 이의를 제기하여 법원에서 행정청의 행위 또는 처분의 적법 여부를 판단받을 수 있는 절차이다.

⑤ **국제인권기구 제소**

국제적인 권리구제 수단으로 국제인권기구에 개별적으로 제할 수 있다. 유엔인권고등판무관사, 국제형사재판소 등이 있다.

⑥ **행정절차**

권리가 행정청의 행위로 인해 침해된 경우 행정절차(Administrative Procedures)를 통해 권리를 회복하고 보호할 수 있다. 이의신청, 심사청구 등이 있다.

이의신청(Objection Application)은 국민이나 법인이 행정청의 처분에 이의를 제기하여 처분을 검토하도록 요구하는 절차이다. 이의신청은 주로 행정청의 내부적인 과정으로 행정청이 권한을 가지고 처분을 취소하거나 변경할 수 있는 경우에 해당한다. 이의신청이 허용되지 않거나 처리 결과에 불만이 있을 때는 행정심판 절차로 나아갈 수 있다.

심사청구(Review Request)는 행정청의 처분에 불복한 국민이나 법인이 처분의 취소 또는 변경을 요청하는 절차이다. 이는 주로 특정 법률에 따라 국민이나 법인이 행정청의 처분에 대한 심사를 요구하는 경우에 해당한다. 심사청구는 행정청의 처분이 적법성 여부에 대한 심사를 받을 수 있는 절차를 제공한다.

⑦ **중재 및 조정**

민사 분쟁을 법원이 아닌 중재기관이나 중재인, 조정기관 등을 통해 중재(Arbitration) 및 조정 (Mediation) 등으로 해결하는 방법이다. 당사자 간에 협상과 조정을 통해 해결되는 경우이다.

2) 권리구제의 법적 쟁송

권리구제의 법적 쟁송은 개인이 자신의 권리가 침해되었다고 믿을 때, 법적인 절차를 통해 그 권리를 보호하고 회복하기 위한 과정을 말한다. 이는 법원 또는 중재기관 등의 법적인 기구를 통해 진행될 수 있다.

권리구제의 법적 쟁송 절차는 일반적으로 다음과 같은 단계로 이루어진다.

① **원고 제기**

권리를 침해받은 개인은 원고로서 법적인 쟁송을 제기한다. 이는 법원에 소송을 제기하거나 중재 절차를 신청하는 것을 의미할 수 있다. 원고는 자신의 주장과 근거를 제출하여 소송을 개시한다.

② **피고 소명**

소송을 받은 피고는 자신의 입장을 제출하고, 주장된 권리 침해에 대한 응답을 제시한다. 이 단계에서 피고는 자신의 주장을 변론하고 증거를 제출할 수 있다.

③ **증거 심리**

법정에서는 원고와 피고 간의 증거 심리가 진행된다. 이는 양측이 자신의 주장을 입증하기 위해 증거를 제시하고, 상호간에 증거를 반박하거나 충돌시키는 과정을 말한다.

④ **변론**

변론 단계에서는 양측이 서로의 주장과 증거에 대해 논쟁하고 법적인 이론과 규정에 대해 주장한다. 변론은 원고와 피고의 대리인인 변호사들에 의해 진행된다.

⑤ **판결**

법원은 증거와 변론을 고려하여 결정을 내린다. 판결은 원고의 권리를 보호하거나 피고의 주장을 인정하는 등의 결정을 내릴 수 있다. 이 판결은 법적인 효력을 갖고 이행되어야 한다.

⑥ **항고 및 불복**

양측은 판결에 대해 항고 절차를 요청할 수 있다. 항고는 상급 법원에 대해 이의를 제기하고, 판결을 재판하는 절차를 말한다. 불복 절차를 통해 판결이 상급 법원에서 재판되거나 이의가 기각될 수 있다.

7. 사회복지법 소송

1) 소송의 의미와 절차

소송(litigation)이란 법적 분쟁을 해결하기 위해 법원에 제기되는 절차이다. 법적인 분쟁은 양측 간의 이해관계나 권리에 대한 차이로 인해 발생할 수 있으며, 소송은 이러한 분쟁을 해결하고 법적인 결정을 내리는 과정을 말한다.

〈3심제는 무엇인가〉

우리나라는 3심제를 두고 있다. 재판에 불만이 있으면 2심, 3심 등 상급법원에 다시 재판을 해달라고 요구할 수 있다. 이것을 통틀어 상소라고 한다. 상소에는 1심 판결에 불복하여 2심 법원에 하는 항소와 대법원에 하는 상고가 있다.

상소를 제기하는 기간은 민사사건과 형사사건이 차이가 있다. 형사사건은 법정에서 판결을 선고한 날을 기준으로 1주일 내에 법원에 상소장(항소장, 상고장)을 제출해야 한다. 민사사건은 판결문을 직접 받은 날로부터 2주 이내에 법원에 제출하면 된다.

한편, 항고는 판결이 아닌 법원의 결정, 명령에 대해 불복하는 방법이다. 항고는 검찰의 불기소처분에 대하여 피해자가 검찰에 불복하는 것을 의미하기도 한다.

형사사건에서는 상소권 보장을 위해 상급심에서 원심보다 더 중한 형을 선고할 수 없는 것이 원칙이다. 이른바 '불이익변경금지의 원칙'이다. 예컨대 1심에서 징역 1년을 선고받고 항소를 한 피고인에게 항소심은 무죄를 선고하지 않는 이상, 1년 이하의 징역 또는 벌금형만을 선고할 수 있다. 다만 이 원칙은 피고인이 상소하거나 피고인을 위해 상소한 사건에만 해당되고, 검사 상소 사건에선 적용되지 않는다. 또한 형사소송법 개정(2017년 12월)으로 벌금형 약식명령에 정식재판을 청구한 경우도 마찬가지다. 약식명령보다 정식재판 벌금 액수가 많을 수도 있다.

* 출처 : 김용국(2018). 당하기 전에 꼭 알아야 할 생활법률 상식사전(전면 개정2판). 고양: ㈜위즈덤하우스 미디어그룹. 35-36쪽.

일반적으로 소송의 절차는 다음과 같다.

① **소송 제기**

소송은 원고(소를 제기하는 측)가 법원에 소송을 제기함으로써 시작된다. 소송을 제기하기 위해서는 소송을 제기하는 이유와 근거를 포함한 소장을 작성해야 한다.

② **접수 및 피고 통지**

법원은 소장을 접수하고 피고(소를 받는 측)에게 통지한다. 피고는 소송에 대한 응답을 제출해야 한다.

③ **증거 공개**

양측은 소송에서 자신의 주장을 증명하기 위한 증거를 제출한다. 이는 서류, 증인 진술, 전문가 의견 등을 포함할 수 있다.

④ **변론**

소송 절차에서는 양측 변호사가 법원 앞에서 자신의 주장을 제시하고 상대방의 주장에 대해 반론한다. 변론은 법적인 이론과 규정에 대한 논쟁을 포함할 수 있다.

⑤ **판결**

법원은 소송에 대한 판결을 내린다. 이는 소송의 핵심 이슈에 대한 결정이며, 양측에게 법적인 권리와 의무를 부과한다.

〈판결, 결정, 명령의 차이〉

재판은 좁의 의미에서 법원의 판단이라고 할 수 있는데, 재판을 형식에 따라 분류하면 판결, 결정, 명령이 세가지로 나눌 수 있다.

첫째, 판결은 재판의 최종적인 방식이다. 각 심급(1심, 2심, 3심)에서 재판을 마무리하는 의미를 지닌다. 민사에서는 원고 승소, 일부 승소, 패소등으로, 형사에서는 유죄, 무죄 등의 판단이 판결에서 나온다. 보통 "재판을 받는다"라고 하면 "판결을 받는다"는 말과 같다고 생각하면 된다. 판결을 하려면 원칙적으로 법정에서 변론을 열어야 하고 서면(판결문)을 통해야 하며 이유를 밝혀야 한다. 판결에 대한 불복수단은 항소(2심), 상소(3심)이다.

둘째, 소송 중에 절차에 관련된 재판, 비교적 가벼운 사항에 관한 재판은 대부분 결정에 의한다. 민사에서 변론재개, 감정인 지정, 형사에서 보석 허가, 공소장 변경 허가 등은 결정으로 이루어진다. 판결과 달리 결정을 하기 위해서 변론을 열 필요는 없으며 불복 방법으로ms 항고, 재항고가 있다. 가압류와 가처분도 판결이 아닌 결정으로 재판을 한다.

셋째, 법원이 아닌 재판장, 수명법관(재판장의 명을 받아 소송을 진행하는 판사)아 하는 재판이다. 기일변경명령, 보정 명령 등이 있다.

정리하면, 판결은 가장 중요한 사항을 놓고 법원이 변론을 통해 최종적으로 내리는 결론이고, 결정과 명령은 비교적 가벼운 사안이나 절차에 관해 법원이 재판하는 형식이라고 할 수 있다.

* 출처 : 김용국(2018). 당하기 전에 꼭 알아야 할 생활법률 상식사전(전면 개정2판). 고양: ㈜위즈덤하우스 미디어그룹. 412-413쪽.

⑥ 항고 및 재판

판결에 대해 불복할 경우, 소송 당사자는 상급 법원에 항고를 제기할 수 있다. 상급 법원에서는 항고 심사를 거쳐 판결을 재판할 수 있다.

2) 사회복지법의 소송

사회복지법의 소송은 공익소송에 해당한다. 왜냐하면 주로 개인과 사회관계에서 공공의 이익을 위해 수행되는 소송이기 때문이다.

〈민사소송과 형사소송의 관계 및 차이〉

민사와 형사는 독립적인 절차이지만, 때로는 서로 영향을 미칠 수 있다.

첫째, 민사소송의 목적은 개인이 자신의 권리를 구제하는 것으로 소를 제기하는 사람을 원고라 하는데, 원고의 자격에는 제한이 없고 권리를 찾겠다고 생각하는 사람은 누구나 소송을 제기할 수 있다. 원고에게 소를 제기받은 사람은 피고가 된다. 반면, 형사소송은 국가가 범죄자를 처벌하는 것에 목적이 있으므로 오직 검사만이 기소할 수 있고 피해자는 수사기관을 통해 처벌 의사만 밝힐 수 있을 뿐이다. 따라서 민사소송의 경우 판결대로 이행하지 않으면 원고는 강제집행할 수 있으며, 패소해도 사회활동에 불이익은 없다. 반면, 형사소송의 경우 유죄가 인정되면 피고인은 전과자가 되며 판결대로 국가가 교도소에 가두거나 벌금을 징수하는 등의 형벌권을 행사한다.

둘째, 형사소송과 민사소송은 재판의 결과에 따라 서로 영향을 미칠 수 있다. 예를 들어 형사재판에서 상해죄로 유죄판결을 받은 사람은 민사소송에서 폭행과 관련된 손해를 배상하라는 판결을 받을 가능성이 높다. 민사소송(형사소송)의 사건 기록과 판결 내용은 형사소송(민사소송)에서 유력한 증거로 사용될 수 있다. 하지만 항상 똑같은 결론이 나오는 것은 아니다. 예컨대 배우자 있는 여자와 외도를 한 남성의 행위는 간통죄가 폐지되어 형사상으로는 무죄이지만 민사상으로는 위자료를 지급해야 하는 불법행위가 되기도 한다.

* 출처 : 김용국(2018). 당하기 전에 꼭 알아야 할 생활법률 상식사전(전면 개정2판). 고양: ㈜위즈덤하우스 미디어그룹.

사회복지법에서 주로 나타나는 소송의 사례로는 다음과 같이 설명할 수 있다.

첫째, 사회보장 혜택 신청 거절에 대한 소송 사례이다. 개인이 사회복지 혜택(예: 국가 보조금, 장애인 지원금 등)을 신청하고, 해당 혜택을 받기에 자격이 있는데도 불구하고 거절당한 경우 소송을 제기할 수 있다. 이때 소송은 해당 혜택에 대한 자격 여부 및 거절 사유의 타당성을 재판하고, 개인이 자신의 권리를 보호받을 수 있도록 한다.

둘째, 퇴직금 미지급에 대한 소송 사례이다. 퇴직한 근로자가 퇴직금을 받지 못한 경우 소송을 제기할 수 있다. 이때 소송은 퇴직금 지급 의무를 가진 사업주와 퇴직금 지급 여부에 대한 분쟁을 해결하고, 근로자가 퇴직금을 정당하게 받을 수 있도록 한다.

셋째, 장애인 차별 행위에 대한 소송 사례이다. 장애인이 사회적 참여, 고용 등에서 차별을 받았다고 주장할 경우 소송을 제기할 수 있다. 소송은 장애인 차별

행위의 존재 여부와 그에 따른 법적 책임을 판단하고, 장애인의 권리를 보호하는 목적을 가진다.

넷째, 양육권 분쟁에 대한 소송 사례이다. 사회복지법은 양육권과 관련된 문제에도 적용될 수 있다. 예를 들어 이혼한 부모 간에 양육권 분쟁이 발생하는 경우, 소송을 통해 양육권과 관련된 결정을 내리고, 아동의 이익과 복지를 보장할 수 있다.

〈벌금, 범칙금, 과료, 과태료의 차이〉

벌금, 범칙금, 과료, 과태료 모두 금전을 내게 하는 방식으로 공적의무 위반자에게 제재를 가하는 제도이다. 하지만 세부적인 내용을 살펴보면 각기 다소 차이가 있다.

첫째, 벌금은 사형, 징역형 등과 함께 대표적인 형벌의 하나다. 벌금형은 재산형으로, 전과의 일종이다.

둘째, 범칙금은 형사절차에 앞서 사건을 신속, 간이하게 처리하기 위해 경찰서장 등이 위반자에게 일정액을 납부하게 하는 돈이다. 예를 들어 노상방뇨, 암표거래 등 경범죄와 단순한 교통 신호위반 등은 범칙금 대상이다. 속된 말로 '경찰이 딱지를 끊는 경우'다. 범칙금 미납시 즉결심판에 넘겨져 벌금이 부과되는 경우도 있다.

셋째, 과료는 벌금과 마찬가지로 재산형의 일종이다. 벌금과 다른 점은 액수이다. 벌금의 부과액이 5만 원 이상인 것과 달리, 과료는 2천 원~5만 원이다. 형사재판에서 벌금형이나 과료형에 불복하려면 항소(또는 상고)를 제기할 수 있다.

넷째, 과태료는 국가 또는 공공단체가 과하는 금전적인 제재이다. 형벌은 아니고 일종의 행정처분이다. 예를 들어 금연구역 흡연 시, 주정차 위반 시, 과속카메라 적발 시 부과되는 것이 과태료다. 행정처분인 과태료 처분에는 법원에 재판을 신청, 불복할 수 있다.

* 출처 : 김용국(2018). 당하기 전에 꼭 알아야 할 생활법률 상식사전(전면 개정2판). 고양: ㈜위즈덤하우스 미디어그룹. 42쪽.

▣ 학습문제

문제 1	
사회복지 권리성의 특징으로 보기 어려운 것은? ① 사회복지 권리성은 개인의 권리와 사회적 이익, 공공의 이익 사이에 균형을 유지하려는 노력을 포함한다. ② 사회복지 권리성은 인간의 기본적인 인권과 평등에 기초한다. ③ 사회복지 권리성은 지역주민 간 자유롭게 의견을 제시하고, 법안에 대해 토론과 의결 과정에 참여하는 것을 의미한다. ④ 사회복지 권리성은 개인과 집단에게 사회적 보호와 복지를 보장하는 것을 목표로 한다. ⑤ 사회복지 권리성은 개인과 집단이 사회복지 정책과 서비스에 대한 참여와 자기결정권을 가지는 것을 강조한다.	
정답	③
해설	지역주민 간 자유롭게 의견을 제시하고, 법안에 대해 토론과 의결 과정에 참여하는 것은 자치입법 활동을 말한다.

문제 2	
인권의 개념에 관한 설명 중 틀린 것은? ① 인간의 역사와 더불어 인권이 존재했다는 관점에서 고전적 정의라 할 수 있다. ② 인권이라는 용어는 Paine(1791)의 “The Rights of Man”에서 처음 유래되었다. ③ 인권이란 인간이기 때문에 당연히 가지는 권리로서 인간존엄성을 보장받을 권리를 의미한다. ④ 인권의 기원은 인간의 역사만큼이나 오래되었다는 시각으로만 이해되고 있다. ⑤ 바이마르헌법(1919)에서 인권의 개념이 성문화 되었다.	
정답	④
해설	인권의 기원은 인간의 역사만큼이나 오래되었다는 시각이 있는 반면, 원래부터 사람에게 인권이라는 것은 부여된 적이 없다는 시각차가 존재한다.

문제 3	
기본권의 개념에 대한 설명이 잘못된 것은? ① 기본권은 다양한 국가의 헌법이나 법규에서 규정되어 있다. ② 기본권은 법적으로 인정되고 보호받을 수 있다. ③ 기본권은 헌법이나 법률에 의해 제한될 수 없다. ④ 기본권은 개인의 생명, 자유, 동등성, 인간다운 생활 등을 보호하는 다양한 권리로 이루어져 있다. ⑤ 기본권은 개인의 본성적이고 불가침의 권리로 간주된다.	
정답	③
해설	사회복지 권리성은 소득불평등이 아닌 소득재분배를 강조한다.

문제 4	
인권을 "헌법 및 법률에서 보장하거나 대한민국이 가입 · 비준한 국제인권조약 및 국제관습법에서 인정하는 인간으로서의 존엄과 가치 및 자유와 권리"라고 정의하고 있는 법은? ① 국가인권위원회법 ② 국민기초생활보장법 ③ 사회보장기본법 ④ 사회복지사업법 ⑤ 형법	
정답	①
해설	우리나라의 국가인권위원회법에서는 인권을 "헌법 및 법률에서 보장하거나 대한민국이 가입 · 비준한 국제인권조약 및 국제관습법에서 인정하는 인간으로서의 존엄과 가치 및 자유와 권리"(제2조)라고 정의하고 있다.

문제 5	
사회복지 권리성이 강조하는 가치라고 보기 어려운 것은? ① 차별 금지 ② 사회적 포용 ③ 소득불평등 ④ 기회 균등 ⑤ 사회적 정의	
정답	③
해설	사회복지 권리성은 소득불평등이 아닌 소득재분배를 강조한다.

5장

법률과 입법 및 자치입법의 형성 과정

KEY WORD :

학 습 목 표

1. 입법권의 개념을 정의할 수 있다.
2. 법률의 형성 과정을 설명할 수 있다.
3. 자치입법의 형성 과정을 설명할 수 있다.

1. 입법권의 개념과 범위

1) 입법권의 개념

일반적으로 입법권이라 함은 통치권에 의거하여 국가와 국민과의 관계에서 효력을 가지는 성문법규를 정립하는 국가작용을 의미한다. 즉, 입법권은 정부의 권한 중 하나로, 법률을 제정하고 새로운 법을 만들거나 기존의 법을 개정하는 권한을 가지고 있는 것으로 정의할 수 있다.

이 권한은 국가의 입법부에게 부여되는데, 보통 국회나 의회가 입법부의 역할을 수행한다. 대한민국의 경우 「헌법」 제40조를 통해 입법권이 국회에 있음을 선언하고 있다.

입법권은 국가의 정치 체계에서 중요한 요소로 인정되며, 국가의 법률 체계를 구축하고 유지하는 데 중요한 역할을 한다. 입법권을 가진 기관은 사회의 변화나 발전에 맞춰 법률을 조정하고 새로운 문제에 대한 해결책을 마련할 수 있다. 또한 입법권은 시민의 권리와 의무를 규제하는 법률을 제정함으로써 사회 질서를 유지하고 공공의 이익을 보호하는 역할도 한다. 이를 통해 시민들의 권리와 의무를 보호하는 기반을 제공할 뿐만 아니라, 법률 체계의 효율성과 공정성을 보장하는 역할을 한다.

2) 입법권의 기능

입법권의 주요 기능은 다음과 같다.

① **법률 제정의 기능**

입법권은 법률을 만들거나 개정하는 권한을 가지고 있다. 이는 사회의 다양한 문제에 대한 규제와 해결책을 마련하는 것을 의미한다. 법률은 사회 구성원들의 행동을 규정하고 법과 질서를 유지하는 데 중요한 역할을 한다.

② **법률 해석의 기능**

입법권은 법률의 해석과 해석의 변경을 담당한다. 법률은 일반적으로 추상적이고 모호한 부분을 포함하고 있을 수 있으며, 입법권은 이러한 법률을 해석하여 실제 상황에 적용할 수 있는 구체적인 의미를 부여한다.

③ **규제와 규칙 제정의 기능**

입법권은 정부나 기타 공공기관의 규제와 규칙을 제정하는 데 관여할 수 있다. 이는 행정 절차, 조례, 지침 등을 만들어 사회 구성원들의 행동과 활동을 규제하는 것을 의미한다.

④ **법안 통과의 기능**

입법권은 법안을 통과시키는 권한을 가지고 있다. 법안은 입법절차를 거쳐 입법부에서 제안되며, 입법권을 가진 기관이 이를 검토하고 토론한 뒤 법률로 승인할 수 있다.

3) 입법권의 범위

① **법률의 제정**

입법권의 가장 중요한 역할은 법률을 제정하는 것이다. 이 단계에는 법안 작성 및 검토, 법안 심사 및 법률 발효를 위한 찬성 표를 확보하는 것 등이 포함된다. 입법부는 사회의 다양한 문제에 대한 규제와 해결책을 마련하기 위해 법률을 제정하거나 기존의 법률을 개정할 수 있다. 이는 범죄, 교육, 건강, 경제, 환경 등 다양한 분야에 걸쳐 이루어질 수 있다.

② **법안 검토 및 토론**

입법부는 법안을 검토하고 토론하여 법률로 승인하기 전에 여러 이해관계자들의 의견을 수렴한다. 이는 법안의 내용, 적용 범위, 규제 사항 등에 대한 심사와 토의를 포함한다. 법안 검토 과정에서 입법부는 법률의 효과성과 공정성을 평가하며, 필요한 수정이나 보완을 시행할 수 있다.

③ **법률의 변경**

법률의 변경은 새로운 상황, 문제 또는 개념이 나타나면 기존 법률을 수정하거나 변경할 수 있도록 해주는 것이다. 입법기관은 이러한 법률의 변경을 주도하므로, 법률을 변경하는 권한을 갖고 있다.

④ **법률의 폐지**

법률 폐지는 기존 법률을 폐기하거나 무효화하는 것을 의미한다. 이것은 새로운 상황 또는 문제가 발생하여 기존 법률이 더 이상 유효하지 않게 된 경우에 발생한다. 다시 말해, 입법 기관에는 법률을 폐지하는 권한도 있다.

⑤ **법률 해석 및 해석 변경**

입법부는 제정된 법률의 해석을 담당한다. 법률은 종종 모호하거나 추상적인 내용을 포함할 수 있기 때문에, 입법부는 법률의 내용을 해석하고 구체적인 의미를 부여한다. 또한, 필요에 따라 법률의 해석을 변경하거나 수정할 수도 있다.

⑥ **규제 및 규칙 제정**

입법부는 정부나 기타 공공기관의 규제와 규칙을 제정하는 데에도 관여한다. 이는 행정 절차, 조례, 지침 등을 만들어 사회 구성원들의 행동과 활동을 규제하는 것을 의미한다. 이를 통해 입법부는 법률 외의 규범과 규칙을 통해 사회를 조직화하고 관리한다.

⑦ **예산화**

입법 기관은 예산을 제정하고 국가 지출을 결정하는 것도 담당한다. 이것은 국가 성장, 민생 향상 및 공공 서비스 제공에 필 수적인 역할을 하기 때문에 매우 중요하다.

정리하면 입법권은 법률을 제정하고 변경하며 폐지하는 권한을 말하며, 주로 국회와 같은 입법 기관에게 부여된다.

4) 입법권과 법률유보의 원칙

법률유보의 원칙(Principle of legal reservation)은 입법권이 효과적으로 작동하도록 하기 위한 원칙으로, 입법 프로세스에서 신중하고 적절한 결정을 내리기 위해 법률 제정에 시간적으로 여유를 주는 원칙이다. 이는 입법부가 법률을 조사하고 검토하는 데 충분한 시간과 여건을 제공하여 품질 좋은 법률을 제정할 수 있도록 돕는다.

법률유보의 원칙은 몇 가지 이유로 중요하다.

첫째, 법률은 사회에 영향을 미치는 규제와 규칙의 집합이므로 신중하고 균형 잡힌 결정이 필요하다. 법률유보의 원칙은 이러한 결정을 내리기 위해 충분한 시간을 제공하여 법률의 품질과 효과를 향상시킨다.

둘째, 법률은 사회와 개인의 권리와 의무를 규제하기 때문에 잘못된 법률이 제정되는 것을 방지하기 위해 시간적 여유가 필요하다. 법률유보의 원칙은 입법 프로세스를 통해 다양한 이해관계자들의 의견을 수렴하고 법률에 대한 전문적인 분석과 검토를 할 수 있는 시간을 제공하여 잘못된 법률이나 부작용을 최소화한다.

세번째, 법률유보의 원칙은 입법 프로세스의 투명성과 공정성을 강화한다. 충분한 시간과 절차를 통해 입법과정에 대한 투명성을 제공하고, 이해관계자들의 의견과 이해를 조화시킬 수 있다. 이는 입법 결과물의 합법성과 법적 규범의 접근성을 증진시킨다.

따라서, 입법권과 법률유보의 원칙은 서로 긴밀하게 관련되어 있다. 입법권은 법률을 제정하고 개정하는 권한을 가지며, 법률유보의 원칙은 이 권한을 효과적으로 행사하고 품질 좋은 법률을 제정하기 위한 시간적 여유를 제공한다. 이를 통해 입법 프로세스는 투명하고 공정하며, 법률은 사회에 필요한 규제와 보호를 제공할 수 있게 된다.

2. 국회의 구조와 입법 활동

1) 국회의 업무

대의민주주의를 채택하고 있는 국가에서의 주요 정책은 국민의 대표로 구성된 의회에서 입법을 통해서 최종 결정된다. 이러한 의미에서 번햄의 말처럼 주권(主權)의 가장 본질적인 표현(the essential expression of sovereignty)이 바로 입법이라고 해도 과언은 아니다. 「헌법」 제40조에서 입법권은 국회에 속한다고 명시적으로 규정하고 있다. 대한민국 국회는 대한민국의 입법기관으로, 국가의 정책 수립과 법률 제정의 중추적인 역할을 담당한다. 국회는 대의원의 집합체로 구성되며, 국민들이 직접 선출한 국회의원들로 구성되기 때문에 국민의 의사를 대표하여 국가의 발전과 안정을 위한 역할을 수행한다. 우리나라 국회는 대표성과 다양성을 확보하기 위해 국회의원들을 지역구와 비례대표로 선출한다. 지역구 선거는 지역별로 구분된 선거구에서 후보자들이 경쟁하여 당선되는 방식이며, 비례대표 선거는 전국을 대상으로 정당들이 비례적으로 국회의원을 배분하는 방식이다.

국회는 다음과 같은 주요 업무를 수행한다.

① 법률 제정

국회는 법안을 검토하고 토론하여 법률로 제정하는 역할을 수행한다. 법안은 국민의 이익과 복지를 위한 법적 규정으로, 국회의원들이 법안을 제출하고 상의하여 법안이 통과되면 대통령의 공포를 거쳐 법률로 제정된다.

② 예산 편성

국회는 국가의 예산을 검토하고 편성하는 역할을 수행한다. 예산안은 정부가 제출하는 예산 계획서로, 국회의원들은 예산안을 검토하여 필요한 수정과 조정을 거쳐 국가의 예산을 결정한다.

③ **감사 역할**

국회는 정부의 정책과 예산 집행에 대해 감사를 수행한다. 감사는 정부의 행정 활동과 예산 사용에 대한 투명성과 효율성을 확인하기 위해 이루어지며, 감사결과는 국회의원들과 국민에게 보고된다.

④ **정부의 질문과 토론**

국회의원들은 정부에 대해 질문하고, 정부의 정책에 대한 토론을 진행한다. 이를 통해 정부의 업무 수행을 모니터링하고 국민의 의견을 반영하여 정책 개선을 위한 논의가 이루어진다.

⑤ **국제 업무**

국회는 외국과의 관계를 조정하고 국제기구에 대한 참여를 수행한다. 외교적인 역할을 담당하여 대한민국의 국제적 입지를 강화하고 국제 협력을 촉진한다.

2) 국회의 구성

국회는 다음과 같은 요소에 의해 구성되어 있다.

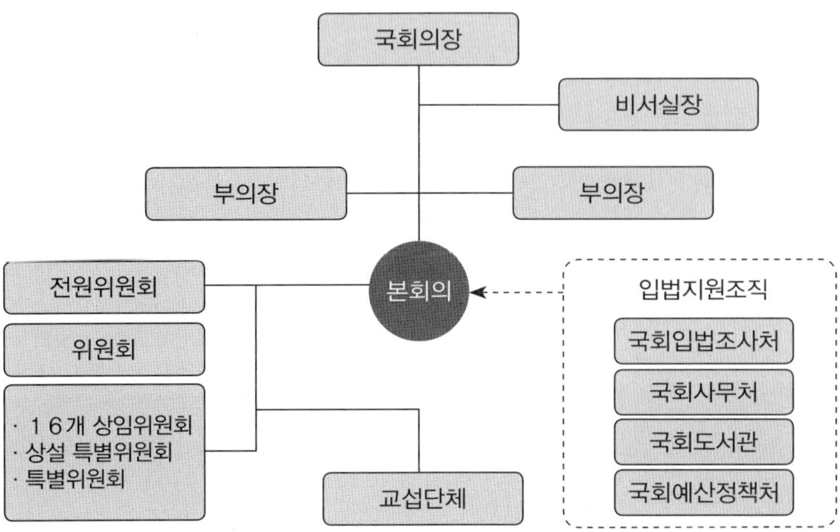

[그림 5-1] 국회의 구성 체계

① **국회의장**

국회의장은 국회의 최고 지도자로서, 국회의 회의를 주재하고 국회의 활동을 총괄한다. 국회의장은 국회의원들로부터 선출되며, 그 역할은 중립적이고 공정한 회의 진행을 보장하는 것이다.

② **본회의**

국회의 가장 중요한 기관으로, 모든 국회의원들이 참여하여 토론하고 표결하는 장소이다. 법률안이나 예산안 등 국가의 중요한 정책에 대한 토론과 결정이 이루어진다.

③ **상임위원회**

국회는 다양한 분야를 담당하는 여러 개의 상임위원회를 운영한다. 상임위원회는 국회의 법안과 예산 등을 검토하고, 관련 분야의 정책에 대한 조사와 토론을 수행한다. 상임위원회에는 예산결산특별위원회, 외교통일위원회, 행정안전위원회 등이 있다.

상임위원회 중심주의를 채택하고 있는 우리 국회에서는 법률안이 국회에 제출되었을때 이를 해당 소관위원회에서 다루도록 하면서도 다른 위원회의 소관과 관련이 있을 때에는 연석회의를 할 수 있도록 하고(국회법 제63조), 소관위원회 회부시에 관련위원회에도 법률안을 회부하여 의견을 제시할 수 있도록 하고 있다.

④ **임시위원회**

특정한 문제나 사안에 대해 국회에서 토론하기 위해 구성되는 임시위원회이다. 일정 기간 동안 해당 문제에 대한 조사와 토론을 진행하며, 결과를 국회 본회의에 보고한다.

⑤ **정당**

국회의원들은 정당에 소속되어 활동하며, 정당은 정치적 이념이나 목표를 공유하는 국회의원들의 집단이다. 정당은 국회 내에서 정당대표와 원내대표를 선출하여 국회의 업무를 조직하고 지도한다.

3) 국회의 입법 활동 과정

국회의 입법 활동은 다음과 같은 과정을 거친다.

① **법안 발의**

법안은 국회의원들이 제출하는 법적 규정이다. 국회의원은 국가의 문제를 해결하거나 정책을 제정하기 위해 법안을 작성하고 발의할 수 있다. 법안은 국회의 정회원들이 개별적으로 발의하는 개별법안과 정부가 제출하는 정부법안으로 구분된다.

② **위원회 심사**

법안은 해당 분야의 상임위원회에서 심사를 받는다. 상임위원회는 해당 분야의 전문성을 갖춘 국회의원들로 구성되어 법안의 내용을 검토하고 토론한다. 위원회에서는 법안에 대한 수정이나 보완이 이루어질 수 있다.

③ **본회의 토론**

법안이 위원회에서 심사를 거친 후에는 국회 본회의로 상정되어 토론된다. 국회 본회의에서는 법안에 대한 상세한 토론과 의견 교환이 이루어진다. 국회의원들은 법안에 대한 입장을 표명하고 토론에 참여하여 다양한 의견을 드러낸다.

④ **표결**

법안에 대한 토론과 토의가 마무리되면 표결이 이루어진다. 국회의원들은 법안에 대해 찬성, 반대, 기권 중 하나의 선택을 한다. 표결 결과는 법안의 통과 여부를 결정한다. 대다수의 찬성을 얻은 경우 법안은 통과되며, 특정 요건이 충족되어야 하는 경우에는 특수한 과정을 거쳐 통과될 수도 있다.

⑤ **법률화**

국회의원들로부터 통과된 법안은 대통령의 공포를 거쳐 법률로 제정된다. 대통령은 법률을 공포함으로써 법안이 법적 효력을 갖게 된다.

⑥ **감사 및 평가**

국회는 정부의 정책 집행과 예산 사용에 대한 감사 역할을 수행한다. 감사 결과와 국회의 입법 활동은 국민과 공개적으로 공유되며, 정부의 업무 수행과 국가 발전에 대한 평가와 피드백을 제공한다.

3. 입법 형성 과정

1) 입법 형성 과정

국가의 정책 수립과 법률 제정 즉, 입법에 대한 형성은 다음과 같은 절차를 거치게 된다.

① **법안 초안 작성**

입법을 원하는 국회의원이나 정부 기관은 법안을 작성한다. 이 법안 초안은 해당 분야의 전문성과 법적 적합성을 갖추어야 한다. 법안 초안은 문제 해결이나 정책 목적에 따라 제시되며, 법안 내용은 사회적 필요성과 합법성을 충분히 고려해야 한다.

② **법안 발의**

법안 초안이 작성되면 국회의원은 해당 법안을 국회에 발의한다. 이때 발의하는 국회의원은 개별법안 발의 또는 정부법안 발의로 구분된다. 개별법안은 개별 국회의원이 법안을 발의하는 것이고, 정부법안은 정부 기관이 법안을 발의하는 것이다.

③ **상임위원회 심사**

발의된 법안은 해당 분야의 상임위원회에 소관되어 심사를 받는다. 상임위원회는 법안의 전문성을 평가하고 법안의 세부 사항을 검토한다. 상임위원회는 법안에 대한 수정이나 보완을 제안하며, 필요한 경우 법안의 특정 부분을 재작성하기도 한다.

④ **본회의 토론**

상임위원회에서 심사를 받은 법안은 국회의 본회의로 상정되어 토론된다. 본회의에서는 법안에 대한 상세한 토론과 토의가 이루어지며, 국회의원들은 법안에 대한 입장을 표명하고 다양한 의견을 제시한다. 필요한 경우 법안에 대한 수정안이나 보완안이 제안될 수 있다.

⑤ **표결 및 통과 여부 결정**

본회의에서 법안에 대한 토론과 토의가 마무리되면 표결이 이루어진다. 국회의원들은 법안에 대해 찬성, 반대, 기권 중 하나를 표결하여 법안의 통과 여부를 결정한다. 법안은 대다수의 찬성을 얻어 통과되며, 필요한 경우 특정 요건이 충족되어야 하는 법안의 경우에는 특수한 과정을 거쳐 통과될 수도 있다.

⑥ **대통령의 공포**

국회에서 통과된 법안은 대통령에 의해 공포된다. 대통령은 법안을 공포함으로써 법안이 법적 효력을 갖게 된다.

2) 입법 형성과 법률우위의 원칙

입법 형성 과정에서 법률우위의 원칙은 밀접한 관련이 있다.

법률우위의 원칙(Principle of legal supremacy)은 법률이 다른 법규나 규칙보다 우선한다는 원칙이다. 이는 법률이 사회 질서와 공공의 이익을 보장하는 중요한 기준이 되어야 한다는 것을 의미한다. 법률우위의 원칙은 법률의 중요성과 법률이 다른 규칙보다 우선해야 한다는 원칙적인 가치를 강조한다.

입법 형성과 법률우위의 원칙은 서로 연관되어 있다. 입법 형성 단계에서 법안은 법적 규정을 담고 있으며, 입법 과정을 거쳐 법률로 제정된다. 이러한 과정에서 법률우위의 원칙은 법률의 우선성을 보장하고 법적 효력을 갖는 법률의 중요성을 강조한다.

따라서 한국의 입법 형성은 법률우위의 원칙을 기반으로 진행되며, 법률로 제정된 법안은 사회 질서와 공공의 이익을 위해 중요한 역할을 수행한다. 이를 통해 입법 프로세스는 법률의 존속성과 효력을 유지하며 사회의 안정과 질서를 확립한다.

4. 자치입법권과 자치입법 형성과정

1) 자치입법권의 개념과 범위

(1) 자치입법권의 개념

자치입법권은 1991년 지방의회가 구성되면서 지방자치단체의 자율적이고 창의적인 입법 활동을 보장하기 위하여 그 확대의 필요성이 본격적으로 논의되기 시작하여 오늘날에 이르고 있다.

자치입법권이란 지방자치단체가 그 자치권에 기하여 법령의 범위 안에서 자치에 관한 규정을 제정하는 권한을 말한다. 이는 중앙정부가 가지고 있는 입법 권한을 일정 부분 지방자치단체에게 위임하여 지방적인 사정과 필요에 맞게 법률을 제정하고 시행할 수 있도록 하는 제도이다.

자치입법권은 「헌법」에 의해 보장되고 있다. 「헌법」 제117조 제1항은 "지방자치단체는…법령의 범위 안에서 자치에 관한 규정을 제정할 수 있다" 라고 하여, 자치입법권을 보장하고 있다. 이에 의거하여 「지방자치법」은 조례와 규칙의 2형식을 인정하고 있으며, 「지방교육자치에 관한 법률」은 자치입법으로 교육규칙을 인정하고 있다.

자치입법권은 지방자치단체가 지역적인 특성과 필요에 따라 법률을 제정함으로써 중앙정부의 일반적인 법률에 부합하지 않는 사항을 조절하고 관리할 수 있는 자유를 부여한다. 이를 통해 지방자치단체는 자체적인 정책과 규제를 수립하여 지역의 사회, 경제, 문화, 환경 등을 조절하고 발전시킬 수 있다.

자치입법권은 중앙정부와 지방자치단체 사이의 권한분립과 분권화를 추구하는 원칙에 기반한다. 지방자치는 중앙집권적인 통치 체제에서 지방의 자율성과 지역주민주주의를 보장하기 위한 방법 중 하나로서 자치입법권을 통해 지방자치의 권한을 강화하고 지역주민의 복지와 발전을 촉진할 수 있다.

자치입법권은 국가별로 법적인 규정과 범위가 다를 수 있다. 일부 국가에서는 지방자치단체가 법안을 제정하고 입법을 실시할 수 있는 광범위한 권한을 가지는 반면, 다른 국가에서는 제한된 범위와 절차를 갖는 경우도 있다.

자치입법권은 지방자치단체의 자율성과 지역주민주주의를 강화하며, 지방사회의 다양성과 특성을 존중하고 적절히 반영할 수 있는 중요한 원칙이다. 이를 통해 지방자치단체는 자체적인 법률을 제정하여 지역의 발전과 복지를 촉진하는 역할을 수행한다.

(2) 자치입법권의 범위

자치입법권에는 지방자치단체가 법령의 범위 안에서 그 사무에 관하여 조례를 제정하는 권한인 조례제정권과 지방자치단체의 장이 법령 또는 조례가 위임한 범위 안에서 그 권한에 속하는 사무에 관하여 규칙을 제정하는 권한인 규칙제정권이 있다.

「지방자치법」은 제3장(제22조 내지 제28조)에서 조례와 규칙의 장을 마련하여 구체적으로 정하고 있다.

지방자치단체가 조례로써 규정할 수 있는 사항은 지방자치단체의 권한에 속하는 모든 사무, 즉 지방자치단체의 고유사무인 자치사무와 개별 법령에 의하여 지방자치단체에 위임된 단체위임 사무에 한하며, 국가 등 사무로서 지방자치단체의 장에게 위임된 기관위임사무는 포함되지 아니한다.

지방자치단체의 장이 규칙으로 규정할 수 있는 사항은 교육 · 과학 · 기술 · 체육 기타 학예에 관한 사항을 제외한 지방자치단체의 장의 권한에 속하는 모든 사무, 즉 지방자치단체의 고유사무인 자치사무 · 단체위임 사무는 말할 나위 없고 기관위임 사무를 포함한다. 교육감은 지방자치단체의 교육 · 과학 · 기술 · 체육 기타 학예에 관한 사항을 교육규칙으로 정할 수 있다.

한국에서의 자치입법권은 지방자치단체에게 일정한 범위에서 법률을 제정할 수 있는 권한을 부여하고 있다. 즉, 자치입법권의 범위는 지방자치단체의 자율성과 중앙정부의 통제와의 균형을 유지하는데 중요한 역할을 한다. 법률의 일관성과 균형을 위해 중앙정부의 최소기준과 감독이 필요하지만, 지방자치단체는 지역적인 특성과 필요에 따라 법률을 제정하여 지방의 사회적, 경제적 발전을 촉진할 수 있다. 이를 통해 지방자치의 자율성과 지역사회의 다양성이 존중되며, 지역주민의 참여와 지방정부의 역할이 강화된다.

그렇기 때문에 자치입법권의 범위는 다음과 같이 중앙정부와의 권한분립과 균형을 유지하기 위해 일정한 제약과 조건이 존재한다.

첫째, 자치입법권은 지방자치단체가 관할하는 지역에 대해서만 행사된다. 즉, 지방자치단체가 지방적인 사안에 대해 법률을 제정할 수 있으며, 중앙정부가 관할하는 사안에 대해서는 제약을 받을 수 있다.

둘째, 자치입법권은 일반적으로 지방자치단체의 내부 사항과 지역주민의 복지, 지역발전 등과 관련된 사안에 대해서 제한적으로 행사된다. 예를 들어, 도시의 교통규제, 지방세 조례, 지역공동체의 조직과 운영 등이 자치법규의 범위에 속한다.

셋째, 중앙정부는 자치입법권을 행사하는 지방자치단체의 법규가 국가의 핵심원칙과 법적 최소기준을 준수하도록 규정할 수 있다. 이는 지방자치단체의 권한을 제한하여 중앙정부의 권한분립과 법률의 일관성을 유지하기 위함이다.

넷째, 중앙정부는 자치입법권을 행사하는 지방자치단체의 법규를 감독하고 필요에 따라 검토할 수 있다. 중앙정부의 검토를 거친 후에야 지방자치단체의 법규가 효력을 발생할 수 있다.

(3) 자치입법권의 특징

자치입법권의 특징으로는 다음과 같이 설명될 수 있다.

① 지방적 특성과 필요에 부합

자치입법권은 지방자치단체가 자체적으로 법률을 제정할 수 있는 권한을 갖는 것을 의미한다. 이는 지방의 특성과 필요에 부합하는 법률을 제정할 수 있음을 의미한다. 지방자치단체는 지역사회의 특성, 문제, 우려 등을 고려하여 법률을 제정할 수 있으므로, 지역주민의 다양한 요구와 이해관계를 반영할 수 있다.

② **지방자치단체의 자율성 강화**

자치입법권은 지방자치단체의 자율성을 강화하는데 기여한다. 지방자치단체는 중앙정부의 법률에 의해 규제되는 것이 아니라 자체적으로 법률을 제정할 수 있으므로, 지방사회의 특성과 필요에 따른 정책을 독자적으로 수립하고 실시할 수 있다.

③ **지역주민의 참여 촉진**

자치입법권은 지역주민의 참여를 촉진하는 역할을 한다. 법률 제정 과정에서 지역주민은 자유롭게 의견을 제시하고, 법안에 대한 토론과 의결에 참여할 수 있다. 이를 통해 지역주민은 자신들의 의견과 이익을 보호하고 추진할 수 있는 기회를 갖게 되며, 지방자치단체와의 상호작용이 활성화된다.

④ **지방정부의 역할 강화**

자치입법권은 지방자치단체의 역할을 강화한다. 지방자치단체는 법률을 통해 지역의 사회복지, 경제발전, 환경보호 등 다양한 분야에서 정책을 수립하고 시행할 수 있다. 이를 통해 지방자치단체는 지방사회의 발전과 복지 촉진을 위한 주체적인 역할을 수행할 수 있다.

⑤ **중앙정부와의 균형 유지**

자치입법권은 중앙정부와의 권한분립과 균형을 유지하는 원칙을 반영한다. 중앙정부는 일정한 최소기준과 감독을 통해 지방자치단체의 법률을 검토하고 필요한 조치를 취할 수 있다. 이를 통해 법률의 일관성과 균형을 유지하며, 중앙정부와 지방자치단체 간의 협력과 상호관계를 조정할 수 있다.

2) 지방자치단체와 지방의회의 자치입법 활동

(1) 지방자치단체와 자치입법

지방자치단체와 자치입법 활동은 밀접한 관계를 가지고 있다. 지방자치단체는 자치입법권을 행사하여 지역의 특성과 필요에 맞게 법률을 제정하고 시행함으로써 지방사회의 발전과 복지를 추진한다. 이를 통해 지방자치단체는 지역주민의 다양한 요구와 이해관계를 반영하며 자유롭게 정책을 수립하고 실시할 수 있다.

지방자치단체의 자율성 강화: 자치입법활동은 지방자치단체의 자율성을 강화하며, 역할을 강화한다. 지방자치단체는 법률을 통해 지역의 사회복지, 경제발전, 환경보호 등 다양한 분야에서 정책을 수립하고 시행할 수 있다. 이를 통해 지방자치단체는 지방사회의 발전과 복지 촉진을 위한 주체적인 역할을 수행할 수 있다.

따라서 지방자치단체와 자치입법 활동은 지방자치의 자율성과 지역주민의 참여를 촉진하고, 지방정부의 역할을 강화하며, 중앙정부와의 협력과 조정을 통해 법률의 일관성과 균형을 유지하는 중요한 관계를 형성하고 있다.

(2) 지방의회와 자치입법

지방의회는 지방자치단체의 입법기구로서 자치입법활동을 담당한다. 지방의회는 해당 지방자치단체의 지역주민들을 대표하는 의원들로 구성되어 있으며, 지방자치단체의 정책 수립과 법률 제정에 관여한다. 의원들은 지역의 이슈와 요구에 대응하는 법안을 제안하고 토론한다. 이를 통해 지방의회는 지역의 다양한 이해관계를 고려하며 법률을 제정하는 역할을 수행한다. 지방의회의 의결은 지방자치단체의 법률로서 지역주민들에게 직접적인 영향을 미치게 된다.

지방의회는 예산 결정에도 관여한다. 지방의회는 예산안을 심의하고 의결함으로써 지방자치단체의 예산을 확정한다. 이를 통해 지방의회는 정책 수립과 운영을 위한 예산을 결정하며, 지방자치단체의 사회복지와 발전에 영향을 준다.

지방의회는 지역주민들의 대표성과 참여를 촉진하는 역할을 한다. 의원들은 해당 지역주민의 의견을 수렴하고 대표하여 법안을 제안하고 토론한다. 이를 통해 지역주민은 자신들의 이익과 요구를 지방의회를 통해 반영할 수 있다.

이처럼 지방의회는 지방자치단체의 입법기구로서 자치입법활동을 수행하며, 지역주민의 의견과 요구를 대표하고 법안을 제정하는 중요한 역할을 수행한다.

3) 자치입법 형성과정

① 법안의 제안

자치입법은 주로 지방의회의 의원들에 의해 법안이 제안된다. 의원들은 지방의회에서 지역의 이슈나 문제를 해결하기 위한 법률을 제안한다. 이를 위해 의원은 해당 법안에 대한 준비와 연구를 수행하고, 법안안을 작성한다.

② 법안의 심의

제안된 법안은 지방의회에서 심의 과정을 거친다. 지방의회에서는 법안을 심의하는 위원회나 특정 기구를 구성하고, 법안에 대한 토론과 의견 교환을 진행한다. 이 과정에서 의원들은 법안의 내용을 검토하고 수정 사항을 제안한다.

③ 법안의 심사 및 수정

법안은 심의과정을 거친 후에는 심사를 받게 된다. 지방의회에서는 법안을 전문적으로 검토하는 법무위원회나 관련 기구를 통해 법안의 적법성, 타당성, 현실성 등을 검토한다. 필요에 따라 법안은 수정되거나 보완될 수 있다.

④ 법안의 통과

법안이 심의 및 심사과정을 거쳐 만족스러운 결과로 도출되면, 지방의회에서 투표를 통해 법안의 통과 여부를 결정한다. 법안이 과반수 이상의 찬성을 받으면 지방의회의 통과를 받게 된다.

⑤ 법률화

지방의회를 통과한 법안은 이후 해당 지방자치단체의 장에 의해 시행법령으로 확정된다. 지방자치단체의 장은 법안을 검토하고, 필요한 절차와 공표를 거친 후 법률화한다. 이후 법안은 해당 지방자치단체의 행정부에서 시행되어 법률의 효력을 발생시킨다.

4) 사회복지조례의 형성 사례

사회복지조례 형성 사례로서 어느 한 지역에서 사회복지분야의 문제점 중 노인복지 또는 장애인복지를 개선하고자 할때 다음과 같은 과정을 통해 관련 법안이 제정될 수 있다.

첫째, 지방자치단체의 지방의회에서 노인 또는 장애인복지 사회복지조례를 제안하는 법안이 의원들에 의해 제안되어야 한다. 이 법안은 장애인의 복지를 증진하고 권익을 보호하기 위한 내용을 담고 있어야 한다.

둘째, 지방의회에서 법안의 내용과 목적을 심의해야 한다. 의원들은 법안에 대해 토론하고, 필요한 수정사항이나 보완사항을 제안한다. 이 과정에서 장애인 단체나 이해관계자들의 의견을 수렴할 수도 있다.

셋째, 법안은 심의과정을 거친 후에는 법무위원회나 관련 기구를 통해 법안의 적법성과 타당성을 심사받아야 한다. 필요한 경우 법안은 수정되거나 보완될 수 있다. 노인 또는 장애인권익보호단체나 전문가들의 의견을 듣고 법안을 개선하는 노력이 이루어져야 한다.

넷째, 법안이 심의 및 심사과정을 거쳐 만족스러운 결과로 도출되면, 지방의회에서 투표를 통해 법안의 통과 여부를 결정한다. 법안이 과반수 이상의 찬성을 받으면 지방의회의 통과를 받는다.

다섯째, 지방의회를 통과한 법안은 이후 해당 지방자치단체의 지사에 의해 시행법령으로 확정된다. 법안을 검토하고 필요한 절차와 공표를 거친 후 법률화된다. 이후 법안은 해당 지방자치단체의 행정부에서 시행되어 노인 또는 장애인의 복지 증진과 권익 보호에 기여한다.

▣ 학습문제

문제 1	
법안 작성 및 검토, 법안 심사 및 법률 발효를 위한 찬성 표를 확보하는 것 등을 포함하는 입법권의 단계는? ① 법률의 제정 ② 법안 검토 ③ 법안의 변경 ④ 법률의 폐지 ⑤ 법률 해석	
정답	①
해설	입법권의 가장 중요한 역할은 법률을 제정하는 것으로, 법안 작성 및 검토, 법안 심사 및 법률 발효를 위한 찬성 표를 확보하는 것 등이 포함된다.

문제 2	
입법부가 법률을 조사하고 검토하는 데 충분한 시간과 여건을 제공하여 품질 좋은 법률을 제정할 수 있도록 도와 줄 수 있는 원칙은? ① 법률합법의 원칙 ② 법률지연의 원칙 ③ 법률우위의 원칙 ④ 법률유보의 원칙 ⑤ 법률책임의 원칙	
정답	④
해설	법률유보의 원칙은 입법부가 법률을 조사하고 검토하는 데 충분한 시간과 여건을 제공하여 품질 좋은 법률을 제정할 수 있도록 도울 수 있다.

문제 3	
입법권의 개념을 바르게 설명한 것은? ① 입법권은 국민의 권한 중 하나이다. ② 입법권의 권한은 대통령에게 부여된다. ③ 대한민국의 경우 「대한민국 헌법」 제20조에서 입법권을 규정하고 있다. ④ 입법권을 가진 기관은 사회의 변화나 발전에 맞춰 법률을 조정하고 새로운 문제에 대한 해결책을 마련할 수 있다. ⑤ 입법권은 새로운 법을 만드는 권한만으로 정의할 수 있다.	
정답	④
해설	「대한민국 헌법」 제40조에서 입법권이 국회에 있음이 규정되어 있고, 법률을 제정하고 새로운 법을 만들거나 기존의 법을 개정하는 권한을 가지고 있는 것으로 정의될 수 있다.

문제 4	
국회의 입법 활동 과정이 바르게 나열된 것은? ① 법안 발의 – 상임위원회 심사 – 본회의 토론 – 표결 및 통과 여부 결정 – 법률화 – 감사 및 평가 ② 법안 발의 – 본회의 토론 – 상임위원회 심사 – 표결 및 통과 여부 결정 – 법률화 – 감사 및 평가 ③ 법안 발의 – 상임위원회 심사 – 표결 및 통과 여부 결정 – 본회의 토론 – 법률화 – 감사 및 평가 ④ 법안 발의 – 상임위원회 심사 – 본회의 토론 – 표결 및 통과 여부 결정 – 감사 및 평가 – 법률화 ⑤ 본회의 토론 – 법안 발의 – 상임위원회 심사 – 표결 및 통과 여부 결정 – 법률화 – 감사 및 평가	
정답	①
해설	법안 발의 – 상임위원회 심사 – 본회의 토론 – 표결 및 통과 여부 결정 – 법률화 – 감사 및 평가

문제 5	
자치입법권의 범위에 대한 설명이 잘못된 것은? ① 지방자치단체가 관할하는 지역에 대해서만 행사됨 ② 중앙정부가 관할하는 사안에 대해 제약을 받지 않음 ③ 지방자치단체의 내부 사항과 지역주민의 복지 등과 관련된 사안에 대해 제한적으로 행사됨 ④ 중앙정부는 지방자치단체의 법규가 국가의 핵심원칙과 법적 최소기준을 준수하도록 규정할 수 있음 ⑤ 지방자치단체의 권한을 제한할 수 있음	
정답	②
해설	중앙정부가 관할하는 사안에 대해서는 제약을 받을 수 있다.

6장

법령의 해석과 판례의 이해

KEY WORD :

학 습 목 표

1. 법령 해석의 의미를 기술할 수 있다.
2. 법령 해석의 과정을 설명할 수 있다.
3. 판례를 통해 사회복지법을 해석할 수 있다.

1. 법령해석의 이해

1) 행정해석의 필요성

입법을 하는 사람 또는 법제를 하는 사람은 일정한 입법 및 법제 목적을 가지고 법령을 제정 · 개정하면서 가급적 규율하려는 사항을 널리 포섭할 수 있는 일반적이고 추상적인 표현으로 법조문을 구성하게 된다. 이와 같은 입법과 법제 과정에서 추상적이고 일반적으로 규정되어 있는 법규범을 현실의 구체적이고 개별적인 사실에 적용하기 위해 법령해석이 필요하게 된다. 즉, 법령해석은 법령의 제정 · 개정 · 폐지(입법, 법제)와 법령의 집행 · 적용의 중간에 위치하는 것이라 할 수 있다.

2) 법령해석의 개념과 목적

(1) 법령해석의 개념

일반적으로 법령해석은 법률을 이해하고 해석하는 과정을 말한다. 법령해석이란 법령을 어떤 사실에 대하여 구체적으로 적용하기 위해 법령의 의미를 체계적으로 이해하고 그 제정목적에 따라 규범의 의미를 명확히 하는 이론적 · 기술적인 작업을 말한다. 즉, 법령의 구체적인 적용을 위하여 법령의 의미를 구체적으로 이해하고 제정목적에 따라 규범의 의미를 명확히 하는 이론적 · 기술적인 작업[66]을 법령해석이라고 정의할 수 있다.

66) 법제처 입법지원센터, https://www.lawmaking.go.kr/nl4li/lsltptStm/intro

(2) 법령해석의 목적

법령해석은 법 조문이나 법령의 내용을 분석하여 법적인 규정의 의미와 법적 효과를 이해하고 설명하는 것을 목적으로 한다.

법령해석은 법적 분쟁이나 논쟁이 발생했을 때, 법원이나 법률 전문가들이 법 조문을 해석하여 해당 사안에 적용 가능한 법적 원리와 의도를 파악하는 데에도 사용된다. 법령해석은 법적인 규정을 명확하게 이해하고 해석함으로써 법률을 일관성 있게 적용하고 공정한 판단을 내리는 데에 중요한 역할을 한다.

행정기관이 민원인 등이 법령에 대한 의문이 있는 경우 질의하면 그에 답변하는 것은 법적인 의무이다. 또한, 행정기관은 각종 인 · 허가업무 등 법령을 집행하는 과정에서 반드시 법령해석을 하게 된다. 중앙행정기관의 법령해석 집행 지침, 기존의 집행 또는 해석례, 관련 판결례 등이 있으면 참고하여 법령해석을 하고, 이러한 기존의 참고자료가 없거나 새로이 제 · 개정된 법령의 해석 또는 새로운 사실관계에 대한 기존 법령의 적용 등에 의문이 있으면 일선 행정기관은 법령 소관 중앙행정기관이나 정부유권해석기관(법제처 또는 법무부)에 질의하여 회신을 받은 후 업무를 집행한다.

특히, 행정기관의 법령해석에 의한 집행행위가 법적 분쟁이 되어 행정쟁송(행정심판 또는 행정소송)으로 발전되지 않는 한 행정기관의 법령해석은 행정작용에 관한 한 최종적이고 확정적인 해석이 된다. 모든 행정작용이 행정쟁송으로 발전되지 않고 오히려 그러한 경우는 예외적이라는 점에서 행정기관의 해석은 매우 중요한 위치에 있다고 할 수 있다.

(3) 법령해석의 원칙

① 문맥적 해석

법 조문을 해석할 때, 문맥을 고려한다. 법률 전체의 맥락과 법령 내에서 해당 조항이 위치한 위치와 관련된 다른 조항들을 고려하여 해석한다.

② 목적적 해석

법 조문의 목적과 의도를 고려하여 해석한다. 법 조문이 존재하는 이유와 법의 목적을 파악하여, 이를 반영한 해석을 시도한다.

③ 언어적 해석

법률은 언어를 사용하여 작성되기 때문에, 법률 텍스트의 일반적인 언어적인 의미를 고려하여 해석한다. 법적인 용어나 법률의 관례를 파악하여 해석하는 경우도 있다.

④ 선행 사례와 전통적인 해석

법률은 예전부터 지속적으로 발전해 온 체계이기 때문에, 선행 사례나 전통적인 해석 방법을 참고할 수 있다. 이전 판례나 법률학자들의 의견을 확인하고, 그것을 적용할 수 있다.

⑤ 합리적 해석

법 조문을 해석할 때, 합리성과 공정성을 추구한다. 법의 목적에 부합하고 일반적인 상식과 상식에 부합하는 해석을 시도하며, 불합리하거나 불공평한 결과를 초래하지 않도록 한다.

3) 법령해석의 분류

(1) 법규적 해석과 이론적 해석

① 법규적 해석

법규적 해석이란 정의 규정, 해석 규정, 목적 규정을 두거나 위임명령 또는 집행명령 등 하위 법령에서 상위 법령의 내용을 구체화하는 규정을 두는 등 법령에서 특정 내용을 해석하는 것을 말한다.

② 이론적 해석

이론적 해석이란 법령 규정의 의미를 논리적인 추론을 통해 파악하는 것을 말하고, 이론적 해석은 문리해석과 논리해석으로 구분할 수 있다.

(2) 입법해석과 행정해석 및 사법해석

① 입법해석

입법해석이란 입법기관이 법을 제정하는 권한에 기초하여 특정한 법규의 내용이나 의미를 밝히는 일로서 실질적으로는 법의 해석이 아니라 하나의 입법이라고 할 수 있다.

② 행정해석

행정해석이란 각 행정기관이 소관 법령의 집행관청으로서 직접 하거나 또는 상급관청이 하급관청에 대한 회답, 훈령형식으로 하는 법령해석을 말한다.

행정해석은 정부유권해석이라고도 하는데, 정부유권해석이란 행정기관이 법령을 집행하기 위한 전제로 법령해석을 하는데 있어서 의문이 있거나 다른 행정기관의 관장업무와 관련된 법령에 대한 해석이 서로 엇갈리는 경우에 정부견해의 통일을 위하여 정부 전체 차원에서 법령해석에 대한 전문적인 의견을 제시하는 업무를 말한다. 정부유권해석은 『정부조직법』과 『법제업무 운영규정』 등의 법령에 따라 민사 · 상사 · 형사, 행정소송, 국가배상관계법령 및 법무부 소관 법령과 다른 법령의 벌칙조항에 대한 해석을 제외하고는 정부입법의 총괄기관인 법제처가 수행하고 있다.[67)]

③ 사법해석

사법해석이란 구체적 쟁송의 해결을 목적으로 추상적인 법규범의 객관적 의미를 파악하는데 중점을 두는 법원이나 헌법재판소가 하는 법령해석을 말한다.

(3) 유권해석과 학리해석

① 유권해석

유권해석이란 법을 해석 또는 적용하는 권한을 가진 기관, 즉 입법기관, 행정기관, 사법기관이 행하는 공적인 구속력을 가진 법령해석을 말한다.

67) 법제처 입법지원센터, https://www.lawmaking.go.kr/nl4li/lsltptStm/intro

② **학리해석**

학리해석이란 법학자가 학문상의 연구의 일환으로 행하는 법령해석을 말한다.

4) 행정해석업무 관련 공무원의 책임

(1) 공무원 징계책임 관련

공무원은 법령을 준수하며 성실히 직무를 수행해야 하며, 직무상의 의무에 위반하거나 직무를 태만히 한 때 등에는 징계를 받게 된다.(「국가공무원법」 제56조 · 제78조, 「지방공무원법」 제48조 · 제69조)

특히, 일선 지방자치단체의 경우 법령소관 중앙행정기관 또는 정부유권해석기관의 법령해석 지침이나 질의회신을 따르지 않은 경우 중앙행정기관의 감독기능과 감사원의 감사기능 등을 통해 책임을 묻게 되는 경우가 있다.

(2) 「국가배상법」 상 주의의무 위반 관련

관련 법령	「국가배상법」
제2조 (배상책임) ① 국가나 지방자치단체는 공무원이 직무를 집행하면서 고의 또는 과실로 법령을 위반하여 타인에게 손해를 입히거나, 「자동차손해배상 보장법」에 따라 손해배상의 책임이 있을 때에는 이 법에 따라 그 손해를 배상하여야 한다. (단서 생략) ② 제1항 본문의 경우에 공무원에게 고의 또는 중대한 과실이 있으면 국가나 지방자치단체는 그 공무원에게 구상할 수 있다.	

법령의 해석이 난해하고, 정립된 학설 · 판결례가 없는 경우라 하더라도 공무원이 행정업무를 수행함에 있어 나름대로 신중을 기하여 합리적인 근거를 찾아 법령 해석을 하고 거기에 근거하여 집행을 한다면 「국가배상법」 상 배상책임을 물을 수 없는 수준의 주의는 하였다고 할 수 있다.

그러나 배상책임을 면한다고 하여 잘못된 행정처분이 치유되지 않을 뿐만 아니라 공무원으로서 법령집행에 대한 최선을 다하였다고 할 수는 없으므로 부단히 법령해석과 집행에 대한 관심과 주의를 가지고 최선의 행정을 할 수 있도록 노력해야 할 것이다.

관련 판결례 1	대법원 1981. 8. 25. 선고 80다1598 판결례(과실책임 인정)
숙박업법 제5조제2호는 숙박업자에 대하여 미성년자인 남녀의 혼숙을 금지하는 규정이라 볼 수 없고, 보건사회부훈령 제211호는 숙박업법에 따른 명령 또는 처분이라고 볼 수 없을 뿐만 아니라 이 건 혼숙행위 후에 제정된 훈령이므로 위 법 규정이나 위 훈령을 적용하여 한 영업허가처분취소처분은 위법하고, 이러한 처분은 **구청장의 법령해석, 적용상의 과실에 기인한 것**으로서 서울특별시는 손해를 배상해야 한다.	
기타 관련 판결례	대법원 2006. 2. 24. 선고 2005다29207 판결례 대법원 2001. 6. 29. 선고 2000다23303 판결례 대구지법 1987. 11. 5. 87가합3 제6민사부 판결례

2. 법령해석의 과정

1) 사실의 인정

사실의 인정은 사실의 확정이라고도 하며, 추상적인 법령을 적용하기 위한 전제로서 구체적인 사건성의 유무를 확정하는 것을 말한다. 법령 해석적용의 제1단계로서 반드시 필요하지만 사실 인정의 범위는 법령상의 다툼 또는 의심이 되는 사건에 대하여 적절한 법령상 판단을 내리는데 필요한 범위 안에서 이루어지면 충분하다.

법령의 적용을 위하여 사실의 인정이 있어야 한다는 점에서는 재판과 행정기관의 법령해석의 경우가 다르지 않지만 행정기관의 법령해석의 경우 개개인의 구체적인 권리구제나 권리의 존부확인 또는 형의 확정 등과 같은 구체적 타당성 있는 결론보다는 법령집행을 위한 기준을 정립한다는 성격이 강하므로 개별적 · 주관적 사실관계보다는 일반적 · 객관적 사실관계에 중점을 둔 사실의 인정을 추구한다고 할 수 있다.

행정기관의 법령해석에 있어서는 사실조사권이 법적으로 부여되지 않는 경우가 대부분이므로 재판에서와 같은 명확한 사실조사가 불가능한 경우가 많다. 그러나 법령의 집행책임을 지고 있는 행정기관으로서는 법령해석 요청자가 제대로 된 사실을 제시하지 않거나 사실조사가 불가능하다고 하여 법령의 해석 · 집행을 하지 않을 수는 없다. 이 경우 행정기관에서는 나름대로 사실관계를 조사하고 미진한 부분에 대하여는 가정적으로 사실의 인정을 한 후 법령해석을 하기도 한다.

관련 해석례	법제처 2008. 2. 28. 회신 07-0475 해석례
원칙적으로 남북관계발전에 관한 기본계획에 대하여는 국회에 보고만 하면 되나, 그 계획에서 수립하고 있는 사업이 거의 확정적이어서 소요재원의 규모, 조달방법 및 집행시기 등에 대한 개략적인 사항까지 기본계획에 포함되어 있다면 그 사업을 수행하기 위하여 국가의 세입 · 세출 예산의 수반이 충분히 예상될 수 있으므로, 이러한 계획에 대하여는 국회의 동의를 받아야 한다.	

2) 법령의 발견

사실이 인정되면 다음은 인정된 사실에 적용되어야 할 법령규정을 찾아내야 한다. 인정된 사실에 정확하게 적용할 수 있는 법령이 발견되면 간단하지만 복잡한 사안의 경우 꼭 들어맞는 법령규정을 좀처럼 찾아낼 수 없는 것이 오히려 일반적이다. 이런 경우에는 법령해석상의 여러 가지 기술 또는 방법이나 원칙을 응용하여 문제가 되는 사실에 적용할 수 있는 법령을 발견하도록 해야 한다.

(1) 법령의 유효여부에 대하여 조사가 필요한 사항

사실관계에 잘 들어맞는 법령을 발견했다고 하더라도 그 법령이 헌법 및 상위법에 위반됨에 없이 적법하게 제 · 개정된 것인지 여부, 해당 법령 또는 규정의 시행일이 도래했는지, 경과조치 등 법령이 구체적 사실에 적용할 수 있는 상태에 있는지 등을 살펴봐야 한다.

(2) 적용 법령이 여러 개인 경우

행정법령의 경우 어떤 사안에 적용될 수 있는 법령은 반드시 하나밖에 없다고 할 수 없고 오히려 법령의 목적 · 입법취지 등에 따라 복수로 존재하는 경우가 많다. 복수의 법령이 상호 적용을 배제하지 않는다면 모두 적용되어야 하고 상호 적용을 배제하면 그에 따라야 한다.

관련 해석례	법제처 2006. 1. 27. 회신 05-0124 해석례
「수도권정비계획법」 상 수도권정비계획과 「지역균형개발 및 지방중소기업 육성에 관한 법률」의 광역권개발계획은 그 목적 · 성격 · 구체적 내용 등을 달리하는 것이어서 계획대상지역이 중첩된다는 이유만으로 어느 한 계획의 적용이 배제된다고 볼 수 없고, 두 계획대상지역 모두에 포함되는 지역은 두 계획 모두의 적용을 받는 것으로 보아야 할 것이다.	

(3) 여러 개인 적용 법령이 상호 모순·저촉되는 경우

문제 상황	**특정한 사실**에 대하여 **여러 개의 관계 법령**이 있는 경우로서 관계 법령이 상호 모순 · 저촉되는 경우 어느 법령을 적용해야 할 것인지 결정해야 하는 상황
해결 원리	1) 법령 소관사항의 원칙 2) 법령의 형식적 효력의 원칙 3) 신법 우선의 원칙 4) 특별법 우선의 원칙

가. 법령 소관사항의 원칙

법령 소관사항의 원칙은 법령 상호간의 모순 · 저촉을 피하기 위하여 법령은 법령의 종류마다 각각의 법령에 따른 담당분야 즉 소관사항이라는 것을 정하고 서로 그 분야를 지키게 하여 다른 법령의 분야에 관여하지 않도록 함으로써 처음부터 충돌이 일어나지 않도록 하는 원칙이다. 이는 법형식(법률 · 대통령령 · 총리령 · 부령 등)별로 제정권자가 다르기 때문에 이 원칙을 벗어난 경우에는 그 효력이 부인된다. 그러나 이러한 원칙은 법형식별 소관사항의 경계가 명확하지 아니하고 각 법령별 전속적인 소관사항이 정하여져 있지 않기 때문에 실질적인 기준으로 삼기에는 곤란하나 상위법령에서 정할 사항을 위임 없이 하위법령에서 규정하는 경우 그 효력의 해석과 관련하여 문제가 되는 경우가 있다.

관련 해석례	법제처 2008. 5. 22. 회신 07-0481 해석례
「산업입지의 개발에 관한 통합지침」의 근거법률인 「산업입지 및 개발에 관한 법률」 제40조에서 "국토해양부장관은 산업단지 외의 지역에서의 공장설립을 위한 입지지정과 지정승인된 입지의 개발에 관한 기준을 작성 · 고시할 수 있다"고 규정하여 국토해양부장관에게 공장설립을 위한 입지지정과 지정승인된 입지의 개발에 관한 기준을 통합지침으로 고시하도록 위임하고 있으나, 그 내용이 포괄적으로 규정되어 있어서 위 법률 규정을 직접적인 근거로 하여 통합지침에서 "공장입지지정 승인이 금지된 지역" 등 국민의 권리 · 의무와 직접 관련된 내용을 창설하여 규정할 수는 없다 할 것이고, 통합지침에서는 공장입지에 관하여 다른 각 개별 법령에서 제한하거나 허용되고 있는 사항 등을 모두 수록하여 국민이 공장입지제한에 관한 사항을 한 눈에 파악하고 쉽게 알 수 있도록 하기 위한 것으로 보아야 할 것이다.	

법령과 자치단체 조례의 관계에 대하여 현행 「지방자치법」 제22조에서는 "지방자치단체는 법령의 범위 안에서 그 사무에 관하여 조례를 제정할 수 있다. 다만, 주민의 권리제한 또는 의무부과에 관한 사항이나 벌칙을 정할 때에는 법률의 위임이 있어야 한다"라고 규정하여 법령과 조례의 포괄적인 관계만 설정해 놓고 있다.

여기서 '법령의 범위 안에서' 라는 문구의 해석상 조례는 법령의 명문의 규정이나 전체적인 입법취지와 모순 · 저촉되지 않는 범위 안에서 제정될 수 있다고 보는 것이 일반적인 견해이나, 법령에서 전혀 규율하고 있지 아니한 사항(이른바 「국법상 공백상태에 있는 사항」)에 대하여도 조례를 제정할 수 있는지의 여부에 대하여는 아직도 논란이 있다.

최근 학설과 판결례 등의 추세는 '법령의 범위 안에서'의 의미를 좀더 '법령에 저촉되지 않는 범위 안에서' 라는 의미로 접근시켜 국법체계의 일관성확보 요청과 지방자치(특히 자치입법권)의 이념을 조화시키는 의미로 해석해야 한다는 쪽으로 가고는 있으나 여전히 「지방자치법」 제22조의 단서 규정과 관련하여 실정법적인 해석한계를 가지고 있다.

나. 형식적 효력의 원칙

형식적 효력의 원칙은 모든 법령은 헌법을 정점으로 하나의 단계적 구조를 이루고 있으므로 둘 이상 종류의 법령이 그 내용에 있어서 상호 모순 · 저촉하는 경우에는 상위법령이 하위법령에 우선한다는 것이다. 따라서 어떤 법령에 대한 특례를 정할 경우에는 적어도 그 법령과 동등하거나 상위에 있는 법 형식으로 규정해야 한다. 그러나 이는 법체계의 일반적 위계관념에 기한 것일 뿐이므로 예컨대, 대통령령과 부령이 직접 법률의 위임을 받은 사항을 정하고 있는 경우에는 상호간의 우열관계를 논할 것은 아니다.

법률의 위임에 따라 정해진 대통령령 또는 부령은 본래 법률로 정해야 할 사항을 규정한 것이기 때문에 그 한도에 있어서는 위임의 근거가 되는 법률과 동등한 효력을 갖는다. 따라서 이 경우에는 법률과 위임명령은 동등한 형식적 효력을 갖고 있는 것으로 해석해야 하고, 그 사이에 모순 · 저촉이 발생한 경우에는 형식적 효력의 원칙이 아니라 신법 우선의 원칙이나 특별법 우선의 원칙에 따라 해결해야 한다.

다. 신법우선의 원칙

신법우선의 원칙은 형식적 효력을 동등하게 하는 같은 종류의 법형식 사이에 법령내용이 상호 모순 · 저촉하는 경우에는 시간적으로 나중에 제정된 것이 먼저 제정된 것보다 우선하는 효력을 가진다는 것이다. 신법우선의 원칙은 법령 소관사항의 원칙 및 형식적 효력의 원칙에 의하여 해결되지 아니하는 경우에 적용된다.

신법과 구법의 판단기준은 해당 법률의 시행일이 도래하였는지에 따라 결정한다. 또한, 신법우선의 원칙을 적용하기 위해서는 우선 모순 · 저촉되는 법령간의 관계가 일반법 · 특별법의 관계인지 여부를 먼저 검토하고 특별법 우선의 원칙을 적용할 수 없는 경우에 신법우선의 원칙을 적용해야 한다.

라. 특별법 우선의 원칙

특별법우선의 원칙은 동등한 법형식 사이에서 어떤 법령이 규정하고 있는 일반적인 사항과 다른 특정의 경우를 한정하거나 특정의 사람 또는 지역을 한정하여 적용하는 법령이 있는 경우에 이 두개의 법령은 일반법과 특별법의 관계에 있다고 하고, 이 경우에는 특별법이 일반법에 우선한다는 것으로서 신법우선의 원칙의 예외가 된다.

일반법과 특별법의 관계는 다른 법령과 비교하였을 때 그와 같다는 의미로서 상대적인 구별에 지나지 않는다. 예컨대, 「상법」은 「민법」에 대하여 특별법이지만 「증권거래법」이나 「은행법」 등에 대하여는 일반법이다.

일반법과 특별법 관계에서는 특별법이 규율하고 있는 사항에 관한 한 특별법의 규정이 우선적으로 적용되고 일반법의 규정은 특별법 규정에 모순 · 저촉하지 아니하는 범위 안에서 2차적으로 적용된다. 이것은 일반법과 특별법의 관계에 있는 법령사이에서는 어느 쪽이 신법이고 구법인지에 관계없이 특별법 우선의 원칙이 적용된다. 그러나 법률관계가 일반법과 특별법 관계인지의 여부는 쉽게 결정하기 어려운 경우가 많은바, 이 경우에는 각 법령의 입법취지, 법령개정의 경과 및 그 취지, 법문의 표현방법 등을 종합적으로 검토하여 판단해야 한다.

또한, 일반법과 특별법의 관계는 반드시 어떤 법령의 전체를 대상으로 하는 것이 아니라 개별 규정마다 판단해야 하는 경우도 있다. 예를 들면, 「민법」의 금전채권에 관한 10년의 소멸시효규정에 대하여 「상법」의 금전채권에 관한 5년의 소멸시효규정은 특별법이지만, 「상법」의 금전채권의 단기소멸시효규정은 「민법」 제163조 이하의 규정보다 더 짧은 단기소멸시효기간을 정한 규정에 대하여는 일반법이 된다.

결론적으로 신법 우선의 원칙과 특별법 우선의 원칙이 경합하는 경우에는 일반적으로 특별법 우선의 원칙이 적용되지 않는 범위에서 신법우선의 원칙이 적용될 것이나, 살펴본 바와 같이 특별법(규정)과 일반법(규정)의 구분이 상대적이고 일반법이 특별 규정을 내포하고 있는 경우도 있으므로 위의 구분기준에 따라 종합적으로 검토 · 판단하여 법령 간 우선 적용여부를 결정해야 할 것이다.

3) 법령의 적용

사실이 인정되고 여기에 적용 가능한 법령이 발견되면 법령적용의 마지막 단계로서 발견된 법령을 인정된 사실에 맞추어 보는 과정 즉 법령적용을 하게 된다. 또는 인정된 사실이 발견된 법령의 해석범위에 포함되는지 여부를 확인하는 포섭과정을 거치게 된다. 이러한 법령적용의 과정에서 실질적인 「법령의 해석」이 행해지게 된다.

3. 법령해석의 방법

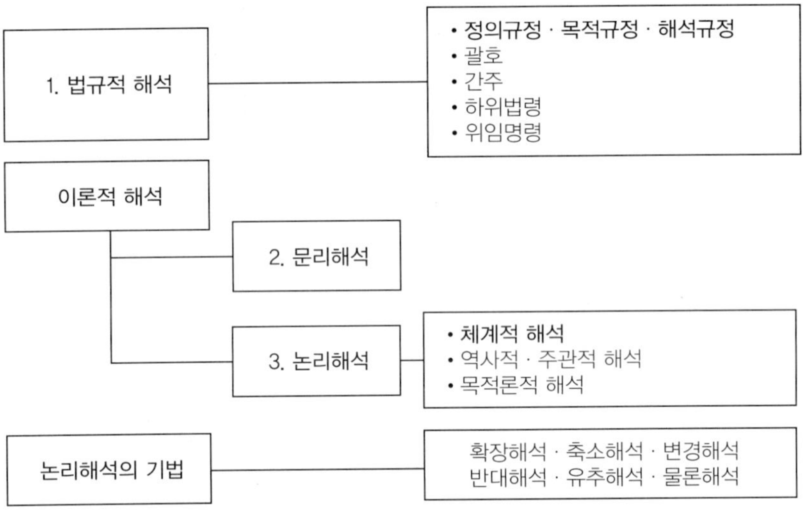

[그림 6-1] 법령해석의 방법

1) 법규적 해석

(1) 개념

법규적 해석은 입법자가 해당 법령이나 다른 법령 중에 특별한 규정을 두어 법령규정의 의미를 명백히 하는 것을 말한다. 이는 가장 확실하고 권위가 있는 해석으로서 행정기관, 법원, 일반 국민 모두를 기속하게 된다.

(2) 정의규정

법규적 해석의 대표적 방법으로 해당 법령 가운데에서 사용되는 특정의 용어, 예를 들면 여러 가지 의미를 가질 수 있는 다소 애매한 용어 또는 그 법령 중에서 특히 중요한 지위를 가지거나 그 말의 통상적인 용법과는 다소 다른 의미로 사용되는 용어 등에 대하여 정의규정을 두는 방법이다.

(3) 목적규정

목적규정은 그 법률이 달성하려는 목적을 분명히 한 것이기 때문에 해당 규정으로부터 바로 의미를 확정하기 어려운 경우에 간접적이기는 하지만 이런 규정이 법률의 각 규정의 해석기준으로서 도움이 됨은 당연하다고 할 수 있다. 이와 같은 목적규정은 대부분의 경우 법률의 제1조에 두고 있다.

(4) 해석규정

해석규정은 어느 법률의 전체 또는 그 가운데의 어느 규정에 대한 해석방향 또는 지침을 제시한 것으로 목적규정과 같이 많은 법률에 두어지지는 않지만 특히 그 법률의 해석방식이 문제되는 경우에 규정된다. 해석규정의 예로서 「관세법」 제5조, 「국세기본법」 제18조, 「청소년의 성보호에 관한 법률」 제3조, 「학교폭력예방 및 대책에 관한 법률」 제3조 등이 있다.

관련 입법례	「국세기본법」
제18조 (세법해석의 기준, 소급과세의 금지) ①세법의 해석·적용에 있어서는 과세의 형평과 당해 조항의 합목적성에 비추어 납세자의 재산권이 부당히 침해되지 아니하도록 하여야 한다. ② 국세를 납부할 의무(세법에 징수의무자가 따로 규정되어 있는 국세의 경우에는 이를 징수하여 납부할 의무. 이하 같다)가 성립한 소득·수익·재산·행위 또는 거래에 대하여는 그 성립후의 새로운 세법에 의하여 소급하여 과세하지 아니한다. ③ 세법의 해석 또는 국세행정의 관행이 일반적으로 납세자에게 받아들여진 후에는 그 해석 또는 관행에 의한 행위 또는 계산은 정당한 것으로 보며, 새로운 해석 또는 관행에 의하여 소급하여 과세되지 아니한다. ④ 삭제 ⑤ 세법 이외의 법률중 국세의 부과·징수·감면 또는 그 절차에 관하여 규정하고 있는 조항은 제1항부터 제3항까지의 규정의 적용에 있어서 이를 세법으로 본다.	

(5) 괄호 또는 간주규정

관련 입법례	「자동차관리법」
제5조 (등록) 자동차(이륜자동차를 제외한다. 이하 제47조까지 같다)는 자동차등록원부(이하 "등록원부"라 한다)에 등록한 후가 아니면 이를 운행하지 못한다. 다만, 제27조제1항의 규정에 의하여 임시운행허가를 받은 경우에는 그러하지 아니하다.	

관련 입법례	「건축물의 분양에 관한 법률 시행령」
제13조(과태료의 부과 · 징수절차) ②허가권자는 제1항의 규정에 의하여 과태료를 부과하고자 할 때에는 10일 이상의 기간을 정하여 과태료처분대상자에게 구술 또는 서면에 의한 의견진술의 기회를 주어야 한다. 이 경우 지정된 기일까지 의견진술이 없는 때에는 의견이 없는 것으로 본다.	

(6) 하위법령으로 정하는 경우

법률 중의 규정이나 용어의 해석을 하위법령으로 정하는 경우 상위 법률이 그와 같은 해석을 하위법령으로 정할 수 있음을 분명하게 위임한 경우에는 법률 스스로가 규정한 것과 같은 효력을 가지며 법규적 해석으로서의 효과를 가진다. 그러나 특별한 위임 없이 하위규정으로 정한 경우에는 실질적으로 보면 대통령령의 제정권자는 대통령이고 부령의 제정권자는 각 부처의 장관이라는 점에서 그것은 법률의 제정권자인 국회가 그 스스로 제정한 법률에 의하여 명백히 한 법규적 해석과는 동등하게 취급할 수 없다. 왜냐하면 법규적 해석이 법원이나 행정기관을 구속하는 힘을 가지는 것은 법규적 해석을 행한 법령과 그러한 해석이 행하여진 용어나 규정을 포함하는 법령이 동 순위의 형식적 효력을 가지는 법령이기 때문이다.

2) 문리해석

(1) 개념

문리해석이란 법령 규정의 문자나 문장이 의미하는 바에 입각하여 해석하는 것으로서 문언중심적 해석이라고도 한다. 법령문자는 원래 무의미하게 사용되고 있는 것이 아니라 법령을 만들 때에 세심한 주의를 기울여서 입안자의 의도를 정확히 표현하기 위하여 가장 적당한 문자를 사용하기 때문에 성문법의 해석에 있어서는 먼저 그 문자를 충실히 파악하여 해당 법령의 의미를 파악해야 한다. 다만, 지나치게 문리해석에만 구애되어 융통성 없는 해석을 하면 바람직하지 못한 결과가 될 가능성이 있다. 따라서 이런 경우에는 문리해석을 떠나 논리해석 등의 방법을 적용하여 법문 전체의 취지 · 법령 전체의 체계 등을 고려하여 바람직한 법문의 해석을 이끌어 내도록 해야 한다.

(2) 문리해석에 따른 주의사항과 논리해석과의 조화

문리해석을 할 때에 주의해야 할 점으로는 첫째, 법령의 문자나 문자로 구성되어 있는 용어는 원칙적으로 일반적으로 사용되는 의미로 해석해야 한다. 법령 가운데에서 어떤 용어를 특별한 의미로 사용하는 경우에는 해당 법령에서 "용어의 정의" 규정을 통해 정의하는 것이 법령심사의 원칙이다.

둘째, 법령의 문자 · 용어는 원칙적으로 그것이 제정된 당시의 의미를 파악하여 해석해야 한다. 다만, 시대의 추이에 따라 변화하였다고 볼 수 있는 경우에는 해석할 당시의 사고방식에 의하여 이를 해석해야 한다.

셋째, 법령상에 사용되는 문자 · 용어에는 입법기술상 하나의 약속 또는 관례라고 할 수 있는 사용법이 있기 때문에 그 약속 또는 관례에 따라 해석해야 한다. 예를 들면, 추정 · 간주의 구별, 적용 · 준용의 의미 등이다.

넷째, 법령에 사용되는 문자 · 용어의 의미는 절대적인 것이 아니라 법령에 따라 상대적인 것이라는 점이다.

다섯째는 성문법령의 해석태도로서 가장 우선해야 하는 것은 문리해석이지만 너무 문리해석에만 구애되어 융통성 없는 해석을 하면 나무를 보느라고 숲을 보지 못한다는 말처럼 대국적 판단을 그르치는 결과가 될 가능성이 있다. 이런 경우는 문리해석을 버리고 다음의 논리해석으로 옮겨 법문전체의 취지 · 법령 전체의 목적으로부터 바람직한 법문의 해석을 이끌어 내도록 해야 한다.

3) 논리해석

(1) 개념

논리 해석은 법령의 문자 · 용어에만 얽매이지 않고 사물의 이치 · 논리를 도입하여 법령을 해석해야 한다는 것으로 조리에 근거하여 해석하는 것이기 때문에 조리 해석이라고 불리는 경우도 있다.

(2) 논리 해석의 분류

가. 체계적 해석

체계적 해석이란 법체계 전반 또는 다른 법과의 관계, 법규정의 조문구조 등에 따른 일관된 원리를 통하여 법규와 법질서의 모순을 방지하고, 법령의 의미를 이해하려는 해석방법이다. 특히 행정법령의 해석에 있어서는 해당 법령뿐만 아니라 다른 법령과의 관계를 충분히 파악하여 법질서 전체의 조화를 도모할 수 있도록 항상 생각해야 한다.

나. 역사적· 주관적 해석

역사적 · 주관적 해석은 현재 법문의 문언적 의미에 구속되지 않고 법령의 성립 및 변천과정과 입법이유서, 의사록 등 입법 자료를 기초로 입법 당시의 정치적, 사회적, 이념적, 경제적, 사회적 상황 등을 총체적으로 고려하여 입법자의 입법의도를 추론하고 이에 따라 해석하는 방법으로 법률의 성립과정에서의 논의가 법규범의 의미를 확정하는데 중요한 참고자료가 될 수 있기 때문에 올바른 법해석 방법론으로서의 가치를 가진다고 할 수 있다.

그러나 입법자의 의도라는 것이 그 내용이 극히 다양하고 그 자체로 불확정적이며 해석자의 법이론, 정치철학 및 제반 가치관에 의해서 달라질 수 있으며, 게다가 입법준비 자료가 부실하거나 그러한 것들이 제대로 보존되지 못해서 활용될 수 없는 경우에는 입법자의 의도를 정확히 파악할 수 없다. 역사적 · 주관적 해석방법은 무엇보다도 입법자의 의사를 중시하게 되므로 현재의 법 발견이 과거의 입법자의 의사에 종속되고 현재의 법해석이 과거 입법의 역사 속에 이미 설정되어 평가되므로 입법자에 종속되어 법을 해석하는 것이 될 뿐이라는 비판이 제기된다.

다. 목적론적 해석

목적론적 해석은 법문의 의미를 있는 그대로 파악하고 나아가 법의 목적, 의미 등을 언어와 체계, 역사 등 모든 측면에서 파악하는 해석방법이라 할 수 있다. 이 방법에 의한 해석태도는 대체로 법령의 목적 · 취지에 무게를 두고 결과의 타당성을 보면서 해석을 하는 것을 강조한다. 이는 독일의 전통적인 법해석론의 하나로서 법령의 해석에 있어서 관련되는 모든 중요한 요소를 함께 고려해야 한다는 것이다.

목적론적 해석은 입법자의 의사가 지향하는 법의 정신을 다시금 새로운 상황을 고려해서 찾아내는 작업이라 할 수 있으며, 따라서 목적론적 해석은 단지 과거 입법자의 결정에 종속되는 것이 아니라 현재 법 상황에 따라서 입법의 취지를 새롭게 밝혀내는 기능을 가진다.

대법원은 주로 입법목적을 강조한 목적론적 해석방법을 자주 사용하고 있다. 구체적 타당성, 사법적극주의, 판결례의 사법정책성 등의 목적을 추구하면서 법해석 방법론에서 전면에 내세우는 슬로건이 바로 입법목적이며, 이러한 판결례는 주로 전원합의체 판결례에서 조심스럽게 나타났다고 할 수 있다.

결국 목적론적 해석의 적정성은 궁극적으로 입법목적이 얼마나 정확한지 또 해석자가 이를 어떻게 정확하게 파악하는지에 달려있다고 할 수 있다. 법은 입법자의 가치평가의 결정체로 볼 수 있으므로 목적론적 해석방법은 다양한 법의 이념과 가치, 법이 실현하려는 목적, 법을 통해서 규율하려는 사회적 현실 등을 합목적적으로 평가하는 방향에서 정당한 법해석방법론으로 인정될 수 있을 것이다.

이상의 방법을 통한 논리해석을 함에 있어서 결론을 내리기 전에 그 해석이 과연 사회에 있어서의 정의와 공평의 관념에 합치되는지, 또한 법의 최종목적인 공공복리의 유지 · 실현 방향에 합치하는지를 귀납적으로 검토해 보는 태도를 잊어서는 안 된다. 또한 논리해석이라는 것은 결국 문리해석의 부족한 부분을 보완 또는 보충하는 해석방법이라고 할 수 있으므로 성문법주의를 취하는 국가에 있어서는 적어도 일반법령에 대해서는 문리해석이 주고, 논리해석이 종이라는 것을 잊어서는 안 된다. 너무 논리해석에만 집착하여 법령의 취지 · 목적이나 결과의 타당성만을 생각하는 해석태도를 취하면, 법령 문언은 무시되며 극단적으로 말하면 무엇을 위한 성문법령인지 알 수 없게 된다. 법령해석자는 설령 재판관이라도 입법자와는 역시 다르기 때문에 성문법령을 해석하는 경우에 논리해석에는 항상 일정한 한계가 있음을 이해하고 있지 않으면 안 된다. 그리고 문리해석만으로는 타당한 결과를 얻을 수 없는 경우에 논리해석의 방법을 취해야 한다.

(3) 논리해석의 기법

논리해석의 기법으로는 확장해석 · 축소해석 · 변경해석 · 반대해석 · 유추해석 · 물론해석 등이 있다. 논리해석의 기법은 그 자체로서는 가치지향적 판단이 불가능하고 논리해석의 방법에 따라 결정되는 해석의 관점(입법자의 의도, 법령의 목적, 문언의 의미 등 중에서 어떤 측면을 중시할 것인지)에 따라 선택되어지게 된다.

가. 확장해석

확장해석이란 법령규정의 문자를 그것이 일반적으로 의미하는 것보다는 확대하여 해석하는 것을 말한다. 확장해석과 관련하여 주의할 점은 형벌규정이나 개인의 권리를 제약하거나 의무를 부과하는 법령규정의 해석에 있어서는 기본적 인권의 보장이라는 원칙에 입각하여 무분별하게 확장해석을 하여서는 안 된다는 것이다.

관련 해석례	법제처 2008. 12. 11. 회신 08-0335 해석례
「지방세법」 제174조가 국가와 일부 지방자치단체의 구성원을 균등할 비과세 대상으로 규정한 취지와 별정우체국의 특성에 비추어 볼 때, 「지방세법」 제174조제1항에서 균등할 비과세 대상으로 규정하고 있는 **"국가"에 별정우체국과 같은 "국가기관에 준하는 단체"가 포함되는 것으로 해석**한다고 하더라도 이를 비과세요건이나 조세감면요건을 **합리적 이유 없이 확장해석**하거나 유추해석하는 것으로 **볼 수 없습니다.**	

나. 축소해석

축소해석은 확장해석과는 반대로 법령규정의 문자 · 용어를 일반적으로 사용되는 의미보다 좁게 해석하는 것을 말한다.

다. 변경해석

변경해석은 법령규정의 문언 본래의 의미를 변경하여 다른 의미로 해석하는 것을 말한다. 변경해석은 다른 문언이 마치 그곳에 있는 것처럼 이해하려는 것이기 때문에 이것은 법령의 문리로부터는 상당히 벗어나는 해석방법이다. 이러한 변경해석은 입법상의 잘못이 명백하다든가 그 밖에 그와 같은 해석이 인정될 만한 사정이 매우 확실한 경우에 한하여 허용되어야 하고, 확장해석의 경우와 마찬가지로 그와 같은 변경해석에 따라 개인의 권리의무에 현저하게 불리한 영향을 미칠 가능성이 있을 때는 함부로 변경해석을 하여서는 안 된다고 할 것이다.

관련 판결례	대법원 2006. 2. 23. 선고 2005다60949 판결례
구 신협법과 현행 신협법 관련 규정들의 전체적인 체계 및 법률 제6957호의 개정 목적과 경위 등에 비추어 보면, 법률 개정과정에서 현행 신협법 제89조제5항이 신설되고 종전의 제5항이 제6항으로 항이 바뀌었으므로 제7항에서 인용하는 제5항도 '제6항'으로 변경하였어야 할 것인데 이를 변경하지 않고 그대로 둔 것은 **법률 개정과정상의 실수에서 비롯된 것임이 분명**하므로, **현행 신협법 제89조제7항이 인용하고 있는 '제5항'을 '제6항'으로 바로잡아 적용한다고 하더라도 이것이 법규정의 가능한 의미를 벗어나 법형성이나 법창조행위에 이른 것이라고는 할 수 없다.**	

라. 반대해석

반대해석은 어떤 법령에 어떤 사항이 규정되어 있는 경우에 그 규정내용과 반대의 경우에는 반대의 효과가 생기는 취지의 규정까지도 포함하고 있는 것으로 해석하는 방법이다. 예를 들면, 「민법」 제808조제1항에서 미성년자가 혼인을 할 때에는 부모의 동의를 얻어야 한다는 규정에서 성년의 자의 혼인에 대해서는 부모의 동의여부에 관한 특별한 규징이 없다하더라도 부모의 동의를 요하지 아니하는 취지로 해석하는 것이다.

마. 유추해석

유추해석은 A와 A'와 같이 서로 유사한 내용에 대하여 A에 대하여만 명문규정이 있고 A'에 대하여는 명문규정이 없는 경우에 A에 관한 규정과 같은 취지의 규정이 A'에 대하여도 있는 것으로 해석하는 방법을 말한다. 이것은 일반적으로 법령규정에서 예컨대 「지방재정법」 제12조에서 지방채의 발행에 관하여는 「상법」 제479조 · 제484조 · 제485조 및 제487조의 규정을 준용한다와 같이 지방채의 발행에 관하여 상법상의 제 규정이 「지방재정법」에 있는 것처럼 보도록 명문으로 "준용한다"라고 규정하는 것과 차이가 없다.

관련 판결례	대법원 2000. 2. 11. 선고 98두14303 판결례
신주인수권의 평가방법에 대하여 「상속세법 시행령」 규정에서 이를 직접 규정하고 있지 아니하므로 그 가액은 객관적이고 합리적인 방법에 의하여 평가할 수밖에 없다 할 것이나, 그 과정에서 주식의 평가에 관하여는 구 「상속세법 시행령」 제5조제6항제1호를 준용할 수 있다고 보아야 한다.	

그러나 형벌규정이나 개인의 권리를 제약하거나 의무를 부과하는 법령규정의 해석에 있어서는 가급적 제한적으로 해석해야 한다. 특히 형벌규정의 해석과 관련하여 죄형법정주의는 국가형벌권의 자의적인 행사로부터 개인의 자유와 권리를 보호하기 위하여 죄와 형을 법률로 정할 것을 요구하고, 피고인에게 불리하게 성문규정이 표현하는 본래의 의미와 다른 내용으로 유추해석하는 것을 금지하고 있다.

바. 물론해석

물론해석이란 어떤 법령규정의 입법목적 · 취지 등으로 보아서 명문의 규정은 없으나 그것과 같은 취지의 규정이 있다고 해석하는 것이 조리 상으로 보아 당연한 것으로 생각되는 경우에 취하여지는 해석방법이다.

관련 해석례	법제처 2005. 10. 5. 회신 05-0037 해석례
노래연습장업자 및 비디오물감상실업자가 남성을 접대부로 고용 · 알선한 경우 이에 대하여 행정처분을 할 수 있는지 여부에 대하여 「음반 · 비디오물 및 게임물에 관한 법률」 제32조에서 접대부의 고용을 금지하는 것은 노래연습장 등에서의 퇴폐행위를 방지하여 관련 산업의 질적 향상을 도모하는 데에 그 취지가상을 , 법문에서 접대부의 성별을 명확하게 규정하지 않았으므로 굳이 남성과 여성을 구별하여 다룰 이유가 없으며, **영업형태가 다양화되는 사회적 현상에 적응하기 위해서는** 입법 당시에는 남성을 접대부로 고용 · 알선하는 경우가 예견되지 아니하였더라도 **입법자의 의도를 추정하여 사회상황에 맞게 관련규정을 적용하는 것이 바람직하다.**	

(4) 해석방법의 적용(통합적 접근)

어떤 사안에 대하여 법령을 해석적용하기 위해서는 지금까지 살펴본 법령해석방법을 종합적으로 고려해야 한다. 즉 법령해석이란 궁극적으로 문화의 산물이며 어느 하나의 보편타당한 기준이 존재하는 것은 아니므로 우선 각각의 법령규정의 문자나 문장의미를 생각하고, 그것을 해당 규정 또는 법령전체의 취지에 비추어 보며, 나아가 그 법령의 배후에 있는 여러 가지 사회적, 경제적, 정치적 조건 등을 고려해야 한다. 또한, 그 해석결과가 사회의 정의와 공평 또는 공공복리에 합치되는지를 검토하여 구체적인 특정문제에 그 법령규정을 어떤 식으로 적용하는 것이 가장 올바른 것인가를 판단 · 결정해야 한다.

결론적으로 행정기관에 의한 법령해석은 위에서 적시한 법령해석방법과 실제 법령을 해석 · 집행하는 행정기관 공무원의 지식과 경험, 그간의 관행 및 사회적 요청 등이 종합적으로 어우러져 나오는 것이라 할 수 있으므로 담당 공무원은 법령해석방법 등 법해석에 대한 전문지식을 갖추는 동시에 다양한 사회상식과 균형감 있는 사고방식을 겸비할 수 있도록 노력해야 할 것이다.

4. 판례와 사회복지법

1) 판례의 개념 및 특징

(1) 판례의 의미

판례란 재판을 통해 법원에서 특정 사건에 대한 해석과 적용을 위해 내린 판단이다. 즉, 판례은 법원이나 판사가 이전에 결정한 사건에 대한 판결이나 법률적인 의견을 말한다. 판례는 실제 사건에서 법원이 적용한 법률 원칙이나 해석, 판단 방식을 포함하고 있으며, 이는 이후의 유사한 사건에 대한 판단이나 법률 해석에 영향을 미친다.

재판의 결과인 판결을 통해 이루어지는 법적 이론(법리). 비록 판례가 법규범으로 인정될 수 없고 한국의 경우 대륙법계의 특성상 판례의 법규범성은 부인되나 사실상의 법적 구속력을 가진다는 점은 부분적으로 인정된다.

판례는 법률의 일관성과 예측 가능성을 제공하고, 유사한 사안에 대한 판단의 일관성을 유지하는 데에 중요한 역할을 한다. 또한, 판례는 법률 전문가들이나 법원에서 법률 해석과 판단을 할 때 참고할 수 있는 중요한 자료이다.

(2) 판례의 개념에 대한 학술적인 접근

판례는 학술적인 관점에서도 중요한 개념으로 다뤄지고 있다. 학술적인 판례 연구는 판례의 내용, 역사, 영향력, 해석 방법 등을 연구하고 분석하는 과정을 의미한다. 이는 판례의 법적 근거와 법률체계의 이해를 촉진하며, 법학, 판례학, 법률사회학 등의 학문 분야에서 활발하게 이루어지고 있다.

학술적인 판례 연구는 법률학자, 법학 연구자, 판례학자 등에 의해 수행되며, 법률 이론의 발전과 법의 원리를 이해하는 데에 기여한다. 또한, 판례 연구는 법률 체계의 정확성과 일관성을 향상시키는 데 중요한 역할을 한다.

① 판례의 역사와 개념

판례의 기원과 발전, 판례의 역할과 의미에 대한 학문적인 탐구를 포함한다. 이는 판례가 법률체계에서 어떻게 형성되었는지, 어떤 변화와 발전을 거쳐왔는지 등을 이해하는 데 도움을 준다.

② 판례의 구조와 내용 분석

판례의 구조와 판결문의 요소, 판례의 내용과 결론을 분석한다. 이는 판례문서의 구성과 언어적 특징, 판례에 포함된 법률 원칙이나 해석 방법 등을 이해하는 데 도움을 준다.

③ 판례의 영향력과 효과

판례가 법적 결정에 어떤 영향력과 효과를 가지는지를 연구한다. 이는 판례의 선행 사례에 대한 영향, 판례의 발전과 변동, 판례가 법률 체계와 사회에 미치는 영향 등을 이해하는 데 도움을 준다.

④ 판례의 해석 방법과 비판적 접근

판례를 해석하고 이해하는 방법과 관련하여 다양한 학술적인 관점을 제시한다. 이는 판례를 다른 법률원칙이나 사회적 요인과 연결하여 해석하는 방법, 판례의 한계와 비판 등을 다루는 데 도움을 준다.

⑤ 판례의 비교와 비교법적 연구

판례를 다른 국가나 지역의 판례와 비교하여 연구하며, 이를 통해 법률 체계의 다양성과 비교적인 장단점을 분석한다. 이는 법률 체계의 상호작용과 법적 통일성에 대한 이해를 촉진하는 데 도움을 준다.

2) 판례의 종류 및 특징

(1) 판례의 기준과 종류

판례는 사회적인 영향력이나 법적 특성에 따라 다양한 분류 방식으로 구분될 수 있다. 판례의 종류와 분류는 법률 체계와 국가에 따라 다를 수 있으며, 판례의 효력과 적용은 해당 국가의 법률과 판례 체계에 의해 규정된다.

일반적으로 사용되는 판례의 분류 기준은 다음과 같다.

① 판결의 구속력

판례는 구속력의 정도에 따라 분류될 수 있다. 상한 판례(상급 법원 판례)는 하위 법원에 구속력을 가지며, 이에 따라 판결을 따를 것을 요구한다. 비결정적 판례는 특정 사안에서 직접 적용되지 않는 판례로서 구속력이 낮을 수 있다.

② 판례의 주제

판례는 법률 문제의 주제나 범위에 따라 분류될 수 있다. 예를 들어, 가족법, 노동법, 형사법 등 특정 법률 분야에 관련된 판례들을 분류할 수 있다.

③ 판례의 유형

판례는 해당 판례가 어떤 역할을 하는지에 따라 분류될 수 있다. 전례판례는 이전 사례를 참고하여 결정을 내리는 판례이다. 선례판례는 이전 판례의 원칙이나 결론이 유사한 사안에도 적용될 수 있는 판례이다. 지침판례는 법적 해석이나 적용에 대한 지침을 제공하는 판례이다. 비판적 판례는 법률의 한계나 모순점을 지적하는 역할을 하는 판례이다.

④ **판례의 중요성**

판례는 중요성에 따라 분류될 수 있다. 일부 판례는 법률 체계나 사회에 큰 영향을 미치는 중요한 판례로 분류될 수 있다. 이러한 중요한 판례는 사회적인 관심과 토론을 불러일으킬 수 있다.

주요한 판례의 종류는 다음과 같다.

① **전례판례**

전례판례(Precedent Case)는 이전에 결정된 사례를 기반으로 현재 사건을 판단하는 경우를 말한다. 전례판례는 유사한 법적 문제에 대한 판례를 바탕으로 판단의 일관성과 예측 가능성을 제공한다. 전례판례는 일반적으로 상한 법원이나 고등법원의 결정으로서 구속력을 갖고 하위 법원에 의해 따라져야 하는 경우가 많다.

② **선례판례**

선례판례(Precedential Case)는 이전의 판례가 전례적인 영향력을 갖는 것을 의미한다. 이는 이전 판례의 결론이나 법적 원칙이 유사한 사건에도 적용될 수 있다는 의미이다. 선례판례는 판례의 전적 효력을 갖는 경우와 비슷하지만, 전례판례보다는 구속력이 낮을 수 있다.

③ **지침 판례**

지침판례(Guideline Case)는 법원이나 판사가 특정한 법률 원칙이나 해석 방법을 설명하고 제시하는 판례를 말한다. 지침판례는 판례의 해석과 적용 방법에 대한 지침을 제공하여 유사한 사안에 대한 판단을 돕는 역할을 한다. 이러한 판례는 법률의 일관성과 예측 가능성을 높이는 데에 기여한다.

④ **비판적 판례**

비판적 판례(Critical Case)는 특정한 법률 원칙이나 판례에 대한 비판적인 시각을 제시하는 판례를 말한다. 이러한 판례는 법률의 한계나 부정확성을 지적하거나, 다른 법률 원칙과의 충돌이나 모순을 드러내는 역할을 한다. 비판적 판례는 법률의 발전과 수정에 영향을 주는 중요한 역할을 한다.

⑤ **해석판례**

해석판례(Interpretive Case)는 법률 조문이나 법적 원칙을 해석하는 역할을 하는 판례를 말한다. 이러한 판례는 법령의 명확한 해석을 위해 법원이나 판사가 특정한 법령 조항을 해석하거나 설명하는 역할을 한다.

⑥ **개별판례**

개별판례(Individual Case)는 특정한 개별 사건에 대한 판례를 말한다. 이는 특정한 사안에서 법원이 내린 결정이나 판단을 의미한다. 개별 판례는 특정한 사안에 적용되며, 일반적으로 법원의 구속력을 갖는다.

⑦ **상징적 판례**

상징적 판례(Landmark Case)는 특정한 사건이나 법적 이슈에서 중요한 성격을 갖는 판례를 말한다. 이러한 판례는 법률 체계나 사회에 큰 영향을 미치며, 특정한 법적 원칙이나 가치를 대표하는 판례로 알려져 있다. 상징적 판례는 사회적인 관심과 영향력을 크게 가지고 있다.

⑧ **상설판례**

상설판례(Standing Case)는 특정한 법원이나 판사에 의해 지속적으로 관련 사안에 적용되는 판례를 말한다. 이러한 판례는 일반적으로 상급 법원이나 헌법재판소 등의 결정으로서 구속력을 갖고 있으며, 특정 법적 원칙이나 기준을 제시한다.

⑨ **국제 판례**

국제 판례(International Case Law)는 국제 법률 체계에서 형성된 판례를 말한다. 국제 판례는 국제 법원이나 국제 조약의 해석 및 적용에 관련되며, 국제 법적인 원칙과 규칙을 형성하는 데에 기여한다.

⑩ **비공식적 판례**

비공식적 판례(Informal Case Law)는 법원이 아닌 다른 기관이나 조직에서 형성된 판례를 말한다. 이는 사회적인 집단이나 전문 기관, 조정 기구 등에서 발생하는 판례를 포함한다. 이러한 판례는 법적인 구속력을 갖지 않을 수 있지만, 특정한 분야나 집단 내에서 권위를 갖고 인정될 수 있다.

(2) 판례의 특징

판례의 특징은 일반적으로 다음과 같다.

① 선례 창출

판례는 이전에 다른 사건에서 법원이나 판사가 내린 결정이기 때문에, 이러한 판례는 이후의 비슷한 상황에서 판단의 기준이 될 수 있다. 판례는 법원이나 판사가 이전 판례에 따라 판단을 내리는 것을 통해 발생한다.

② 법률적 권위

판례는 법적인 권위를 갖는다. 판례는 법원이나 판사가 법률에 근거하여 내린 결정으로, 이는 법적인 힘과 권위를 가지고 있다. 따라서 판례는 법원이나 판사가 판단을 내릴 때 참고하거나 따르는 법적인 근거가 된다.

③ 사례별 적용

판례는 특정한 사건에 대한 판단을 포함하고 있으며, 이는 해당 사건의 사실과 법률에 근거하여 이루어진다. 따라서 판례는 특정한 사안에 적용되는 법률 원칙이나 해석을 제공하며, 이후의 유사한 사건에서는 해당 판례를 참고하여 판단될 수 있다.

④ 변동성

판례는 사건의 특정한 사실과 법률에 근거하여 이루어지기 때문에, 각 사례마다 판결이 다를 수 있다. 또한, 판례는 사회적인 변화와 법률의 발전에 따라 변동될 수도 있다. 따라서 판례는 일정한 법률 원칙이나 해석을 보장해 주지 않을 수 있다.

3) 판례의 효력과 원칙

(1) 판례의 효력과 영향력

판례의 효력은 해당 판례가 법적으로 어떤 영향력을 가지는지를 의미한다. 판례의 효력은 판결이나 의견의 법적인 가중치를 나타내며, 판례가 어떻게 적용되고 해석되는지에 영향을 미친다. 따라서 판례의 효력은 법원이나 판사, 법률 체계의 해석에 따라 달라질 수 있다는 것이다. 판례는 항상 일관된 효력을 갖는 것은 아니며, 판례의 효력은 법의 정비나 사회적 변화에 따라 변동할 수 있다.

판례는 법적인 의사결정과 함께 다음과 같은 측면에서 사회적인 영향력으로 나타날 수 있다.

첫째, 판례는 법률의 발전과 혁신에 영향을 미칠 수 있다. 판례는 특정한 사안이나 문제에 대한 법적 해석과 결정을 제공함으로써 법률 체계의 미비점이나 모호성을 해소하거나, 새로운 법적 원칙이나 기준을 제시할 수 있다. 이는 법률의 발전과 발전된 사회 상황에 맞는 법적 적용을 도모하는 데에 큰 영향을 미칠 수 있다.

둘째, 판례는 사회적 정의와 평등을 실현하기 위한 수단으로 작용할 수 있다. 판례는 특정한 사안에서 개인의 권리와 자유, 사회적 이익을 고려하여 판단을 내릴 수 있다. 이를 통해 사회적인 불평등이나 차별을 해소하고, 사회적 정의를 실현하는 데에 기여할 수 있다.

셋째, 일부 중요한 판례는 사회적인 관심과 인식을 불러일으킬 수 있다. 특히, 사회적으로 예민한 이슈나 사회적 이슈에 관련된 판례는 대중의 이목과 토론을 불러일으킬 수 있으며, 이를 통해 사회적인 변화와 의식 형성을 이끌어낼 수 있다.

넷째, 판례는 법률의 예측 가능성과 안정성을 높일 수 있다. 이전의 판례를 참고하여 유사한 사안에 대한 판단을 내릴 때, 일관성 있는 판단과 예측 가능성을 제공하여 법률 체계의 안정성을 유지할 수 있다.

다섯째, 판례는 사회적 변화를 반영하고 법률에 적용할 수 있는 수단이 될 수 있다. 판례는 사회적인 가치 변화나 사회적 트렌드에 부합하는 법적 원칙이나 해석 방법을 제공할 수 있으며, 법률 체계가 사회적 변화에 적응하고 발전할 수 있도록 도움을 줄 수 있다.

(2) 판례 효력의 원칙

판례의 효력은 국가 및 법률 체계에 따라 다소 차이가 있을 수 있으나, 일반적으로 다음과 같은 원칙들이 적용된다.

① 선행 사례와 전적 효력: 판례는 선행 사례에 대한 참고 자료로 사용되며, 판례의 선행 사례에 대한 전적 효력이 있을 수 있다. 이는 동일한 법적 문제에 대해 이전에 유사한 판례가 있을 경우, 해당 판례의 결론이나 원칙이 유사한 사건에도 적용될 수 있다는 의미이다.

② 결정력과 구속력: 판례는 판결의 구속력과 결정력을 갖는다. 판례가 상한 판결이거나 고등 법원의 결정인 경우, 해당 판례는 하위 법원에 구속력을 갖고, 동일한 사안에서 일관성을 유지하기 위해 따라야 할 수도 있다.

③ 비결정적 판례의 가중치: 판례 중에서 결정력이 없거나 특정 사안에 직접적으로 적용되지 않는 비결정적 판례는 가중치가 다소 낮을 수 있다. 하지만, 이러한 판례도 법원이나 판사가 판단과 결정을 내릴 때 참고 자료로 사용될 수 있다.

④ 사회적 영향력과 변동성: 판례는 사회적인 영향력을 통해 법적인 효과를 갖을 수 있다. 특히, 대중적인 관심이나 사회적 변화에 따라 판례의 해석이 변동될 수 있으며, 판례의 효력도 변동할 수 있다.

⑤ 법적 개정과 판례의 영향: 법률 개정이나 법적 변화는 판례의 효력에도 영향을 줄 수 있다. 법률이 수정되거나 개정된 경우, 이에 따라 이전의 판례가 수정되거나 영향력이 변화할 수 있다.

4) 판례의 분석 및 해석 방법

(1) 판례의 분석 방법

판례 분석은 법률 전문가들이 판례를 이해하고 적용하는 과정에서 중요한 요소인데, 일반적으로 사용되는 판례 분석 방법은 다음과 같다.

① **선행 판례 분석**(Precedent Analysis)

유사한 사안에서 이전에 결정된 판례를 분석하여 판례의 원칙이나 결론을 이해하고 해당 사안에 적용하는 방법이다. 선행 판례를 찾아내고 그 내용을 비판적으로 분석하여 판례의 영향력과 범위를 확인할 수 있다.

② **법리 분석**(Legal Analysis)

판례를 법리적인 측면에서 분석하는 방법이다. 판례의 결정 원리, 법적 근거, 법조항의 해석 등을 분석하여 판례의 의미와 법률적인 영향력을 이해할 수 있다.

③ **사실 판단 분석**(Factual Analysis)

판례에서 법원이 사실을 어떻게 판단하고 이를 기초로 어떤 결정을 내렸는지를 분석하는 방법이다. 판례에서 사실적인 요소를 파악하고 이를 이해함으로써 판례의 법적인 의미를 파악할 수 있다.

④ **법리와 사실의 상호작용 분석**(Interplay of Law and Fact Analysis)

판례에서 법리와 사실 사이의 상호작용을 분석하는 방법이다. 판례가 법리를 어떻게 해석하고 사실을 어떻게 고려하여 결정을 내렸는지를 분석함으로써 판례의 의미와 법적 효력을 이해할 수 있다.

⑤ **정치적 및 경제적 영향 분석**(Political and Economic Impact Analysis)

판례의 결정이 정치적이나 경제적인 영향을 미칠 수 있으므로, 이러한 영향을 분석하는 방법이다. 판례의 배경과 사회적 맥락, 이해관계자의 이익 등을 고려하여 판례의 사회적 영향력과 정치경제적인 의미를 이해할 수 있다.

⑥ **시간적 변화 분석**(Temporal Analysis)

판례의 시간적 변화를 분석하여 판례의 의미와 법적 효력을 이해하는 방법이다. 판례가 시간과 함께 어떻게 해석되고 적용되었는지를 파악함으로써 판례의 진화와 법률 체계의 변화를 이해할 수 있다.

⑦ **사회학적 분석**(Sociological Analysis)

판례를 사회학적인 관점에서 분석하는 방법이다. 사회적인 집단, 구조, 문화 등의 영향을 고려하여 판례의 의미와 사회적 영향력을 이해한다.

⑧ **경험적 분석**(Empirical Analysis)

판례를 통계적이거나 경험적인 자료와 연계하여 분석하는 방법이다. 판례의 결과나 영향을 통계적 데이터나 실제 사례 연구 등의 경험적 자료를 통해 분석하여 법적 효과를 이해한다.

⑨ **이론적 분석**(Theoretical Analysis)

판례를 법률 이론이나 학문적인 접근을 통해 분석하는 방법이다. 법학적 이론이나 특정한 학문적 접근법을 활용하여 판례를 해석하고 평가한다.

⑩ **갈등 해소 분석**(Conflict Resolution Analysis)

판례에서 발생한 법적 갈등을 해결하는 방법을 분석한다. 갈등 상황에서 어떻게 판례가 이용되었는지, 갈등을 어떻게 해결했는지를 파악하여 판례의 역할과 영향력을 분석한다.

⑪ **인과 관계 분석**(Causal Analysis)

판례의 결과와 법적 결정 사이의 인과 관계를 분석하는 방법이다. 판례가 어떤 원인과 결과를 가지고 있는지를 분석하여 법적 결정에 대한 인과 관계를 이해한다.

⑫ **상황적 적용 분석**(Contextual Application Analysis)

판례의 법적 원리나 원칙을 특정한 상황에 어떻게 적용하는지를 분석한다. 판례를 구체적인 사례에 적용하고 이를 통해 법률 체계의 적용 가능성과 한계를 파악한다.

(2) 판례의 해석 방법

① 문맥 해석

문맥 해석(Contextual Interpretation)은 판례를 해석할 때 해당 판례의 문맥을 고려하는 방법이다. 이는 판례의 배경, 사안의 세부사항, 법원의 의견 및 이유 등을 분석하여 판례의 의도와 목적을 이해하는 것을 말한다.

② 원리 추출

원리 추출(Principle Extraction)은 판례에서 법적 원칙이나 규칙을 추출하여 이를 다른 사례에 적용하는 방법이다. 판례의 원칙을 찾고 이를 일반적인 법적 상황에 적용함으로써 판례의 범위를 넘어 법률 체계 전반에 영향을 미칠 수 있다.

③ 비교 분석

비교 분석(Comparative Analysis)은 판례를 다른 유사한 사안이나 판례와 비교하여 해석하는 방법이다. 유사한 사안에서 판례가 어떻게 해석되었는지 비교하고 대조함으로써 판례의 의미와 범위를 파악할 수 있다.

④ 목적 추구

목적 추구(Teleological Approach)는 판례를 해석할 때 법적 목적과 원칙을 고려하는 방법이다. 법률이 추구하는 목적을 이해하고 이를 바탕으로 판례를 해석함으로써 법률의 목적을 달성할 수 있다.

⑤ 법조문 해석

법조문 해석(Textual Interpretation)은 법조문과 관련이 있으므로, 법률 텍스트를 분석하고 해석하는 방법이다. 판례에서 사용된 용어, 구문, 문맥 등을 분석하여 법적 의미를 파악할 수 있다.

⑥ 사회적 문맥 고려

사회적 문맥 고려(Social Context Consideration)은 판례 해석 시 사회적 문맥을 고려하는 방법이다. 판례가 발생한 시대, 사회적 상황, 사회적 가치 등을 고려하여 판례의 의미와 범위를 이해할 수 있다.

⑦ **정책적 해석**

정책적 해석(Policy-based Interpretation)은 판례를 법률적 정책과 관련하여 해석하는 방법이다. 판례의 배경이나 목적을 파악하여 법률적인 정책을 반영하는 해석을 수행한다.

⑧ **합리적 예측**

합리적 예측(Reasonable Prediction)은 판례를 통해 미래에 법원이나 법적 규칙이 어떻게 판단할지 합리적으로 예측하는 방법이다. 이는 판례의 경향과 판례의 원칙을 분석하여 미래 판단에 대한 예측을 수행한다.

⑨ **정황적 해석**

정황적 해석(Contextual Interpretation)은 판례를 발생시킨 사건의 특정한 사회적, 경제적, 문화적 상황을 고려하여 해석하는 방법이다. 이는 판례가 특정한 문화적 또는 지리적 맥락에서 발생했을 때 해당 맥락을 고려하여 해석함을 의미한다.

⑩ **공리적 해석**

공리적 해석(Principle-based Interpretation)은 판례를 법적 원리나 법적 가치에 기초하여 해석하는 방법이다. 이는 법률 체계의 핵심 원리나 가치를 고려하여 판례를 해석하고 적용한다.

⑪ **텍스트 외적 자료 고려**

판례를 해석할 때 법률 텍스트 외의 자료를 고려(Extrinsic Evidence Consideration)하는 방법이다. 이는 법률 텍스트 외의 법률 체계, 입법의도, 법률 문제에 대한 공식적 또는 비공식적 자료를 분석하여 판례를 이해하고 해석한다.

⑫ **국제적 비교**

판례를 국제적인 법률 체계와 비교(International Comparative Analysis)하여 해석하는 방법이다. 국제적인 판례나 외국의 법률 체계에서의 결정을 고려하여 판례의 의미와 범위를 파악한다.

5) 사회복지법의 판례 사례

(1) 사회복지사업법의 판례 사례[68)]

대법원 2020. 10. 29. 선고 2017다269152 판결 [이사회결의무효확인의소][공2020하,2248]
【판시사항】 [1] 구 사회복지사업법상 관할 행정청의 임시이사 선임에 하자가 존재하더라도 그 하자가 중대 · 명백하지 않은 경우, 임시이사 해임처분이 있기 전까지는 임시이사의 지위가 유효하게 존속하는지 여부(적극) 【판결요지】 [1] 구 사회복지사업법(2011. 8. 4. 법률 제10997호로 개정되기 전의 것, 이하 '구 사회복지사업법'이라 한다)은 임시이사의 선임사유와 절차(제20조 제2항, 제3항)에 관해서만 정하고 있을 뿐 직무범위, 임기, 해임절차 등을 정하고 있지 않다. 그러나 관할 행정청은 임시이사를 선임할 권한을 가지고 있으므로, 임시이사 선임사유가 해소되거나 해당 임시이사로 하여금 업무를 계속하도록 하는 것이 적절하지 않다고 판단할 경우 언제든지 임시이사를 해임할 수 있다고 보아야 한다. 구 사회복지사업법상 관할 행정청의 임시이사 선임행위는 행정처분에 해당한다. 따라서 임시이사 선임에 하자가 존재하더라도 그 하자가 중대 · 명백하지 않은 이상 이를 당연 무효라고 볼 수는 없고, 임시이사 해임처분이 있기 전까지는 임시이사의 지위가 유효하게 존속한다. 【이 유】 (생략) 구 사회복지사업법상 관할 행정청의 임시이사 선임행위는 행정처분에 해당한다. 따라서 임시이사 선임에 하자가 존재하더라도 그 하자가 중대 · 명백하지 않은 이상 이를 당연 무효라고 볼 수는 없고(대법원 2013. 6. 13. 선고 2012다40332 판결 등 참조), 임시이사 해임처분이 있기 전까지는 임시이사의 지위가 유효하게 존속한다(대법원 1991. 5. 28. 선고 90누5313 판결 참조). (3) 구 사회복지사업법 제20조 제2항에 따르면, 사회복지법인의 임시이사는 이사의 결원으로 법인의 정상적인 운영이 어려워진 경우에 그 결원을 보충하기 위하여 선임되는 기관이므로 정식이사가 선임될 때까지만 재임하는 것이 원칙이다. 다만 관할 행정청은 임시이사의 임기를 분명히 하기 위하여 임시이사를 선임하면서 임기를 예를 들어 1년 또는 2년과 같이 확정기한으로 정할 수 있다. 그러나 임시이사를 선임하면서 그 임기를 '후임 정식이사가 선임될 때까지'로 기재한 것은 근거법률의 해석상 당연히 도출되는 사항을 주의적 · 확인적으로 기재한 이른바 '법정부관'일 뿐, 행정청의 의사에 따라 붙이는 본래 의미의 행정처분 부관이라고 볼 수 없다(대법원 1994. 3. 8. 선고 92누1728 판결 참조). 후임 정식이사가 선임되었다는 사유만으로 임시이사의 임기가 자동적으로 만료되어 임시이사의 지위가 상실되는 효과가 발생하지 않고, 관할 행정청이 후임 정식이사가 선임되었음을 이유로 임시이사를 해임하는 행정처분을 해야만 비로소 임시이사의 지위가 상실되는 효과가 발생한다.

68) (출처 : 대법원 2020. 10. 29. 선고 2017다269152 판결 [이사회결의무효확인의소] 〉 종합법률정보 판례)

(4) 행정절차법 제24조 제1항은 행정청이 처분을 할 때에는 다른 법령 등에 특별한 규정이 있는 경우, 신속히 처리할 필요가 있거나 사안이 경미한 경우를 제외하고는 원칙적으로 문서로 하여야 한다고 정하고 있다. 이는 처분 내용의 명확성을 확보하고 처분의 존부에 관한 다툼을 방지하여 처분상대방의 권익을 보호하기 위한 것이므로, 행정청이 문서로 처분을 한 경우 원칙적으로 처분서의 문언에 따라 어떤 처분을 하였는지 확정하여야 한다. 그러나 처분서의 문언만으로는 행정청이 어떤 처분을 하였는지 불분명한 경우에는 처분 경위와 목적, 처분 이후 상대방의 태도 등 여러 사정을 고려하여 처분서의 문언과 달리 처분의 내용을 해석할 수 있다(대법원 2010. 2. 11. 선고 2009두18035 판결 참조). 특히 행정청이 행정처분을 하면서 논리적으로 당연히 수반되어야 하는 의사표시를 명시적으로 하지 않았다고 하더라도, 그것이 행정청의 추단적 의사에도 부합하고 상대방도 이를 알 수 있는 경우에는 행정처분에 위와 같은 의사표시가 묵시적으로 포함되어 있다고 볼 수 있다(대법원 2018. 6. 15. 선고 2016두57564 판결 등 참조).
(생략)

(2) 국민건강보험법의 판례 사례[69]

대법원 2017. 7. 11. 선고 2015두2864 판결
[과징금부과처분취소][공2017하,1630]

【판시사항】
[1] 국가가 국민에게 인간다운 생활을 할 권리를 보장하기 위하여 사회보장수급권에 관한 입법을 할 경우, 이에 관한 기준을 설정하는 데에 입법부 또는 입법에 의하여 다시 위임을 받은 행정부 등 해당 기관에 광범위한 재량이 있는지 여부(적극)

【판결요지】
[1] 헌법 규정에 따라 국민에게 주어진 사회보장에 따른 국민의 수급권은 국가에게 적극적으로 급부를 요구할 수 있는 권리를 주된 내용으로 한다. 국가가 국민에게 인간다운 생활을 할 권리를 보장하기 위하여 사회보장수급권에 관한 입법을 할 경우에는 국가의 재정부담 능력, 전체적인 사회보장수준과 국민감정 등 사회정책적인 고려, 상충하는 국민 각 계층의 갖가지 이해관계 등 복잡 다양한 요소를 함께 고려해야 한다. 따라서 이에 관한 기준을 설정하는 데에는 입법부 또는 입법에 의하여 다시 위임을 받은 행정부 등 해당 기관에 상대적으로 광범위한 재량이 있는 것으로 봄이 타당하다.

【참조조문】
[2] 구 국민건강보험법(2011. 12. 31. 법률 제11141호로 개정되기 전의 것) 제39조 제2항, 국민건강보험 요양급여의 기준에 관한 규칙 제5조 제1항, 제2항

【참조판례】
[2] 헌법재판소 2013. 9. 26. 선고 2010헌마204, 679, 2012헌마187 전원재판부 결정(헌공204, 1368)

69) (출처 : 대법원 2017. 7. 11. 선고 2015두2864 판결 [과징금부과처분취소] 〉 종합법률정보 판례)

(중략)
이는 이 사건 고시 조항에 따라 요구되는 요류역학검사가 표준화된 방법으로 실시되지 않아 부정확한 검사결과가 발생하고 이로 인하여 불필요한 수술 등을 하게 되는 경우가 있어 이를 방지하고 적정진료를 하도록 유도할 목적으로, 법령에서 정한 요양급여의 인정기준을 구체적 진료행위에 적용하도록 마련한 건강보험심사평가원의 내부적 업무처리 기준으로서 행정규칙에 불과하다. 따라서 그 기준에 부합하지 않는다고 하여 반드시 법령상 인정되는 적정한 요양급여에 해당하지 않는 것은 아니고, 다만 그 기준이 국민건강보험법령의 목적이나 취지에 비추어 객관적으로 합리성이 없다고 볼만한 특별한 사정이 없는 이상 이를 재판절차에서 요양급여의 적정성 여부를 판단하는 세부기준으로 참작할 수 있을 뿐이다(대법원 2012. 11. 29. 선고 2008두21669 판결 참조).
원고의 상고이유 주장 자체에 의할지라도 이 사건 심사지침이 상위법령의 구체적인 위임 없이 제정된 것이어서 대외적인 구속력이 없다는 취지일 뿐이고, 나아가 이 사건 심사지침의 내용이 국민건강보험법령의 목적이나 취지에 비추어 객관적으로 합리성이 없다고 볼 아무런 근거도 없다.
(생략)

▣ 학습문제

문제 1	
1. 법령해석의 원칙과 거리가 먼 것은? ① 합리성과 공정성을 추구한다. ② 법 조문의 목적과 의도를 고려한다. ③ 선행 사례나 전통적인 해석 방법을 참고하지 않는다. ④ 문맥을 고려한다. ⑤ 법률 텍스트의 일반적인 언어적인 의미를 고려하여 해석한다.	
정답	③
해설	법령해석은 문맥을 고려하고, 법 조문의 목적과 의도를 고려하여 해석해야 하고, 법률 텍스트의 일반적인 언어적인 의미를 고려하여 해석하며, 선행 사례나 전통적인 해석 방법을 참고할 수 있다. 그리고 합리성과 공정성을 추구하는 것을 원칙으로 한다.

문제 2	
법령의 문자 · 용어에만 얽매이지 않고 사물의 이치 · 논리를 도입하여 법령을 해석해야 한다는 것으로 조리에 근거하여 해석하는 것이기 때문에 조리해석이라고 불리는 법령해석의 방법은? ① 학리해석 ② 문리해석 ③ 유권해석 ④ 행정해석 ⑤ 논리해석	
정답	⑤
해설	논리해석은 법령의 문자 · 용어에만 얽매이지 않고 사물의 이치 · 논리를 도입하여 법령을 해석해야 한다는 것으로 조리에 근거하여 해석하는 방법이다.

문제 3	
행정기관이 소관 법령의 집행관청으로서 직접 하거나 또는 상급관청이 하급관청에 대한 회답, 훈령형식으로 하는 법령해석은? ① 입법해석 ② 행정해석 ③ 사법해석 ④ 유권해석 ⑤ 이론해석	
정답	②
해설	행정해석은 정부유권해석이라고도 부른다.

문제 4	
판례의 해석과 적용 방법에 대한 지침을 제공하여 유사한 사안에 대한 판단을 돕는 역할을 하는 판례의 종류는? ① 전례판례 ② 선례판례 ③ 지침판례 ④ 해석판례 ⑤ 개별판례	
정답	③
해설	지침판례는 법원이나 판사가 특정한 법률 원칙이나 해석 방법을 설명하고 제시하는 판례를 말한다.

문제 5	
법령의 구체적인 적용을 위하여 법령의 의미를 구체적으로 이해하고 제정목적에 따라 규범의 의미를 명확히 하는 이론적 · 기술적인 작업은? ① 법령제정 ② 법령논쟁 ③ 법령해석 ④ 법령적용 ⑤ 법령심사	
정답	③
해설	일반적으로 법령해석은 법률을 이해하고 해석하는 과정을 말한다.

2부

각론

7장

사회보장법제의 구성과 개별 법령

KEY WORD :

체계 조문해석 구성 법의이념
사회보장기본법
사회서비스 사회적위험 의료급여제도 제정목적
사회복지 사회보장
법의연혁
공공부조 사회보험
사회보장급여
법의목적 사회보장법제 사회보장법의
공공부조법 유형 공공부조제도
사회보장급여법
국민기초생활보장제도 평생사회안전망

학 습 목 표

1. 사회보장의 체계를 설명할 수 있다.
2. 사회보장기본법의 조문을 해석할 수 있다.
3. 사회보장급여법의 조문을 해석할 수 있다.

1. 사회보장의 개념과 유형

1) 사회보장의 개념

「사회보장기본법」 제3조 제1호에서는 사회보장을 "출산, 양육, 실업, 노령, 장애, 질병, 빈곤 및 사망 등의 사회적 위험으로부터 모든 국민을 보호하고 국민 삶의 질을 향상시키는 데 필요한 소득서비스를 보장하는 사회보험, 공공부조, 사회서비스"로 정의하고 있다.

사회보장은 '사회보장제도'와 함께 '사회복지정책'을 모두 포괄하는 개념으로, 기초생활보장, 소득재분배, 사회통합 등이 목적이다.

사회보장의 기본 이념은 "모든 국민이 다양한 사회적 위험으로부터 벗어나 행복하고 인간다운 생활을 향유할 수 있도록 자립을 지원하며, 사회참여, 자아실현에 필요한 제도와 여건을 조성하여 사회통합과 행복한 복지사회를 실현하는 것"(「사회보장기본법」 제2조)이며, "국가와 지방자치단체가 사회보장제도를 운영할 때에는 이 제도를 필요로 하는 모든 국민에게 적용"(「사회보장기본법」 제25조 제1항)하는 보편성의 원칙을 중시한다.

2) 사회보장의 유형

사회보장은 사회보험과 공공부조, 그리고 사회서비스 등을 유형으로 분류하고 있다. 다만, 「사회보장기본법」 제3조 제5호에서는 "생애주기에 걸쳐 보편적으로 충족되어야 하는 기본욕구와 특정한 사회위험에 의하여 발생하는 특수욕구를 동시에 고려하여 소득 · 서비스를 보장하는 맞춤형 사회보장제도"인 '평생사회안전망'을 추가로 정의하고 있어, 이 역시 한국의 사회보장제도 또는 정책으로서 포함될 수 있다.

(1) 사회보험

사회보험(social insurance)은 사회보장의 대표적인 일환으로서 국민에게 발생하는 사회적 위험을 보험의 방식으로 대처함으로써 국민의 건강과 소득을 보장하는 제도이다.[1] 부조의 원리를 적용한 공공부조와는 달리, 사회보험은 위험분산의 원리를 적용하고 있다. 사회보험이란 개념에서 '사회'는 사회보험의 원칙을 규정하는 것이고, '보험'은 사회보험이라는 제도의 원리를 나타내 준다.

사회보험은 사회보장 구성체계의 하나로서 보험기술을 이용하여 사회정책을 실현하려는 제도이다. 사회보험을 사회보장의 한 종류로 구성하고 있다. 여기서 사회보험은 「사회보장기본법」 제3조 제2호에서 정의하고 있다. 즉, "국민에게 발생하는 사회적 위험을 보험의 방식으로 대처함으로써 국민의 건강과 소득을 보장하는 제도"이다. 이처럼 국민의 생활상에 발생할 수 있는 사회적 위험 중 질병, 노령, 실업 등 활동능력을 상실케 하거나 소득의 중단이나 감소를 가져올 때를 대비 또는 대처해 보험방식으로 국민의 건강과 소득을 보장하는 제도를 사회보험제도라고 한다.[2]

저소득층을 위한 국민기초생활보장제도 또는 의료급여제도 등의 공공부조를 제외할 경우 우리나라는 국민의 노후소득 상실, 질병, 산업재해, 실업, 노인장기요양 등에 대한 사회적 위험에 대한 소득보장 또는 건강보장을 위해 국가가 개입하여 공적인 자금을 지원하고 관리운영의 책임도 지는 5가지의 제도를 사회보험체계로서 운용하고 있다.

한국의 사회보험법은 1960년대 초부터 입법화되기 시작하였다. 이러한 사회보험법은 국민들의 의료비 부담 경감과 사회적 보호를 위한 법률 체계로서 건강보

1) 김제선(2021). 사회복지행정론. 공동체.
2) 이준영 · 김제선 · 박양숙 · 오지선(2021). 사회보장론: 이론과 실제(제4판). 학지사.

험, 고용보험, 연금보험, 산업재해보상보험 그리고 노인장기요양보험 등의 사회보험제도를 규정하고 있다. 이러한 제도들을 통해 국민들의 안전한 생활과 경제적 안정을 위한 다양한 혜택을 정부가 제공해야 함을 명시하고 있다.

(2) 공공부조

공공부조는 국가가 국민의 복지와 사회적 보호를 위해 다양한 형태의 금전적 지원을 제공하는 제도이다. 즉, 사회보험에서 취급할 수 없는 극빈자 또는 단기 유고자 등 한 국가가 그 국민에 대해 기본적인 또는 최소한의 생활(삶) 수준을 보장하기 위해 국가나 지방자치단체의 이전지출금(transfer expenditure)으로 운용되는 사회보장제도 및 사회복지정책인 것이다.

「사회보장기본법」 제3조 제3호에서는 공공부조를 "국가 및 지방자치단체의 책임 하에 생활유지 능력이 없거나 생활이 어려운 국민의 최저생활을 보장하고 자립을 지원하는 제도"로 정의하고 있다.

우리나라를 비롯한 거의 모든 국가에서는 일정하게 가난하거나 생계를 유지하기 어려운 사람들이 있기 때문에 이들의 최저생활보장을 위한 공공부조는 대부분의 국가에서 존립하고 있는데, 일반적으로는 사회보험 또는 사적부조 등과 상호보완적인 연계 또는 협력을 통해 운영되고 있다.

한국의 공공부조법은 공공부조제도를 규정하는 법률이다. 이러한 공공부조법은 사회보장급여를 제공하기 위한 법적 근거와 절차를 정의하고 있는데, 국민의 경제적 어려움을 해결하고 사회적 보호를 위해 정부가 제공하는 지원을 체계적으로 규정하고 있다.

공공부조법의 주요 내용은 다음과 같다.

첫째, 공공부조의 대상으로서 경제적 어려움을 겪는 국민이 주요한 대상이다. 소득이나 재산 상황, 가구 구성원 수 등을 고려하여 정부가 지정한 기준에 따라 대상을 선정하게 된다.

둘째, 공공부조가 제공하는 급여 형태로서 현금, 생활용품, 주거지원, 의료비 지원 등의 다양한 형태를 규정하고 있다. 현금 지원은 일시적인 긴급 상황에서 필요한 비용을 지원하는 것이고, 생활용품은 식품, 의류, 생활용품 등을 포함한다.

주거지원은 주거비 부담을 경감하거나 주택을 제공하는 것이며, 의료비 지원은 의료 서비스 이용에 필요한 비용을 일부 또는 전액으로 지원한다.

셋째, 대상자 선정과 절차에 관한 내용으로 공공부조의 대상자는 정부에서 지정한 기준에 따라 선정된다. 대상자 선정은 주민등록정보, 소득조사, 재산조사 등을 통해 이루어지며, 대상자는 주기적으로 재조사되어 지원 대상 여부가 재평가된다.

넷째, 신청과 심사에 관한 내용으로 공공부조를 받기 위해서는 신청 절차를 거쳐야 한다. 신청은 해당 지자체나 관련 기관에 제출하며, 심사 과정을 거쳐 지원 대상 여부가 결정된다. 심사는 대상자의 가구 구성, 소득, 재산 등을 검토하여 지원이 필요한 정도를 평가하는 과정이다.

다섯째, 협조 의무에 관한 사항으로 공공부조를 받는 사람은 정부의 심사에 협조해야 한다는 것이다. 심사에 필요한 정보 제공 및 변경사항 보고 등이 의무화되어 있으며, 부당한 혜택 수령, 정보 조작 등의 부정 행위는 법적인 제재를 받을 수 있다.

(3) 사회서비스

사회서비스는 사회복지와 사회보장 체계의 일부로서 사회적 약자와 취약계층을 지원하고 사회적 통합을 증진하기 위해 제공되는 형태의 서비스를 말한다. 이러한 사회서비스는 정부와 지자체뿐만 아니라, 민간 및 비영리기관, 사회적 기업 등까지 포함한 다양한 부문 간 협력에 의하여 제공된다.

「사회보장기본법」 제3조 제4호에서 사회서비스란 “국가 · 지방자치단체 및 민간부문의 도움이 필요한 모든 국민에게 복지, 보건의료, 교육, 고용, 주거, 문화, 환경 등의 분야에서 인간다운 생활을 보장하고 상담, 재활, 돌봄, 정보의 제공, 관련 시설의 이용, 역량 개발, 사회참여 지원 등을 통하여 국민의 삶의 질이 향상되도록 지원하는 제도”라고 정의하고 있다.

한국의 사회서비스 관련 법 체계는 사회적 약자와 취약계층을 보호하고 지원하기 위해 다음과 같은 구체적인 목적을 갖고 있다. 첫째, 사회서비스는 경제적, 신체적, 정서적으로 어려움을 겪는 사회적 약자와 취약계층을 지원하는 것을 목적으로 한다. 이들은 노인, 장애인, 아동, 저소득층, 한부모 가정, 노동자 등 다양한 사회적 취약성을 가진 개인이 포함된다. 둘째, 사회서비스는 사회적 격차를 해소하고 사회적 통합을 촉진함을 목적으로 한다. 사회적 약자와 취약계층을 지원하여 그들이 사회적으로 참여하고 자립할 수 있는 기회를 제공한다. 이는 사회적 연대감과 평등을 강화하며 사회 전반적인 안녕과 번영을 위한 노력이다. 셋째, 사회서비스는 다양한 형태로 제공함을 목적으로 한다. 이는 생활지원, 건강관리, 교육, 상담, 직업훈련, 주거지원, 노인복지, 장애인지원, 가족지원 등 다양한 영역을 포함하는데, 이를 통해 개인의 기능 향상, 자립 지원, 건강 유지, 교육 기회 제공 등을 목표로 한다. 넷째, 사회서비스는 정부, 지자체, 비영리 기관, 사회적 기업 등 다양한 주체들 간의 협력을 목적으로 한다. 정부는 사회서비스 정책 수립과 지원 역할을 수행하며, 비영리 기관과 지자체는 현장에서 서비스를 제공하고 사회적 문제를 해결하는데 참여한다는 것이다.

이러한 법적 목적 달성을 위해 다양한 법률들을 포함하고 있다. 사회복지 정책의 수립과 사회복지서비스의 제공에 관한 기본적인 법률인 사회복지사업법, 장애인들의 권익 보호와 사회적 통합을 위한 법률인 장애인복지법, 아동과 청소년들의 권익 보호와 발달을 위한 법률인 아동과 청소년복지법, 그리고 노인들의 건강, 복지, 사회 참여를 위한 법률인 노인복지법 등이 해당한다.

2. 사회보장법제의 구성

「대한민국헌법」의 사회적 기본권에 근거해서 제정된 사회보장 관계 법령은 「사회보장기본법」 제3조의 분류에 기초해서 급여의 원인관계와 입법목적을 기준으로 아래 표와 같이 사회보험법체계, 공공부조법체계, 사회보상법체계, 사회복지서비스법체계로 구분할 수 있다.

〈표 7-1〉 사회보장법의 체계

구분	의의	종류
사회보험법 체계	사회적 위험이 발생하기 전에 보험료를 납부해서 보험관계를 성립시키고 사회적 위험이 현재화되면 급여를 지급하는 사회보험에 관한 사항을 규율	「국민건강보험법」, 「국민연금법」, 「공무원연금법」, 「공무원 재해보상법」, 「사립학교교직원 연금법」, 「군인연금법」, 「산업재해보상보험법」, 「고용보험법」 등
공공부조법 체계	법적 원인관계를 전제로 하지 않고 순수한 사회정책적 목적에서 지급되는 급여관계를 규율	「국민기초생활 보장법」, 「의료급여법」 등
사회보상법 체계	국가유공행위 중에 발생하거나 특별히 공동체 전체에 책임이 귀속되는 개인의 인적 · 물적 피해에 대한 국가적 차원에서의 보상을 규율	「국가유공자 등 예우 및 지원에 관한 법률」, 「범죄피해자 보호법」 등
사회복지서비스법 체계	신체적 정신적인 특수한 상황으로 인해 스스로의 능력으로 인격을 실현하는 데 지장이 있는 집단의 보호를 규율	「아동복지법」, 「노인복지법」, 「장애인복지법」 등

3. 사회보장기본법의 이해

1) 법의 목적 및 이념

(1) 법의 목적

이 법은 “사회보장에 관한 국민의 권리와 국가 및 지방자치단체의 책임을 정하고 사회보장정책의 수립 · 추진과 관련 제도에 관한 기본적인 사항을 규정함으로써 국민의 복지증진에 이바지하는 것”(제1조)을 목적으로 한다.

(2) 법의 이념

이 법의 기본 이념은 "모든 국민이 다양한 사회적 위험으로부터 벗어나 행복하고 인간다운 생활을 향유할 수 있도록 자립을 지원하며, 사회참여 · 자아실현에 필요한 제도와 여건을 조성하여 사회통합과 행복한 복지사회를 실현하는 것"(제2조)이다.

2) 법의 연혁

(1) 법 제정

이 법은 우리나라의 경제 · 사회의 발전수준과 국민의 복지욕구에 부합하는 사회보장제도를 확립하여 국민복지의 증진을 도모하기 위한 것을 목적으로 1995년 12월 30일 제정되었고, 1996년 7월 1일부터 시행되었다. 이로써 1963년 제정된 기존의 사회보장에 관한법률을 폐지하였다.

(2) 주요 연혁

① 2012**년** 1**월** 26**일 전부개정**

여러 부처에서 사회보장정책을 관장함에 따라 일관성 있고 효과적인 정책 수립 및 집행에 한계가 있다는 지적에 따라 모든 국민이 평생 동안 겪는 다양한 사회적 위험에 대하여 사회정책과 경제정책을 통합적으로 고려하여 국민의 보편적 · 생애주기적인 특성에 맞게 소득과 사회서비스를 함께 보장하는 방향으로 사회보장제도를 확대 · 재정립함으로써 한국의 상황에 맞는 새로운 중장기 사회보장정책의 비전과 미래지향적인 발전방향을 제시하여 건강한 복지국가를 설립할 수 있는 토대를 마련하기 위해 개정하였다.

개정된 주요 내용은 다음과 같다.

첫째, 사회보장은 모든 국민이 다양한 사회적 위험으로부터 벗어나 행복하고 인간다운 생활을 향유할 수 있도록 자립을 지원하며 사회참여 · 자아실현에 필요한 제도와 여건을 조성하여 사회통합과 행복한 복지사회를 실현하는 것을 기본

이념으로 한다.

둘째, 사회보장의 정의에서 출산 · 양육을 사회적 위험으로 포함하여 보호하고, 사회복지서비스와 관련 복지제도를 사회서비스로 포괄하여 확대하며, 기본욕구와 특수욕구를 고려하여 소득 · 서비스를 보장하는 맞춤형 사회보장제도인 평생사회안전망의 개념을 도입함으로써 복지사회 실현의 토대를 마련한다.

셋째, 보건복지부장관은 관계 중앙행정기관의 장과 협의하여 사회보장 기본계획 및 연도별 시행계획을 수립 · 시행하도록 하고, 시 · 도지사 및 시장 · 군수 · 구청장은 사회보장 기본계획과 연계하여 관계 법령으로 정하는 바에 따라 사회보장에 관한 지역계획을 수립 · 시행하도록 한다.

넷째, 사회보장위원회의 권한을 강화하여 사회보장에 관한 주요 시책을 심의 · 조정하며 기본계획 및 심의 · 조정 결과를 관계 중앙행정기관의 장과 지방자치단체의 장에게 통지하도록 하고, 해당 기관의 장은 사회보장제도의 운영 및 개선 시 이를 반영하도록 한다.

다섯째, 국가와 지방자치단체는 모든 국민의 삶의 질을 평생 안전하게 유지 · 증진하기 위하여 평생사회안전망의 구축, 사회서비스 보장, 소득 보장을 위한 시책 등을 마련하도록 한다.

여섯째, 국가와 지방자치단체는 국민의 사회보장수급권의 보장 및 재정의 효율적인 운용을 위하여 사회보장급여 관리체계를 구축 · 운영하고, 보건복지부장관은 사회서비스의 품질기준 마련, 평가 및 개선 등을 위한 전담기구를 설치 · 운영할 수 있도록 한다.

일곱째, 국가와 지방자치단체는 효과적인 사회보장정책의 수립 · 시행을 위하여 사회보장에 관한 통계를 작성 · 관리하도록 한다.

여덟째, 국가는 관계 중앙행정기관 및 지방자치단체에서 시행하는 사회보장 관련 정보를 통합 · 연계하여 처리 · 기록 및 관리하는 시스템을 구축 · 운영하도록 한다.

아홉째, 사회보장 업무에 종사하거나 종사하였던 자는 사회보장업무 수행과 관련하여 알게 된 개인 · 법인 또는 단체의 정보를 관계 법령에서 정하는 바에 따라 보호하도록 한다.

3) 사회보장기본법과 하위 법령의 관계

사회보장기본법은 대통령령인 사회보장기본법 시행령과 보건복지부령인 사회보장기본법 시행규칙을 그 하위법령으로 3단 구조화되어 있다.

아래 그림은 2023년 7월 1일 기준으로 사회보장기본법의 상하구조를 보여주고 있다.

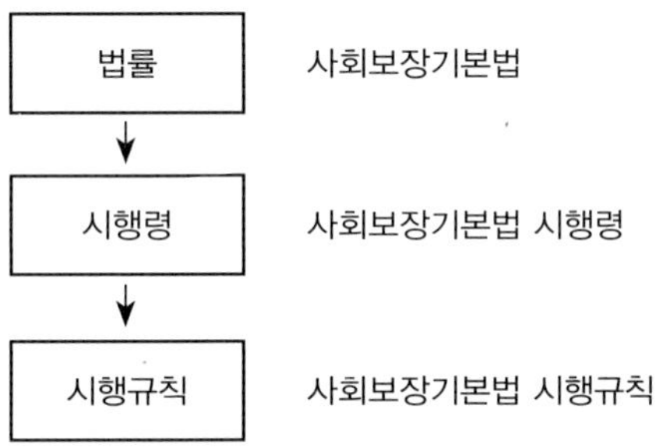

[그림 7-1] 사회보장기본법의 상하구조

4) 사회보장기본법의 내용 구성체계

이 법은 총 5개의 장과 부칙으로 구성되어 있고, 개별 조문은 43조까지 구성되어 있다.

① **총칙**

제1장 총칙은 제1조부터 제8조까지로 구성되어 있다.

제1조에서는 이 법의 목적, 제2조에서는 이 법의 기본 이념, 제3조에서는 이 법에서 사용하는 용어의 뜻을 정의하고 있다.

제4조에서는 다른 법률과의 관계에 대한 사항으로 "사회보장에 관한 다른 법률을 제정하거나 개정하는 경우에는 이 법에 부합되도록 하여야 한다."고 명시하고 있다.

제5조에서는 국가와 지방자치단체의 책임에 대한 사항이 명시되어 있다. 이에 따라 "① 국가와 지방자치단체는 모든 국민의 인간다운 생활을 유지·증진하는 책임을 가지며, ② 사회보장에 관한 책임과 역할을 합리적으로 분담하여야 하고,

③ 국가 발전수준에 부응하고 사회환경의 변화에 선제적으로 대응하며 지속가능한 사회보장제도를 확립하고 매년 이에 필요한 재원을 조달하여야 한다. 그리고 ④ 국가는 사회보장제도의 안정적인 운영을 위하여 중장기 사회보장 재정추계를 격년으로 실시하고 이를 공표하여야 한다." 또한, 제6조에서도 "① 국가와 지방자치단체는 가정이 건전하게 유지되고 그 기능이 향상되도록 노력하여야 하며, ② 사회보장제도를 시행할 때에 가정과 지역공동체의 자발적인 복지활동을 촉진하여야 한다."고 명시하고 있다.

물론, 제7조에서는 국민의 책임으로서 "① 모든 국민은 자신의 능력을 최대한 발휘하여 자립 · 자활(自活)할 수 있도록 노력하여야 하며, ② 경제적 · 사회적 · 문화적 · 정신적 · 신체적으로 보호가 필요하다고 인정되는 사람에게 지속적인 관심을 가지고 이들이 보다 나은 삶을 누릴 수 있는 사회환경 조성에 서로 협력하고 노력하여야 한다. 그리고 ③ 모든 국민은 관계 법령에서 정하는 바에 따라 사회보장급여에 필요한 비용의 부담, 정보의 제공 등 국가의 사회보장정책에 협력하여야 한다."

제8조에서는 외국인에 대한 적용 사항으로 "국내에 거주하는 외국인에게 사회보장제도를 적용할 때에는 상호주의의 원칙에 따르되, 관계 법령에서 정하는 바에 따른다."고 명시하고 있다.

② 사회보장에 관한 국민의 권리

제2장 사회보장에 관한 국민의 권리는 제9조부터 제15조까지로 구성되어 있다.

제9조는 사회보장을 받을 권리, 제10조는 사회보장급여의 수준, 제11조는 사회보장급여의 신청, 제12조는 사회보장수급권의 보호, 제13조는 사회보장수급권의 제한, 제14조는 사회보장수급권의 포기, 그리고 제15조는 불법행위에 대한 구상 등이다.

③ 사회보장 기본계획과 사회보장위원회

제3장 사회보장 기본계획과 사회보장위원회는 제16조부터 제21조까지로 구성되어 있다.

제16조는 사회보장 기본계획의 수립, 제17조는 다른 계획과의 관계, 제18조는 연도별 시행계획의 수립 · 시행, 제19조는 사회보장에 관한 지역계획의 수립 · 시행, 제20조는 사회보장위원회, 그리고 제21조는 위원회의 구성 등이다.

④ 사회보장정책의 기본방향

제4장 사회보장정책의 기본방향은 제22조부터 제24조까지로 구성되어 있다. 제22조는 평생사회안전망의 구축 · 운영, 제23조는 사회서비스 보장, 그리고 제24조는 소득 보장 등이다.

⑤ 사회보장제도의 운영

제5장 사회보장제도의 운영은 제25조부터 제36조까지로 구성되어 있다. 제25조는 운영원칙, 제26조는 협의 및 조정, 제27조는 민간의 참여, 제28조는 비용의 부담, 제29조는 사회보장 전달체계, 제30조는 사회보장급여의 관리, 제31조는 전문인력의 양성, 제32조는 사회보장통계, 제32조의2는 사회보장 재정추계 및 사회보장통계 등에 대한 민간위탁, 제33조는 정보의 공개, 제34조는 사회보장에 관한 설명, 제35조는 사회보장에 관한 상담, 그리고 제36조는 사회보장에 관한 통지 등이다.

⑥ 사회보장정보의 관리

제6장 사회보장정보의 관리는 제37조부터 제38조까지로 구성되어 있다. 제37조는 사회보장정보시스템의 구축 · 운영이며, 그리고 제38조는 개인정보 등의 보호이다.

⑦ 보칙

마지막 제7장 보칙은 제39조부터 제43조까지로 구성되어 있다. 제39조는 권리구제, 제40조는 국민 등의 의견수렴, 제41조는 관계 행정기관 등의 협조, 제42조는 사회보장 행정데이터의 제공 요청, 그리고 제43조는 사회보장 행정데이터 분석센터 등이다.

4. 사회보장급여법의 이해

1) 사회보장급여법의 제정 목적

(1) 법의 목적

「사회보장급여의 이용 · 제공 및 수급권자 발굴에 관한 법률」을 약칭하여 '사회보장급여법'으로 부른다.

이 법은 "「사회보장기본법」에 따른 사회보장급여의 이용 및 제공에 관한 기준과 절차 등 기본적 사항을 규정하고 지원을 받지 못하는 지원대상자를 발굴하여 지원함으로써 사회보장급여를 필요로 하는 사람의 인간다운 생활을 할 권리를 최대한 보장하고, 사회보장급여가 공정하고 효과적으로 제공되도록 하며, 사회보장제도가 지역사회에서 통합적으로 시행될 수 있도록 그 기반을 구축하는 것"(제1조)을 목적으로 한다.

(2) 법의 기본원칙

이 법은 제4조 제1항부터 제6항까지에서 기본원칙을 다음과 같이 규정하고 있다.

첫째, 사회보장급여가 필요한 사람은 누구든지 자신의 의사에 따라 사회보장급여를 신청할 수 있으며, 보장기관은 이에 필요한 안내와 상담 등의 지원을 충분히 제공하여야 한다.

둘째, 보장기관은 지원이 필요한 국민이 급여대상에서 누락되지 아니하도록 지원대상자를 적극 발굴하여 이들이 필요로 하는 사회보장급여를 적절하게 제공받을 수 있도록 노력하여야 한다.

셋째, 보장기관은 국민의 다양한 복지욕구를 충족시키고 생애주기별 필요에 맞는 사회보장급여가 공정 · 투명 · 적정하게 제공될 수 있도록 노력하여야 한다.

넷째, 보장기관은 사회보장급여와 「사회복지사업법」 제2조제3호 및 제4호의 사회복지법인, 사회복지시설 등 사회보장 관련 민간 법인 · 단체 · 시설이 제공하는 복지혜택 또는 서비스를 효과적으로 연계하여 제공할 수 있도록 노력하여야 한다.

다섯째, 보장기관은 국민이 사회보장급여를 편리하게 이용할 수 있도록 사회보장 정책 및 관련 제도를 수립 · 시행하기 위하여 노력하여야 한다.

여섯째, 보장기관은 지역의 사회보장 수준이 균등하게 실현될 수 있도록 노력하여야 한다.

2) 법의 연혁

(1) 법 제정

늘어나는 복지예산과 서비스의 다양화에도 불구하고 현행 복지전달체계가 중앙행정기관별 · 지방자치단체별로 분절 운영되어 서비스의 효율적 연계를 기대하기 어렵고, 같은 대상자에게 복지혜택이 중복하여 제공되거나 송파구에서 생활고를 비관한 세 모녀가 동반 자살하는 사건이 발생하는 등 도움이 절실한 계층이 복지의 사각지대에 놓이는 사례가 동시에 발생하였다. 개정된 「사회보장기본법」은 보건의료, 교육, 고용, 주거 등 다양한 복지서비스를 포괄하는 사회서비스 개념을 도입하여 국민의 보편적 · 생애주기적인 특성에 맞게 소득과 사회서비스를 함께 보장하는 맞춤형 사회보장제도의 운영을 지향하고 있으나, 이를 실현하기 위한 세부적인 실행방안과 절차가 미비하여 적절한 조사와 지급 이후의 사후관리의 미흡으로 국민의 예측가능성을 담보하지 못한다는 문제가 제기되어 왔다.

또한, 기존 사회복지사업법이 사회복지사업 중심의 서비스 이용 절차와 운영에 한정되어 있어 중앙행정기관과 지방자치단체의 유기적인 연계를 통한 지역단위 사회보장을 제대로 이루어내지 못하는 한계가 있어 이를 보완할 후속조치가 절실히 요구되었다. 이에 따라 사회보장급여의 신청, 조사, 결정 · 지급, 사후관리에 이르는 복지대상자 선정과 지원에 필요한 일련의 절차 및 방법 등에 관한 사항을 구체적으로 규정하고, 소외계층을 발굴하기 위한 신고의무, 보호대상자에게 필요한 급여의 직권신청, 보호계획 수립 · 지원, 상담 · 안내 · 의뢰 등 수급권자 보호를 강화하고 복지사각지대를 해소하기 위한 방안을 제도적으로 보완하려는 것이다.

또한, 중앙행정기관 · 지방자치단체 및 관련 공공기관 간 정보의 연계를 통하여 복지행정 업무를 전자적으로 지원하는 사회보장정보시스템의 원활한 운영을 뒷받침함으로써 복지사업의 효과성을 제고하는 한편, 중앙행정기관과 지방자치단체 간의 유기적인 연계와 통일성을 기하여 지역 단위의 종합적 사회보장과 지역 간 균형발전을 실현하기 위한 방안 및 지원체계를 정립하여 궁극적으로는 국민이 자신에게 적합한 복지혜택을 선택할 수 있도록 하는 맞춤형 서비스를 제공함으로써 국민의 복지체감도를 향상시키려는 것을 이유로 2014년 12월 30일. 법률 제12935호로 제정되었고, 2015년 7월 1일부터 시행되었었다.

3) 사회보장급여법의 구조

사회보장급여의 이용 · 제공 및 수급권자 발굴에 관한 법률은 대통령령인 사회보장급여의 이용 · 제공 및 수급권자 발굴에 관한 법률 시행령과 보건복지부령인 사회보장급여의 이용 · 제공 및 수급권자 발굴에 관한 법률 시행규칙을 그 하위법령으로 3단 구조화되어 있다.

다음 그림은 2023년 7월 1일 기준으로 사회보장급여의 이용 · 제공 및 수급권자 발굴에 관한 법률의 상하구조를 보여주고 있다.

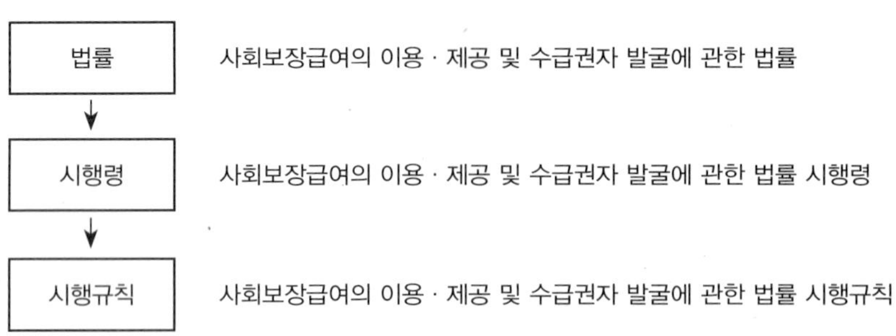

[그림 7-2] 사회보장급여의 이용·제공 및 수급권자 발굴에 관한 법률의 상하구조

4) 사회보장급여법의 주요 내용

이 법은 총 6개의 장과 부칙으로 구성되어 있고, 개별 조문은 55조까지 명시되어 있다.

① **총칙**

제1장 총칙은 제1조부터 제4조까지로 구성되어 있다.

제1조는 목적, 제2조는 정의, 제3조는 다른 법률과의 관계, 그리고 제4조는 기본원칙 이다.

제2조 정의에서는 다음과 같은 용어들에 대한 뜻을 정의하였다.

"사회보장급여"란 제5호의 보장기관이 「사회보장기본법」 제3조제1호에 따라 제공하는 현금, 현물, 서비스 및 그 이용권을 말한다.

"수급권자"란 「사회보장기본법」 제9조에 따른 사회보장급여를 제공받을 권리를 가진 사람을 말한다.

"수급자"란 사회보장급여를 받고 있는 사람을 말한다.

"지원대상자"란 사회보장급여를 필요로 하는 사람을 말한다.

"보장기관"이란 관계 법령 등에 따라 사회보장급여를 제공하는 국가기관과 지방자치단체를 말한다.

② **사회보장급여**

제2장 사회보장급여는 다시 4개의 절로 분류되어 구성되었다.

우선, 제1절 사회보장급여의 이용에서는 사회보장급여의 신청(제5조), 사회보장 요구의 조사(제6조), 수급자격의 조사(제7조), 금융정보등의 제공(제8조), 사회보장급여 제공의 결정(제9조)에 관한 사항으로 구성되었다.

제2절 지원대상자의 발굴에서는 위기가구의 발굴(제9조의2), 자료 또는 정보의 제공과 홍보(제10조), 정보공유 등의 협조 요청(제11조), 자료 또는 정보의 처리(제12조), 발굴조사의 실시 및 실태점검(제12조의2), 지원대상자 발견 시 신고의무(제13조), 그리고 민관협력(제14조)에 관한 사항으로 구성되었다.

제3절 수급권자 등의 지원에서는 지원계획의 수립 및 시행(제15조), 수급권자 등에 대한 상담 · 안내, 의뢰(제16조), 이의신청(제17조), 그리고 수급권자의 보호자에 대한 지원(제18조)에 관한 사항으로 구성되었다.

제4절 사회보장급여의 관리에서는 사회보장급여의 적정성 확인조사(제19조), 사회보장급여 부정수급 실태조사(제19조의2), 수급자의 변동신고(제20조), 사회보장급여의 변경 · 중지(제21조), 사회보장급여의 환수(제22조), 그리고 맞춤형 급여 안내(제22조의2)에 관한 사항으로 구성되었다.

③ **사회보장정보**

제3장 사회보장정보는 다시 2개의 절로 분류되어 구성되었다.

제1절 사회보장정보 및 사회보장정보시스템의 이용 등에서는 사회보장정보의 처리(제23조), 사회보장정보시스템의 이용(제24조), 사회서비스정보시스템의 구축 · 운영(제24조의2), 대국민 포털 구축(제25조), 사회보장정보의 정확성 유지(제26조), 사회보장정보의 표준화(제27조), 사회보장정보 등의 협의 · 조정(제28조), 그리고 한국사회보장정보원(제29조)에 관한 사항으로 구성되었다.

제2절 사회보장정보의 보호에서는 사회보장정보의 보호대책 수립 · 시행(제30조), 사회보장정보 침해행위 등의 금지(제31조), 사회보장정보 보호 교육(제31조의2), 사회보장정보시스템의 복구조치(제32조), 사회보징정보 등에 대한 침해행위의 시정요구(제33조), 그리고 사회보장정보의 파기(제34조)에 관한 사항으로 구성되었다.

④ **사회보장에 관한 지역계획 및 운영체계**

제4장 사회보장에 관한 지역계획 및 운영체계는 다시 3개의 절로 분류되어 구성되었다.

제1절 지역사회보장에 관한 계획에서는 지역사회보장에 관한 계획의 수립(제35조), 지역사회보장계획의 내용(제36조), 지역사회보장계획의 시행(제37조), 지역사회보장계획의 변경(제38조), 그리고 지역사회보장계획 시행결과의 평가(제39조)에 관한 사항으로 구성되었다.

제2절 지역사회보장 운영체계에서는 시 · 도사회보장위원회(제40조), 벌금형의 분리 선고(제40조의2), 지역사회보장협의체(제41조), 사회보장사무 전담기구(제42조), 통합사례관리(제42조의2), 그리고 사회복지전담공무원(제43조)에 관한 사항으로 구성되었다.[3)]

제3절 지역사회보장 지원 및 균형발전에서는 지역사회보장의 균형발전(제45조), 지역사회보장균형발전지원센터(제46조), 지방자치단체에 대한 지원(제47조), 그리고 사회보장 특별지원구역 운영(제48조)에 관한 사항으로 구성되었다.

⑤ **보칙**

제5장 보칙은 제49조부터 제53조의2까지로 구성되어 있다.

제49조는 비밀유지의무, 제50조는 사회보장급여의 압류 금지, 제51조는 권한의 위임 · 위탁, 제52조는 위임 · 위탁 시 인력 및 비용의 지원, 제53조는 고발 및 징계요구, 그리고 제53조의2는 신고포상금의 지급 등에 관한 사항이다.

⑥ **벌칙**

제6장 벌칙은 제54조와 제55로 구성되어 있다.

제54조는 벌칙이며, 제55조는 과태료에 관한 사항이다.

5) 사회보장급여의 제공 과정

국민기초생활보장은 가구의 생계가 어려운 국민에게 최소한의 생활 수준을 보장하기 위한 현금 지원 프로그램으로 가구의 경제적 어려움을 해소하기 위해 제공된다.

(1) 신청

국민기초생활보장을 받기 위해서는 해당 지역의 주민센터, 사회복지관 또는 동주민센터 등에 방문하여 신청 절차를 진행해야 한다. 신청자는 본인 및 가구 구성원의 신상정보, 소득, 재산, 주거 상황 등을 제출하고 신청서를 작성해야 한다. 신

3) 제44조는 2017년 3월 21일 삭제되었다.

청자와 가구 구성원의 개인 정보는 비밀이 보장된다.

(2) 심사

신청서와 제출한 서류를 기반으로 해당 지자체에서는 신청자의 자격 여부를 심사한다. 심사 과정에서는 가구의 소득, 재산, 주거 상황, 가구 구성원 수, 건강 상태 등이 고려된다. 심사 결과에 따라 지원 대상 여부와 급여 금액이 결정된다.

(3) 통지 및 지급

심사 결과에 따라 지원 대상자에게 통지가 이루어지며, 통지 내용에는 급여 지급일과 금액 등이 포함된다. 국민기초생활보장은 일반적으로 월 단위로 지급되며, 정해진 일자에 정해진 금액이 수령자의 계좌로 입금된다. 수령 방식은 현금 지원, 계좌 이체, 카드 지원 등으로 이루어진다.

(4) 지원 지속성 검토

국민기초생활보장은 일정 기간 동안 유효하며, 보장을 받는 가구는 정기적으로 지원 지속성 검토를 받아야 한다. 검토를 통해 수급 자격이 유지되는지 확인되며, 가구의 소득, 재산, 주거 상황 등이 다시 평가된다. 이를 통해 보장 지속 여부가 결정된다.

▣ 학습문제

문제 1	
1. 국민에게 발생하는 사회적 위험을 보험의 방식으로 대처함으로써 국민의 건강과 소득을 보장하는 제도는? ① 평생사회안전망 ② 공공부조 ③ 사회서비스 ④ 사회보험 ⑤ 긴급복지	
정답	④
해설	「사회보장기본법」 제3조 제2호에서 사회보험을 "국민에게 발생하는 사회적 위험을 보험의 방식으로 대처함으로써 국민의 건강과 소득을 보장하는 제도"로 정의하고 있다.

문제 2	
1. 사회보장급여법에서 정한 기본 원칙에 해당하는 것은? ① 사회보장급여가 필요한 사람은 사회복지전담공무원을 통해 사회보장급여를 대리로 신청해야 한다. ② 보장기관은 국민이 사회보장급여를 편리하게 이용할 수 있도록 사회보장 정책 및 관련 제도를 수립 · 시행해서는 안된다. ③ 보장기관은 지원이 필요한 국민이 급여대상에서 누락되지 아니하도록 지원대상자를 적극 발굴해야 한다. ④ 보장기관은 민간 법인 · 단체 · 시설이 제공하는 복지혜택 또는 서비스를 연계할 필요가 없다. ⑤ 보장기관은 예산을 효율적으로 사용하기 때문에 매년 선착순으로 지원대상자를 선정해야 한다.	
정답	③
해설	보장기관은 사회보장급여와 「사회복지사업법」 제2조제3호 및 제4호의 사회복지법인, 사회복지시설 등 사회보장 관련 민간 법인 · 단체 · 시설은 비원대상자를 적극 발굴해야 하고, 제공하는 복지혜택 또는 서비스를 효과적으로 연계하여 제공할 수 있도록 노력하여야 한다.

문제 3	
2. 사회보장급여의 제공 과정이 옳게 된 것은? ① 신청 → 심사 → 지원 지속성 검토 → 통지 및 지급 ② 신청 → 통지 및 지급 → 지원 지속성 검토 → 심사 ③ 신청 → 심사 → 통지 및 지급 → 지원 지속성 검토 ④ 심사 → 신청 → 통지 및 지급 → 지원 지속성 검토 ⑤ 심사 → 신청 → 지원 지속성 검토 → 통지 및 지급	
정답	③
해설	사회보장급여의 제공 과정은 신청 → 심사 → 통지 및 지급 → 지원 지속성 검토 등의 순으로 이루어진다.

문제 4	
사회보장급여의 이용 및 제공에 관한 기준과 절차 등 기본적 사항을 규정하고 지원을 받지 못하는 지원대상자를 발굴하여 지원함으로써 사회보장급여를 필요로 하는 사람의 인간다운 생활을 할 권리를 최대한 보장하고, 사회보장급여가 공정하고 효과적으로 제공되도록 하며, 사회보장제도가 지역사회에서 통합적으로 시행될 수 있도록 그 기반을 구축하는 것을 목적으로 하는 법은? ① 사회보장기본법 ② 사회보장급여의 이용 · 제공 및 수급권자 발굴에 관한 법률 ③ 사회복지사업법 ④ 헌법 ⑤ 국민기초생활보장법	
정답	②
해설	사회보장급여의 이용 · 제공 및 수급권자 발굴에 관한 법률은 2014년 12월 30일 법률 제12935호로 제정되었고, 2015년 7월 1일 시행되었다.

문제 5	
약칭 '사회보장급여법'에서 규정하고 있지 않는 사항은? ① 사회보장급여의 이용 ② 수급자 등의 지원 ③ 사회보장정보시스템의 이용 ④ 사회복지사 자격 ⑤ 지역사회보장에 관한 계획	
정답	④
해설	사회복지사 자격 사항은 사회복지사업법에서 정하고 있다.

8장

공공부조법제의 구성과 개별 법령

KEY WORD :

학 습 목 표

1. 우리나라 공공부조법의 체계를 설명할 수 있다.
2. 개별 부조법의 조문을 해석할 수 있다.

1. 공공부조법제의 의의와 구성

1) 공공부조법제의 의의

공공부조는 모든 국민이 인간다운 생활을 영위하기 위한 일종의 사회보장제도이다. 과거에는 '공적부조'라는 용어를 사용하였으나, 1995년 12월 30일 제정된 「사회보장기본법」에서 '공공부조'라는 용어로 변경하였다.

공공부조는 생활유지능력이 없거나 생활이 어려운 자에게 국가 및 지방자치단체의 비용부담으로 필요한 보호를 행하며 이들의 최저생활을 보장과 자립 촉진을 목적으로 하는 경제적 보호제도라 할 수 있다. 이는 빈곤한 생활을 하는 이들에게 수혜자의 부담 없이 국가나 지방자치단체가 그 비용을 부담하는 무상적 원조이며, 건강하고 문화적인 최저한도의 생활을 유지할 수 있도록 현금급여, 현물급여 등을 제공하여 자립, 자활을 촉진하기 위한 필요 조치를 취하거나 근로를 조건으로 원조를 제공하는 제도이다.

이러한 제도들을 규율하고 있는 것이 공공부조법이다. 즉, 공공부조법은 법적 원인관계를 전제로 하지 않고 순수한 사회정책적 목적에서 지급되는 급여관계를 규율한다는 것에 의의가 있다.

2) 공공부조법제의 특징

공공부조법이 가지고 있는 특징들은 다음과 같다.

첫째, 빈곤에 대한 최후의 국가적 대응책을 명시하고 있는다는 점이다.

둘째, 주로 저소득층, 노인, 장애인, 어린이, 한부모가정 등 사회적으로 취약한 계층을 대상으로 하고 있다는 점

셋째, 공공부조는 그 대상자를 선정하여 원조를 제공하는 선택주의 제도이므로 법에서 대상자를 선정하기 위한 구체적인 기준과 방법, 그리고 절차 등을 규정하고 있다는 점이다. 공적부조를 받기 위해서는 일정한 자격 요건을 충족해야 한다. 이는 소득, 가구 구성원 수, 거주지 등과 관련된 요건을 포함할 수 있다.

넷째, 공공부조에 필요한 재원 조달을 일반 조세를 통하여 마련함을 명시하고 있다는 점이다.

다섯째, 이러한 소득이전을 통해 소득의 재분배적 기능을 도모할 수 있도록 마련하고 있다는 점이다.특히 중상류계층의 조세를 통해 빈곤층과 저소득층에 공공부조제도에 재원이 지출되어, 소득의 불평등을 완화할 수 있는 기회가 되기도 한다.

여섯째, 공공부조에서는 현금 지원, 의료 지원, 주거 지원, 교육 지원 등 다양한 형태의 지원을 제공하고 있기 때문에 국민기초생활보장법, 긴급복지지원법, 국민건강보험법 등의 다양한 법률이 포함된다는 점이다.

3) 공공부조법제 구성

우리나라의 공공부조법으로는「국민기초생활 보장법」,「의료급여법」 등으로 체계화되어 있다.

2. 국민기초생활보장법의 이해

1) 제정 목적 및 의미

「국민기초생활 보장법」(약칭: 기초생활보장법)은 생활이 어려운 사람에게 필요한 급여를 실시하여 이들의 최저생활을 보장하고 자활을 돕는 것을 목적으로 한다(제1조).

이 법은 빈곤대책의 하나로서 공공부조제도에 속하는 법이다. 이는 빈곤문제를 개인문제로서 보기보다는 사회문제의 하나로 간주하기 때문이다.

또한, 공공부조는 최저한의 생활을 유지할 수 있도록 빈곤문제에 처한 국민을 돕는 사회복지제도이다. 따라서 정당한 자격요건을 가진 사람에 대하여 적어도 최저한의 삶을 유지할 수 있도록 최저생계비 이상을 확보하는 제도적 장치가 바로 공공부조이며, 이 제도의 핵심이 국민기초생활보장제도이다. 그러므로 국민기초생활보장제도는 빈곤을 해결하기 위한 국가의 공식적 대책으로서 다양한 원리와 방법 및 급여내용 등 국민기초생활보장제도의 운용과 실시에 관한 내용을 규정하고 있다.

2) 주요 연혁

이 법의 입법배경에는 1963년 이래 사회 · 경제적 변화에 적절하게 대응하지 못한 구법인 생활보호법의 확대 개편과 함께 1997년 IMF의 경제위기로 인하여 수많은 실직자와 명예퇴직자의 발생에 대처하려는 노력이 게재되어 있다.

많은 저소득층이 사회보장의 혜택을 전혀 받지 못하는 사각지대에 존재하여 국가가 모두 국민의 기본적인 생활을 제도적으로 보장해야 할 필요성이 대두되었고, 여기에다 단순 생계지원이 아닌 수급자의 자립자활을 촉진하는 생산적 복지지향의 종합적 빈곤대책이 필요하게 되었다.

저소득 국민, 영세 도시빈민, 실업자등을 지원하여 빈곤문제에 대한 사회안전망의 기초를 튼튼히 하는 한편, 빈곤가구별로 자활지원계획을 수립하고 그에 맞는 자활급여를 실시함으로써 빈곤의 장기화를 방지하려는 것을 이유로 1999년 9월 7일 제정되었고, 2000년 10월 1일부터 시행되었다.

이 법이 제정됨에 따라 종전의「생활보호법」을 폐지하였다.

생활보호법은 1961년 12월 30일 법률 제913호로 제정되었으나 재정사정이 여의치 못하여 전면적인 실시가 되지 못하고, 그 중 생계보호만이 부분적으로 실시되었고, 1978년에는 의료보호법의 제정으로 생활보호대상자에 대한 의료보호가 행해지기 시작하였다. 생활보호법은 공공부조법의 기본법으로 기능하기에는 여러 가지 한계가 많았다. 가장 큰 한계는 보호대상의 인구학적 제한이었다. 이로 인해 IMF사태로 생겨난 대량의 빈곤층에 대해 생활보호법은 거의 아무런 도움을 주지 못하였다. 이러한 문제점을 해결하고자 1999년 9월에 생활보호법이 폐지되고 국민기초생활보장법이 제정되었다.

국민기초생활보장법과 생활보호법과의 차이는 기존의 '생활보호대상자'을 '수급(권)자'으로, '보호시설'을 '보장시설'로, '보호금품'을 '수급품'으로 용어들이 변경되었고, 법적용대상자로서 수급권자에 대한 인구학적 제한을 철폐하였으며, 급여의 내용에서 주거급여와 긴급급여를 신설하였다는 점이다.

3) 법적 체계

(1) 상하 체계

- **법률**: 국민기초생활 보장법
- ↓
- **시행령**: 국민기초생활 보장법 시행령
  - → **행정규칙**:
    - (고시) 2023년 기준 중위소득 및 생계 · 의료급여 선정기준과 최저보장수준
    - (고시) 국민기초생활 보장법상 재산의 소득환산율 고시
    - (고시) 기초생활 부양의무자 재산의 소득환산액 기준 및 소득 차감금액
    - (고시) 조건부수급자 선정 관련 소득기준에 관한 고시 등
  - ↓ **자치법규**: ○○○자활기금 관리 운용에 관한 조례 등
- ↓
- **시행규칙**: 국민기초생활 보장법 시행규칙
- ↓
- **행정규칙**:
  - (고시) 사회보장급여 관련 공통서식에 관한 고시
  - (고시) 자활급여 수급자가 종사하는 사업
- ↓
- **자치법규**: ○○○ 지원에 관한 조례 등

(2) 관계 법령 체계

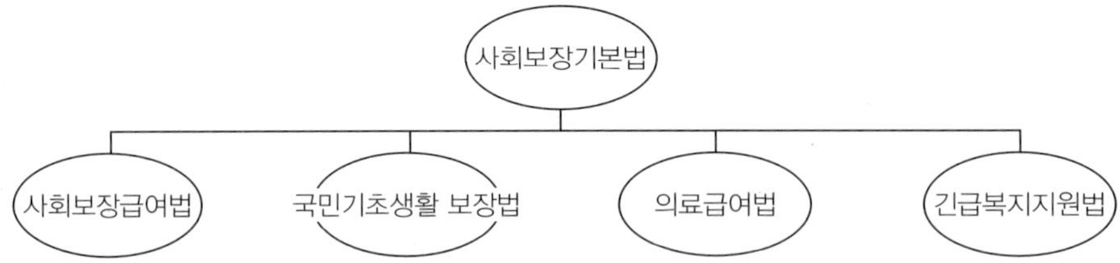

(3) 내용적 체계

이 법은 총 9개의 장과 부칙으로 구성되어 있고, 개별 조문은 51조까지 명시되어 있다.

① 총칙

제1장 총칙은 제1조부터 제6조의3까지로 구성되어 있다. 제1조는 목적이며, 제2조에서는 이 법에서 사용하는 용어의 뜻을 정의하고 있다.

1. "수급권자"란 이 법에 따른 급여를 받을 수 있는 자격을 가진 사람을 말한다.
2. "수급자"란 이 법에 따른 급여를 받는 사람을 말한다.
3. "수급품"이란 이 법에 따라 수급자에게 지급하거나 대여하는 금전 또는 물품을 말한다.
4. "보장기관"이란 이 법에 따른 급여를 실시하는 국가 또는 지방자치단체를 말한다.
5. "부양의무자"란 수급권자를 부양할 책임이 있는 사람으로서 수급권자의 1촌의 직계혈족 및 그 배우자를 말한다. 다만, 사망한 1촌의 직계혈족의 배우자는 제외한다.
6. "최저보장수준"이란 국민의 소득 · 지출 수준과 수급권자의 가구 유형 등 생활실태, 물가상승률 등을 고려하여 제6조에 따라 급여의 종류별로 공표하는 금액이나 보장수준을 말한다.
7. "최저생계비"란 국민이 건강하고 문화적인 생활을 유지하기 위하여 필요한 최소한의 비용으로서 제20조의2제4항에 따라 보건복지부장관이 계측하는 금액을 말한다.

8. “개별가구”란 이 법에 따른 급여를 받거나 이 법에 따른 자격요건에 부합하는지에 관한 조사를 받는 기본단위로서 수급자 또는 수급권자로 구성된 가구를 말한다. 이 경우 개별가구의 범위 등 구체적인 사항은 대통령령으로 정한다.
9. “소득인정액”이란 보장기관이 급여의 결정 및 실시 등에 사용하기 위하여 산출한 개별가구의 소득평가액과 재산의 소득환산액을 합산한 금액을 말한다.
10. “차상위계층”이란 수급권자(제14조의2에 따라 수급권자로 보는 사람은 제외한다)에 해당하지 아니하는 계층으로서 소득인정액이 대통령령으로 정하는 기준 이하인 계층을 말한다.
11. “기준 중위소득”이란 보건복지부장관이 급여의 기준 등에 활용하기 위하여 제20조제2항에 따른 중앙생활보장위원회의 심의 · 의결을 거쳐 고시하는 국민 가구소득의 중위값을 말한다.

제3조는 급여의 기본원칙을 다음과 같이 명시하고 있다.

① 이 법에 따른 급여는 수급자가 자신의 생활의 유지·향상을 위하여 그의 소득, 재산, 근로능력 등을 활용하여 최대한 노력하는 것을 전제로 이를 보충·발전시키는 것을 기본원칙으로 한다.

② 부양의무자의 부양과 다른 법령에 따른 보호는 이 법에 따른 급여에 우선하여 행하여지는 것으로 한다. 다만, 다른 법령에 따른 보호의 수준이 이 법에서 정하는 수준에 이르지 아니하는 경우에는 나머지 부분에 관하여 이 법에 따른 급여를 받을 권리를 잃지 아니한다.

제4조는 급여의 기준 등으로,

① 이 법에 따른 급여는 건강하고 문화적인 최저생활을 유지할 수 있는 것이어야 한다.

② 이 법에 따른 급여의 기준은 수급자의 연령, 가구 규모, 거주지역, 그 밖의 생활여건 등을 고려하여 급여의 종류별로 보건복지부장관이 정하거나 급여를 지급하는 중앙행정기관의 장(이하 “소관 중앙행정기관의 장”이라 한다)이 보건복지부장관과 협의하여 정한다.

③ 보장기관은 이 법에 따른 급여를 개별가구 단위로 실시하되, 특히 필요하다고 인정하는 경우에는 개인 단위로 실시할 수 있다.

④ 지방자치단체인 보장기관은 해당 지방자치단체의 조례로 정하는 바에 따라 이 법에 따른 급여의 범위 및 수준을 초과하여 급여를 실시할 수 있다. 이 경우 해당 보장기관은 보건복지부장관 및 소관 중앙행정기관의 장에게 알려야 한다.

그리고 제4조의2는 다른 법률과의 관계, 제5조의2는 외국인에 대한 특례, 제6조는 최저보장수준의 결정, 제6조의2는 기준 중위소득의 산정, 그리고 제6조의3은 소득인정액의 산정 등으로 구성되어 있다.

② 급여의 종류와 방법

제2장 급여의 종류와 방법에서는 급여의 종류(제7조), 생계급여의 내용 등(제8조), 부양능력 등(제8조의2), 생계급여의 방법(제9조), 생계급여를 실시할 장소(제10조), 주거급여(제11조), 교육급여(제12조), 교육급여의 적용특례(제12조의2), 의료급여(제12조의3), 해산급여(제13조), 장제급여(제14조), 급여의 특례(제14조의2), 자활급여(제15조)에 관한 사항으로 구성되었다.

③ 자활 지원

제2장의2 자활 지원에서는 한국자활복지개발원(제15조의2), 자활복지개발원의 업무(제15조의3), 광역자활센터(제15조의10), 지역자활센터 등(제16조), 자활기관협의체(제17조), 자활기업(제18조), 자활기금의 적립(제18조의7) 등에 관한 사항으로 구성되었다.

④ 보장기관

제3장 보장기관에서는 보장기관(제19조), 생활보장위원회(제20조), 기초생활보장 계획의 수립 및 평가(제20조의2)에 관한 사항으로 구성되었다.

⑤ 급여의 실시

제4장 급여의 실시에서는 급여의 신청(제21조), 신청에 의한 조사(제22조), 확

인조사(제23조), 금융정보등의 제공(제23조의2), 차상위계층에 대한 조사(제24조), 조사 결과의 보고 등(제25조), 급여의 결정 등(제26조), 급여의 실시 등(제27조), 급여의 지급방법 등(제27조의2), 급여의 대리수령 등(제27조의3), 자활지원계획의 수립(제28조), 급여의 변경(제29조), 급여의 중지 등(제30조), 청문에 관한 사항(제31조)으로 구성되었다.

급여 실시의 절차는 일반적으로 신청 - 자산조사 - 확인조사 - 금융정보제공 - 결과보고 - 급여결정 등으로 이루어진다.

⑥ **보장시설**

제5장 보장시설에서는 보장시설(제32조)과 보장시설의 장의 의무(제33)조에 관한 사항으로 구성되었다.

⑦ **수급자의 권리와 의무**

제6장 수급자의 권리와 의무에서는 제34조 급여 변경의 금지, 제35조 압류금지, 제36조 양도금지, 제37조 신고의 의무에 관한 사항으로 구성되었다.

⑧ **이의신청**

제7장 이의신청에서는 제38조 시 · 도지사에 대한 이의신청, 제39조 시 · 도지사의 처분 등, 제40조 보건복지부장관 등에 대한 이의신청, 제41조 이의신청의 결정 및 통지에 관한 사항으로 구성되었다.

⑨ **보장비용에 관한 사항**

제8장 보장비용에서는 제42조 보장비용, 제43조 보장비용의 부담 구분, 제43조의2 교육급여 보장비용 부담의 특례, 제45조 유류금품의 처분, 제46조 비용의 징수, 제47조 반환명령에 관한 사항으로 구성되었다.

3. 의료급여법의 이해

1) 제정 목적

이 법은 생활이 어려운 사람에게 의료급여를 함으로써 국민보건의 향상과 사회복지의 증진에 이바지함을 목적으로 한다(제1조).

1970년대 의료보호제도는 생활보호법에 근거하여 시행하고 있었으나 생활보호법이 의료보호제도를 뒷받침하기에는 미흡한 점이 많았다. 이에 의료보호에 관한 규정을 생활보호법에서 분리하여 생활능력이 없거나 생활이 어려운 국민에 대한 의료보호의 내용 및 그 방법등을 명확히 규정함으로써 국민보건향상과 사회복지의 증진에 효율적으로 기여하고자 1977년 12월 31일 의료보호법을 제정(1977. 12. 31. 시행)하였다.

이 법의 근거법률인 국민기초생활보장법에서 종전의 「의료보호」를 「의료급여」로 변경함에 따라 2001년 5월 24일 법률 제6474호로 전부개정(시행 2001. 10. 1.) 될 때 법명도 '의료급여법'으로 개정되었다.

2) 주요 연혁

(1) 의료보호법

① 1991년 3월 8일 전부개정

법 제정 이후 의료보호대상자 확대와 전국민의료보험의 실시(1989 · 7 · 1)등 의료보장 여건이 변화됨에 따라 의료보호의 내용을 확대하고 의료보호사업의 내실화를 도모하려는 것을 이유로 전부개정되었다. 주요 개정 내용은 다음과 같다.

첫째, 서울특별시 · 직할시 · 도 및 시 · 군 · 구에 의료보호심의위원회를 두어 의료보호사업에 관하여 필요한 사항을 심의하도록 하였다.

둘째, 무제한으로 되어 있는 보호기간을 연간 180일이내로 제한하되, 보호기관이 시 · 군 · 구 의료보호심의위원회의 심의를 거쳐 보호기간을 연장할 수 있도록 하였다.

셋째, 사위 기타 부정한 방법으로 보호를 받은 자나 보호비용을 받은 진료기관에 대하여 그 보호내용 또는 보호비용에 상당한 부당이득을 징수할 수 있도록 하였다.

넷째, 보호대상자나 진료기관에 대하여 진료 · 약제의 지급등 보호내용에 관한 자료의 제출을 명하거나 조사할 수 있도록 하였다.

다섯째, 진료기관에서 의료보호기준을 위반하여 부당하게 보호하였거나 진료비를 청구한 때에는 의료보호진료기관의 지정을 취소하고 관련의료인에 대하여 1년이하의 면허 · 자격정지처분을 할 수 있도록 하였다.

여섯째, 이 법에 의한 보건사회부장관의 권한을 대통령령이 정하는 바에 따라 시 · 도지사나 전문기관에 위임 또는 위탁할 수 있도록 하였다.

일곱째, 정당한 이유없이 의료보호진료기관의 지정을 거부하거나 의료보호와 관련하여 보건사회부장관이 행하는 조사와 보고등을 거부 · 방해 · 기피한 개인 · 단체 또는 의료기관의 종사자에 대하여는 1년이하의 징역 또는 100만원이하의 벌금에 처하도록 하였다.

(2) 의료급여법

① 2001년 5월 24일 전부개정

생활이 어려운 저소득 국민의 건강을 증진하기 위하여 의료급여 수급기간의 제한을 폐지하여 연중 기간제한 없이 의료급여를 받을 수 있도록 하고, 예방 · 재활등에 대하여도 의료급여를 행하도록 하며, 수급권자의 진료편의를 도모하기 위하여 의료급여기관에 대한 업무정지 처분에 갈음하여 과징금을 부과할 수 있도록 하는 등 현행 제도의 운영상 나타난 미비점을 전반적으로 개선 · 보완하려는 것이다.

개정된 주요 내용은 다음과 같다.

첫째, 이 법의 근거법률인 국민기초생활보장법에서 종전의 「의료보호」를 「의료급여」로 변경함에 따라 이 법의 제명을 의료급여법으로 변경하였다(법 제명).

둘째, 의료급여사업의 기본방향, 의료급여기준 및 수가 등을 심의하기 위하여 보건복지부에 중앙의료급여심의위원회를 설치하였다(법 제6조제2항).

셋째, 의료급여의 내용에 예방 · 재활을 추가하여 생활이 어려운 저소득 국민의 의료에 대한 권리를 강화하였다(법 제7조제1항4호).

넷째, 의료급여를 받을 수 있는 기간의 제한을 폐지하여 수급권자가 연중 상시적으로 의료급여를 받을 수 있도록 하였다(제9조 삭제).

다섯째, 긴급하거나 부득이한 사유로 의료급여기관과 동일한 기능을 수행하는 기관에서 의료급여를 받은 경우 또는 의료급여기관외의 장소에서 출산을 한 경우에는 그 급여에 상당하는 비용을 요양비로 지급하도록 하였다(법 제12조).

여섯째, 시장 · 군수 · 구청장은 질병의 조기발견과 그에 따른 의료급여를 하기 위하여 수급권자에 대한 건강검진을 할 수 있도록 하였다(법 제4조).

일곱째, 종전에는 수급권자 자신의 범죄행위로 인한 사고의 경우에는 의료급여를 하지 아니하였으나, 앞으로는 수급권자 자신의 고의 또는 중대한 과실로 인한 범죄행위로 인한 사고에만 의료급여를 하지 아니하도록 하여 의료급여 제한의 범위를 축소하였다(법 제15조제1항제1호).

여덟째, 급여비용을 부당하게 청구하는 의료급여기관에 대하여 업무정지처분을 하여야 하는 경우 그 업무정지가 수급권자에게 심한 불편을 주는 경우 등에는 업무정지처분에 갈음하여 부당한 방법으로 부담하게 한 금액의 5배 이하의 금액을 과징금으로 부과 · 징수할 수 있도록 하였다(법 제29조).

3) 법적 체계

(1) 상하 체계

구분	법령		구분	법령
법률	의료급여법	→	행정규칙	(고시) 요양비의 의료급여기준 및 방법 등
↓				
시행령	의료급여법 시행령	→	행정규칙	(고시) 요양의료 급여비용 자율 점검제 운영 기준 등
↓				
시행규칙	의료급여법 시행규칙			
↓				
행정규칙	(고시) 선택의료급여기관 적용 대상자 및 이용 절차 등에 관한 규정 (고시) 수급권자의 건강유지 및 증진 등을 위한 사업의 지원에 관한 기준 (고시) 요양비의 의료급여기준 및 방법 등			
↓				
자치법규	○○○ 의료급여기금특별회계 설치 및 운용 조례 등			

(2) 내용적 체계

이 법은 총 37개의 조문과 부칙으로 구성되어 있다. 제1조 목적, 제2조 정의, 제3조 수급권자, 제3조의2 난민에 대한 특례, 제3조의3 수급권자의 인정 절차 등, 제4조 적용 배제, 제5조 보장기관, 제5조의2 사례관리, 제6조 의료급여심의위원회, 제7조 의료급여의 내용 등, 제8조 의료급여증, 제9조 의료급여기관, 제10조 급여비용의 부담, 제11조 급여비용의 청구와 지급, 제11조의2 서류의 보존, 제11조의3 급여 대상 여부의 확인 등, 제11조의4 의료급여기관의 비용 청구에 관한 금지행위, 제11조의5 급여비용의 지급 보류, 제12조 요양비, 제13조 장애인 및 임산부에 대한 특례, 제14조 건강검진, 제15조 의료급여의 제한, 제16조 의료급여의 변경, 제17조 의료급여의 중지 등, 제18조 수급권의 보호, 제19조 구상권, 제20조

급여비용의 대지급, 제21조 대지급금의 상환, 제22조 대지급금의 독촉 등, 제23조 부당이득의 징수, 제24조 결손처분, 제25조 의료급여기금의 설치 및 조성, 제26조 기금의 관리 및 운용, 제27조 급여비용의 예탁, 제28조 의료급여기관의 업무정지 등, 제29조 과징금 등, 제29조의2 제조업자등의 금지행위 등, 제30조 이의신청 등, 제30조의2 심판청구, 제31조 소멸시효, 제32조 보고 및 검사, 제32조의2 자료의 제공, 제32조의3 포상금 및 장려금의 지급, 제33조 권한의 위임 및 위탁, 제34조 끝수 및 소액의 처리, 제35조 벌칙, 제36조 양벌규정, 제37조 과태료로 이루어져 있다.

제3조에서는 이 법에 따른 수급권자를 「국민기초생활 보장법」에 따른 의료급여 수급자, 「재해구호법」에 따른 이재민으로서 보건복지부장관이 의료급여가 필요하다고 인정한 사람, 「의사상자 등 예우 및 지원에 관한 법률」에 따라 의료급여를 받는 사람, 「입양특례법」에 따라 국내에 입양된 18세 미만의 아동, 「독립유공자예우에 관한 법률」, 「국가유공자 등 예우 및 지원에 관한 법률」 및 「보훈보상대상자 지원에 관한 법률」의 적용을 받고 있는 사람과 그 가족으로서 국가보훈부장관이 의료급여가 필요하다고 추천한 사람 중에서 보건복지부장관이 의료급여가 필요하다고 인정한 사람, 「무형유산의 보전 및 진흥에 관한 법률」에 따라 지정된 국가무형유산의 보유자(명예보유자를 포함한다)와 그 가족으로서 문화재청장이 의료급여가 필요하다고 추천한 사람 중에서 보건복지부징관이 의료급여가 필요하다고 인정한 사람, 「북한이탈주민의 보호 및 정착지원에 관한 법률」의 적용을 받고 있는 사람과 그 가족으로서 보건복지부장관이 의료급여가 필요하다고 인정한 사람, 「5·18민주화운동 관련자 보상 등에 관한 법률」 제8조에 따라 보상금등을 받은 사람과 그 가족으로서 보건복지부장관이 의료급여가 필요하다고 인정한 사람, 「노숙인 등의 복지 및 자립지원에 관한 법률」에 따른 노숙인 등으로서 보건복지부장관이 의료급여가 필요하다고 인정한 사람, 그리고 그 밖에 생활유지 능력이 없거나 생활이 어려운 사람으로서 대통령령으로 정하는 사람으로 규정하였고, 동법 시행령 제3조에서 수급권자는 법 제3조제3항에 따라 1종수급권자와 2종수급권자로 구분하고 있다.

제3조의3에서는 수급권자의 인정 절차 등을 정하고 있는데, 수급권자가 되려는 사람은 보건복지부령으로 정하는 바에 따라 특별자치시장 · 특별자치도지사 · 시장(특별자치도의 행정시장은 제외한다) · 군수 · 구청장(구청장은 자치구의 구청장을 말하며, 이하 "시장 · 군수 · 구청장"이라 한다)에게 수급권자 인정 신청을 하여야 하고, 시장 · 군수 · 구청장은 제1항에 따른 신청인을 수급권자로 인정하는 것이 타당한지를 확인하기 위하여 필요한 경우 그 신청인에게 「국민기초생활 보장법」 제21조제3항 각 호에 따른 자료 또는 정보의 제공에 동의한다는 서면을 제출하게 할 수 있고, 국가보훈부장관과 문화재청장은 대통령령으로 정하는 바에 따라 수급권자로 인정할 필요가 있는 사람을 추천하여 그 결과를 수급권자의 주소지를 관할하는 시장 · 군수 · 구청장에게 알려야 하며, 시장 · 군수 · 구청장은 인정 신청을 한 사람(제3조제1항제3호 및 제4호에 해당하는 사람은 제외한다) 중에서 수급권자의 인정 기준에 따라 수급권자를 정하도록 하고 있다.

4) 주요 내용

(1) 수급권자

이 법에 따른 수급권자는 다음 각 호와 같다.

1. 「국민기초생활 보장법」에 따른 의료급여 수급자
2. 「재해구호법」에 따른 이재민으로서 보건복지부장관이 의료급여가 필요하다고 인정한 사람
3. 「의사상자 등 예우 및 지원에 관한 법률」에 따라 의료급여를 받는 사람
4. 「입양특례법」에 따라 국내에 입양된 18세 미만의 아동
5. 「독립유공자예우에 관한 법률」, 「국가유공자 등 예우 및 지원에 관한 법률」 및 「보훈보상대상자 지원에 관한 법률」의 적용을 받고 있는 사람과 그 가족으로서 국가보훈부장관이 의료급여가 필요하다고 추천한 사람 중에서 보건복지부장관이 의료급여가 필요하다고 인정한 사람
6. 「무형유산의 보전 및 진흥에 관한 법률」에 따라 지정된 국가무형유산의 보유자(명예보유자를 포함한다)와 그 가족으로서 문화재청장이 의료급여가 필요하다

고 추천한 사람 중에서 보건복지부장관이 의료급여가 필요하다고 인정한 사람

7. 「북한이탈주민의 보호 및 정착지원에 관한 법률」의 적용을 받고 있는 사람과 그 가족으로서 보건복지부장관이 의료급여가 필요하다고 인정한 사람
8. 「5 · 18민주화운동 관련자 보상 등에 관한 법률」 제8조에 따라 보상금등을 받은 사람과 그 가족으로서 보건복지부장관이 의료급여가 필요하다고 인정한 사람
9. 「노숙인 등의 복지 및 자립지원에 관한 법률」에 따른 노숙인 등으로서 보건복지부장관이 의료급여가 필요하다고 인정한 사람
10. 그 밖에 생활유지 능력이 없거나 생활이 어려운 사람으로서 대통령령으로 정하는 사람

의료급여법 시행령

[시행 2023. 6. 5.] [대통령령 제33382호, 2023. 4. 11., 타법개정] 전체조문보기

제3조(수급권자의 구분) ①수급권자는 법 제3조제3항에 따라 1종수급권자와 2종수급권자로 구분한다.
② 1종수급권자는 다음 각 호의 어느 하나에 해당하는 사람으로 한다.
1. 법 제3조제1항제1호 및 제3호부터 제8호까지의 규정에 해당하는 사람 중 다음 각 목의 어느 하나에 해당하는 사람
가. 다음의 어느 하나에 해당하는 사람만으로 구성된 세대의 구성원
1) 18세 미만인 사람
2) 65세 이상인 사람
3) 「장애인고용촉진 및 직업재활법」에 따른 중증장애인
4) 질병, 부상 또는 그 후유증으로 치료나 요양이 필요한 사람 중에서 근로능력평가를 통하여 특별자치시장 · 특별자치도지사 · 시장(특별자치도의 행정시장은 제외한다) · 군수 · 구청장(구청장은 자치구의 구청장을 말하며, 이하 "시장 · 군수 · 구청장"이라 한다)이 근로능력이 없다고 판정한 사람
5) 세대의 구성원을 양육 · 간병하는 사람 등 근로가 곤란하다고 보건복지부장관이 정하는 사람
6) 임신 중에 있거나 분만 후 6개월 미만의 여자
7) 「병역법」에 의한 병역의무를 이행중인 사람
나. 「국민기초생활 보장법」 제32조에 따른 보장시설에서 급여를 받고 있는 사람
다. 보건복지부장관이 정하여 고시하는 결핵질환, 희귀난치성질환 또는 중증질환을 가진 사람
2. 법 제3조제1항제2호 및 제9호에 해당하는 사람
3. 제2조제1호에 해당하는 수급권자
4. 제2조제2호에 해당하는 사람으로서 보건복지부장관이 1종의료급여가 필요하다고 인정하는 사람

> 2. 법 제3조제1항제2호 및 제9호에 해당하는 사람
> 3. 제2조제1호에 해당하는 수급권자
> 4. 제2조제2호에 해당하는 사람으로서 보건복지부장관이 1종의료급여가 필요하다고 인정하는 사람
> ③ 제2항제1호가목4)에 따른 근로능력평가의 기준, 방법 및 절차 등에 관하여 필요한 사항은 보건복지부장관이 정하여 고시한다. 〈신설 2022. 8. 9.〉
> ④ 2종수급권자는 다음 각 호의 어느 하나에 해당하는 사람으로 한다.
> 1. 법 제3조제1항제1호 및 제3호부터 제8호까지의 규정에 해당하는 사람 중 제2항제1호에 해당하지 않는 사람
> 2. 삭제 〈2009. 2. 6.〉
> 3. 제2조제2호에 해당하는 사람으로서 보건복지부장관이 2종의료급여가 필요하다고 인정하는 사람

(2) 수급권자의 인정 절차 등

제3조제1항제2호부터 제10호까지의 수급권자가 되려는 사람은 보건복지부령으로 정하는 바에 따라 특별자치시장 · 특별자치도지사 · 시장(특별자치도의 행정시장은 제외한다) · 군수 · 구청장(구청장은 자치구의 구청장을 말하며, 이하 “시장 · 군수 · 구청장”이라 한다)에게 수급권자 인정 신청을 하여야 한다.

시장 · 군수 · 구청장은 제1항에 따른 신청인을 수급권자로 인정하는 것이 타당한지를 확인하기 위하여 필요한 경우 그 신청인에게 「국민기초생활 보장법」 제21조제3항 각 호에 따른 자료 또는 정보의 제공에 동의한다는 서면을 제출하게 할 수 있다.

제1항의 신청에 따른 조사, 확인조사, 금융정보 등의 제공 등에 관하여는 「국민기초생활 보장법」 제22조, 제23조 및 제23조의2를 준용한다.

국가보훈부장관과 문화재청장은 대통령령으로 정하는 바에 따라 제3조제1항제5호 및 제6호의 수급권자로 인정할 필요가 있는 사람을 추천하여 그 결과를 수급권자의 주소지를 관할하는 시장 · 군수 · 구청장에게 알려야 한다. 이 경우 제3조제1항제5호 및 제6호의 수급권자가 되려는 사람이 제1항에 따른 수급권자 인정 신청을 한 것으로 본다.

시장 · 군수 · 구청장은 제1항 및 제4항에 따라 인정 신청을 한 사람(제3조제1항

제3호 및 제4호에 해당하는 사람은 제외한다) 중에서 제3조제2항에 따른 수급권자의 인정 기준에 따라 수급권자를 정하여야 한다.

(3) 보장기관

이 법에 따른 의료급여에 관한 업무는 수급권자의 거주지를 관할하는 특별시장 · 광역시장 · 도지사와 시장 · 군수 · 구청장이 한다.

제1항에도 불구하고 주거가 일정하지 아니한 수급권자에 대한 의료급여 업무는 그가 실제 거주하는 지역을 관할하는 시장 · 군수 · 구청장이 한다.

특별시장 · 광역시장 · 도지사 및 시장 · 군수 · 구청장은 수급권자의 건강 유지 및 증진을 위하여 필요한 사업을 실시하여야 한다.

(4) 사례관리

보건복지부장관, 특별시장 · 광역시장 · 도지사 및 시장 · 군수 · 구청장은 수급권자의 건강관리 능력 향상 및 합리적 의료이용 유도 등을 위하여 사례관리를 실시할 수 있다.

제1항에 따른 사례관리를 실시하기 위하여 특별시 · 광역시 · 특별자치시 · 도 · 특별자치도(이하 "시 · 도"라 한다) 및 시(특별자치도의 행정시를 제외한다. 이하 같다) · 군 · 구(자치구를 말한다. 이하 같다)에 의료급여 관리사를 둔다.

보건복지부장관은 제1항에 따른 사례관리 사업의 전문적인 지원을 위하여 해당 업무를 공공 또는 민간 기관 · 단체 등에 위탁하여 실시할 수 있다.

제2항에 따른 의료급여 관리사의 자격 · 배치기준 등 운영에 관한 사항과 제3항에 따른 사례관리 사업의 지원 업무 위탁 실시 등에 필요한 사항은 보건복지부령으로 정한다.

4. 긴급복지지원법의 이해

1) 제정 목적

이 법은 생계곤란 등의 위기상황에 처하여 도움이 필요한 사람을 신속하게 지원함으로써 이들이 위기상황에서 벗어나 건강하고 인간다운 생활을 하게 함을 목적으로 한다(제1조).

경제 양극화 및 이혼 증가 등 사회변화 속에서 소득상실, 질병과 같이 갑작스러운 위기상황이 발생한 경우 누구든지 손쉽게 도움을 청하고 필요한 지원을 받을 수 있는 제도를 마련하기 위하여 지역사회의 각종 복지지원을 활용하여 위기상황에 처한 자를 조기에 찾을 수 있는 체계를 갖추고 이들에게 필요한 지원을 신속하게 실시하며 기존의 공공부조제도나 사회복지서비스와 연계되도록 하려는 이유에서 2005년 12월 23일 제정되었고, 2006년 3월 24일부터 시행되었다.

2) 주요 연혁

(1) 2012년 10월 22일 일부개정(법률 제11512호)

당시 법령상 생계지원의 소득기준은 의료 · 주거 · 교육지원 등 다른 긴급지원의 소득기준보다 엄격한바, 생계지원 소득기준을 완화함으로써 긴급지원 대상자 진입제한을 해소하고 긴급지원의 예방적 효과를 제고하며, 주거지원 기간의 상한을 현행 6개월에서 12개월로 연장함으로써 안정적인 주거확보 기간을 보장하여 주거지원의 실효성을 확보하는 한편, 2008년 이후 운영 실적이 없는 긴급지원협의회를 폐지하였다.

"위기상황"에 대한 정의에서 최저생계비 이하 소득기준을 규정하고 있는 부분을 삭제하였다.

주거지원 기간의 상한을 현행 6개월에서 12개월로 연장하였다.

긴급지원 관련 민간단체가 참여하는 협의회를 폐지하였다.

(2) 2014년 12월 30일 일부개정(법률 제12934호)

당시 빈곤위기가정의 계속된 자살사건이 발생하여 긴급지원제도의 개선 및 지원대상의 확대가 필요한 실정이었다.

친지 · 이웃 등을 통한 사적안전망의 붕괴로 정부에 대한 의존도가 더욱 높아지는 실정이어서 "신청"과 "선별"을 통한 소극적 복지에서 벗어나, 사각지대에 빠져있는 이들을 적극적으로 찾아내어 복지제도에 다가올 수 있도록 개선이 필요한 시점이었다.

따라서 긴급지원 여부를 지방자치단체가 판단할 수 있도록 범위의 확대, 안내 강화, 정기적으로 위기상황에 처한 사람에 대한 발굴조사 및 운영실태 점검, 긴급지원담당공무원의 권한을 확대하는 등 긴급지원의 진입장벽을 낮추고, 찾아가는 복지를 통하여 최소한의 사회안전망을 확보하였다.

한편, 긴급지원대상자가 신청하는 경우에는 긴급지원대상자에게 지급되는 금전만이 입금되는 긴급지원대상자 명의의 지정된 계좌(긴급지원수급계좌)로 긴급지원대상자에게 지급되는 금전을 입금하도록 하고, 긴급지원수급계좌의 긴급지원금과 이에 관한 채권은 압류할 수 없도록 규정함으로써 긴급지원대상자에게 지급되는 금전에 대한 압류를 방지하고 긴급지원대상자의 생계 보호를 강화하였다.

주요 개정 사항은 다음과 같다.

첫째, 긴급복지지원 사유인 위기상황에 대하여 지방자치단체가 상황별 사유를 조례로 정할 수 있도록 함으로써 지방자치단체의 재량을 확대하였다.

둘째, 국가 및 지방자치단체는 긴급복지지원의 대상과 기준 등을 적극적으로 안내하도록 하였다.

셋째, 긴급지원대상자 신고의무자의 범위에 장애인활동지원기관의 종사자 등을 포함시켰다.

넷째, 국가 및 지방자치단체가 연 1회 이상 정기적으로 위기상황에 처한 사람에 대한 발굴조사를 실시하도록 하고, 발굴체계의 운영 실태를 정기적으로 점검하며 개선방안을 수립하도록 하였다.

다섯째, 위기사항에 처한 사람에 대한 신속한 선지원을 위하여 긴급지원대상자에게 신속히 지원할 필요가 있다고 판단되는 경우 긴급지원담당공무원으로 하여금 우선 필요한 지원을 할 수 있도록 하였다.

여섯째, 긴급지원대상자가 신청하는 경우에는 긴급지원대상자에게 지급되는 금전만이 입금되는 긴급지원대상자 명의의 지정된 계좌(긴급지원수급계좌)로 긴급지원대상자에게 지급되는 금전을 입금하도록 하고, 긴급지원수급계좌의 긴급지원금과 이에 관한 채권은 압류할 수 없도록 함긴급지원 중 교육지원의 횟수를 총 2회에서 4회로 완화하였다.

3) 법적 체계

(1) 상하 체계

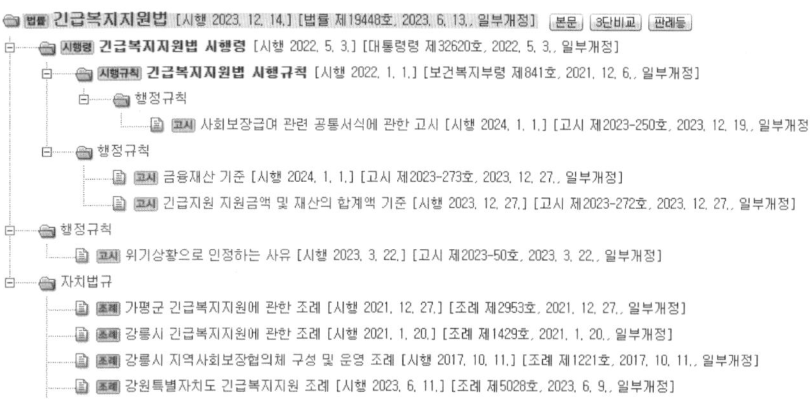

(2) 내용적 체계

이 법은 총 19개의 조와 부칙으로 구성되어 있다. 제1조 목적, 제2조 정의, 제3조 기본원칙, 제4조 국가 및 지방자치단체의 책무, 제5조 긴급지원대상자, 제5조의2 외국인에 대한 특례, 제6조 긴급지원기관, 제7조 지원요청 및 신고, 제7조의2 위기상황의 발굴, 제8조 현장 확인 및 지원, 제8조의2 금융정보 등의 제공동의서 제출, 제9조 긴급지원의 종류 및 내용, 제9조의2 긴급지원수급계좌, 제10조 긴급지원의 기간 등, 제11조 담당기구 설치 등, 제12조 긴급지원심의위원회, 제13조 사후조사, 제14조 긴급지원의 적정성 심사, 제15조 지원중단 또는 비용환수, 제16조 이의신청, 제17조 예산분담, 제18조 압류 등의 금지, 제19조 벌칙으로 이루어졌다.

4) 주요 내용

(1) 지원의 기본원칙

① 선지원 후처리 원칙

위기상황에 처한 사람이나 관계인이 지원요청 또는 신고할 경우 긴급지원담당공무원 등의 현장확인(요청일부터 후 1일 이내)을 통해 긴급지원의 필요성을 포괄적으로 판단해 우선지원(지원 결정 1일 이내, 지급 1일 이내 등 추가 2일 이내로 실시, 총 72시간 이내 지원할 수 있도록 노력)하고 나중에 소득, 재산 등을 조사해 지원의 적정성을 심사한다.

② 단기 지원 원칙

위기상황에 처한 사람에게 일시적으로 신속하게 지원힌다.

지원이 종료되면 동일한 위기상황으로 인하여는 다시 지원할 수 없다(다만, 지원이 종료된 때부터 2년이 경과한 후에는 동일한 위기상황으로 다시 지원할 수 있다. 또한, 생계지원에 한해 동일 위기상황이라도 1년 경과 시 지원 가능함).

다른 위기상황이 발생하더라도 긴급지원이 종료된 때부터 3개월 이내에는 지원 불가하며, 생계지원의 경우에는 6개월 이내에 다른 위기상황이 발생하더라도 지원 불가하다.

③ 타 법률 중복지원 금지의 원칙(법 제3조제2항)

「재해구호법」·「국민기초생활 보장법」·「의료급여법」·「사회복지사업법」·「가정폭력 방지및 피해자보호 등에 관한 법률」·「성폭력방지 및 피해자보호 등에 관한 법률」·「사회복지공동모금회법」·「청소년복지 지원법」2)등 다른 법률에 의하여 긴급지원과 동일한 내용의 구호 · 보호나 지원을 받고 있는 경우에는 긴급지원 제외한다.

지원요청 또는 신고를 받은 때 시 · 군 · 구청장이 가구특성, 생활실태 등을 고려하여, 긴급복지보다는 국민기초생활보장, 의료급여, 시설보호 등 다른 법률에 의한 지원의 대상이 되는 것이 적합하다고 판단되는 경우에는 해당 지원에 적극적으로 연계하도록 한다.

다른 법률에 의한 지원이 결정되기 전까지 긴급지원대상자의 위기상황을 고려하여 긴급지원 가능하다.

④ **가구단위 지원의 원칙**

가구단위로 산정하여 지원하는 것을 원칙으로 한다(단, 위기상황의 중복확인은 긴급지원대상자 개인에게 한정됨에 유의).

다만, 의료 · 교육지원과 그 밖의 지원 중 해산비, 장제비는 해당 지원이 필요한 가구구성원 개인에게 지원한다(개인단위 지원).

(2) 지원대상

생계곤란 등 위기상황의 발생으로 생계유지 등이 곤란한 가구로 이는 위기상황에 처한 가구이다.

위기상황에 처한 가구란 주소득자(主所得者)가 사망, 가출, 행방불명, 구금시설에 수용되는 등의 사유로 소득을 상실한 경우, 중한 질병 또는 부상을 당한 경우, 가구구성원으로부터 방임(放任) 또는 유기(遺棄)되거나 학대 등을 당한 경우, 가정폭력 또는 가구구성원으로부터 성폭력을 당한 경우, 화재 또는 자연재해 등으로 인하여 거주하는 주택 또는 건물에서 생활하기 곤란한 경우, 주소득자 또는 부소득자의 휴업, 폐업 또는 사업장의 화재 등으로 인하여 실질적인 영업이 곤란하게 된 경우, 주소득자 또는 부소득자의 실직으로 소득을 상실한 경우, 보건복지부령으로 정하는 기준에 따라 지방자치단체의 조례로 정한 사유가 발생한 경우, 그 밖에 보건복지부 장관이 정하여 고시하는 경우이다.

보건복지부 장관이 정하여 고시하는 경우란 ① 주소득자와 이혼한 때, ② 단전된 경우(전류 제한기를 부설한 경우 포함), ③ 교정시설에서 출소한 자가 생계가 곤란한 경우, ④ 가족으로부터 방임(放任)·유기(遺棄) 또는 생계 곤란 등으로 노숙을 하는 경우, ⑤ 복지사각지대 발굴대상자, 통합사례관리 대상자 또는 자살고위험군으로서 관련 부서(기관)로부터 생계가 어렵다고 추천을 받은 경우, ⑥ (한시) 코로나19로 인하여 주소득자 또는 부소득자가 무급휴직 등으로 소득을 상실한 경우, ⑦ (한시) 코로나19로 인하여 자영업자, 특수형태근로종사자 또는 프리랜서인 주소득자 또는 부소득자의 소득이 급격히 감소한 경우이다.

(3) 지원종류 및 내용

〈표 8-1〉 긴급복지지원의 종류 및 내용

<table>
<tr><th colspan="3">종류</th><th>지원내용</th><th>최대횟수</th></tr>
<tr><td rowspan="4">금전
·
현물
지원</td><td rowspan="4">위기
상황
주지원
①</td><td>생계</td><td>• 식료품비, 의복비, 냉방비 등 1개월 생계유지비</td><td>6회</td></tr>
<tr><td>의료</td><td>• 각종 검사 및 치료 등 의료서비스
- 300만원 이내</td><td>2회</td></tr>
<tr><td>주거</td><td>• 국가·지자체 소유 또는 타인 소유의 임시거소 제공
- 지원상한액 내 실비 지원</td><td>12회</td></tr>
<tr><td>복지시설
이용</td><td>• 사회복지시설 입소 또는 이용서비스
- 지원상한액 내 실비 지원</td><td>6회</td></tr>
<tr><td rowspan="2">금전
·
현물
지원</td><td rowspan="2">부가
지원
②</td><td>교육</td><td>• 가구원 내 초·중·고등학생의 학용품비 등</td><td>2회
(4회)③</td></tr>
<tr><td>그밖의
지원</td><td>• 위기상황 발생으로 생계유지가 곤란한 사람에게 연료비, 해산비 등 지원
- 동절기(10월~3월) 연료비
- 해산비(700천원)·장제비(800천원)·전기요금(500천원 이내): 각 1회</td><td>1회
(연료비
6회)</td></tr>
<tr><td colspan="3">민간기관·단체
연계지원 등</td><td>• 사회복지공동모금회, 대한적십자사 등 민간의 긴급지원프로그램으로 연계
• 상담 등 기타 지원</td><td>횟수제한
없음</td></tr>
</table>

주 : ① 위기상황이 복합(複合)으로 나타난 경우 주지원 종류별 복합지원 가능

② 부가지원은 해당사항이 있을 경우 주지원과 병행 지원이 가능하나 반드시 지원해야 하는 것은 아니며, 예산 여건 등을 고려하여 지자체에서 병행 지원 여부 결정
③ 주거지원(최대 12개월)대상자의 교육지원 횟수는 최대 4회(분기)로, 분기별 지원해야 함에 주의
* 출처 : 보건복지부(2023), 2023 긴급복지지원사업 안내.

(4) 지원절차

대상자, 관계인의 지원요청/신고 발생 시, 현장확인 → 지원 결정 및 통보 → 지급 → 지원결정 후 1개월 내 사후조사 → 지원결정 후 3개월 내 적정성 심사 → 적정 시 지원종료 또는 지원연장 결정, 부적정 시 지원종료 및 환수 여부 결정 등으로 지원된다.

현장확인은 1일 이내에 실시하고, 사후조사 결과 기준초과 시 지원종료 3일 전까지 긴급지원심의위원회를 통해 지원의 적정/부적정 결정 후 처리한다.

5. 사회수당 및 기초연금법과 장애인연금법의 이해

1) 사회수당으로서 기초연금법

사회수당이라는 용어는 국가나 정부가 시민들에게 제공하는 금전적 지원을 가리키는 용어이다. 이러한 지원은 사회적으로 취약한 계층이나 어려운 상황에 처한 개인들을 지원하고 사회적 안녕을 증진하기 위해 제공된다. 사회수당은 정부 정책의 일부로서 사회적 공정성과 경제적 안정을 유지하기 위한 수단 중 하나로 사용된다.

일반적인 사회수당의 종류로는 다음과 같다.

첫째, 노령연금(수당)이다. 대부분의 국가에서는 고령자들에게 노후 생활을 보장하기 위해 노령연금을 제공하였다. 이는 일정한 연령에 도달한 시민들에게 매월 혹은 정해진 주기에 일정한 금액의 연금이 지급되는 형태이다.

둘째, 실업수당이다. 이는 일시적으로 일자리를 잃은 사람들에게 임시적인 금전적 지원을 제공하는 제도이다. 일정한 자격 요건을 충족하고 실업 보험에 가입한 사람들에게 실업수당이 지급될 수 있다.

셋째, 장애수당이다. 이는 신체적이나 정신적인 장애로 일상생활이 어려운 사람들에게 지원을 제공하는 제도이다. 장애 정도와 종류에 따라 다양한 수준의 수당이 지급된다.

넷째, 어린이수당이다. 이는 어린이들의 건강한 성장과 교육을 지원하기 위해 부모나 보호자에게 지급되는 수당이다. 어린이의 연령과 교육 단계에 따라 다양한 형태의 어린이수당이 시행될 수 있다.

다섯째, 주택수당이다. 이는 주거 비용 부담이 큰 가구나 개인들에게 주택 생활을 지원하기 위해 제공되는 수당이다. 주거 환경의 안정을 증진하고 주거 문제를 해결하기 위한 목적으로 시행될 수 있다.

이러한 측면에서 우리나라의 기초연금법, 장애인연금법 상의 노령연금(수당), 장애인연금(수당)은 본래 사회수당으로서 접근하고 있다. 물론, 관련 법에서 대상의 요건을 소득수준 등에 따른 자산조사를 실시하고 있기 때문에 사회수당이 아니라는 비판도 있으나, 그 본질은 사회수당으로 접근하는 것이 적절하다.

2) 기초연금법

(1) 제정 목적

이 법은 노인에게 기초연금을 지급하여 안정적인 소득기반을 제공함으로써 노인의 생활안정을 지원하고 복지를 증진함을 목적으로 한다(제1조).

(2) 주요 내용

① 기초연금 수급권자의 범위(제3조)

기초연금은 65세 이상인 사람으로서 소득인정액이 보건복지부장관이 정하여 고시하는 금액(이하 "선정기준액"이라 한다) 이하인 사람에게 지급한다(제1항).

보건복지부장관은 선정기준액을 정하는 경우 65세 이상인 사람 중 기초연금 수급자가 100분의 70 수준이 되도록 한다(제2항).

제1항에도 불구하고 다음 각 호의 어느 하나에 해당하는 연금의 수급권자와 그 배우자나 대통령령으로 정하는 사람과 그 배우자에게는 기초연금을 지급하지 아니한다(제3항).

② **기초연금액의 산정(제5조)**

기초연금 수급권자에 대한 기초연금의 금액(이하 "기초연금액"이라 한다)은 제2항 또는 제5조의2제1항에 따른 기준연금액(이하 "기준연금액"이라 한다)과 국민연금 급여액 등을 고려하여 산정한다(제1항)

기준연금액은 보건복지부장관이 그 전년도의 기준연금액에 대통령령으로 정하는 바에 따라 전국소비자물가변동률(「통계법」 제3조에 따라 통계청장이 매년 고시하는 전국소비자물가변동률을 말한다. 이하 같다)을 반영하여 매년 고시한다. 이 경우 그 고시한 기준연금액의 적용기간은 해당 조정연도 1월부터 12월까지로 한다(제2항)

제2항 전단에도 불구하고 2021년의 기준연금액은 30만원으로 한다(제3항) 등

③**기초연금 지급의 신청(제10조)**

기초연금을 지급받으려는 사람(이하 "기초연금 수급희망자"라 한다) 또는 보건복지부령으로 정하는 대리인은 특별자치시장 · 특별자치도지사 · 시장 · 군수 · 구청장(자치구의 구청장을 말한다. 이하 같다)에게 기초연금의 지급을 신청할 수 있다(제1항) 등

3) 장애인연금법

(1) 제정 목적

이 법은 장애로 인하여 생활이 어려운 중증장애인에게 장애인연금을 지급함으로써 중증장애인의 생활 안정 지원과 복지 증진 및 사회통합을 도모하는 데 이바

지함을 목적으로 한다(제1조).

(2) 주요 내용

① **중증장애인(제2조 제1호)**

「장애인복지법」 제32조에 따라 등록한 장애인 중 근로능력이 상실되거나 현저하게 감소되는 등 장애 정도가 중증인 사람으로서 대통령령으로 정하는 사람이다.

② **수급권자의 범위(제4조)**

수급권자는 18세 이상의 중증장애인으로서 소득인정액이 그 중증장애인의 소득 · 재산 · 생활수준과 물가상승률 등을 고려하여 보건복지부장관이 정하여 고시하는 금액(이하 "선정기준액"이라 한다) 이하인 사람으로 한다(제1항).

보건복지부장관은 선정기준액을 정하는 경우에 18세 이상의 중증장애인 중 수급자가 100분의 70 수준이 되도록 한다(제2항).

② **장애인연금의 종류 및 내용(제5조)**

기초급여이란 근로능력의 상실 또는 현저한 감소로 인하여 줄어드는 소득을 보전(補塡)하여 주기 위하여 지급하는 급여이다.

부가급여란 장애로 인하여 추가로 드는 비용의 전부 또는 일부를 보전하여 주기 위하여 지급하는 급여이다.

③ **기초급여액(제6조)**

기초급여의 금액(이하 "기초급여액"이라 한다)은 보건복지부장관이 그 전년도 기초급여액에 대통령령으로 정하는 바에 따라 전국소비자물가변동률(「통계법」 제3조에 따라 통계청장이 매년 고시하는 전국소비자물가변동률을 말한다)을 반영하여 매년 고시한다(제1항).

④ **부가급여액(제7조)**

부가급여액은 월정액으로 하며, 수급권자와 그 배우자의 소득 수준 및 장애로 인한 추가비용 등을 고려하여 대통령령으로 정한다.

6. 근로장려세제의 이해

1) 의미

근로장려세제(Earned Income Tax Credit : EITC)는 국가가 저소득층 근로자 가정에게 일정 기준에 따라 산정된 근로장려금을 지급함으로써 근로를 장려하고 생계를 지원하는 근로연계형 소득지원 제도이며, 흔히 근로장려금이라 불린다.

사회보험이나 국민기초생활보장제도의 혜택을 받지 못하는 저소득 근로자에게 정부가 생계비 등을 보조해주는 세금 제도임. 즉, 세금을 걷는 것이 아니라 반대로 지원해주기 때문에 마이너스 소득세라고도 한다.

국내에서 근로장려세제 도입은 2008년 세법개정을 통해 근로장려세제 급여체계 및 선정기준을 일부 완화하여 적용대상 및 최대급여액 등을 확대하여 2009년 최초로 급여신청 및 근로장려금 지급이 이루어졌고, 아시아 최초로 시행되었다는 의의가 있다.

산업구조와 노동시장 양극화 등으로 일은 하고 있으나 가난에서 벗어나지 못하는 저소득층이 증가하고 있어, 저소득가구의 근로를 유인하고 실질소득 지원을 위해 2009년에 근로장려금을 처음 지급한 이후 2015년에 자녀장려금 도입, 2019년에는 단독가구 연령제한 폐지, 재산 · 소득기준 완화, 근로장려금산정액을 상향하는 등 지급대상자와 지급금액을 확대해 왔으며, 지급주기를 단축해 더 빨리 지급받을 수 있도록 반기 지급제도를 신설하여 운용 중에 있다.

2) 성격

근로장려세제는 근로장려금을 세금환급의 형태로 지급하는 것을 말한다. 이는 근로빈곤층의 근로유인을 제고하고 실질소득을 지원하기 위한 근로연계형 소득지원제도이다. 근로장려세제는 납부할 세금을 공제하는 데 그치지 않고 납부할 세금이 없는 가구도 근로장려금을 현금으로 지급받을 수 있는 복지적 성격의 제도이다.

근로장려세제는 조세특례제한법에 포함되어 정부 입법절차를 거쳐 2006년 9월에 국회에 제출, 12월에 국회 의결 후 공포되었다.

3) 주요 내용

① 지원 요건

2009년 최초 지급 때는 소득파악이 용이한 근로소득자, 2012년에는 자영업자 중 보험설계사 · 방문판매원이 추가되었고, 2015년에는 모든 자영업자(전문직은 제외)로 확대되었으며, 2019년에는 종교인이 추가되었다.

지원 요건은 거주자를 포함한 1세대의 가구원 구성에 따라 정한 부부합산 총급여액 등을 기준으로 지급된다.

적용 단위는 가구 단위로 지원하며, 거주자와 그 배우자의 근로소득, 사업소득, 종교인소득을 합산("총급여액 등"이라 함)하여 장려금을 산정한다.

② 지원액

지급액은 소득에 따라 최대 연 300만 원을 지급한다.

③ 신청 기간

정기분 기준 5월 1일부터 5월 31일까지이며 기한 후 신청 기간은 6월 1일부터 11월 30일까지이다.

기한 후 신청하는 경우 장려금의 90%만 지급된다.

④ 지원일

5월 신청자는 9월(늦게 신청하는 경우 10월 이후로도 지급)에 지급되나, 3월에 반기지급제도를 따로 신청한 자는 6월에 지급된다.

⑤ 자녀장려세제

자녀장려세제(Child Tax Credit : CTC)는 18세 미만 부양자녀가 있는 경우 자녀 1인당 최대 70만원(최소 50만원)의 자녀장려금을 지급함으로써 자녀양육을 지원하는 제도이다.

▣ 학습문제

문제 1	
우리나라 공공부조제도의 특징으로 보기 어려운 것은? ① 필요한 재원 조달을 일반 조세를 통하여 마련함을 명시하고 있다. ② 주로 빈곤 등의 사회취약계층을 대상으로 하고 있다. ③ 대상자를 선정하기 위해 원조를 제공하는 기준이 보편주의를 원칙으로 하고 있다. ④ 빈곤에 대한 최후의 국가적 대응책을 명시하고 있는다. ⑤ 소득이전을 통해 소득의 재분배적 기능을 도모할 수 있도록 마련하고 있다.	
정답	③
해설	공공부조제도는 대상자를 선정하기 위해 원조를 제공하는 기준을 선별주의를 원칙으로 하고 있다.

문제 2	
「긴급복지지원법」 상 위기상황에 처한 가구가 아닌 경우는? ① 모든 질병 또는 부상을 당한 경우 ② 가정폭력 또는 가구구성원으로부터 성폭력을 당한 경우 ③ 가구구성원으로부터 방임 또는 유기되거나 학대 등을 당한 경우 ④ 주소득자 또는 부소득자의 실직으로 소득을 상실한 경우 ⑤ 주소득자가 사망 등의 사유로 소득을 상실한 경우	
정답	①
해설	모든 질병이 아닌 중한 질병 또는 부상을 당한 경우에 위기상황에 처한 가구로 인정된다.

문제 3	
긴급복지지원의 기본원칙으로 옳은 것은? ① 개인단위 지원의 원칙 ② 타 법률 중복지원의 원칙 ③ 단기 지원의 원칙 ④ 선조사 후지원의 원칙 ⑤ 부양의무 우선의 원칙	
정답	③
해설	긴급복지지원의 원칙은 선지원 후처리, 단기 지원, 타 법률 중복지원 금지, 가구단위 지원이다.

문제 4	
( ) 안에 들어갈 적합한 종류는? 기초연금 수급권자에 대한 기초연금의 금액(기초연금액)은 법 제2항 또는 제5조의2제1항에 따른 기준연금액과 (　　) 급여액 등을 고려하여 산정한다. ① 국민기초생활보장 ② 국민연금 ③ 노인장기요양 ④ 실업 ⑤ 산업재해보상	
정답	②
해설	기초연금액은 법 제2항 또는 제5조의2제1항에 따른 기준연금액과 국민연금 급여액 등을 고려하여 산정한다.

문제 5	
장애로 인하여 생활이 어려운 중증장애인에게 장애인연금을 지급함으로써 중증장애인의 생활 안정 지원과 복지 증진 및 사회통합을 도모하는 데 이바지함을 목적으로 하고 있는 법률은? ① 장애인복지법 ② 장애인연금법 ③ 국민연금법 ④ 긴급복지지원법 ⑤ 장애인활동법	
정답	②
해설	「장애인연금법」제1조에서 "이 법은 장애로 인하여 생활이 어려운 중증장애인에게 장애인연금을 지급함으로써 중증장애인의 생활 안정 지원과 복지 증진 및 사회통합을 도모하는 데 이바지함을 목적으로 한다."고 규정되어 있다.

9장

사회보험법제의 구성과 개별 법령

KEY WORD :

학 습 목 표

1. 우리나라 사회보험법의 체계를 설명할 수 있다.
2. 개별 사회보험법의 조문을 해석할 수 있다.

1. 사회보험법제의 의의와 구성

(1) 사회보험법제의 의의

사회보험제도는 국가에서 시행하는 보험제도로서, 국민들이 사회적 위험과 불확실성에 대비하여 경제적 보호를 받을 수 있도록 하는 시스템을 말한다. 이는 주로 건강보험, 국민연금, 고용보험 등 다양한 분야에서 시행되며, 각각의 분야별로 법적으로 규정된 내용에 따라 운영된다. 이처럼 각각의 사회보험제도를 규제하고 운영하는 법률을 사회보험법제라고 할 수 있다.

사회보험법은 국민들의 경제적 안정과 보호를 위해 사회보험제도를 설계하고 운영하는 법률로, 경제적 보호, 사회적 안정, 사회적 평등, 공공의 복지 강화 등 우리 사회를 발전시키고 국민을 스스로 건강하게 하는 역할을 한다는 것에서 의의를 찾을 수 있다.

첫째, 사회보험법제는 국민들이 병, 사고, 노령 등으로 인해 발생할 수 있는 경제적인 위험과 손실에 대비하여 보호한다. 예를 들어 건강보험은 의료비 부담을 경감시켜 의료 서비스에 대한 접근성을 향상시키며, 국민연금은 노후에 경제적으로 안정적인 생활을 할 수 있도록 돕는 역할을 한다.

둘째, 사회보험법제는 개인의 경제적 불확실성을 줄여주어 사회 전반적으로 안정감을 제공한다. 이는 노동자들이 안정적인 생활을 유지하며 경제적인 활동을 지속할 수 있도록 도와준다.

셋째, 사회보험법제는 모든 국민에게 동등한 기회를 제공하여 사회적으로 불평등한 상황을 완화하고 경제적으로 취약한 계층들의 복지를 증진시킨다. 이는 사회적 평등과 사회적 포용을 강화하는데 기여한다.

넷째, 사회보험법제는 개인의 노력과 자원만으로는 충분히 대비하기 어려운 위험 상황에 대한 공공의 역할을 강조한다. 이를 통해 사회 전반적인 복지를 증진시키고 국가의 공공적 책임을 강화한다.

요약하면, 사회보험법제은 사회적 위험이 발생하기 전에 보험료를 납부해서 보험관계를 성립시키고 사회적 위험이 현재화되면 급여를 지급하는 사회보험에 관한 사항을 규율하는 것이다.

(2) 사회보험법제의 특징

사회보험법제는 국민의 경제적 보호와 안정을 위해 중요한 역할을 수행하고 있는 것으로, 다음과 같은 특징을 가지고 있다.

첫째, 대부분의 사회보험법제는 근로자와 사업주 등이 의무적으로 가입해야 한다는 것이다. 이를 통해 모든 국민이 보험 혜택을 받을 수 있도록 보장하고, 보험기금을 유지하며 제도의 지속 가능성을 보장한다.

둘째, 사회보험법제는 사고, 질병, 노령 등으로 인한 손실을 경감하기 위해 보험금을 지원한다. 이로써 개인이 위험에 노출될 경우 경제적인 어려움을 최소화하고 보다 안정적인 생활을 유지할 수 있도록 돕는다.

셋째, 사회보험법제는 건강보험, 국민연금 등과 같은 의무적인 보험과 함께 개인이 선택적으로 가입할 수 있는 자유보험 및 자체보험 등이 같이 포함될 수 있다. 이렇게 다양한 유형의 보험을 제공하여 다양한 필요에 부합하는 보험 혜택을 받을 수 있도록 한다.

넷째, 사회보험법제는 보험료, 공적 자금 등을 통해 자금을 조달하여 보험금을 지원한다. 이를 통해 보험 기금을 유지하고 사회적 위험에 대비할 수 있는 자금을 확보한다.

다섯째, 사회보험법제는 사회적으로 취약한 계층이나 소득이 낮은 국민들에게 특별한 보호를 제공하여 사회적 평등을 강화한다. 이를 통해 경제적으로 불평등한 상황을 완화하고 사회 안정성을 증진시킨다.

여섯째, 사회보험법제는 정부의 감독과 관리 아래에서 운영된다. 정부는 보험제도의 안정성과 투명성을 유지하며 국민들의 이익을 보호하기 위해 관련 법률과 규정을 제정하고 시행한다.

일곱째, 사회보험법제는 사회와 경제의 변화에 적응하여 조정되어야 한다. 인구구조 변화, 경제적 변동 등에 따라 보험제도도 조정되며, 지속적인 평가와 개선이 이루어진다.

여덟째, 사회보험법제는 건강보험, 고용보험, 국민연금 등 다양한 분야에서 다양한 혜택을 제공한다. 이는 국민들의 다양한 필요와 상황에 맞춰 보험 제도를 조정하여 경제적인 안정을 제공하는데 목적이 있다.

(3) 사회보험법제의 구성

우리나라에서 사회보험법은 「국민건강보험법」, 「국민연금법」, 「공무원연금법」, 「공무원 재해보상법」, 「사립학교교직원 연금법」, 「군인연금법」, 「산업재해보상보험법」, 「고용보험법」, 그리고 「노인장기요양보험법」 등으로 체계화되어 있다.

2. 국민연금법의 이해

1) 제정 목적

이 법은 국민의 노령, 장애 또는 사망에 대하여 연금급여를 실시함으로써 국민의 생활 안정과 복지 증진에 이바지하는 것을 목적으로 한다(제1조).

2) 주요 연혁

(1) 1973년 12월 24일 제정(법률 제2655호)

국민의 노령 · 폐질 또는 사망등에 대하여 연금급여를 실시함으로써 국민의 생활안정과 복지증진에 기여하려는 것을 목적으로 1973년 12월 24일 제정(법률 제2655호)되었으며, 제정된 주요 내용은 다음과 같다.

첫째, 국내에 거주하는 18세이상 60세미만의 국민은 국민연금가입대상이 되도록 한다.

둘째, 국민연금가입자의 종류는 제1종가입자와 제2종가입자로 구분한다.

셋째, 급여의 종류를 노령연금 · 장해연금 · 유족연금 · 반환일시금으로 정한다.

넷째, 시행은 그 다음 해인 1974년 1월 1일부터 시행한다(단, 국민생활의안정을 위한대통령긴급조치 제3호에 의하여 1974년 12월 31일까지 효력이 정지되었다).

(2) 1986년 12월 31일 전부개정(법률 제3902호)

국민복지연금법이 1973년 12월 24일에 제정된 이래 그 시행일을 미루었으나, 그 기간 동안 평균수명이 연장되고 대부분의 가족구조가 핵가족화됨에 따라 국민의 노후대책을 마련하고 사업장에서의 각종 사고로 인하여 소득능력을 잃은 사람등에 대한 생활보장을 위하여 1988년부터 국민연금제도를 실시하기 위하여 다음과 같은 사항을 1986년 12월 31일 전부개정하게 되었다.

첫째, 제명을 국민연금법으로 변경하였다.

둘째, 국민연금에 가입할 수 있는 자는 18세이상 60세미만의 국민으로 하되, 공무원연금법 · 군인연금법 및 사립학교교원연금법의 적용을 받는 공무원 · 군인 · 사립학교교직원등은 제외하였다.

셋째, 국민연금의 가입자는 사업장가입자 · 지역가입자 및 임의계속가입자로 구분하였다.

넷째, 급여의 종류는 노령연금 · 장해연금 · 유족연금 및 반환일시금으로 하였다.

다섯째, 국민연금사업에 소요되는 비용에 충당하기 위하여 가입자 및 사용자로부터 갹출료를 징수하였다.

여섯째, 이 법에 의한 가입자격, 갹출료, 급여등에 이의가 있는 경우에는 1차로 국민연금관리공단에 이의신청을 할 수 있도록 하고, 2차로 보건사회부에 설치된 국민연금심사위원회에 심사청구를 할 수 있도록 하였다.

일곱째, 국민연금사업에 필요한 재원을 원활하게 확보하고, 각종 급여에 충당하기 위한 책임준비금으로서 국민연금기금을 설치 · 운영하도록 하였다.

여덟째, 보건사회부장관의 위탁을 받아 국민연금사업을 수행하게 하기 위하여 국민연금관리공단을 설립하여 운영하도록 하였다.

아홉째, 1988년 1월 1일부터 국민연금사업을 실시하였다.

(3) 2007년 7월 23일 전부개정(법률 제8541호)

군복무로 인한 소득 상실로 국민연금에 가입할 수 없는 자에게 병역의무를 이행한 기간 중 일부를 노령연금 산정 시 국민연금 가입기간으로 인정하도록 하고, 둘째 자녀 이상 출산 시 국민연금 가입기간을 추가로 인정하도록 하며, 인구구조의 급속한 고령화에 대비하여 세대간 형평성을 높이기 위하여 국민연금의 급여수준을 조정하고, 유족연금수급에 있어 남녀차별적인 요소를 개선하는 등 현행 제도의 운영상 나타난 미비점을 개선 · 보완하는 것을 목적으로 2007년 7월 23일 전부개정되었다.

첫째, 포괄적으로 규정되어 있는 소득의 정의를 법에 명확하게 규정하여 가입자의 연금보험료 산정기준인 소득의 범위에 대한 논란의 소지를 해소하였다.

둘째, 연금보험료의 부과기준인 표준소득월액의 등급체계는 신축적인 조정이 어렵고 전산 발달에 따라 실익이 없으므로 등급제를 폐지하고, 가입자의 소득월액을 기준으로 하여 대통령령으로 정하는 금액을 기준소득월액으로 하여 연금보험료를 부과하도록 하였다.

셋째, 병역의무를 이행한 자에게 군복무기간 중 6개월을 국민연금 가입기간으로 인정하여 노령연금을 지급함으로써 군복무의 사회적 중요성 인식 및 개인의 기회비용을 보상할 수 있도록 하였다.

넷째, 고령화 사회에 대비한 출산 장려를 위하여 2 이상의 자녀가 있는 가입자 또는 가입자이었던 자에게는 둘째 자녀에 대하여 12개월을, 셋째 자녀부터는 18개월을 국민연금 가입기간에 추가로 인정함으로써 연금액이 인상되거나 연금수급권을 취득하는 자가 늘어나도록 하고, 이에 필요한 재원은 국가가 일부 또는 전부를 지원하도록 하였다.

다섯째, 국민연금의 장기재정 안정을 도모하고, 자녀세대의 부담을 완화하기 위하여 평균적인 소득이 있는 자가 40년 동안 가입할 경우 지급하는 급여수준을 현행 평균소득액의 60퍼센트에서 2008년에는 50퍼센트로 하고, 2009년부터 매년 단계적으로 낮춰 2028년에는 40퍼센트로 인하하되, 기존 수급자 및 기존 가입기간에 대하여는 종전대로 지급하여 기득권을 보장하였다.

여섯째, 가입자의 불만이 많았던 중복급여 조정제도를 개선하여 2 이상의 급여 수급권이 발생한 경우 선택하지 아니한 급여가 유족연금이거나 반환일시금일 때에는 선택하지 아니한 급여의 일부를 선택한 급여에 추가하여 받을 수 있도록 하였다.

일곱째, 이혼한 배우자에게 지급되는 분할연금을 그 배우자가 재혼하는 경우에도 계속 지급받을 수 있도록 하고, 자신의 노령연금과 함께 지급받을 수 있도록 하여 분할연금 수급권을 강화하였다.

여덟째, 유족연금에 있어 남녀차별적인 요소를 개선하여 성별에 관계없이 수급 재개연령을 55세로 동일하게 조정하였다.

3) 법적 체계

(1) 상하 체계

- 법률 **국민연금법** [시행 2024. 1. 18.] [법률 제19839호, 2023. 12. 26., 타법개정] 본문 3단비교 판례등
  - 시행령 **국민연금법 시행령** [시행 2024. 1. 23.] [대통령령 제34163호, 2024. 1. 23., 일부개정]
    - 시행규칙 **국민연금법 시행규칙** [시행 2024. 1. 23.] [보건복지부령 제993호, 2024. 1. 23., 일부개정]
    - 행정규칙
      - 고시 국민연금 기준소득월액 하한액과 상한액 [시행 2023. 7. 1.] [고시 제2023-46호, 2023. 3. 22., 일부개정]
      - 고시 국민연금 사업장 가입대상이 되는 일용근로자 및 단시간근로자의 소득 기준에 관한 고시 [시행 2022. 7. 1.] [고시 제2022-167호, 2022. 7. 1., 타법개정]
      - 고시 국민연금 장애심사규정 [시행 2023. 1. 1.] [고시 제2022-279호, 2022. 12. 22., 일부개정]
      - 고시 국민연금 재평가율 및 연금액 조정 [시행 2024. 1. 19.] [고시 제2024-5호, 2024. 1. 19., 일부개정]
      - 고시 국민연금법 시행령 제2조 제1호 가목에 따른 사업장에 관한 고시 [시행 2021. 12. 8.] [고시 제2021-297호, 2021. 12. 8., 일부개정]
      - 고시 납부사실 증명의 예외에 관한 고시 [시행 2022. 12. 30.] [고시 제2022-315호, 2022. 12. 30., 타법개정]
      - 고시 농어업인 연금보험료 지원관련 기준소득금액 [시행 2023. 1. 1.] [고시 제2022-300호, 2022. 12. 27., 일부개정]
      - 고시 농어업인의 범위 관련 소득 및 재산 기준 고시 [시행 2023. 7. 1.] [고시 제2023-112호, 2023. 6. 27., 일부개정]
      - 고시 사업장가입자의 기준소득월액 변경신청 기준 고시 [시행 2023. 3. 22.] [고시 제2023-47호, 2023. 3. 22., 일부개정]
      - 고시 소규모사업장 저소득근로자에 대한 연금보험료 지원 등에 관한 고시 [시행 2024. 1. 1.] [고시 제2023-263호, 2023. 12. 29., 일부개정]
      - 고시 실업에 대한 가입기간 추가 산입에 관한 고시 [시행 2022. 8. 1.] [고시 제2022-179호, 2022. 7. 29., 일부개정]
      - 고시 저소득 지역가입자 연금보험료 지원 등에 관한 고시 [시행 2024. 1. 1.] [고시 제2023-262호, 2023. 12. 29., 일부개정]
      - 고시 택시운송업 특별고용지원 업종 지정 고시 [시행 2024. 1. 1.] [고시 제2023-93호, 2023. 12. 29., 일부개정]
  - 행정규칙
    - 고시 국민연금 재평가율 및 연금액 조정 [시행 2024. 1. 19.] [고시 제2024-5호, 2024. 1. 19., 일부개정]
    - 고시 농어업인 연금보험료 지원관련 기준소득금액 [시행 2023. 1. 1.] [고시 제2022-300호, 2022. 12. 27., 일부개정]
    - 고시 실업에 대한 가입기간 추가 산입에 관한 고시 [시행 2022. 8. 1.] [고시 제2022-179호, 2022. 7. 29., 일부개정]

(2) 내용적 체계

총 9개의 장과 부칙으로 구성되어 있고, 개별 조문은 132조까지 명시되어 있다.

4) 주요 내용

(1) 국가의 책무와 국민연금심의위원회

제3조의2(국가의 책무) 국가는 이 법에 따른 연금급여가 안정적 · 지속적으로 지급되도록 필요한 시책을 수립 · 시행하여야 한다.

● 제4조(국민연금 재정 계산 및 장기재정균형 유지)

① 이 법에 따른 급여 수준과 연금보험료는 국민연금 재정이 장기적으로 균형을 유지할 수 있도록 조정(調整)되어야 한다.

② 보건복지부장관은 대통령령으로 정하는 바에 따라 5년마다 국민연금 재정 수지를 계산하고, 국민연금의 재정 전망과 연금보험료의 조정 및 국민연금기금의 운용 계획 등이 포함된 국민연금 운영 전반에 관한 계획을 수립하여 국무회의의 심의를 거쳐 대통령의 승인을 받아야 하며, 승인받은 계획을 해당 연도 10월 말까지 국회에 제출하여 소관 상임위원회에 보고하고, 대통령령으로 정하는 바에 따라 공시하여야 한다. 다만, 급격한 경기변동 등으로 인하여 필요한 경우에는 5년이 지나지 아니하더라도 새로 국민연금 재정 수지를 계산하고 국민연금 운영 전반에 관한 계획을 수립할 수 있다.

③ 이 법에 따른 연금보험료, 급여액, 급여의 수급 요건 등은 국민연금의 장기재정 균형 유지, 인구구조의 변화, 국민의 생활수준, 임금, 물가, 그 밖에 경제사정에 뚜렷한 변동이 생기면 그 사정에 맞게 조정되어야 한다.

● 제5조(국민연금심의위원회)

① 국민연금사업에 관한 다음 사항을 심의하기 위하여 보건복지부에 국민연금심의위원회를 둔다.

1. 국민연금제도 및 재정 계산에 관한 사항
2. 급여에 관한 사항
3. 연금보험료에 관한 사항
4. 국민연금기금에 관한 사항
5. 그 밖에 국민연금제도의 운영과 관련하여 보건복지부장관이 회의에 부치는 사항

② 국민연금심의위원회는 위원장·부위원장 및 위원으로 구성하되, 위원장은 보건복지부차관이 되고, 부위원장은 공익을 대표하는 위원 중에서 호선(互選)하며, 위원은 다음 구분에 따라 보건복지부장관이 지명하거나 위촉한다.

1. 사용자를 대표하는 위원으로서 사용자 단체가 추천하는 자 4명
2. 근로자를 대표하는 위원으로서 근로자 단체가 추천하는 자 4명
3. 지역가입자를 대표하는 위원으로서 다음의 자
   가. 농어업인 단체가 추천하는 자 2명
   나. 농어업인 단체 외의 자영자(自營者) 관련 단체가 추천하는 자 2명
   다. 소비자단체와 시민단체가 추천하는 자 2명
4. 수급자를 대표하는 위원 4명
5. 공익을 대표하는 위원으로서 국민연금에 관한 전문가 5명

③ 국민연금심의위원회의 구성 및 운영 등에 필요한 사항은 대통령령으로 정한다.

(2) 가입 대상 및 종류

● 제6조(가입 대상)

국내에 거주하는 국민으로서 18세 이상 60세 미만인 자는 국민연금 가입 대상이 된다. 다만, 「공무원연금법」, 「군인연금법」, 「사립학교교직원 연금법」 및 「별정우체국법」을 적용받는 공무원, 군인, 교직원 및 별정우체국 직원, 그 밖에 대통령령으로 정하는 자는 제외한다.

● 제7조(가입자의 종류)

가입자는 사업장가입자, 지역가입자, 임의가입자 및 임의계속가입자로 구분한다.

● 제8조(사업장가입자)

① 사업의 종류, 근로자의 수 등을 고려하여 대통령령으로 정하는 사업장(이하 "당연적용사업장"이라 한다)의 18세 이상 60세 미만인 근로자와 사용자는 당연히 사업장가입자가 된다. 다만, 다음 각 호의 어느 하나에 해당하는 자는 제외한다.

1. 「공무원연금법」, 「공무원 재해보상법」, 「사립학교교직원 연금법」 또는 「별정우체국법」에 따른 퇴직연금, 장해연금 또는 퇴직연금일시금이나 「군인연금법」에 따른 퇴역연금, 퇴역연금일시금, 「군인 재해보상법」에 따른 상이연금을 받을 권리를 얻은 자(이하 "퇴직연금등수급권자"라 한다). 다만, 퇴직연금등수급권자가 「국민연금과 직역연금의 연계에 관한 법률」 제8조에 따라 연계 신청을 한 경우에는 그러하지 아니하다.
2. 삭제 〈2011. 6. 7.〉

② 제1항 및 제6조에도 불구하고 국민연금에 가입된 사업장에 종사하는 18세 미만 근로자는 사업장가입자가 되는 것으로 본다. 다만, 본인이 원하지 아니하면 사업장가입자가 되지 아니할 수 있다.

③ 제1항에도 불구하고 「국민기초생활 보장법」 제7조제1항제1호에 따른 생계급여 수급자 또는 같은 항 제3호에 따른 의료급여 수급자는 본인의 희망에 따라 사업장가입자가 되지 아니할 수 있다. 〈신설 2011. 6. 7., 2015. 12. 29.〉

● 제9조(지역가입자)

제8조에 따른 사업장가입자가 아닌 자로서 18세 이상 60세 미만인 자는 당연히 지역가입자가 된다. 다만, 다음 각 호의 어느 하나에 해당하는 자는 제외한다.

1. 다음 각 목의 어느 하나에 해당하는 자의 배우자로서 별도의 소득이 없는 자
   가. 제6조 단서에 따라 국민연금 가입 대상에서 제외되는 자

나. 사업장가입자, 지역가입자 및 임의계속가입자
다. 삭제 〈2016. 5. 29.〉
라. 노령연금 수급권자 및 퇴직연금등수급권자

2. 퇴직연금등수급권자. 다만, 퇴직연금등수급권자가 「국민연금과 직역연금의 연계에 관한 법률」 제8조에 따라 연계 신청을 한 경우에는 그러하지 아니하다.
3. 18세 이상 27세 미만인 자로서 학생이거나 군 복무 등의 이유로 소득이 없는 자(연금보험료를 납부한 사실이 있는 자는 제외한다)
4. 「국민기초생활 보장법」 제7조제1항제1호에 따른 생계급여 수급자 또는 같은 항 제3호에 따른 의료급여 수급자
5. 1년 이상 행방불명된 자. 이 경우 행방불명된 자에 대한 인정 기준 및 방법은 대통령령으로 정한다.

● 제10조(임의가입자)

① 다음 각 호의 어느 하나에 해당하는 자 외의 자로서 18세 이상 60세 미만인 자는 보건복지부령으로 정하는 바에 따라 국민연금공단에 가입을 신청하면 임의가입자가 될 수 있다.

1. 사업장가입자
2. 지역가입자

② 임의가입자는 보건복지부령으로 정하는 바에 따라 국민연금공단에 신청하여 탈퇴할 수 있다.

● 제13조(임의계속가입자)

① 다음 각 호의 어느 하나에 해당하는 자는 제6조 본문에도 불구하고 65세가 될 때까지 보건복지부령으로 정하는 바에 따라 국민연금공단에 가입을 신청하면 임의계속가입자가 될 수 있다. 이 경우 가입 신청이 수리된 날에 그 자격을 취득한다.

1. 국민연금 가입자 또는 가입자였던 자로서 60세가 된 자. 다만, 다음 각 목의 어느 하나에 해당하는 자는 제외한다.

가. 연금보험료를 납부한 사실이 없는 자
나. 노령연금 수급권자로서 급여를 지급받고 있는 자
다. 제77조제1항제1호에 해당하는 사유로 반환일시금을 지급받은 자
2. 전체 국민연금 가입기간의 5분의 3 이상을 대통령령으로 정하는 직종의 근로자로 국민연금에 가입하거나 가입하였던 사람(이하 "특수직종근로자"라 한다)으로서 다음 각 목의 어느 하나에 해당하는 사람 중 노령연금 급여를 지급받지 않는 사람
가. 제61조제1항에 따라 노령연금 수급권을 취득한 사람
나. 법률 제3902호 국민복지연금법개정법률 부칙 제5조에 따라 특례노령연금 수급권을 취득한 사람

② 임의계속가입자는 보건복지부령으로 정하는 바에 따라 국민연금공단에 신청하면 탈퇴할 수 있다.

③ 임의계속가입자는 다음 각 호의 어느 하나에 해당하게 된 날의 다음 날에 그 자격을 상실한다. 다만, 제3호의 경우 임의계속가입자가 납부한 마지막 연금보험료에 해당하는 달의 말일이 탈퇴 신청이 수리된 날보다 같거나 빠르고 임의계속가입자가 희망하는 경우에는 임의계속가입자가 납부한 마지막 연금보험료에 해당하는 달의 말일에 그 자격을 상실한다.

1. 사망한 때
2. 국적을 상실하거나 국외로 이주한 때
3. 제2항에 따른 탈퇴 신청이 수리된 때
4. 대통령령으로 정하는 기간 이상 계속하여 연금보험료를 체납한 때

(3) 국민연금공단

● 제24조(국민연금공단의 설립)

보건복지부장관의 위탁을 받아 제1조의 목적을 달성하기 위한 사업을 효율적으로 수행하기 위하여 국민연금공단(이하 "공단"이라 한다)을 설립한다.

제25조(공단의 업무) 공단은 다음의 업무를 한다.

1. 가입자에 대한 기록의 관리 및 유지

2. 연금보험료의 부과
3. 급여의 결정 및 지급
4. 가입자, 가입자였던 자, 수급권자 및 수급자를 위한 자금의 대여와 복지시설의 설치 · 운영 등 복지사업
5. 가입자 및 가입자였던 자에 대한 기금증식을 위한 자금 대여사업
6. 제6조의 가입 대상(이하 "가입대상"이라 한다)과 수급권자 등을 위한 노후준비 서비스 사업
7. 국민연금제도 · 재정계산 · 기금운용에 관한 조사연구
8. 국민연금기금 운용 전문인력 양성
9. 국민연금에 관한 국제협력
10. 그 밖에 이 법 또는 다른 법령에 따라 위탁받은 사항
11. 그 밖에 국민연금사업에 관하여 보건복지부장관이 위탁하는 사항

(4) 급여의 종류

제49조(급여의 종류) 이 법에 따른 급여의 종류는 다음과 같다.

1. 노령연금
2. 장애연금
3. 유족연금
4. 반환일시금

● 제61조(노령연금 수급권자)

① 가입기간이 10년 이상인 가입자 또는 가입자였던 자에 대하여는 60세(특수직종근로자는 55세)가 된 때부터 그가 생존하는 동안 노령연금을 지급한다.

② 가입기간이 10년 이상인 가입자 또는 가입자였던 자로서 55세 이상인 자가 대통령령으로 정하는 소득이있는 업무에 종사하지 아니하는 경우 본인이 희망하면 제1항에도 불구하고 60세가 되기 전이라도 본인이 청구한 때부터 그가 생존하는 동안 일정한 금액의 연금(이하 "조기노령연금"이라 한다)을 받을 수 있다.

● 제67조(장애연금의 수급권자)

① 가입자 또는 가입자였던 자가 질병이나 부상으로 신체상 또는 정신상의 장애가 있고 다음 각 호의 요건을 모두 충족하는 경우에는 장애 정도를 결정하는 기준이 되는 날(이하 "장애결정 기준일"이라 한다)부터 그 장애가 계속되는 기간 동안 장애 정도에 따라 장애연금을 지급한다.

1. 해당 질병 또는 부상의 초진일 당시 연령이 18세(다만, 18세 전에 가입한 경우에는 가입자가 된 날을 말한다) 이상이고 노령연금의 지급 연령 미만일 것
2. 다음 각 목의 어느 하나에 해당할 것
   가. 해당 질병 또는 부상의 초진일 당시 연금보험료를 낸 기간이 가입대상기간의 3분의 1 이상일 것
   나. 해당 질병 또는 부상의 초진일 5년 전부터 초진일까지의 기간 중 연금보험료를 낸 기간이 3년 이상일 것. 다만, 가입대상기간 중 체납기간이 3년 이상인 경우는 제외한다.
   다. 해당 질병 또는 부상의 초진일 당시 가입기간이 10년 이상일 것

② 제1항에 따른 장애결정 기준일은 다음 각 호에서 정하는 날로 한다.

1. 초진일부터 1년 6개월이 지나기 전에 완치일이 있는 경우 : 완치일
2. 초진일부터 1년 6개월이 지날 때까지 완치일이 없는 경우 : 초진일부터 1년 6개월이 되는 날의 다음 날
3. 제2호에 따른 초진일부터 1년 6개월이 되는 날의 다음 날에 장애연금의 지급대상이 되지 아니하였으나, 그 후 그 질병이나 부상이 악화된 경우 : 장애연금의 지급을 청구한 날(제61조에 따른 노령연금 지급연령 전에 청구한 경우만 해당한다. 이하 이 조에서 "청구일"이라 한다)과 완치일 중 빠른 날
4. 제70조제1항에 따라 장애연금의 수급권이 소멸된 사람이 장애연금 수급권을 취득할 당시의 질병이나 부상이 악화된 경우 : 청구일과 완치일 중 빠른 날

③ 제1항에 따라 장애연금의 지급 대상이 되는 경우에도 불구하고 다음 각 호의 어느 하나에 해당되는 경우에는 장애연금을 지급하지 아니한다.

1. 초진일이 제6조 단서에 따라 가입 대상에서 제외된 기간 중에 있는 경우
2. 초진일이 국외이주 · 국적상실 기간 중에 있는 경우

3. 제77조에 따라 반환일시금을 지급받은 경우

④ 장애 정도에 관한 장애등급은 1급, 2급, 3급 및 4급으로 구분하되, 등급 구분의 기준과 장애 정도의 심사에 관한 사항은 대통령령으로 정한다.

● 제72조(유족연금의 수급권자)

① 다음 각 호의 어느 하나에 해당하는 사람이 사망하면 그 유족에게 유족연금을 지급한다.

1. 노령연금 수급권자
2. 가입기간이 10년 이상인 가입자 또는 가입자였던 자
3. 연금보험료를 낸 기간이 가입대상기간의 3분의 1 이상인 가입자 또는 가입자였던 자
4. 사망일 5년 전부터 사망일까지의 기간 중 연금보험료를 낸 기간이 3년 이상인 가입자 또는 가입자였던 자. 다만, 가입대상기간 중 체납기간이 3년 이상인 사람은 제외한다.
5. 장애등급이 2급 이상인 장애연금 수급권자

② 제1항에도 불구하고 같은 항 제3호 또는 제4호에 해당하는 사람이 다음 각 호의 기간 중 사망하는 경우에는 유족연금을 지급하지 아니한다.

1. 제6조 단서에 따라 가입 대상에서 제외되는 기간
2. 국외이주 · 국적상실 기간

● 제77조(반환일시금)

① 가입자 또는 가입자였던 자가 다음 각 호의 어느 하나에 해당하게 되면 본인이나 그 유족의 청구에 의하여 반환일시금을 지급받을 수 있다.

1. 가입기간이 10년 미만인 자가 60세가 된 때
2. 가입자 또는 가입자였던 자가 사망한 때. 다만, 제72조에 따라 유족연금이 지급되는 경우에는 그러하지 아니하다.
3. 국적을 상실하거나 국외로 이주한 때

② 제1항에 따른 반환일시금의 액수는 가입자 또는 가입자였던 자가 납부한 연

금보험료(사업장가입자 또는 사업장가입자였던 자의 경우에는 사용자의 부담금을 포함한다)에 대통령령으로 정하는 이자를 더한 금액으로 한다.

③ 제1항에 따라 반환일시금의 지급을 청구할 경우 유족의 범위와 청구의 우선순위 등에 관하여는 제73조를 준용한다.

(5) 급여의 지급

● 제50조(급여 지급)

① 급여는 수급권자의 청구에 따라 공단이 지급한다.

② 연금액은 지급사유에 따라 기본연금액과 부양가족연금액을 기초로 산정한다.

● 제51조(기본연금액)

① 수급권자의 기본연금액은 다음 각 호의 금액을 합한 금액에 1천분의 1천200을 곱한 금액으로 한다. 다만, 가입기간이 20년을 초과하면 그 초과하는 1년(1년 미만이면 매 1개월을 12분의 1년으로 계산한다)마다 본문에 따라 계산한 금액에 1천분의 50을 곱한 금액을 더한다.

1. 다음 각 목에 따라 산정한 금액을 합산하여 3으로 나눈 금액

가. 연금 수급 3년 전 연도의 평균소득월액을 연금 수급 3년 전 연도와 대비한 연금 수급 전년도의 전국소비자물가변동률(「통계법」 제3조에 따라 통계청장이 매년 고시하는 전국소비자물가변동률을 말한다. 이하 이 조에서 같다)에 따라 환산한 금액

나. 연금 수급 2년 전 연도의 평균소득월액을 연금 수급 2년 전 연도와 대비한 연금 수급 전년도의 전국소비자물가변동률에 따라 환산한 금액

다. 연금 수급 전년도의 평균소득월액

2. 가입자 개인의 가입기간 중 매년 기준소득월액을 대통령령으로 정하는 바에 따라 보건복지부장관이 고시하는 연도별 재평가율에 의하여 연금 수급 전년도의 현재가치로 환산한 후 이를 합산한 금액을 총 가입기간으로 나눈 금액. 다만, 다음 각 목에 따라 산정하여야 하는 금액은 그 금액으로 한다.

가. 제17조제2항 단서 및 같은 조 제3항제1호에 따라 산입되는 가입기간의 기준

소득월액은 이 호 각 목 외의 부분 본문에 따라 산정한 금액의 2분의 1에 해당하는 금액

나. 제18조에 따라 추가로 산입되는 가입기간의 기준소득월액은 제1호에 따라 산정한 금액의 2분의 1에 해당하는 금액

다. 제19조에 따라 추가로 산입되는 가입기간의 기준소득월액은 제1호에 따라 산정한 금액

② 제1항 각 호의 금액을 수급권자에게 적용할 때에는 연금 수급 2년 전 연도와 대비한 전년도의 전국소비자물가변동률을 기준으로 그 변동률에 해당하는 금액을 더하거나 빼되, 미리 제5조에 따른 국민연금심의위원회의 심의를 거쳐야 한다.

③ 제2항에 따라 조정된 금액을 수급권자에게 적용할 때 그 적용 기간은 해당 조정연도 1월부터 12월까지로 한다.

● 제52조(부양가족연금액)

① 부양가족연금액은 수급권자(유족연금의 경우에는 사망한 가입자 또는 가입자였던 자를 말한다)를 기준으로 하는 다음 각 호의 자로서 수급권자에 의하여 생계를 유지하고 있는 자에 대하여 해당 호에 규정된 각각의 금액으로 한다. 이 경우 생계유지에 관한 대상자별 인정기준은 대통령령으로 정한다.

3. 국민건강보험법의 이해

1) 제정 목적

이 법은 국민의 질병 · 부상에 대한 예방 · 진단 · 치료 · 재활과 출산 · 사망 및 건강증진에 대하여 보험급여를 실시함으로써 국민보건 향상과 사회보장 증진에 이바지함을 목적으로 한다(제1조).

2) 주요 연혁

1963년 12월 의료보험법이 처음 제정되어 의료보험조합을 설립할 수 있게 되었다. 단계적으로 1977년 1월 보험료를 내기 힘든 영세민과 생활 보장 대상자에게 공적 부조 제도로서 "의료 보호 제도"가 먼저 실시되었다. 그해 7월 500인 이상 사업장 적용을 시작으로 1989년 7월 전 국민에게 확대 · 시행되었다.

1989년 7월 1일 다른 보호 대상자를 뺀 전국민을 대상으로 실시되었는데, 이때 공무원과 교원은 별도의 법에서 규정하고 있었다. 1998년에는 227개 지역 의료보험 조합과 공교 의료 보험 관리 공단을 통합해 국민 의료 보험 관리 공단을 설립하고 직장 의료 보험 조합들은 140개로 통합되었고, 이후 1999년 국민건강보험법이 제정되었으며, 2000년 국민 의료 보험과 직장 의료 보험을 통합하면서 보험제도를 국민 건강 보험으로 개칭하고, 국민건강보험공단을 설립하였다.

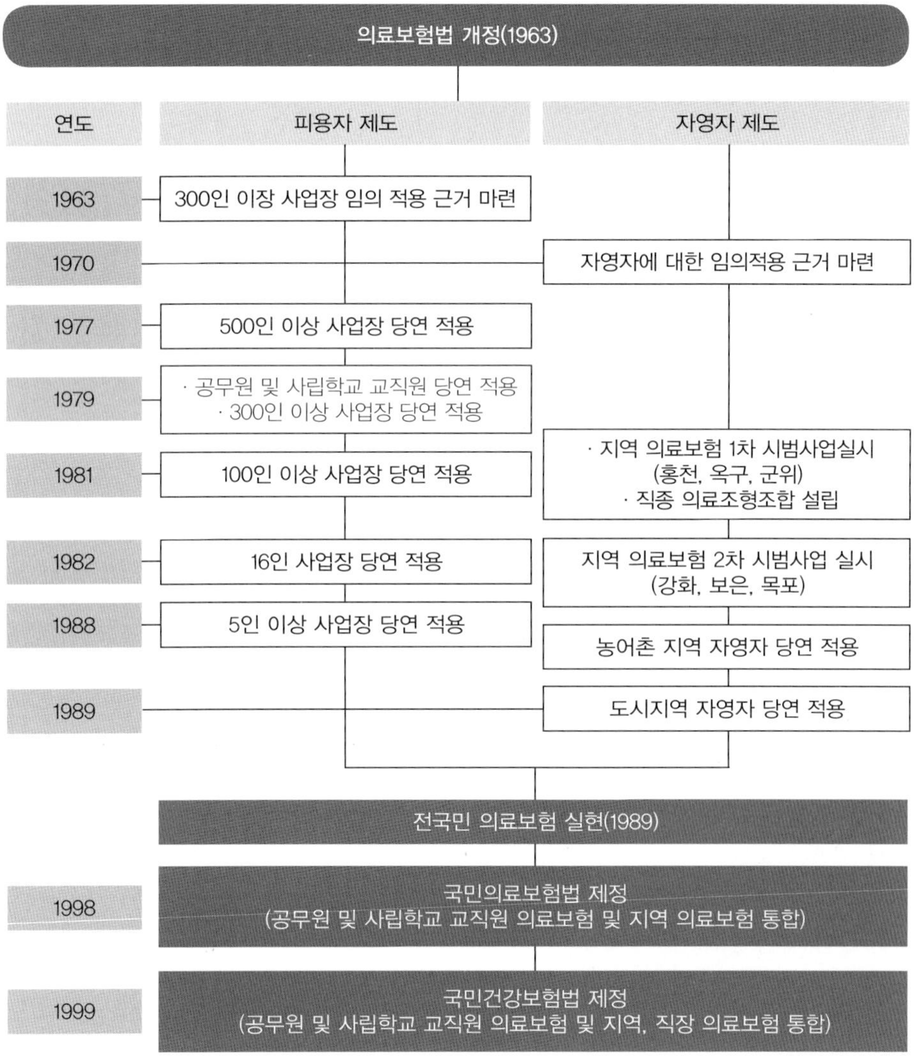

[그림 9-1] 국민건강보험법의 주요 변천 과정

3) 법적 체계

(1) 상하 체계

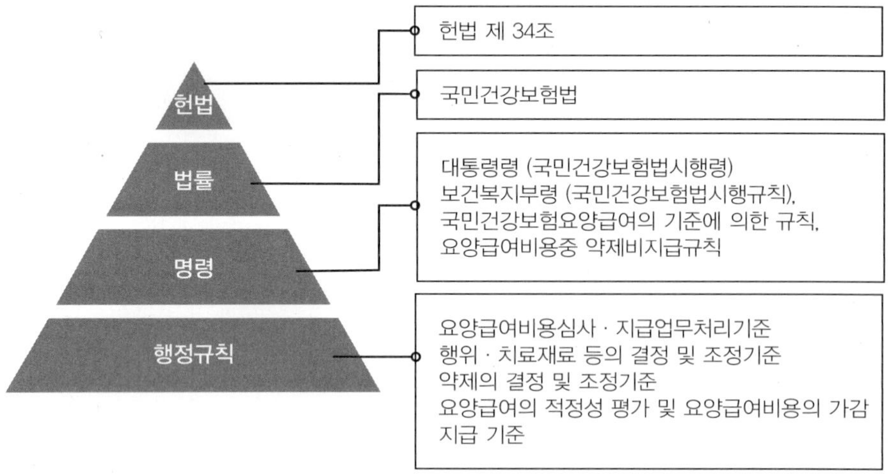

(2) 내용적 체계

총 9개의 장과 부칙으로 구성되어 있고, 개별 조문은 132조까지 명시되어 있다.

4) 주요 내용

(1) 보험 가입 의무

대부분의 국민은 국민건강보험에 가입하는 의무가 있다. 고용자는 종사자에 대한 보험료 일부를 부담하고, 개인사업자와 피고용자는 개인적으로 보험료를 납부한다.

(2) 의료 서비스 보장

국민건강보험은 의료 서비스에 대한 보장을 제공한다. 이에 따라 보험 가입자는 의사 진료, 입원, 약제 처방, 검사 및 수술 등의 의료 서비스를 일부 보장받을 수 있다.

(3) 의료비 부담 분담

국민건강보험은 의료비 부담을 가입자와 정부 사이에서 분담한다. 보험 가입자는 의료비의 일부를 본인이 부담하며, 나머지 부분은 보험료와 정부의 지원을 통해 해결된다.

(4) 고용주 부담

고용주는 종사자에 대한 국민건강보험료 일부를 부담한다. 이는 종사자의 급여에서 공제되어 보험료로 납부된다.

(5) 보험료 납부

국민건강보험 가입자는 일정한 주기로 보험료를 납부해야 한다. 이는 개인사업자, 피고용자, 자영업자 등 모든 보험 가입자에게 해당된다.

(6) 자격 심사

국민건강보험의 보장 대상자 자격은 일부 조건을 충족해야 한다. 보험 가입자의 자격 심사를 통해 보험 혜택의 범위와 수준이 결정된다.

(7) 의료 서비스의 종류

국민건강보험은 의사 진료, 입원, 특수진료, 약제 처방 등 다양한 의료 서비스를 포함하며, 이에 따른 비용이 보험 혜택으로 보장된다.

(8) 가입자 등록

국민건강보험 가입자의 등록과 관리는 주민등록 정보를 기반으로 이루어진다.

(9) 보험금 지급

보험 가입자가 의료 서비스를 받은 후에는 본인이 일부 부담한 의료비 중에서 보험금이 지급된다.

(10) 보험료 지원

소득이 낮거나 기타 특수한 경우에는 정부에서 보험료 일부를 지원하는 정책이 적용될 수 있다.

4. 산업재해보상보험법의 이해

1) 제정 목적

산업재해보상보험법(약칭: 산재보험법)은 산업재해보상보험 사업을 시행하여 근로자의 업무상의 재해를 신속하고 공정하게 보상하며, 재해근로자의 재활 및 사회 복귀를 촉진하기 위하여 이에 필요한 보험시설을 설치·운영하고, 재해 예방과 그 밖에 근로자의 복지 증진을 위한 사업을 시행하여 근로자 보호에 이바지하는 것을 목적으로 한다(제1조).

2) 주요 연혁

(1) 1963년 11월 5일 제정(법률 제1438호)

「사회보장에관한법률」에 의하여 산업재해보상보험사업을 행함으로써 근로자의 업무상의 재해를 신속하고 공정하게 보상할 수 있도록 하려는 목적에서 1963년 11월 5일 제정되었으며, 1964년 1월 1일부터 시행되었다. 이처럼 1964년에 500인 이상 사업장으로서 제조업 및 광업에 대한 적용을 시작으로 도입되었다. 주요 내용은 다음과 같다.

첫째, 보건사회부에 근로자, 사용자 및 공익을 대표하는 자 각 3인으로 구성되는 산업재해보상보험심의위원회를 설치하여 보험사업에 관한 중요사항을 심의하도록 하였다.

둘째, 사업주는 산업재해보상보험의 보험가입자가 되도록 하였다.

셋째, 보험관계의 성립·소멸요건을 정하였다.

넷째, 보험급여를 요양급여, 휴업급여, 장해급여, 유족급여, 장제급여 및 일반급여로 구분하고 각 급여별로 보험금을 정하였다.

다섯째, 보험가입자 등이 허위사실을 신고하거나 보험료의 납부를 태만히 한 때, 고의 또는 중대한 과실로 보험급여의 사유인 재해를 발생하게 한 때에는 보험금을 지급하지 아니할 수 있도록 하고 또한 제3자의 행위로 인한 재해로 급여를 한 경우 제3자에 대한 구상권을 규정하였다.

여섯째, 보험금의 수급권자를 명백히 하고, 수급권의 양도나 압류를 금하며 보험금에 대한 조세 기타 공과금을 면제하였다.

일곱째, 기타 보험료의 징수 · 산정 · 요율의 결정등에 관한 사항을 정하였다.

(2) 1994년 12월 22일 전부개정(법률 제4826호)

1995년년 5인 이상 사업장으로 적용확대되었으며. 관리운영을 노동부에서 근로복지공단으로 이관하였다.

정부에서 직접 관리 · 운영하던 산업재해보상보험에 관한 일선업무를 노동부 산하 근로복지공사에 위탁하게 됨에 따라 동 공사의 운영체제를 비수익적 성격을 가진 근로복지공단으로 개편하여 산업재해보상보험업무의 전문성과 효율성을 확보하고, 산업재해보상보험특별회계법 및 산업재해보상보험업무및심사에관한법률을 이 법으로 통합 · 정비함으로써 산업재해보상보험업무의 효율화를 촉진하려는 목적에서 1994년 12월 22일 전부개정되었으며, 1995년 5월 1일부터 시행되었다.

첫째, 근로자의 업무상 재해에 대한 보상보험업무와 그에 필요한 보험시설의 설치 · 운영 및 근로자복지증진사업을 전문적 · 효율적으로 추진하기 위하여 종전의 근로복지공사를 근로복지공단으로 개편하여 동 공단으로 하여금 이들 업무를 수행하게 하였다.

둘째, 근로복지공단은 대통령이 임명하는 이사장 1인을 포함하는 15인이내의 이사와 감사 1인으로 구성되며, 그 주요업무로 보험료의 징수, 보험급여의 결정 · 지급, 산업재해보상보험시설의 설치 · 운영, 근로자의 복지증진을 위한 사업 기타 정부로부터 위탁받은 사업등을 수행하도록 하였다.

셋째, 산업재해보상보험업무를 근로복지공단에 위탁함에 따라 산업재해보상보험특별회계를 폐지하고, 산업재해보상보험기금을 설치하며, 동 기금은 보험료 · 기금운용수익금 · 적립금 · 기금의 결산상 잉여금 · 다른 기금으로부터의 출연금 · 차입금 및 기타 수입금등으로 조성하도록 하였다.

넷째, 근로복지공단이 행한 보험급여에 관하여 불복이 있는 자는 동 공단에 심사청구를 할 수 있고, 동 공단의 심사청구에 대한 결정에 관하여 불복이 있는 경우에는 노동부에 설치된 산업재해보상보험심사위원회에 재심사청구를 할 수 있으며, 동 심사청구 또는 재심사청구에 대한 결정 또는 재결은 각각 제기된 날부터 50일이내에 하도록 함으로써 근로자의 권익을 보호하고 보험급여업무의 공정성과 책임성을 확보하도록 하였다.

다섯째, 근로복지공사는 근로복지공사법이 폐지됨과 동시에 해산되며, 동 공사의 재산 · 권리 · 의무 및 고용관계에 대하여는 근로복지공단이 이를 포괄승계하도록 하였다.

(3) 1999년 12월 31일 일부개정(법률 제6100호)

2000년 7월에 1인 이상 사업장의 모든 근로계층에게 확대 적용되었다.

산업재해보상보험의 보험급여액이 재해근로자간에 상대적으로 많은 격차를 보이고 있어 보험급여의 최고 · 최저보상한도를 설정하는 등으로 급여 수준의 형평성을 제고하는 한편, 간병급여등 새로운 보험급여의 신설과 중 · 소기업사업주에 대한 적용확대를 통하여 산업재해보상보험의 사회안전망으로서의 역할을 강화하며 기타 동 보험제도의 시행과정에서 나타난 일부 미비점을 개선 · 보완하려는 이유에서 1999년 12월 31일 일부개정되었으며, 2000년 7월 1일부터 시행되었다.

첫째, 일용근로자 등 근로형태가 특이한 근로자에 대하여 보험급여산정의 기준을 근로기준법상의 평균임금으로 하는 경우에는 실제의 근로소득을 상회하여 보험급여가 지급될 수 있기 때문에 이를 시정할 수 있는 별도의 산정방법에 의하여 평균임금을 정하도록 함으로써 재해근로자간의 보험급여의 형평성이 제고될 수 있도록 하였다.

둘째, 요양으로 인하여 취업하지 못한 기간의 소득손실을 보상하기 위하여 지급되는 휴업급여의 취지에 적합하게 휴업급여를 지급할 수 있도록 앞으로는 일정연령 이상인 근로자에 대하여는 동급여를 감액하여 지급하도록 함으로써 근로자의 노동능력에 상응하는 휴업급여가 지급될 수 있도록 하였다.

셋째, 종전에는 요양을 받는 기간에만 요양급여로서 개호료(看病料)를 지급하였으나, 앞으로는 그 요양기간이 끝난 후에도 의학적으로 간병이 필요한 경우에는 보험급여로서 간병급여를 지급하도록 함으로써 재해근로자의 사후관리를 강화하였다.

넷째, 종전에는 유족의 선택에 의하여 연금 또는 일시금으로 유족급여를 지급하였으나, 앞으로는 유족의 장기적인 생활보장을 위하여 연금으로 지급하는 것을 원칙으로 하되, 연금수급권자의 선택에 의하여 그 일부를 일시금으로 지급할 수 있도록 하였다.

다섯째, 종전에는 사망근로자의 소득에 따라 장의비(平均賃金의 120日分)를 지급하고 최고 · 최저한도의 제한을 두지 아니하여 저소득근로자의 사망시와 고소득 근로자의 사망시 장의비 지급액이 현격한 차이을 보이고 있어 앞으로는 이를 줄일 수 있도록 장의비 지급액의 최고 · 최저한도를 정함으로써 근로자 사망시 적절한 수준의 장의비가 지급될 수 있도록 하였다.

여섯째, 사실상 근로에 종사함으로써 근로자와 같이 재해의 위험에 노출된 중 · 소기업사업주의 보호를 위하여 2001년 7월 1일부터는 중 · 소기업사업주가 재해를 입은 경우에도 산업재해보상보험의 보험급여를 받을 수 있도록 동사업주에 대한 특례제도를 신설하였다.

(4) 2007년 12월 14일 전부개정(법률 제8694호)

경제사회발전노사정위원회에서 합의 · 의결(2006. 12. 13)한 산업재해보상보험제도 개선안을 토대로 산재근로자에 대한 의료 · 재활서비스는 확충하되 산재근로자 및 의료기관의 요양관리는 합리화하여 산재근로자의 직업 · 사회복귀를 촉진하고, 저소득 · 재활근로자에 대한 보호를 강화하되 산재근로자 간 보험급여의 형평성과 합리성을 높이며, 보험급여결정 등에 관한 심사청구 · 재심사 청구의 전문성 및 공정성을 강화하려는 이유에서 2007년 12월 14일 전부개정되었으며, 2008년 7월 1일부터 시행되었다.

첫째, 근로복지공단 임직원의 비밀 준수 의무를 명시하였다. 근로복지공단 임직원의 비밀누설의 금지에 관한 규정이 없어 임직원이 직무상 취득한 비밀의 오 · 남용을 막을 장치가 미비하였다. 공단의 임직원이나 그 직에 있었던 자는 직무상 알게 된 비밀을 누설하거나 도용하지 못하도록 하고 이를 위반한 자에 대하여 벌칙을 부과하였다.

둘째, 평균임금 증감제도를 개선하였다. 보험급여의 산정기준이 되는 평균임금의 증감은 재직근로자는 동종근로자의 통상임금 변동률을 적용하고, 퇴직근로자 및 연금수급자는 전체 근로자의 임금상승률을 적용하고 있어 대기업 근로자와 중소기업 근로자, 재직자와 퇴직자 · 연금수급자 간의 보험급여 증감에 형평성 문제가 있다. 평균임금은 일률적으로 매년 전체 근로자의 임금 평균액의 변동률에 따라 증감하되, 근로자의 연령이 60세에 도달한 이후에는 소비자물가변동률에 따라 증감하도록 하였다.

셋째, 최고 · 최저 보상기준제도를 개선하였다. 최고 보상기준 금액은 전체 근로자의 임금 수준, 임금 계층별 근로자 분포비 등을 고려하여 설정하고 있고, 최저 보상기준 금액은 최저임금의 조정률을 고려하여 설정하고 있으나 그 기준이 가변적이고 불명확하여 보험급여 수급자 간의 형평성을 도모하려는 취지를 살리지 못하고 있다. 최고 보상기준 금액은 전체 근로자의 임금 평균액의 1.8배, 최저 보상기준 금액은 전체 근로자의 임금 평균액의 2분의 1 수준으로 명확히 하였다.

넷째, 업무상의 재해의 인정기준를 개선하였다. 「산업재해보상보험법」에서 업무상 재해의 개념에 대하여 지나치게 포괄적으로 정하고 있어 포괄 위임의 논란이 제기되고 있다. 업무상 재해의 인정 기준을 업부상 사고와 업무상 질병으로 구분하고 근로자가 근로계약에 따라 업무 및 그에 따르는 행위를 하던 중 발생한 사고 등을 업무상 사고의 기준으로, 유해 · 위험요인을 취급하거나 그에 노출되어 발생한 질병 등을 업무상 질병의 기준으로 명시하였다.

넷째, 「국민건강보험법」상의 종합전문요양기관 당연지정제를 도입하였다. 일부 종합전문요양기관이 산재근로자의 요양을 담당하는 산재보험 의료기관으로 지정되는 것을 기피하고 있어 산재근로자가 인력과 시설이 우수한 의료기관에 접근하기 어려운 문제가 있다. 「국민건강보험법」에 따른 종합전문요양기관은 당연히 산재보험 의료기관이 되도록 하였다.

다섯째, 부분휴업급여 제도를 도입하였다. 요양 중에 부분적으로 취업을 한 경우에는 휴업급여를 지급하지 않고 있어 근로능력이 떨어진 상태에서 부분적으로 취업을 하면 취업하지 않는 경우(휴업급여가 지급됨)보다 소득이 오히려 줄어들게 되므로 취업을 회피하는 요인으로 작용하였다. 산재근로자가 요양과 취업을 병행하는 경우에는 취업한 날 또는 시간에 해당하는 근로자의 평균임금에서 취업한 날 또는 시간에 받은 실제 임금과의 차액의 100분의 90에 상당하는 금액을 부분휴업급여로 지급하도록 하였다.

여섯째, 저소득근로자 휴업급여 수준을 상향 조정하였다. 평균임금의 100분의 70에 상당하는 휴업급여 지급액이 최저임금액에 미달하는 저소득근로자에게는 최저임금액을 휴업급여 지급액으로 하고 있으나, 저소득근로자를 보호하는 데에는 미흡한 측면이 있었다. 휴업급여 지급액이 전체 근로자의 임금 평균액의 2분의 1에 해당하는 최저 보상기준 금액의 100분의 80 이하인 경우에는 평균임금의 100분의 90에 상당하는 금액을 휴업급여 지급액으로 하였다.

일곱째, 장해등급 재판정제도를 도입하였다. 요양 종결 당시 결정된 장해등급은 장해종류에 따라 호전되거나 악화되는 등 변경될 가능성이 있음에도 재판정(再判定)제도가 없어 한 번 판정되면 같은 장해등급이 계속 유지되는 문제가 있다. 장해보상연금 수급권자 중 관절의 기능장해, 신경계통의 장해 등 장해 상태가 호전되거나 악화될 가능성이 있는 경우에는 근로복지공단의 직권이나 그 수급권자의 신청에 따라 1회에 한하여 재판정할 수 있도록 하고, 재판정 결과 장해등급이 변경되면 그 변경된 장해등급에 따라 장해급여를 지급하도록 하였다.

여덟째, 직업재활급여 제도를 신설하였다. 요양이 끝난 산재근로자의 직장·사회복귀 지원을 위한 직업재활사업은 직업훈련을 중심으로 한 예산 사업으로 운영되고 있어 그 효과에 한계가 있었다. 산재보험급여의 종류에 직업재활급여를 신설하여 요양이 끝난 후 장해급여를 지급받는 자에게 재취업에 필요한 직업훈련을 실시하거나 직업훈련수당을 지급하고, 원 직장에 복귀한 장해급여자를 고용하거나 직장적응훈련, 재활운동을 실시하는 사업주에게는 직장복귀지원금, 직장적응훈련비 또는 재활운동비를 지원하도록 하였다.

아홉째, 산업재해보상보험 심사위원회를 설치하였다. 보험급여에 관한 근로복지공단의 결정에 불복하는 경우에 제기하는 심사 청구 사건에 대하여 근로복지공단이 단독심 체제로 심리 · 결정하고 있어 객관성과 전문성 부족 등에 대한 문제가 제기되었다. 근로복지공단에 관계 전문가 등으로 구성되는 산업재해보상보험심사위원회를 설치하여 근로복지공단이 보험급여 결정 등에 관한 심사 청구 사건에 대하여 심리 · 결정할 때에는 동 심사위원회의 심의를 거치도록 하였다.

열번째, 특수형태근로종사자에 대한 산재보험을 적용하였다. 특수형태근로종사자는 근로자와 유사하게 노무를 제공함에도 불구하고 「근로기준법」상 근로자로 인정되지 않아 산재보험의 보호를 받지 못하였다. 주로 하나의 사업 또는 사업장에 그 운영에 필요한 노무를 상시적으로 제공하고 보수를 받아 생활하며, 노무를 제공함에 있어 타인을 사용하지 아니할 것 등의 요건을 충족하는 자 중에서 일정 직종에 종사하는 자는 산재보험법의 적용 대상이 되도록 하였다.

열한번째, 간병급여 지급 대상을 확대하였다. 간병급여는 동 제도가 도입된 2000년 7월 1일 이후에 장해급여를 받은 자를 대상으로 지급하고 있어 그 이전에 장해급여를 받은 자는 실제 간병이 필요한 경우에도 간병급여를 받지 못하였다. 2000년 7월 1일 이전에 장해급여를 받은 자도 이 법 시행 후 발생하는 간병급여를 받을 수 있도록 하였다. 2000년 7월 1일 이전에 중증장해가 남아 장해급여를 받은 자도 간병급여 혜택을 받을 수 있게 되었다.

근로기준법상의 근로자는 아니지만 실질적으로 업무상 재해의 위험에 노출되어 있는 '일하는 사람들'을 보호하기 위해 여러 특례 규정을 통해 산재보험의 보호대상을 확대했다. 1998년부터 현장실습생, 2008년 7월부터 보험설계사, 골프장캐디, 학습지교사, 택배 · 퀵서비스 기사(2012년 5월부터 적용) 등 특수형태근로종사자가 산재보험 당연 적용 대상이 되었고, 50명 미만 근로자를 고용하는 중소기업 사업주, 예술인 등도 임의가입을 통해 산재보험의 보호를 받을 수 있다.

2008년 7월 1일 노사정 합의에 따라 산재보험법이 전부 개정되어 산재 보험급여의 형평성과 합리성이 확보됐고, 업무상 재해 판정의 객관성과 공정성을 높이기 위해 업무상질병판정위원회가 설치됐다.

노사정 합의를 토대로 2013년 7월 1일 업무상 질병 인정기준이 대폭 개선돼, 12

종의 직업성 암, '외상후스트레스장애'등 신규 질병이 추가되고, 업무상 만성과로 판단 기준으로 근로시간 개념 도입, 업무상질병 인정기준 포괄조항 등이 신설되어 인정범위가 넓어졌다.

3) 법적 체계

(1) 상하 체계

법률	산업재해보상보험법	→	행정규칙	(고시) 최고 · 최저 보상기준 금액 등
↓				
시행령	산업재해보상보험법 시행령	→	행정규칙	(고시) 산업재해보상보험법에 따른 간병급여 지급기준 등
↓				
시행규칙	산업재해보상보험법 시행규칙			
↓				
행정규칙	(고시) 산업재해보상보험 요양급여 산정기준 (고시) 산업재해보상보험법에 따른 간병료 지급기준 등			

* 관계법령 : 고용보험·산업재해보상보험의 보험관계 성립신고 등의 촉진을 위한 특별조치법

(2) 내용적 체계

총 8개의 장과 부칙으로 구성되어 있고, 개별 조문은 129조까지 명시되어 있다.

4) 주요 내용

(1) 보험의 관장과 보험연도

제2조(보험의 관장과 보험연도) ① 이 법에 따른 산업재해보상보험 사업(이하 "보험사업"이라 한다)은 고용노동부장관이 관장한다.

② 이 법에 따른 보험사업의 보험연도는 정부의 회계연도에 따른다.

(2) 국가의 부담 및 지원

제3조(국가의 부담 및 지원) ① 국가는 회계연도마다 예산의 범위에서 보험사업의 사무 집행에 드는 비용을 일반회계에서 부담하여야 한다.

② 국가는 회계연도마다 예산의 범위에서 보험사업에 드는 비용의 일부를 지원할 수 있다.

(3) 보험료

제4조(보험료) 이 법에 따른 보험사업에 드는 비용에 충당하기 위하여 징수하는 보험료나 그 밖의 징수금에 관하여는 「고용보험 및 산업재해보상보험의 보험료징수 등에 관한 법률」(이하 "보험료징수법"이라 한다)에서 정하는 바에 따른다.

(4) 근로복지공단

제10조(근로복지공단의 설립) 고용노동부장관의 위탁을 받아 제1조의 목적을 달성하기 위한 사업을 효율적으로 수행하기 위하여 근로복지공단(이하 "공단"이라 한다)을 설립한다.

● 제11조(공단의 사업)

① 공단은 다음 각 호의 사업을 수행한다.

1. 보험가입자와 수급권자에 관한 기록의 관리 · 유지
2. 보험료징수법에 따른 보험료와 그 밖의 징수금의 징수
3. 보험급여의 결정과 지급
4. 보험급여 결정 등에 관한 심사 청구의 심리 · 결정
5. 산업재해보상보험 시설의 설치 · 운영

5의2. 업무상 재해를 입은 근로자 등의 진료 · 요양 및 재활

5의3. 재활보조기구의 연구개발 · 검정 및 보급

5의4. 보험급여 결정 및 지급을 위한 업무상 질병 관련 연구

5의5. 근로자 등의 건강을 유지 · 증진하기 위하여 필요한 건강진단 등 예방 사업

6. 근로자의 복지 증진을 위한 사업
7. 그 밖에 정부로부터 위탁받은 사업

8. 제5호 · 제5호의2부터 제5호의5까지 · 제6호 및 제7호에 따른 사업에 딸린 사업

(5) 업무상 재해의 요건

제5조 제1호 "업무상의 재해"란 업무상의 사유에 따른 근로자의 부상 · 질병 · 장해 또는 사망을 말한다.

① 업무상 사고 : 근로행위 중, 사업주 주관 교통이나 행사 사고, 휴게시간 가소

② 업무상 질병 : 업무상 재해, 위험요인 노출 등 질병, 업무상 부상,

「산업재해보상보험법」에 따른 보상을 받기 위해서는 해당 재해가 '업무상 재해'여야 한다. '업무상 재해'란 업무상의 사유에 따른 근로자의 부상 · 질병 · 신체장애 또는 사망을 말한다(「산업재해보상보험법」 제5조제1호). 업무상 재해의 구체적인 인정 기준은 「산업재해보상보험법 시행령」 제27조부터 제37조까지에서 자세하게 정하고 있다.

근로자가 다음 중 어느 하나에 해당하는 사유로 부상 · 질병 또는 장해가 발생하거나 사망하면 업무상 재해로 본다. 다만, 업무와 재해 사이에 상당인과관계(相當因果關係)가 없는 경우에는 제외된다(「산업재해보상보험법」 제37조제1항).

1. 업무상 사고

가. 근로자가 근로계약에 따른 업무나 그에 따르는 행위를 하던 중 발생한 사고

나. 사용자가 제공한 시설물 등을 이용하던 중 그 시설물 등의 결함이나 관리소홀로 발생한 사고

다. 사용자가 주관하거나 사용자의 지시에 따라 참여한 행사나 행사준비 중에 발생한 사고

라. 휴게시간 중 사용자의 지배관리 하에 있다고 볼 수 있는 행위로 발생한 사고

마. 그 밖에 업무와 관련해서 발생한 사고

※ 가목부터 마목까지에 해당하는 사고의 구체적인 인정기준은 「산업재해보상보험법 시행령」 제27조부터 제33조까지와 같다.

2. 업무상 질병

가. 업무수행 과정에서 물리적 인자, 화학물질, 분진, 병원체, 신체에 부담을 주는 업무 등 근로자의 건강에 장해를 일으킬 수 있는 요인을 취급하거나 그에 노출되어 발생한 질병

나. 업무상 부상이 원인이 되어 발생한 질병

다. 직장 내 괴롭힘, 고객의 폭언 등으로 인한 업무상 정신적 스트레스가 원인이 되어 발생한 질병

라. 그 밖에 업무와 관련하여 발생한 질병

※ 가목부터 라목까지에 해당하는 질병의 구체적인 인정기준은 규제「산업재해보상보험법 시행령」 제34조와 같다.

3. 출퇴근 재해
가. 사업주가 제공한 교통수단이나 그에 준하는 교통수단을 이용하는 등 사업주의 지배관리 하에서 출퇴근하는 중 발생한 사고
나. 그 밖에 통상적인 경로와 방법으로 출퇴근하는 중 발생한 사고

근로자의 고의 · 자해행위나 범죄행위 또는 그것이 원인이 되어 발생한 부상 · 질병 · 장해 또는 사망은 업무상 재해로 보지 않는다. 다만, 그 부상 · 질병 · 장해 또는 사망이 정상적인 인식능력 등이 뚜렷하게 낮아진 상태에서 한 행위로 발생한 경우로서 다음의 사유가 있으면 업무상 재해로 본다(「산업재해보상보험법」 제37조제2항 및 「산업재해보상보험법 시행령」 제36조).
1. 업무상의 사유로 발생한 정신질환으로 치료를 받았거나 받고 있는 사람이 정신적 이상 상태에서 자해행위를 한 경우
2. 업무상의 재해로 요양 중인 사람이 그 업무상의 재해로 인한 정신적 이상 상태에서 자해행위를 한 경우
3. 그 밖에 업무상의 사유로 인한 정신적 이상 상태에서 자해행위를 하였다는 상당인과관계가 인정되는 경우

(6) 급여의 종류와 내용

「산업재해보상보험법」에 따른 보험급여는 요양급여, 휴업급여, 장해급여, 간병급여, 유족급여, 상병보상연금, 장의비, 직업재활급여의 8종류가 있다(「산업새해보상보험법」 제36조제1항). 보험급여는 수급권자의 청구에 의해서 지급된다(「산업재해보상보험법」 제36조제2항).

〈표 9-1〉 산업재해보상보험의 급여 종류

종류	내용
요양급여	근로자가 업무상 사유로 부상을 당하거나 질병에 걸린 경우에 지급되는 급여(「산업재해보상보험법」 제40조제1항) 부상 또는 질병이 3일 이내의 요양으로 치유될 수 있으면 요양비 지급하지 않음(「산업재해보상보험법」 제40조제3항)
휴업급여	업무상 사유로 부상을 당하거나 질병에 걸린 근로자에게 요양으로 취업하지 못한 기간에 대해 지급되는 급여(「산업재해보상보험법」 제52조) 1일당 지급액은 평균임금의 100분의 70에 상당하는 금액(「산업재해보상보험법」 제52조)
장해급여	근로자가 업무상 사유로 부상을 당하거나 질병에 걸려 치유된 후 신체 등에 장해가 있는 경우에 지급되는 급여(「산업재해보상보험법」 제57조제1항)
간병급여	요양급여를 받은 사람 중 치유 후 의학적으로 상시 또는 수시로 간병이 필요하여 실제로 간병을 받는 사람에게 지급(「산업재해보상보험법」 제61조제1항)
유족급여	근로자가 업무상 사유로 사망한 경우에 유족에게 지급되는 급여(「산업재해보상보험법」 제62조제1항)
상병보상연금	요양급여를 받는 근로자가 요양을 시작한 지 2년이 지난 날 이후에 일정 요건에 해당하는 상태가 계속되면 휴업급여 대신 그 근로자에게 지급되는 급여(「산업재해보상보험법」 제66조제1항)
장의비	근로자가 업무상 사유로 사망한 경우에 그 장제(葬祭)를 지낸 유족에게 지급되는 급여(「산업재해보상보험법」 제71조제1항) 장의비는 평균임금의 120일분에 상당하는 금액(「산업재해보상보험법」 제71조제1항)
직업재활급여	- 장해급여 또는 진폐보상연금을 받은 사람, 장해급여를 받을 것이 명백한 사람으로서 취업을 위해 직업훈련이 필요한 사람에게 실시하는 직업훈련비용 및 직업훈련수당(「산업재해보상보험법」 제72조제1항제1호) - 업무상 재해가 발생할 당시의 사업장에 복귀한 장해급여자에 대해 사업주가 고용을 유지하거나 직장적응훈련 또는 재활운동을 실시하는 경우(직장적응훈련의 경우에는 직장 복귀 전에 실시한 경우 포함)에 각각 지급되는 직장복귀지원금, 직장적응훈련비 및 재활운동비(「산업재해보상보험법」 제72조제1항제2호)

5. 고용보험법의 이해

1) 제정 목적

이 법은 고용보험의 시행을 통하여 실업의 예방, 고용의 촉진 및 근로자 등의 직업능력의 개발과 향상을 꾀하고, 국가의 직업지도와 직업소개 기능을 강화하며, 근로자 등이 실업한 경우에 생활에 필요한 급여를 실시하여 근로자 등의 생활 안정과 구직 활동을 촉진함으로써 경제 · 사회 발전에 이바지하는 것을 목적으로 한다(제1조).

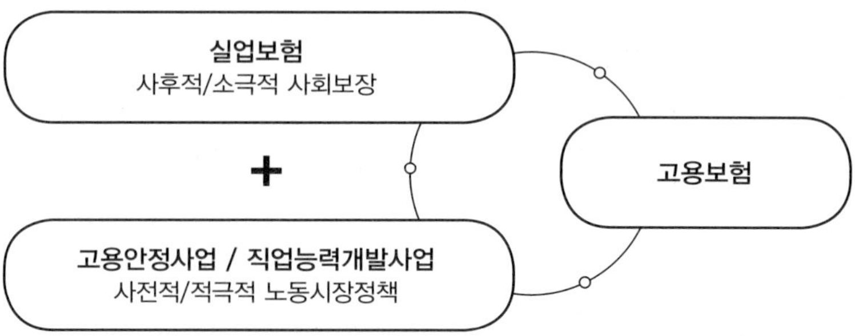

[그림 9-2] 고용보험의 성격

고용보험이란 실직근로자에게 실업급여를 지급하는 전통적 의미의 실업보험사업 외에 적극적인 취업알선을 통한 재취업의 촉진과 근로자의 직업안정 및 고용구조 개선을 위한 고용안정 사업, 근로자의 능력개발사업 등을 상호 연계하여 실시하는 사회보험제도이다.[4] 따라서 고용보험법이란 고용보험의 시행에 관하여 필요한 사항을 정한 법률이라고 정의할 수 있겠다.

4) 남기민 · 홍성로(2020). 사회복지법제와 실천(제7판). 공동체. 245쪽.

2) 주요 연혁

(1) 입법배경

고용보험제도의 도입에 대한 주장은 학계와 노동계에서 오래 전부터 제기되었으나 경제적인 여러 이유에 의하여 그 도입이 미루어지다가, 1987년 대통령 선거시 노태우 후보의 선거공약으로 제시되어 1992년에 실시될 예정이었다. 그러나 경제계의 강한 반발에 부딪혀 제7차 5개년 계획 기간인 1995년~1996년에 실시하는 것으로 연기되었고, 정부는 기업부담 등을 이유로 한 일부의 연기 주장에도 불구하고 대다수의 도입 주장에 따라 1995년부터 고용보험제도를 실시하기 위한 입법을 단행한 것이다. 그리하여 1993년 7월 27일 고용보험법 제정안이 노동부에 의해서 입법 예고되고 12월 2일 국회에서 여 · 야 만장일치고 통과되어 1995년 7월 1일부터 시행하게 되었다.

1991년 8월 80년대 초, 높은 실업률로 인하여 실업보험제도의 필요성이 제기되자, 제7차 경제 사회발전계획(1992~1996) 후반기 중 고용보험제도를 도입하기로 결정하였다. 1992년 5월 KLI에 "고용보험연구기획단"이 설치되었고, 1993년 4월 신노총, 경총의 중앙노사합의에서 "고용보험 조기실기"를 대정부 건의사항으로 채택하였으며, 1993년 7월 신경제 5개년 계획의 대국민 발표를 통해 95년 시행할 것을 고지하였고, 1993년 12월 고용보험법이 제정되었다.

(2) 고용보험 적용의 확대

1995년 7월1일부터 시행된 고용보험법은 1997년 IMF사태 이후로 실업률이 증가하는 가운데, 그동안 적용대상에서 제외되었던 영세사업장인 4인 이하의 사업장에도 고용보험제도를 확대, 적용하기 위하여 1998년 9월 17일에 개정하였다. 부실한 기업 및 금융기관의 퇴출 등 경제 각 분야의 구조조정으로 인하여 실업자 수가 지속적으로 증가함에 따라 보다 더 많은 실업자의 생활안정 및 구직활동을 촉진하기 위하여 고용보험의 적용대상을 확대하는 등의 제도개선을 하고, 기타 고용보험제도의 운영과정에서 나타난 일부 미비점을 개선 · 보완하려는 것이었다.

다시 1999년에 고용보험법이 개정되었는데, 개정이유는 실업급여의 수급요건을 완화하고 지급기간을 연장하여 수혜범위를 확대함으로써 실업급여 수혜율 확대, 장기실업자의 생계지원 확충 등 실업급여가 사회안전망으로서의 역할을 충실히 수행할 수 있도록 하고 부정수급자에 대한 제재를 강화하여 도덕적 해이를 방지하고 심사청구 제도를 단순화하는 등 제도를 개선하여 근로자의 생활안정과 구직활동을 촉진하고자 하는 것이었다.

〈표 9-2〉 고용보험법의 주요 연혁

1993. 12. 27.	「고용보험법」 제정 공포〈법률 제 4644호〉
1995. 7. 1.	「고용보험법」시행
1996. 12. 30.	적용제외근로자등 개정, 건설근로자등의 직업능력개발지원 규정 신설
1997. 8. 28.	부정행위에 따른 지원의 제한 규정 신설 등 개정
1998. 2. 20.	개병연장급여규정 신설 등 개정
1998. 9. 17.	기준임금규정 신설, 적용범위 피보험자 자격 이중취득제한
1999. 12. 31.	피보험자 단위기간 규정 및 구직급여의 수급자격인정규정신설 등 대폭 개정
2001. 8. 14.	육아휴직급여 · 산전후휴가급여 신설
2002. 12. 20.	피보험자격 및 상실일, 이직의 확인 등 신설
2003. 12. 31.	「고용보험및산업재해보상보험의보험료징수등에관한법률」의 제정과 관련되는 규정을 정비함
2005. 5. 31.	종전의 산전후휴가급여를 산전 후 또는 유산 · 사산휴가급여로 학대 개정
2005. 12. 7.	고용안정사업과 직업능력개발사업의 통합운영, 그 지원 대상 미 사업범위의 확대, 고용보험의 가입범위 확대로 개정
2006. 11. 23.	고용보험법 시행령 일부 개정

3) 법적 체계

(1) 상하 체계

법률	고용보험법	→	행정규칙	(훈령) 고용보험심사관 및 고용보험심사위원회 운영규정 (예규) 고용보험지급사무규정 (고시) 고용보험료 산정범위에 속하는 금품 등
↓				
시행령	고용보험법 시행령	→	행정규칙	(훈령) 고용보험심사관 및 고용보험심사위원회 운영규정 (예규) 고용보험지급사무규정 (고시) 2023년 배우자 출산 유가급여 상한액 고시 등
↓				
시행규칙	고용보험법 시행규칙			
↓				
행정규칙	(훈령) 고용보험심사관 및 고용보험심사위원회 운영규정 (예규) 고용보험지급사무규정 (고시) 고용위기지역 지정 고시			

* 관계법령 : 고용보험·산업재해보상보험의 보험관계 성립신고 등의 촉진을 위한 특별조치법

(2) 내용적 체계

총 9개의 장과 부칙으로 구성되어 있고, 개별 조문은 118조까지 명시되어 있다.

4) 주요 내용

(1) 이직 및 실업과 실업의 인정

"이직(離職)"이란 피보험자와 사업주 사이의 고용관계가 끝나게 되는 것(제77조의2제1항에 따른 예술인 및 제77조의6제1항에 따른 노무제공자의 경우에는 문화예술용역 관련 계약 또는 노무제공계약이 끝나는 것을 말한다)을 말한다.(법 제2조 제2호)

"실업"이란 근로의 의사와 능력이 있음에도 불구하고 취업하지 못한 상태에 있는 것을 말한다.(법 제2조 제3호).

"실업의 인정"이란 직업안정기관의 장이 제43조에 따른 수급자격자가 실업한 상태에서 적극적으로 직업을 구하기 위하여 노력하고 있다고 인정하는 것을 말한다. (법 제2조 제3호).

(2) 보험의 관장 및 국고의 부담

제3조(보험의 관장) 고용보험(이하 "보험"이라 한다)은 고용노동부장관이 관장한다.

제4조(고용보험사업) ① 보험은 제1조의 목적을 이루기 위하여 고용보험사업(이하 "보험사업"이라 한다)으로 고용안정 · 직업능력개발 사업, 실업급여, 육아휴직 급여 및 출산전후휴가 급여 등을 실시한다.

② 보험사업의 보험연도는 정부의 회계연도에 따른다.

제5조(국고의 부담) ① 국가는 매년 보험사업에 드는 비용의 일부를 일반회계에서 부담하여야 한다.

② 국가는 매년 예산의 범위에서 보험사업의 관리 · 운영에 드는 비용을 부담할 수 있다.

(3) 보험료

제6조(보험료) ①이 법에 따른 보험사업에 드는 비용을 충당하기 위하여 징수하는 보험료와 그 밖의 징수금에 대하여는 고용산재보험료징수법으로 정하는 바에 따른다.

②고용산재보험료징수법 제13조제1항제1호에 따라 징수된 고용안정 · 직업능력개발 사업의 보험료 및 실업급여의 보험료는 각각 그 사업에 드는 비용에 충당한다. 다만, 실업급여의 보험료는 제55조의2제1항에 따른 국민연금 보험료의 지원, 제70조제1항에 따른 육아휴직 급여의 지급, 제73조의2제1항에 따른 육아기 근로시간 단축 급여의 지급, 제75조 · 제76조의2에 따른 출산전후휴가 급여등 및 제77조의4· 제77조의9에 따른 출산전후급여등의 지급에 드는 비용에 충당할 수 있다.

③ 제2항에도 불구하고 자영업자인 피보험자로부터 고용산재보험료징수법 제49조의2에 따라 징수된 고용안정 · 직업능력개발 사업의 보험료 및 실업급여의 보험료는 각각 자영업자인 피보험자를 위한 그 사업에 드는 비용에 충당한다. 다만, 실업급여의 보험료는 자영업자인 피보험자를 위한 제55조의2제1항에 따른 국민연금 보험료의 지원에 드는 비용에 충당할 수 있다.

(4) 가입대상

제8조(적용 범위) ① 이 법은 근로자를 사용하는 모든 사업 또는 사업장(이하 "사업"이라 한다)에 적용한다. 다만, 산업별 특성 및 규모 등을 고려하여 대통령령으로 정하는 사업에 대해서는 적용하지 아니한다.

② 이 법은 제77조의2제1항에 따른 예술인 또는 제77조의6제1항에 따른 노무제공자의 노무를 제공받는 사업에 적용하되, 제1장, 제2장, 제4장, 제5장의2, 제5장의3, 제6장, 제8장 또는 제9장의 예술인 또는 노무제공자에 관한 규정을 각각 적용한다.

* 적용제외 사업장 : 농업, 임업, 어업 분야 4인 이하 사업장, 가사서비스업, 2천만원 미만 건설공사.

고용보험법 시행령

제2조(적용 범위) ① 법 제8조제1항 단서에서 "대통령령으로 정하는 사업"이란 다음 각 호의 어느 하나에 해당하는 사업을 말한다.

1. 농업 · 임업 및 어업 중 법인이 아닌 자가 상시 4명 이하의 근로자를 사용하는 사업
2. 다음 각 목의 어느 하나에 해당하는 공사. 다만, 법 제15조제2항 각 호에 해당하는 자가 시공하는 공사는 제외한다.

가. 「고용보험 및 산업재해보상보험의 보험료징수 등에 관한 법률 시행령」(이하 "고용산재보험료징수법시행령"이라 한다) 제2조제1항제2호에 따른 총공사금액(이하 이 조에서 "총공사금액"이라 한다)이 2천만원 미만인 공사

나. 연면적이 100제곱미터 이하인 건축물의 건축 또는 연면적이 200제곱미터 이하인 건축물의 대수선에 관한 공사

3. 가구 내 고용활동 및 달리 분류되지 아니한 자가소비 생산활동

② 제1항 각 호의 어느 하나에 해당하는 사업의 범위에 관하여는 법 또는 이 영에 특별한 규정이 있는 경우 외에는 「통계법」 제22조에 따라 통계청장이 고시하는 산업에 관한 표준분류(이하 "한국표준산업분류표"라 한다)에 따른다.

③ 총공사금액이 2천만원 미만인 건설공사가 설계 변경(사실상의 설계 변경이 있는 경우를 포함한다)으로 인하여 2천만원 이상의 건설공사에 해당하게 되거나 「고용보험 및 산업재해보상보험의 보험료징수 등에 관한 법률」(이하 "고용산재보험료징수법"이라 한다) 제8조제1항 및 제2항에 따라 일괄적용을 받게 되는 경우에는 그 때부터 법의 규정의 전부를 적용한다.

(5) 실업급여 종류

실업급여는 고용보험의 피보험자가 비자발적 실업을 당한 경우에 일정기간 소정의 현금급여를 지급함으로써 실업기간 중 근로자의 생활안정과 취업지원 및 조기재취업을 유도하기 위해 지급된다. 실업급여에는 실업상태에 대응해 일률적으로 지급되는 구직급여와 조기재취직을 촉진하기 위해 일정한 요건 아래 추가적으로 지급되는 취업촉진수당이 있다. 취업촉진수당의 종류에는 직업능력개발수당, 광역구직활동비 및 이주비가 있다(「고용보험법」 제37조).

실업급여의 종류 및 내용은 다음과 같다. 다만, 조기재취업 수당은 외국인 근로자에게 지급되지 않는다(「고용보험법」 제64조제1항).

〈표 9-3〉 실업급여의 종류

<table>
<tr><th colspan="2">종류</th><th>내용</th></tr>
<tr><td colspan="2">구직급여</td><td>「고용보험법」 제40조제2항에 따른 기준기간 동안의 피보험기간이 통산하여 180일 이상이고, 근로의 의사와 능력이 있어 재취업을 위한 노력을 적극적으로 하고 있음에도 불구하고 실업상태에 있는 피보험자에게 지급되는 급여(「고용보험법」 제40조)
구직급여를 받으려는 자는 이직 후 지체 없이 직업안정기관에 출석해서 실업을 신고해야 하며, 실업의 신고에는 구직 신청과 수급자격의 인정신청을 포함해야 한다(「고용보험법」 제42조)</td></tr>
<tr><td rowspan="3">취업촉진 급여</td><td>직업능력 개발수당</td><td>수급자격자가 직업안정기관의 장이 지시한 직업능력개발훈련 등을 받는 경우에 그 직업능력개발 훈련 등을 받는 기간에 대하여 지급되는 급여(「고용보험법」 제65조)</td></tr>
<tr><td>광역구직 활동비</td><td>수급자격자가 직업안정기관의 소개에 따라 광범위한 지역에 걸쳐 구직활동을 하는 경우에 인정되는 급여(「고용보험법」 제66조)</td></tr>
<tr><td>이주비</td><td>수급자격자가 취업하거나 직업안정기관의 장이 지시한 직업능력개발 훈련 등을 받기 위해 그 주거를 이전하는 경우에 인정되는 급여(「고용보험법」 제67조)</td></tr>
</table>

(6) 육아휴직급여

제70조(육아휴직 급여) ①고용노동부장관은 「남녀고용평등과 일 · 가정 양립 지원에 관한 법률」 제19조에 따른 육아휴직을 30일(「근로기준법」 제74조에 따른 출산전후휴가기간과 중복되는 기간은 제외한다) 이상 부여받은 피보험자 중 육아휴직을 시작한 날 이전에 제41조에 따른 피보험 단위기간이 합산하여 180일 이상인 피보험자에게 육아휴직 급여를 지급한다.

(7) 출산전후 휴가급여

제75조(출산전후휴가 급여 등) 고용노동부장관은 「남녀고용평등과 일 · 가정 양립 지원에 관한 법률」 제18조에 따라 피보험자가 「근로기준법」 제74조에 따른 출산전후휴가 또는 유산 · 사산휴가를 받은 경우와 「남녀고용평등과 일 · 가정 양립 지원에 관한 법률」 제18조의2에 따른 배우자 출산휴가를 받은 경우로서 다음 각

호의 요건을 모두 갖춘 경우에 출산전후휴가 급여 등(이하 "출산전후휴가 급여등"이라 한다)을 지급한다.

1. 휴가가 끝난 날 이전에 제41조에 따른 피보험 단위기간이 합산하여 180일 이상일 것
2. 휴가를 시작한 날[출산전후휴가 또는 유산·사산휴가를 받은 피보험자가 속한 사업장이 우선지원 대상기업이 아닌 경우에는 휴가 시작 후 60일(한 번에 둘 이상의 자녀를 임신한 경우에는 75일)이 지난 날로 본다] 이후 1개월부터 휴가가 끝난 날 이후 12개월 이내에 신청할 것. 다만, 그 기간에 대통령령으로 정하는 사유로 출산전후휴가 급여등을 신청할 수 없었던 사람은 그 사유가 끝난 후 30일 이내에 신청하여야 한다.

6. 노인장기요양보험법의 이해

1) 제정 목적

노인장기요양보험법은 노인들의 장기요양 서비스를 지원하고 보장하기 위한 법률로, 노인들이 늙어가는 과정에서 필요한 장기요양 서비스에 대한 경제적 부담을 줄이기 위해 시행되었다. 이 법률은 노인들의 삶의 질 향상과 복지를 목적으로 한다(제1조).

2) 주요 연혁

2001년 8월 15일 대통령 경축사를 통하여 공식적으로 「노인요양보험제도 도입」을 제시하였다.

2003년 초 노무현 정부에서는 2007년부터 '노인요양보장제도'를 실시하는 방침을 정하고 이 제도의 틀을 만들기 위한 보건복지부장관 자문기구로 「공적노인요양보장추진기획단」을 설치하였다. 이어서 2004년 3월에는 제도의 실행방안을 만

들기 위한 같은 자문기구로 「공적노인요양보장제도실행위원회」를 설치하였으며, 이 위원회에서 1년간 전문가의 연구검토와 세차례의 국민공청회를 거쳐 「공적노인요양보장제도 실행모형」을 만들고, 2005년 2월에 이를 정부에 보고하였다. 이 위원회에서 최종적으로 건의한 것이'노인요양보험제도'이다. 정부에서는 이 보고서의 실행모형을 기초로 하여 2005년 10월 「노인수발보장법안」을 입법예고하였으며, 그 후 2006년 2월 국무회의에서 일부 수정한 내용을 담은 「노인수발보험법안」을 의결하여 국회에 제출하였다.

국회에서는 1년여의 기간에 걸쳐 이 정부법안과 함께 국회의원이 제안한 5개의 다른 법안을 병합하여 보건복지위원회의 대안을 마련하고 2007년 4월 임시국회에서 「노인장기요양보험법」을 통과시켰다.

한편 정부에서는 2005년 7월부터 전국 6개 시 · 군 · 구에서 이 제도의 시범사업을 실시하였고, 2007년부터 시범사업을 13개 지역으로 확대하여 실시하였다. 이와 같은 과정을 거쳐 정부에서는 노인장기요양보험법을 2007년 4월 공포하였으며, 그 이후 약 1년여의 시간에 하위법령의 제정, 각종 기준 제정, 수가결정 고시 등의 정책과정을 거처 2008년 7월부터 노인장기요양보험제도를 본격적으로 실시하는 계획을 추진하였다.

그 결과, 2008년 4월 15일 노인장기요양 신청 접수를 시작하였고, 2008년 7월 1일부터 노인장기요양 급여가 개시되었다.

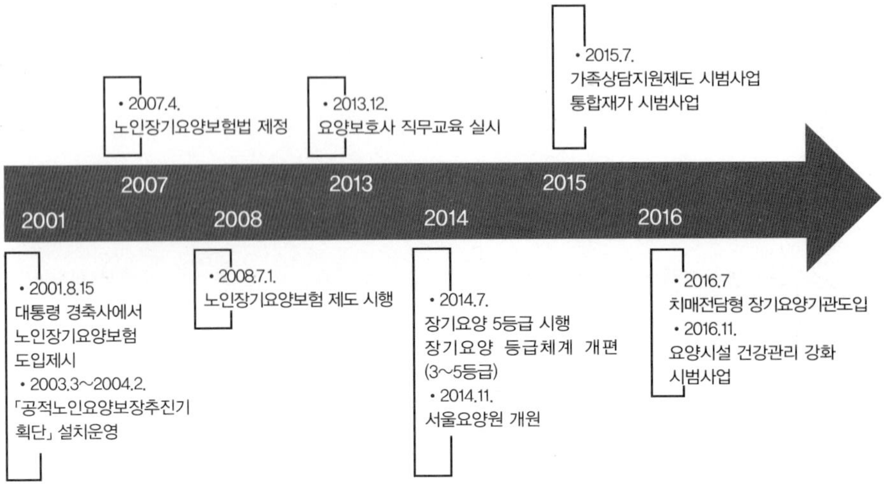

[그림 9-3] 노인장기요양보험법의 주요 변천 과정

3) 법적 체계

(1) 상하 체계

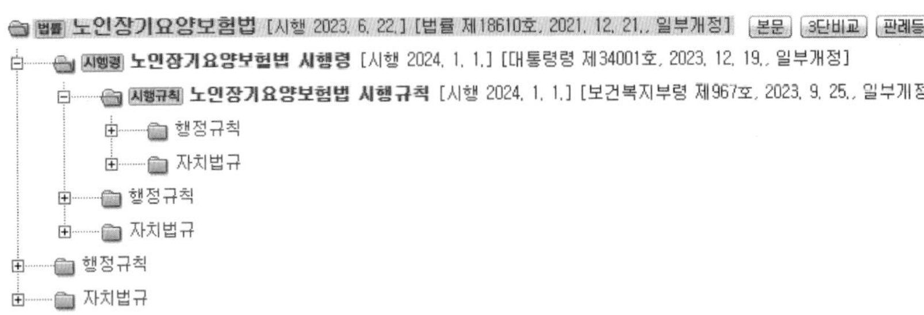

(2) 내용적 체계

총 12개의 장과 부칙으로 구성되어 있고, 개별 조문은 70조까지 명시되어 있다.

4) 주요 내용

(1) 장기요양급여 제공의 기본원칙

① 장기요양급여는 노인등이 자신의 의사와 능력에 따라 최대한 자립적으로 일상생활을 수행할 수 있도록 제공하여야 한다.

② 장기요양급여는 노인등의 심신상태·생활환경과 노인등 및 그 가족의 욕구·선택을 종합적으로 고려하여 필요한 범위 안에서 이를 적정하게 제공하여야 한다.

③ 장기요양급여는 노인등이 가족과 함께 생활하면서 가정에서 장기요양을 받는 재가급여를 우선적으로 제공하여야 한다.

④ 장기요양급여는 노인등의 심신상태나 건강 등이 악화되지 아니하도록 의료서비스와 연계하여 이를 제공하여야 한다.

(2) 국가 및 지방자치단체의 책무

① 국가 및 지방자치단체는 노인이 일상생활을 혼자서 수행할 수 있는 온전한 심신상태를 유지하는데 필요한 사업(이하 "노인성질환예방사업"이라 한다)을 실시하여야 한다.

② 국가는 노인성질환예방사업을 수행하는 지방자치단체 또는 「국민건강보험법」에 따른 국민건강보험공단(이하 "공단"이라 한다)에 대하여 이에 소요되는 비용을 지원할 수 있다.

③ 국가 및 지방자치단체는 노인인구 및 지역특성 등을 고려하여 장기요양급여가 원활하게 제공될 수 있도록 적정한 수의 장기요양기관을 확충하고 장기요양기관의 설립을 지원하여야 한다.

④ 국가 및 지방자치단체는 장기요양급여가 원활히 제공될 수 있도록 공단에 필요한 행정적 또는 재정적 지원을 할 수 있다.

⑤ 국가 및 지방자치단체는 장기요양요원의 처우를 개선하고 복지를 증진하며

지위를 향상시키기 위하여 적극적으로 노력하여야 한다. 〈신설 2016. 5. 29.〉

⑥ 국가 및 지방자치단체는 지역의 특성에 맞는 장기요양사업의 표준을 개발·보급할 수 있다. 〈신설 2018. 12. 11.〉

(2) 대상자 선정 및 등급 결정

노인장기요양보험을 받을 수 있는 대상자는 노인으로서 일정한 연령(보통 65세 이상)과 기타 요건을 충족해야 한다. 노인은 장기요양의 필요성과 정도에 따라 등급이 결정되며, 등급에 따라 서비스 내용과 혜택이 제공된다.

(3) 급여의 내용

재가급여, 시설급여, 특별현금급여(가족요양비, 특례요양비, 요양병원간병비) 등이 있다.

(4) 보험료

노인장기요양보험을 받기 위해서는 일정한 보험료를 지불해야 하였다. 이 보험료는 노인들의 나이, 소득 등을 고려하여 결정된다.

(5) 자격심사

노인장기요양보험을 받기 위해서는 자격 심사가 필요하였다. 이 심사를 통해 노인의 요양 필요성과 등급이 결정된다.

(6) 자기부담금

노인장기요양보험의 서비스를 받을 때에는 일정한 자가부담금이 발생할 수 있다. 이는 노인의 등급 및 이용 내역에 따라 다르게 적용된다.

(7) 저소득층 지원

소득이 낮은 노인들을 위한 추가적인 지원책도 노인장기요양보험법에 포함되어 있다.

〈사회복지행정에 있어 '신뢰보호의 원칙'에 관한 노인장기요양비의 판례〉

행정기본법 제12조에 규정된 '신뢰보호의 원칙'(Vertrauensschutz)이란 행정청이 국민에 대하여 행한 언동의 정당성 또는 계속성에 대해 보호의 가치가 있는 개인의 신뢰를 보호하는 법원칙을 말한다. 행정기본법 제12조 제1항에서는 "행정청은 공익 또는 제3자의 이익을 현저히 해칠 우려가 있는 경우를 제외하고는 행정에 대한 국민의 정당하고 합리적인 신뢰를 보호하여야 한다."고 하였으며, 제2항에는 "행정청은 권한 행사의 기회가 있음에도 불구하고 장기간 권한을 행사하지 아니하여 국민이 그 권한이 행사되지 아니할 것으로 믿을 만한 정당한 사유가 있는 경우에는 그 권한을 행사해서는 아니 된다. 다만, 공익 또는 제3자의 이익을 현저히 해칠 우려가 있는 경우는 예외로 한다."로 하였다.

2022년 10월 10일 서울행정법원의 판례에 따르면, 직원 배치 현황을 허위로 신고해 추가로 요양급여를 받았더라도 행정당국이 실질적으로 허가한 상황이라면 추가 지급분을 환수해선 안 된다는 것이 우리나라 법원의 판단이다.

국민건강보험공단(이하 건보공단)은 2019년 9월 한국보훈복지의료공단(이하 보훈공단)에 4억9천만 원의 요양급여를 환수하라고 통보하였다. 보훈공단이 복지사업 일환으로 운영하는 A요양원이 급식 위탁업체 직원을 자체 고용한 조리원인 것처럼 신고해 급여 가산금을 받아간 게 부당하다고 판단했기 때문이다. 보건복지부 고시에 따르면 요양기관은 조리원 1명 이상을 추가로 배치할 경우 요양급여 정산에서 '필요 인력 추가배치 가산'을 적용받을 수 있다.

보훈공단은 요양급여 환수처분에 불복해 소송을 제기했다. 보훈공단은 위탁업체 조리원도 추가배치 인력이 맞다고 맞섰다. 복지부와 건보공단 직원들이 그동안 위탁 조리원 배치 사실을 알고도 문제없다고 확인해줬다고도 주장했다.

법원은 보훈공단 손을 들어줬다. 재판부는 보훈공단이 허위로 가산금을 받은 건 문제지만, 복지부나 건보공단이 사실상 가산금 수령을 허용해놓고 뒤늦게 환수하는 건 문제라고 봤다. 재판부는 "처분 사유는 인정되지만, 신뢰 보호 원칙에 위반되므로 재량권을 일탈 · 남용해 위법하다"며 급여 환수 처분을 취소하라고 판결했다.

■ 학습문제

문제 1	
「산업재해보상보상법」상 '업무상의 재해'에 해당하지 않는 것은? ① 근로자의 고의 · 자해행위나 범죄행위 또는 그것이 원인이 되어 발생한 질병 ② 휴게시간 중 사용자의 지배관리 하에 있다고 볼 수 있는 행위로 발생한 사고 ③ 사용자가 주관하거나 사용자의 지시에 따라 참여한 행사나 행사준비 중에 발생한 사고 ④ 직장 내 괴롭힘, 고객의 폭언 등으로 인한 업무상 정신적 스트레스가 원인이 되어 발생한 질병 ⑤ 사업주가 제공한 교통수단이나 그에 준하는 교통수단을 이용하는 등 사업주의 지배관리 하에서 출퇴근하는 중 발생한 사고	
정답	①
해설	근로자의 고의 · 자해행위나 범죄행위 또는 그것이 원인이 되어 발생한 부상 · 질병 · 장해 또는 사망은 업무상 재해로 보지 않는다. 다만, 그 부상 · 질병 · 장해 또는 사망이 정상적인 인식능력 등이 뚜렷하게 낮아진 상태에서 한 행위로 발생한 경우로서 다음의 사유가 있으면 업무상 재해로 본다(「산업재해보상보험법」 제37조제2항 및 「산업재해보상보험법 시행령」 제36조).

문제 2	
사회보험법의 의의에 대한 설명이 잘못된 것은? ① 국민들이 병, 사고, 노령 등으로 인해 발생할 수 있는 경제적인 위험과 손실에 대비하여 보호하는 법률임 ② 개인의 노력과 자원만으로는 충분히 대비하기 어려운 위험 상황에 대한 공공의 역할을 강조하는 법률임 ③ 개인의 경제적 불확실성을 줄여주어 사회 전반적으로 안정감을 제공하는 법률임 ④ 국민 중 저소득층에게만 기회를 제공하여 사회적으로 불평등한 상황을 완화하는 법률임 ⑤ 국민들의 경제적 안정과 보호를 위해 사회보험제도를 설계하고 운영하는 법률임	
정답	④
해설	사회보험법은 모든 국민에게 동등한 기회를 제공하여 사회적으로 불평등한 상황을 완화하는 법률이다.

문제 3	
국민의 노령, 장애 또는 사망에 대하여 연금급여를 실시함으로써 국민의 생활 안정과 복지 증진에 이바지하는 것을 목적으로 한 법률은? ① 국민연금법 ② 기초연금법 ③ 장애인연금법 ④ 국민기초생활 보장법 ⑤ 사회복지사업법	
정답	①
해설	「국민연금법」 제1조에서 "국민의 노령, 장애 또는 사망에 대하여 연금급여를 실시함으로써 국민의 생활 안정과 복지 증진에 이바지하는 것을 목적으로 한다."고 규정하고 있다.

문제 4	
「국민연금법」 제6조에서 규정하고 있는 국민연금보험의 가입 대상에 해당하는 사람은? ① 35세 공무원인 A씨 ② 42세 군인인 B씨 ③ 59세 교직원인 C씨 ④ 21세 회사원인 D씨 ⑤ 28세 별정우체국 직원인 E씨	
정답	④
해설	국민연금 가입 대상은 국내에 거주하는 국민으로서 18세 이상 60세 미만인 자이다. 다만, 「공무원연금법」, 「군인연금법」, 「사립학교교직원 연금법」 및 「별정우체국법」을 적용받는 공무원, 군인, 교직원 및 별정우체국 직원, 그 밖에 대통령령으로 정하는 자는 제외한다.

문제 5	
「국민건강보험법」의 주요 내용으로 틀린 것은? ① 대부분의 국민은 국민건강보험에 가입하는 의무가 있다. ② 국민건강보험은 의료서비스에 대한 보장을 제공하고 있다. ③ 총 9개의 장과 부칙으로 구성되어 있고 개별 조문은 132조까지 명시되어 있다. ④ 소득이 낮거나 기타 특수한 경우에는 정부에서 보험료 일부를 지원하는 정책이 적용될 수 있다. ⑤ 고용주는 종사자에 대한 보험료 전액 부담하고, 개인사업자와 피고용자는 개인적으로 보험료를 납부해야 한다.	
정답	⑤
해설	고용주는 종사자에 대한 국민건강보험료 일부를 부담한다. 이는 종사자의 급여에서 공제되어 보험료로 납부된다.

10장

사회(복지)서비스법제의 구성과 개별 법령

KEY WORD :

학 습 목 표

1. 우리나라 사회(복지)서비스법의 체계를 설명할 수 있다.
2. '사업법' 및 '이용법'의 조문을 해석할 수 있다.

1. 사회복지서비스와 사회서비스의 개념 및 특성

1) 사회복지서비스의 개념 및 특성

(1) 사회복지서비스의 개념

사회복지서비스는 사회복지 분야에서 제공되는 다양한 형태의 서비스를 포괄하는 개념으로, 사회복지서비스의 제공과 연관되는 법적 규정을 말한다.

「사회복지사업법」 제2조제6호에서는 사회복지서비스를 "국가 · 지방자치단체 및 민간부문의 도움을 필요로 하는 모든 국민에게 「사회보장기본법」 제3조제4호에 따른 사회서비스 중 사회복지사업을 통한 서비스를 제공하여 삶의 질이 향상되도록 제도적으로 지원하는 것"으로 정의하고 있다.

다만, 동법 동조제1호에서는 공공부조제도인 「국민기초생활 보장법」 및 사회취약계층에 해당하는 대상자별 사회복지 관련 "법률에 따른 보호 · 선도(善導) 또는 복지에 관한 사업과 사회복지상담, 직업지원, 무료 숙박, 지역사회복지, 의료복지, 재가복지(在家福祉), 사회복지관 운영, 정신질환자 및 한센병력자의 사회복귀에 관한 사업 등 각종 복지사업과 이와 관련된 자원봉사활동 및 복지시설의 운영 또는 지원을 목적으로 하는 사업"인 '사회복지사업'이라는 용어를 정의하고 있는데, 사회복지서비스보다 더 큰 개념으로 사용되고 있다. 결국 좁은 의미의 사회복지의 개념인 사회복지사업으로 사회생활상의 곤란 또는 문제, 위험 등에 처한 장애인, 노인, 아동 등의 요보호자에 대한 보호, 육성, 지도, 치료, 재활 등의 서비스 시책이라고 할 수 있다.

이는 사회복지사 및 관련 전문가들에 의해 제공되며, 사회취약계층이나 어려움을 겪는 개인, 가족, 집단 등 클라이언트에게 지원을 제공하여 삶의 질을 향상시키고 사회적 포용성을 증진하는 것을 목적으로 하고 있다.

(2) 사회복지서비스의 특성

① 전문성과 다양성

사회복지서비스는 다양한 전문가들이 참여하여 제공된다. 사회복지사를 비롯한 다양한 관점과 지식을 전문직들이 클라이언트 개인 및 가족, 집단, 그리고 지역사회 등에 다양한 사회복지서비스를 제공한다.

② 개별화와 맞춤형 서비스

클라이언트인 개인 및 가족, 집단, 그리고 지역사회의 상황은 다르기 때문에 사회복지서비스는 개별화되어 제공된다. 또한, 각각의 서비스 대상의 욕구나 사회문제, 사회적 위험 등에 맞추어 맞춤형으로 서비스를 제공하여 최대한 효과성있게 지원한다.

③ 예방과 개입

사회복지서비스는 클라이언트인 개인 및 가족, 집단, 그리고 지역사회의 문제가 심각해지기 전에 예방적으로 개입하려는 노력이 포함된다. 또한 이미 어려움을 겪고 있는 개인이나 가족에 대해서도 조기에 개입하여 상황의 악화를 막고 지속가능한 변화를 유도하고자 한다.

④ 사회정의와 공정성

사회복지서비스는 사회정의와 공정성을 중시한다. 불평등이나 사회적 차별에 대응하여, 특히 사회취약계층이나 사회적 소수자 등에 대한 평등한 기회와 지원을 제공하고자 노력한다.

⑤ 다양한 사회복지서비스모형과 방법론

사회복지서비스는 다양한 서비스모형과 방법론을 활용함으로써 전문성 있는 서비스 제공 과정을 중시한다. 그리고 이 과정에서 상담, 교육, 자원 제공, 산업재활, 정신건강 지원 등 다양한 방식 중 클라이언트 등에 가장 적정한 서비스를 제공하고자 한다.

⑥ **사회적 네트워크와 협력**

사회복지서비스는 다양한 사회적 네트워크와의 협력을 중요시한다. 지역사회, 정부 기관, 비영리 단체, 기업 등과의 협력을 통해 효과적인 지원 시스템을 구축하고 서비스를 제공한다.

⑦ **평가와 품질 향상**

사회복지서비스는 지속적인 평가와 품질 향상을 통해 효과적인 서비스를 제공하려고 노력한다. 클라이언트의 욕구을 반영하고 서비스의 효과를 측정하여 개선점을 찾아내고자 한다.

또한, 사회복지서비스법은 사회보험법이나 공공부조법과는 몇 가지 측면에서 다른 특징을 가지고 있다.

첫째, 급여내용과 형태가 사회보험이나 공공부조는 소득이나 물질적인 급여가 주류를 이루는 반면, 사회복지서비스는 비물질적 · 심리사회적 서비스를 주된 내용으로 한다.

둘째, 급여의 특성상 개인적 욕구의 특수성에 따라 개별적 처우를 제공해야 하는 점이 사회보험과 공공부조에 비하여 상대적으로 어렵다. 법은 획일적이고 표준적인 데 비하여 사회복지는 시간과 대상에 따라 역동적이어서 법적 규정이 적절하지 않을 때가 많다는 특징을 지닌다.

셋째, 사회복지서비스법의 급여는 서비스가 대부분이어서 서비스를 전달하는 사람들의 전문적인 개입과 기술이 중요하고, 이를 법적으로 규정하는 경우에 일선행정가에게 역할을 위임하는 경우가 대부분이다.

2) 사회서비스의 개념 및 특성

(1) 사회서비스의 개념

사회문제에 대한 해결이나 개선을 위해 제공되는 서비스를 의미하는 '사회서비스'라는 용어는 학술적으로 사회복지학뿐만 아니라, 사회학, 사회정책, 심리학 등 다양한 학문 분야에서 정의되고 있는데, 약간씩 다른 측면이 있다. 예를 들면, 사회복지학적 관점에서는 개인이나 집단이 빈곤, 식량불안, 건강 문제, 가정 폭력, 노화 등 사회적 문제에 대해 어려움을 겪을 때 그들의 삶의 질을 향상시키기 위한 목적으로 제공되는 서비스를 말하며, 정부의 사회정책의 일부로 간주하는 사회정책학적 관점에서는 정부가 사회문제에 대응하기 위해 예산을 배정하고, 서비스를 제공하며, 사회적 통합을 촉진하는 방안을 말한다.

「사회보장기본법」 제3조제4호에서는 사회서비스를 "국가 · 지방자치단체 및 민간부문의 도움이 필요한 모든 국민에게 복지, 보건의료, 교육, 고용, 주거, 문화, 환경 등의 분야에서 인간다운 생활을 보장하고 상담, 재활, 돌봄, 정보의 제공, 관련 시설의 이용, 역량 개발, 사회참여 지원 등을 통하여 국민의 삶의 질이 향상되도록 지원하는 제도"로 정의하고 있다. 또한, 「사회서비스 이용 및 이용권 관리에 관한 법률」(약칭: 사회서비스이용권법) 제2조제1호에서는 "「사회복지사업법」 제2조제4호에 따른 사회복지서비스, 「보건의료기본법」 제3조제2호에 따른 보건의료서비스, 그 밖에 이에 준하는 서비스로서 대통령령으로 정하는 서비스"로 정의하고 있다.

이처럼 사회서비스는 사회문제에 대응하여 개인, 가족, 집단 등에게 사회복지, 정책, 교육, 의료, 심리건강 등 다양한 분야에서 지원과 도움을 제공하는 활동과 제도를 의미한다.

사회서비스의 목적은 사회문제에 직면한 개인, 가족, 집단들을 돕고, 그들이 겪는 어려움을 해결하거나 최소화하기 위해 제공되며, 개인이나 커뮤니티의 삶의 질을 향상시키며, 취약계층이나 소수자들이 사회적으로 통합되고 공정한 기회를 가질 수 있도록 돕는 것이다.

(2) 사회서비스의 특성

① 다양성과 복잡성

사회서비스는 다양한 분야에서 제공되며, 그 대상도 다양하다. 빈곤, 식량불안, 정신건강, 교육, 고령화, 가족 문제 등 다양한 사회문제에 대응하고 있다. 이에 따라 서비스도 다양하고 복잡한 특성을 가지고 있다.

② 개별화와 맞춤화

사회서비스는 각 개인 또는 가족 등의 욕구 또는 상황에 따라 개별화되며, 맞춤형 서비스가 제공된다. 즉, 일반적인 솔루션보다는 개별적인 욕구 등에 집중하여 서비스가 제공된다.

③ 예방과 개입

사회서비스는 문제의 발생을 예방하거나 발생한 문제에 빠르게 개입하는 특성을 가지고 있다. 문제의 초기 단계에서 개입함으로써 심각한 상황을 예방하고 지속가능한 변화를 유도하고자 한다.

④ 다학제적 접근

사회서비스는 다학제적 및 다양한 분야의 전문가들과 협력하고 협업하여 서비스를 제공한다.

⑤ 사회정의와 공정성

사회서비스는 사회정의와 공정성을 중시한다. 취약계층이나 소수자에 대한 사회적 불평등을 해소하고, 모든 개인이 평등한 기회를 가질 수 있도록 노력한다.

⑥ 평가와 품질 향상

사회서비스는 지속적인 평가와 품질 향상을 통해 효과적인 서비스를 제공하고자 한다. 클라이언트등의 욕구 또는 상황을 고려하여 서비스의 효과를 측정하고, 개선점을 찾아내고자 한다.

⑦ 사회적 네트워크와 협력

사회서비스는 지역사회, 정부 기관, 비영리 단체, 기업 등과의 협력을 중요시하며, 다양한 사회적 네트워크와의 협업을 통해 효과적인 서비스를 제공하고자 한다.

⑧ 법적 및 윤리적 책임

사회서비스는 클라이언트의 권리와 안전을 보장하기 위해 법적 및 윤리적 책임을 가진다. 개인의 개인정보 보호, 동등한 대우, 클라이언트의 자기결정권 존중 등이 중요한 원칙으로 적용된다.

2. 사회복지서비스법제와 사회서비스법제의 구성

본 서에서는 사회복지법제를 사회보장법제, 사회서비스법제, 그리고 사회복지서비스법제로 분류하였다. 사회보장법제는 8장 및 9장과 같이 공공부조법제와 사회보험법제로 다시 나뉘어 지며, 사회복지서비스법제는 「사회복지사업법」을 모법(mother law)으로 하여 11장과 같이 '대상별' 사회복지서비스법제로 하여 영유아, 아동, 청소년, 노인, 장애인 등의 관련 개별 법령으로, 또한 12장과 같이 '영역별' 사회복지서비스법제로 하여 정신보건, 가족 등의 관련 개별 법령으로 다시 구분된다. 마지막으로 사회복지서비스를 포함한 사회보장의 모든 영역의 공적 및 사적 서비스를 국민 등이 이용하는 것과 관련된 사회서비스이용권법 등의 개별 법령이 있다.

결국, 사회서비스법제와 사회복지서비스법제의 급여 형태와 내용은 사회보험법 · 공공부조법과는 다르다. 사회보험 · 공공부조는 소득이나 금전적인 급여가 주류를 이루는 반면, 사회(복지)서비스는 비금전적 급여(「사회복지사업법」 제33조의7(서비스 제공 방법) '현물서비스 원칙')와 심리사회적 서비스가 주류를 이룬다.

사회(복지)서비스법제는 비물질적 · 비화폐적 급여를 법적으로 규정해야 하는데 이런 작업은 매우 어려운 특성을 지닌다. 이 때문에 사회(복지)서비스법제의 급여는 대부분 서비스이어서 서비스를 전달하는 전문가의 개입과 기술이 중요하다. 급여의 특성상 개인적 욕구의 특수성에 따라 개별적 처우를 해야 한다는 점이 사회보험 · 공공부조에 비하여 상대적으로 어렵다. 사회서비스는 시간과 대상에 따라 역동적이어서 법적 규정이 적절하지 않을 때가 많기 때문이다.

사회(복지)서비스를 이용하는 과정에서 사회복지 전문가의 전문적 개입과 기술을 법적으로 규정할 때 일선행정가에게 역할을 위임하는 경우가 대부분인데 이들의 실천적 조치행위가 미묘한 파급효과를 가져온다.

[그림 10-1] 사회복지법제의 분류와 개별 법령들

3. 사회복지사업법의 의해

1) 제정 목적

「사회복지사업법」은 생활보호법 · 아동복리법 · 윤락행위등방지법 등에 의한 보호사업 · 복지사업 · 선도사업 · 복지시설의 운영 등을 목적으로 하는 사업을 다루는 법률로서 기능하기 위해 1970년 1월 1일 제정되었고, 그해 4월 1일부터 시행되었다. 즉, 이 법률은 사회복지사업에 관한 기본적인 사항을 규정하여 그 공정한 운영을 기함으로써 사회복지의 증진을 도모하려는 취지에서 제정되었다.

이 법이 탄생하게된 배경으로는 두 가지 사항을 거론하고 있다.[5]

첫째, 사회복지서비스를 제공하는 민간단체에 대한 효율적인 관리와 감독의 필요했다는 점이다. 당시 국가는 거의 사회복지사업을 수행하지 않고, 외국원조단체의 지원을 바탕으로 민간단체들이 사회복지서비스의 대부분을 제공하였기 때문에 이러한 사회복지서비스 전달체계를 효과적으로 구축하고 관리할 필요가 있었다. 특히 민간영역에서 사회복지사업을 행하는 주체로서 '법인'에 대한 규율을 일반화할 필요가 있었다.

둘째, 1960년대 후반에 외국원조단체가 철수하기 시작하면서 사회복지사업법 제정이 직접적으로 촉진되었다는 점이다. 당시 사회복지사업의 재정은 국가가 아니라 대부분 외국원조단체에 의존하고 있었다. 이러한 상황에서 외국원조단체 중 일부가 철수하게 되자 당시의 정부는 위기의식을 크게 느끼고 민간단체의 공동모금을 통해 사회복지사업의 재정을 충당하기 위해 사회복지사업법을 제정하였다.

현재 이 법의 목적은 "사회복지사업에 관한 기본적 사항을 규정하여 사회복지를 필요로 하는 사람에 대하여 인간의 존엄성과 인간다운 생활을 할 권리를 보장하고 사회복지의 전문성을 높이며, 사회복지사업의 공정 · 투명 · 적정을 도모하고, 지역사회복지의 체계를 구축하고 사회복지서비스의 질을 높여 사회복지의 증진에 이바지함"(제1조)이다.

〈한국 사회복지법제의 특징〉

한국 사회복지법제의 특징은 첫째로 국가책임의 미흡과 민간에의 의존, 둘째로 공적 사회복지서비스 전달체계의 부족이라고 할 수 있다. 이 글은 제정 사회복지사업법의 입법사를 연구대상으로 하여, 한국사회복지법제의 특징의 형성에 초점을 맞추어 제정사회복지사업법의 입법배경과 법안 그리고 국회논의과정을 추적하는 것을 연구의 주안점으로 한다.

사회복지사업법은 1960년대 두 가지 배경에서 탄생했다. 우선 사회복지서비스를 제공하는 민간단체에 대한 효율적인 관리와 감독의 필요했다는 점이다. 당시 국가는 거의 사회복지사업을 수행하지 않고, 외국원조단체의 지원을 바탕으로 민간단체들이 사회복지서비스의 대부분을 제공하였기 때문에 이러한 사회복지서비스 전달체계를 효과적으로 구축하고 관리할 필요가 있었다. 특히 민간영역에서 사회복지사업을 행하는 주체로서 '법인'에 대한 규율을 일반화할 필요가 있었다.

5) 심재진(2011). "사회복지사업법 제정사 연구". 사회보장연구. 27(2): 279-307.

두 번째로 1960년대 후반에 외국원조단체가 철수하기 시작하면서 사회복지사업법 제정이 직접적으로 촉진되었다. 당시 사회복지사업의 재정은 국가가 아니라 대부분 외국원조단체에 의존하고 있었다. 이러한 상황에서 외국원조단체 중 일부가 철수하게 되자 당시의 정부는 위기의식을 크게 느끼고 민간단체의 공동모금을 통해 사회복지사업의 재정을 충당하기 위해 사회복지사업법을 제정하였다.

이러한 배경에서 제안된 사회복지사업법안은 사회복지법인과 사회복지시설에 대한 조항이 대부분을 차지하였고, '공동모금'이 가능하도록 하는 조항을 도입하였다. 반면에 사회복지사업법안에는 사회복지사업에 대한 국가책임에 대한 규정이 완전히 부재하였고, 그 연장선상에서 공적 사회복지서비스 전달체계에 대한 규정이 전혀 없었다. 이 법안이 국회에서 논의되는 과정에서도 의미 있는 토론이 진행되지 못했고, 사실상 정부가 제안한 법안이 거의 그대로 통과되었다. 사회복지의 국가책임과 이에 따른 재정문제는 전혀 토론되지 않았고, 사회복지공동모금회에 의한 공동모금의 관할부서에 관한 의견대립이 법안의 국회논의과정에서 실질적으로 논의된 내용의 전부이었다. 또한 공적 사회복지전달체계의 하나로서 사회복지사무소를 설치하자는 민간단체의 청원은 완전히 무시되었다.

결국 현재 한국 사회복지법제의 특징적인 2가지 측면은 1960년대의 제정 사회복지사업법에서 그 연원을 찾아볼 수 있다. 이렇게 볼 때 1960년대 이래 한국사회복지법제는 그 기본적 성격의 면에서 크게 바뀌지 않고 현재에 이르렀다고 볼 수 있다. 한국사회복지법제의 특징을 제정사회복지사업법이 제정된 과정에서 확인한 이 글은 사회복지사업법의 제정을 사회복지서비스 규율체계의 확립이나 혹은 외국원조단체의 철수에 따른 대응의 측면에서 바라보는 관점과 비교하면 더 종합적이라고 할 수 있다.

* 출처 : 심재진(2011). "사회복지사업법 제정사 연구". 사회보장연구. 27(2): 279–307.

2) 주요 연혁

사회복지사업법은 사회복지사업에 관한 기본적사항을 규정하고 있는 법률로서 사회복지서비스분야의 다른 법률들에 대하여 기본법과 일반법으로서 역할을 한다. 현행 사회복지사업법 제2조(범위)에서 사회복지사업에 포함되는 법률 26개를 열거하고 있으며, 제3조(다른 법률과의 관계)에서 이 법률들을 개정할 때에는 사회복지사업법에 부합하여야 한다고 규정함으로써 사회복지사업법의 기본법으로서의 성격을 명시하고 있다. 그러므로 어떤 법률에 근거하여 사회복지사업을 하더라도 사회복지전달체계, 사회복지법인, 사회복지시설, 사회복지인력, 사회복지서비스의 실시방법 등 기본법으로서의 사회복지사업법에서 정하고 있는 사항을 지켜야 한다. 또한 사회복지사업법은 앞에서 말한 법률들에 특별한 규정이 있는 경우를 제외하고는 사회복지사업법이 정하는 바를 따르도록 규정함으로써 사회복지사업법이 이 법률들에 대하여 일반법으로서의 지위를 가지고 있다는 점을 명시하고있다. 그러므로 '특별법 우선의 원칙'에 따라 이 법률들에 특별한 규정이 있는 경우에는 이 법률들을 사회복지사업법보다 우선적으로 적용하지만 사회복지사업에 관하여 이 법률들에서 따로 정하지 않고 있는 경우에는 사회복지사업법을 적용해야 한다.

> 1970년의 제정 사회복지사업법은 사회복지법인과 사회복지시설에 관한 법률이라고 해도 과언이 아니다. 법률이 제정된 이후 총 12회의 개정을 거쳤는데 사회복지시설의 비리사건과 관련되어 개정된 경우가 많았다.
>
> 사회복지시설은 우리 사회에서 가장 소외된 사회적 약자들을 보호하기 위한 곳으로서 사회복지전달체계에서 매우 중요한 현장 기능을 수행하고 있으므로 국가와 지방자치단체에서 보조금을 지원하고 있지만 족벌운영체제, 성폭행 및 가혹행위, 방임, 방치, 부정과 비리, 정부보조금 횡령, 인권 침해 등 문제가 자주 발생하였다.
>
> 사회복지사업법의 제정 배경에 대하여는 외원단체가 철수하게 되는 상황에서 민간자금을 동원하기 위한 것이라는 견해(남찬섭, 2006: 39~45), 사회복지법인과 사회복지시설 등 사회복지전달체계를 확립하기 위한 것이라는 견해(이상용, 2003: 64~67), 외원단체 철수에 따른 민간자금 동원과 사회복지전달체계의 구축이 결합된 것으로 보는견해(심재진, 2011: 279~307), 그리고 보건복지부가 민법에 의하여 운영되던 사회복지시설에 대한 통제를 하기 위하여 사회복지법인을 새로 창설한 것으로 보는 견해가 있다.
>
> * 출처 : 이상용(2015). "사회복지사업법 개정의 시사점: 사회복지법인 및 시설을 중심으로", 보건복지포럼 (2015. 2.). https://repository.kihasa.re.kr/bitstream/201002/14589/1/%EB%B3%B4%EA%B1%B4%EB%B3%B5%EC%A7%80%ED%8F%AC%EB%9F%BC.2015.02.N220.10.pdf

1969년 7월 사회복지사업법이 국회에서 통과되어, 1970년 1월 제정 및 1970년 4월 시행되었다.

1983년 일부 개정으로 사회복지사 자격조항이 신설되었으며, 1997년 전면 개정으로 사회복지시설 설치 · 운영을 허가제에서 신고제로 변경, 사회복지사 사격을 1, 2, 3급으로 법제화하고 1급은 시험에 합격한자로 하였다.

2003년 7월 전면 개정으로 시 · 군 · 구에 지역사회복지협의체 설치, 지역사회복지계획 수립 · 시행, 사회복지서비스와 재가복지서비스 실시에 관한 규정을 신설하였다.

2005년 7월 일부 개정으로 사회복지사 결격사유를 법률에 직접 규정하였고, 2007년 12월 일부 개정으로 사회복지사 보수교육 규정을 신설하였다. 2009년 6월 일부 개정으로 사회복지통합전산망 도입에 따른 제반규정을 마련하였으며, 2011년 8월 일부 개정으로 출소자의 갱생보호사업을 사회복지사업에 포함, 사회복지법인의 설치 · 운영 등에 관한 사무를 보건복지부장관에서 시 · 도지사로 이양하도록 하였다.

2012년 1월 일부 개정(일명 '도가니법')으로 사회복지사업에 있어 인권보호 강화, 사회복지법인 임원의 자격 요건을 강화하였고, 2018년 12월 일부 개정으로 정신건강, 의료, 학교 등의 영역별 사회복지사를 신설하였다. 사회복지시설과 사회복지법인 등의 채용과정 및 회계감사 등에 대해 개선하였다.

3) 법적 체계

(1) 상하 체계

- 법률 **사회복지사업법** [시행 2023. 7. 14.] [법률 제19453호, 2023. 6. 13., 일부개정] 본문 3단비교 판례등
  - 시행령 **사회복지사업법 시행령** [시행 2020. 12. 12.] [대통령령 제31236호, 2020. 12. 8., 일부개정]
    - 시행규칙 **사회복지사업법 시행규칙** [시행 2023. 7. 14.] [보건복지부령 제950호, 2023. 7. 13., 일부개정]
      - 행정규칙
        - 고시 기관실습 실시기관 선정 및 선정취소 등 사회복지현장실습 운영에 관한 고시 [시행 2022. 12. 30.] [고시 제2022-319호, 2022. 12. 30., 일부개정]
        - 고시 사회보장급여 관련 공통서식에 관한 고시 [시행 2024. 1. 1.] [고시 제2023-250호, 2023. 12. 19., 일부개정]
        - 고시 영역별 사회복지사 수련에 관한 규정 [시행 2020. 12. 12.] [고시 제2020-278호, 2020. 12. 11., 제정]
  - 시행규칙 **사회복지법인 및 사회복지시설 재무 · 회계 규칙** [시행 2023. 1. 1.] [보건복지부령 제928호, 2022. 12. 28., 일부개정]
    - 자치법규
      - 조례 경기도 사회복지서비스 품질관리 조례 [시행 2023. 4. 11.] [조례 제7625호, 2023. 4. 11., 일부개정]
      - 조례 광주광역시 사회복지시설 감사 조례 [시행 2019. 12. 15.] [조례 제5355호, 2019. 12. 15., 제정]
      - 조례 서울특별시 도봉구 사회복지시설 설치 및 운영에 관한 조례 [시행 2021. 12. 30.] [조례 제1597호, 2021. 12. 30., 일부개정]
      - 조례 서울특별시 사회복지시설 설치 및 운영에 관한 조례 [시행 2023. 5. 22.] [조례 제8714호, 2023. 5. 22., 일부개정]
      - 조례 서울특별시 서초구 사회복지시설 설치 및 운영에 관한 조례 [시행 2021. 1. 13.] [조례 제1290호, 2021. 1. 13., 일부개정]
      - 조례 전라남도 사회복지서비스 품질관리 조례 [시행 2020. 6. 29.] [조례 제5119호, 2020. 6. 29., 제정]
      - 조례 하남시 사회복지시설 행정 및 회계 감사에 관한 조례 [시행 2016. 3. 10.] [조례 제1351호, 2016. 3. 10., 제정]
      - 조례 화성시 사회복지시설 설치 및 운영에 관한 조례 [시행 2023. 6. 28.] [조례 제2101호, 2023. 6. 28., 일부개정]
  - 자치법규
    - 조례 경기도 사회복지서비스 품질관리 조례 [시행 2023. 4. 11.] [조례 제7625호, 2023. 4. 11., 일부개정]
    - 조례 고양시 종합사회복지관 설치 및 위탁운영에 관한 조례 [시행 2021. 10. 1.] [조례 제2469호, 2021. 10. 1., 일부개정]
    - 조례 광주광역시 사회복지시설 감사 조례 [시행 2019. 12. 15.] [조례 제5355호, 2019. 12. 15., 제정]
    - 조례 부산광역시 사회복지시설 설치 및 운영 조례 [시행 2023. 12. 27.] [조례 제7127호, 2023. 12. 27., 일부개정]
    - 조례 서울특별시 도봉구 사회복지시설 설치 및 운영에 관한 조례 [시행 2021. 12. 30.] [조례 제1597호, 2021. 12. 30., 일부개정]
    - 조례 서울특별시 사회복지시설 설치 및 운영에 관한 조례 [시행 2023. 5. 22.] [조례 제8714호, 2023. 5. 22., 일부개정]
    - 조례 서울특별시 서초구 사회복지시설 설치 및 운영에 관한 조례 [시행 2021. 1. 13.] [조례 제1290호, 2021. 1. 13., 일부개정]
    - 조례 전라남도 사회복지서비스 품질관리 조례 [시행 2020. 6. 29.] [조례 제5119호, 2020. 6. 29., 제정]
    - 조례 하남시 사회복지시설 행정 및 회계 감사에 관한 조례 [시행 2016. 3. 10.] [조례 제1351호, 2016. 3. 10., 제정]
    - 조례 화성시 사회복지시설 설치 및 운영에 관한 조례 [시행 2023. 6. 28.] [조례 제2101호, 2023. 6. 28., 일부개정]

(2) 내용적 체계

이 법은 전체 5개의 장과 58개의 조(폐지 조문 포함)와 부칙으로 구성되어 있다.

4) 주요 내용

(1) 기본 이념

사회복지를 필요로 하는 사람은 누구든지 자신의 의사에 따라 서비스를 신청하고 제공받을 수 있다.

사회복지법인 및 사회복지시설은 공공성을 가지며 사회복지사업을 시행하는 데 있어서 공공성을 확보하여야 한다.

사회복지사업을 시행하는 데 있어서 사회복지를 제공하는 자는 사회복지를 필요로 하는 사람의 인권을 보장하여야 한다.

사회복지서비스를 제공하는 자는 필요한 정보를 제공하는 등 사회복지서비스를 이용하는 사람의 선택권을 보장하여야 한다.

(2) 용어의 정의

사회복지사업이란 국민기초생활보장법 등의 "법률에 따른 보호 · 선도(善導) 또는 복지에 관한 사업과 사회복지상담, 직업지원, 무료 숙박, 지역사회복지, 의료복지, 재가복지(在家福祉), 사회복지관 운영, 정신질환자 및 한센병력자의 사회복귀에 관한 사업 등 각종 복지사업과 이와 관련된 자원봉사활동 및 복지시설의 운영 또는 지원을 목적으로 하는 사업"을 말한다(제2조제1호).

지역사회복지란 "주민의 복지증진과 삶의 질 향상을 위하여 지역사회 차원에서 전개하는 사회복지"를 말한다(제2조제2호).

사회복지법인이란 "사회복지사업을 할 목적으로 설립된 법인"을 말한다(제2조제3호).

사회복지시설이란 "사회복지사업을 할 목적으로 설치된 시설"을 말한다(제2조제4호).

사회복지관이란 "지역사회를 기반으로 일정한 시설과 전문인력을 갖추고 지역주민의 참여와 협력을 통하여 지역사회의 복지문제를 예방하고 해결하기 위하여 종합적인 복지서비스를 제공하는 시설"을 말한다(제2조제5호).

사회복지서비스란 "국가 · 지방자치단체 및 민간부문의 도움을 필요로 하는 모든 국민에게 「사회보장기본법」 제3조제4호에 따른 사회서비스 중 사회복지사업을 통한 서비스를 제공하여 삶의 질이 향상되도록 제도적으로 지원하는 것"을 말한다(제2조제6호).

보건의료서비스란 "국민의 건강을 보호 · 증진하기 위하여 보건의료인이 하는 모든 활동"을 말한다(제2조제7호).

(3) 다른 법률과의 관계

사회복지사업의 내용 및 절차 등에 관하여 제2조제1호 각 목의 법률에 특별한 규정이 있는 경우를 제외하고는 이 법에서 정하는 바에 따르며, 제2조제1호 각 목의 법률을 개정하는 경우에는 이 법에 부합하도록 하여야 하였다.

(4) 사회복지증진의 책임

헌법 제34조 제2항에서는 "국가는 사회보장 · 사회복지증진에 노력할 의무를 진다"고 하여 국민의 생존권 보장책임의 주체를 국가로 규정하고 있고, 헌법상 국가의 사회복지증진책임을 하위법인 사회복지사업법에서 "국가와 지방자치단체는 사회복지를 증진할 책임을 진다(법 제4조 1항)"고 하여 이를 재확인하고 있다.

(5) 사회복지서비스 제공의 원칙

법 제5조의2에서는 사회복지서비스를 필요로 하는 사람(이하 "보호대상자"라 한다)에 대한 사회복지서비스 제공(이하 "서비스 제공"이라 한다)은 현물(現物)로 제공하는 것을 원칙으로 하며,

시장 · 군수 · 구청장은 국가 또는 지방자치단체 외의 자로 하여금 제1항의 서비스 제공을 실시하게 하는 경우에는 보호대상자에게 사회복지서비스 이용권(이하 "이용권"이라 한다)을 지급하여 국가 또는 지방자치단체 외의 자로부터 그 이용권으로 서비스 제공을 받게 할 수 있다.

국가와 지방자치단체는 사회복지서비스의 품질향상과 원활한 제공을 위하여 필요한 시책을 마련하여야 하였다.

국가와 지방자치단체는 사회복지서비스의 품질을 관리하기 위하여 사회복지서비스를 제공하는 기관 · 법인 · 시설 · 단체의 서비스 환경, 서비스 제공 인력의 전문성 등을 평가할 수 있으며, 보건복지부장관은 평가를 위하여 평가기관을 설치 · 운영하거나, 평가의 전부 또는 일부를 관계 기관 또는 단체에 위탁할 수 있다.

6) 사회복지시설 업무의 전자화

법 제6조의2에서는 보건복지부장관은 사회복지법인 및 사회복지시설의 종사자, 거주자 및 이용자에 관한 자료 등 운영에 필요한 정보의 효율적 처리와 기록 · 관리 업무의 전자화를 위하여 정보시스템을 구축 · 운영할 수 있다.

보건복지부장관은 정보시스템을 구축 · 운영하는 데 필요한 자료를 수집 · 관리 · 보유할 수 있으며 관련 기관 및 단체에 필요한 자료의 제공을 요청할 수 있다. 이 경우 요청을 받은 기관 및 단체는 정당한 사유가 없으면 그 요청에 따라야 하였다.

지방자치단체의 장은 사회복지사업을 수행할 때 관할 복지행정시스템과 제1항에 따른 정보시스템을 전자적으로 연계하여 활용하여야 하였다.

사회복지법인의 대표이사와 사회복지시설의 장은 국가와 지방자치단체가 실시하는 사회복지업무의 전자화 시책에 협력하여야 하였다.

보건복지부장관은 정보시스템을 효율적으로 운영하기 위하여 「사회보장기본법」 제37조제7항에 따른 전담기구에 그 운영에 관한 업무를 위탁할 수 있다.

(7) 사회복지사 자격증의 발급

법 제11조에서는 보건복지부장관은 사회복지에 관한 전문지식과 기술을 가진 사람에게 사회복지사 자격증을 발급할 수 있음(다만, 자격증 발급 신청일 기준으로 제11조의2에 따른 결격사유에 해당하는 사람에게 자격증을 발급해서는 아니됨).

제1항에 따른 사회복지사의 등급은 1급 · 2급으로 하되, 정신건강 · 의료 · 학교영역에 대해서는 영역별로 정신건강사회복지사 · 의료사회복지사 · 학교사회복지사의 자격을 부여할 수 있다.

사회복지사 1급 자격은 국가시험에 합격한 사람에게 부여하고, 정신건강사회복지사 · 의료사회복지사 · 학교사회복지사의 자격은 1급 사회복지사의 자격이 있는 사람 중에서 보건복지부령으로 정하는 수련기관에서 수련을 받은 사람에게 부여하였다.

(8) 사회복지사의 결격사유

법 제11조의2에서는 다음 중 어느 하나에 해당하는 사람은 사회복지사가 될 수 없다.

1. 피성년후견인 또는 피한정후견인
2. 금고 이상의 형을 선고받고 그 집행이 끝나지 아니하였거나 그 집행을 받지 아니하기로 확정되지 아니한 사람
3. 법원의 판결에 따라 자격이 상실되거나 정지된 사람
4. 마약 · 대마 또는 향정신성의약품의 중독자
5. 「정신건강증진 및 정신질환자 복지서비스 지원에 관한 법률」 제3조제1호에 따른 정신질환자. 다만, 전문의가 사회복지사로서 적합하다고 인정하는 사람은 그러하지 아니하다.

(9) 사회복지사의 채용 및 교육

법 제13조에서는 사회복지법인 및 사회복지시설을 설치 · 운영하는 자는 대통령령으로 정하는 바에 따라 사회복지사를 그 종사자로 채용하고, 보고방법 · 보고주기 등 보건복지부령으로 정하는 바에 따라 특별시장 · 광역시장 · 특별자치시장 · 도지사 · 특별자치도지사(이하 "시 · 도지사"라 한다) 또는 시장 · 군수 · 구청장에게 사회복지사의 임면에 관한 사항을 보고하여야 한다(다만, 대통령령으로 정하는 사회복지시설은 그러하지 아니한다)

보건복지부장관은 사회복지사의 자질 향상을 위하여 필요하다고 인정하면 사회복지사에게 교육을 받도록 명할 수 있다(다만, 사회복지법인 또는 사회복지시설에 종사하는 사회복지사는 정기적으로 인권에 관한 내용이 포함된 보수교육(補修敎育)을 받아야 한다)

(10) 사회복지의 날

법 제15조의2에서는 국가는 국민의 사회복지에 대한 이해를 증진하고 사회복지사업 종사자의 활동을 장려하기 위하여 매년 9월 7일을 사회복지의 날로 하고, 사회복지의 날부터 1주간을 사회복지주간으로 하였다.

국가와 지방자치단체는 사회복지의 날의 취지에 적합한 행사 등 사업을 하도록 노력하여야 하였다.

(11) 사회복지법인

법 제2장 제16조부터 제32조까지 규정하였다. 특히, 법인의 설립허가는 법 제16조에서는 "사회복지법인(이하 "법인"이라 한다)을 설립하려는 자는 대통령령으로 정하는 바에 따라 시 · 도지사의 허가"를 받아야 하며, "허가를 받은 자는 법인의 주된 사무소의 소재지에서 설립등기를 하여야 한다"고 규정되어 있다.

(12) 사회복지협의회

법 제33조에서는 "사회복지에 관한 다음 각 호의 업무를 수행하기 위하여 전국 단위의 한국사회복지협의회(이하 "중앙협의회"라 한다)와 시 · 도 단위의 시 · 도 사회복지협의회(이하 "시 · 도협의회"라 한다)를 두며, 필요한 경우에는 시 · 군 · 구 단위의 시 · 군 · 구 사회복지협의회(이하 "시 · 군 · 구협의회"라 한다)를 둘 수 있다"고 규정되어 있다.

(13) 사회복지시설

법 제3장 제34조부터 제41조까지 규정되어 있다. 이중 법 제34조에서는 국가나 지방자치단체는 사회복지시설(이하 "시설"이라 한다)을 설치 · 운영할 수 있으며, 국가 또는 지방자치단체 외의 자가 시설을 설치 · 운영하려는 경우에는 보건복지부령으로 정하는 바에 따라 시장 · 군수 · 구청장에게 신고하여야 하며, 시설을 설치 · 운영하는 자는 보건복지부령으로 정하는 재무 · 회계에 관한 기준에 따라 시설을 투명하게 운영하여야 하고, 국가나 지방자치단체가 설치한 시설은 필요한 경우 사회복지법인이나 비영리법인에 위탁하여 운영하게 할 수 있다.

(14) 보조금

법 제42조에서는 국가나 지방자치단체는 사회복지사업을 하는 자 중 대통령령으로 정하는 자에게 운영비 등 필요한 비용의 전부 또는 일부를 보조할 수 있다.

(15) 시설의 평가

법 제43조의2에서는 보건복지부장관과 시 · 도지사는 보건복지부령으로 정하는 바에 따라 시설을 정기적으로 평가하고, 그 결과를 공표하거나 시설의 감독 · 지원 등에 반영할 수 있으며 시설 거주자를 다른 시설로 보내는 등의 조치를 할 수 있다.

(16) 후원금의 관리

법 제45조에서는 사회복지법인의 대표이사와 시설의 장은 아무런 대가 없이 무상으로 받은 금품이나 그 밖의 자산(이하 "후원금"이라 한다)의 수입 · 지출 내용을 공개하여야 하며 그 관리에 명확성이 확보되도록 하여야 하였다.

(17) 한국사회복지사협회

법 제46조에서는 사회복지사는 사회복지에 관한 전문지식과 기술을 개발 · 보급하고, 사회복지사의 자질 향상을 위한 교육훈련을 실시하며, 사회복지사의 복지증진을 도모하기 위하여 한국사회복지사협회(이하 "협회"라 한다)를 설립하였다.

4. 사회서비스이용권법의 이해

1) 제정 목적

사회서비스 이용의 활성화, 이용자의 권익 보호, 사회서비스 제공자의 관리 및 사회서비스 기반 조성 등을 체계적으로 정립함으로써, 사회복지 전달체계의 효율성을 높이고, 이용자의 선택권을 보장하여 국민복지의 향상에 이바지하려는 것을 이유로 2011년 8월 4일 「사회서비스 이용 및 이용권 관리에 관한 법률」(약칭: 사회서비스이용권법)을 제정하였다.

현재 "사회서비스 이용 및 이용권(利用卷) 관리에 필요한 사항을 정함으로써 사회서비스의 이용을 활성화하고 이용자의 선택권을 보장하도록 하여 국민의 복지 증진에 이바지하는 것"이 법의 목적이다.

2) 법적 체계

(1) 상하 체계

- 법률 **사회서비스 이용 및 이용권 관리에 관한 법률** [시행 2022. 1. 1.] [법률 제18216호, 2021. 6. 8., 일부개정] 본문 3단비교 판례등
  - 시행령 **사회서비스 이용 및 이용권 관리에 관한 법률 시행령** [시행 2023. 12. 12.] [대통령령 제33913호, 2023. 12. 12., 타법개정]
    - 시행규칙 **사회서비스 이용 및 이용권 관리에 관한 법률 시행규칙** [시행 2022. 3. 25.] [보건복지부령 제874호, 2022. 3. 24., 일부개정]
      - 행정규칙
        - 고시 사회보장급여 관련 공통서식에 관한 고시 [시행 2024. 1. 1.] [고시 제2023-250호, 2023. 12. 19., 일부개정]
        - 고시 사회서비스 제공자 인력배치기준의 특례 [시행 2022. 11. 25.] [고시 제2022-260호, 2022. 11. 25., 일부개정]
        - 고시 산모·신생아 방문서비스 제공인력 교육과정 [시행 2021. 7. 1.] [고시 제2021-160호, 2021. 6. 1., 일부개정]
        - 고시 지역사회서비스 투자사업 제공인력 자격기준 고시 [시행 2022. 12. 30.] [고시 제2022-315호, 2022. 12. 30., 일부개정]
        - 고시 청년마음건강지원사업 등록기준 고시 [시행 2022. 4. 11.] [고시 제2022-90호, 2022. 4. 11., 제정]
    - 행정규칙
      - 고시 사회서비스 부정수급 신고 포상금 지급에 관한 고시 [시행 2020. 7. 1.] [고시 제2020-140호, 2020. 7. 1., 타법개정]

(2) 내용적 체계

이 법은 전체 6개의 장과 40조의 조 및 부칙으로 구성되어 있다.

3) 주요 내용

(1) 관련 용어의 정의

사회서비스란 「사회복지사업법」 제2조제4호에 따른 사회복지서비스, 「보건의료기본법」 제3조제2호에 따른 보건의료서비스, 그 밖에 이에 준하는 서비스로서 대통령령으로 정하는 서비스를 말한다.

사회서비스이용권이란 그 명칭 또는 형태와 상관없이 사회서비스 이용자가 사회서비스 제공자에게 제시하여 일정한 사회서비스를 제공받을 수 있도록 그 사회서비스의 수량 또는 그에 상응하는 금액이 기재(전자적 또는 자기적 방법에 의한 기록을 포함한다. 이하 같다)된 증표를 말한다.

사회서비스 이용자(이하 "이용자"라 한다)란 사회서비스이용권을 사용하여 제공자로부터 사회서비스를 제공받는 자를 말한다.

사회서비스 제공자(이하 "제공자"라 한다)란 제16조에 따라 등록을 하고 이용자가 제시하는 이용권에 따라 사회서비스를 제공하는 자 또는 기관을 말한다.

▣ 학습문제

문제 1	
「사회복지사업법」 제1조에 규정된 목적이다. ( ) 안에 들어갈 용어는? 사회복지사업에 관한 기본적 사항을 규정하여 사회복지를 필요로 하는 사람에 대하여 인간의 존엄성과 인간다운 생활을 할 권리를 보장하고 사회복지의 ( )을 높이며, 사회복지사업의 공정 · 투명 · 적정을 도모하고, 지역사회복지의 체계를 구축하고 사회복지서비스의 질을 높여 사회복지의 증진에 이바지한다. ① 효율성 ② 효과성 ③ 전문성 ④ 실효성 ⑤ 이익성	
정답	③
해설	「사회복지사업법」 제1조에서 사회복지사업에 관한 기본적 사항을 규정하여 사회복지를 필요로 하는 사람에 대하여 인간의 존엄성과 인간다운 생활을 할 권리를 보장하고 사회복지의 전문성을 높이며, 사회복지사업의 공정 · 투명 · 적정을 도모하고, 지역사회복지의 체계를 구축하고 사회복지서비스의 질을 높여 사회복지의 증진에 이바지함을 목적으로 한다.

문제 2	
헌법 제34조 제2항의 내용이다. ( ) 안에 들어갈 단어는? ( )는 사회보장·사회복지증진에 노력할 의무를 진다. ① 가족 ② 국민 ③ 국가 ④ 사업주 ⑤ 사회복지사	
정답	③
해설	헌법 제34조 제2항에서 "국가는 사회보장 · 사회복지증진에 노력할 의무를 진다"고 규정되어 있다.

문제 3	
사회복지서비스는 사회복지사를 비롯한 다양한 관점과 지식을 전문직들이 클라이언트 개인 및 가족, 집단, 그리고 지역사회 등에 다양하게 제공되어야 한다는 특성을 무엇이라고 하는가? ① 다양성 ② 표준성 ③ 획일성 ④ 규제성 ⑤ 정량성	
정답	①
해설	사회복지서비스는 사회복지사를 비롯한 다양한 관점과 지식을 전문직들이 클라이언트 개인 및 가족, 집단, 그리고 지역사회 등에 다양하게 제공되어야 한다는 다양성을 갖고 있다.

문제 4	
「사회복지사업법」의 기본 이념이 아닌 것은? ① 보건의료의 형평과 효율이 조화를 이룰 수 있도록 함으로써 국민의 삶의 질을 향상시키는 것이다. ② 사회복지를 필요로 하는 사람은 누구든지 자신의 의사에 따라 서비스를 신청하고 제공받을 수 있다. ③ 사회복지법인 및 사회복지시설은 공공성을 가지며 사회복지사업을 시행하는 데 있어서 공공성을 확보하여야 한다. ④ 사회복지사업을 시행하는 데 있어서 사회복지를 제공하는 자는 사회복지를 필요로 하는 사람의 인권을 보장하여야 한다. ⑤ 사회복지서비스를 제공하는 자는 필요한 정보를 제공하는 등 사회복지서비스를 이용하는 사람의 선택권을 보장하여야 한다.	
정답	①
해설	보건의료의 형평과 효율이 조화를 이룰 수 있도록 함으로써 국민의 삶의 질을 향상시키는 것은 「보건의료기본법」의 기본이념이다.

문제 5	
「사회복지사업법」 제11조의2에서 정하고 있는 사회복지사의 결격사유가 아닌 것은? ① 피성년후견인 또는 피한정후견인 ② 마약 · 대마 또는 향정신성의약품의 중독자 ③ 「정장애인복지법」에 따른 장애 정도가 심한 장애인 ④ 법원의 판결에 따라 자격이 상실되거나 정지된 사람 ⑤ 금고 이상의 형을 선고받고 그 집행이 끝나지 아니한 사람	
정답	③
해설	1. 피성년후견인 또는 피한정후견인. 2. 금고 이상의 형을 선고받고 그 집행이 끝나지 아니하였거나 그 집행을 받지 아니하기로 확정되지 아니한 사람. 3. 법원의 판결에 따라 자격이 상실되거나 정지된 사람. 4. 마약 · 대마 또는 향정신성의약품의 중독자. 5. 「정신건강증진 및 정신질환자 복지서비스 지원에 관한 법률」 제3조제1호에 따른 정신질환자

11장

대상별 사회복지서비스법제의 개별 법령

KEY WORD :

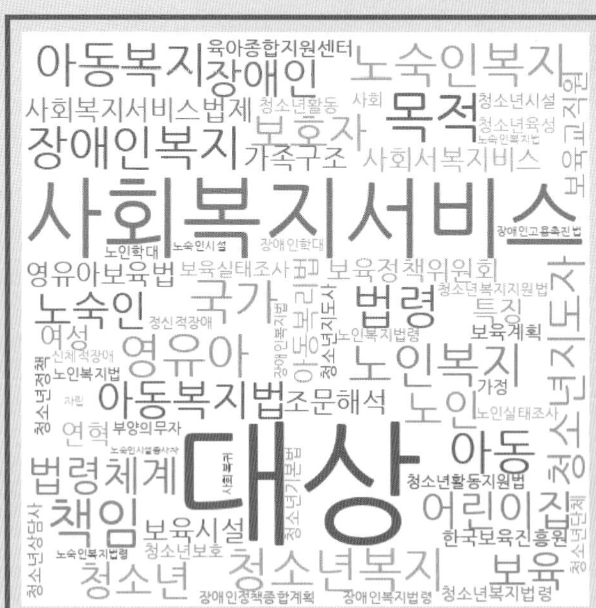

학 습 목 표
1. 대상별 사회복지서비스 법령의 목적과 특징을 설명할 수 있다. 2. 대상별 사회서복지비스 법령의 조문을 해석할 수 있다.

1. 아동복지 법령의 이해

1) 영유아보육법

(1) 목적

이 법은 영유아의 심신을 보호하고 건전하게 교육하여 건강한 사회 구성원으로 육성함과 아울러 보호자의 경제적 · 사회적 활동이 원활하게 이루어지도록 함으로써 영유아 및 가정의 복지 증진에 이바지함을 목적으로 한다(제1조).

(2) 연혁

가. 아동복리법

아동이 그 보호자로부터 유실, 유기 또는 이탈되었을 경우, 그 보호자가 아동을 양육하기에 부적당하거나 양육할 수 없는 경우 또는 아동의 건전한 출생을 기할 수 없는 경우에 아동이 건전하고 행복하게 육성되도록 그 복리를 보장하려는 것을 취지로 1961년 12월 30일 「아동복리법」이 제정되었다.

나. 아동복지법

① 제정

그러나 종전의 아동복리법은 구호적 성격의 복지제공에 중점을 두고 있어 그 동안의 경제 · 사회의 발전에 따라 발생한 사회적 복지요구에 부응하지 못하고 있어, 요보호아동뿐만 아니라 일반아동을 포함한 전체아동의 복지를 보장하고 특히 유아기에 있어서의 기본적 인격 · 특성과 능력개발을 조장하기 위한 여건을 조성할 수 있도록 법의 제명을 아동복지법으로 개칭하였다.

현대사회의 산업화에 따른 여성의 사회참여 증가 및 가족구조의 핵가족화에 의한 탁아수요의 급증에 따라 아동보호와 교육문제는 개인적인 차원을 넘어 사회적 · 국가적 차원에서 해결이 불가피하게 되었으나, 현행 아동복지법에 의한 탁아사업은 시설 설립주체의 제한으로 인한 보육사업 확대곤난, 관장부처의 다원화로 체계적이고 효율적인 보육사업 추진등에 문제점이 있으므로, 영유아의 보호와 교육에 관한 별도의 입법을 통하여 보육시설의 조속한 확대 및 체계화로 아동의 건전한 보호 · 교육 및 보육자의 경제적 · 사회적 활동의 지원을 통하여 가정복지증진을 도모하려는 것이다.

주요 내용은 다음과 같다.

첫째, 국가와 지방자치단체는 보육자와 더불어 아동을 건전하게 보호 · 교육할 책임을 지도록 하였다.

둘째, 건전한 유아의 보호 · 교육에 관한 상담 및 지도를 위하여 시 · 도 및 시 · 군 · 구에 보육지도원을 두도록 하였다.

셋째, 보육시설의 종류는 그 설립주체에 따라 국 · 공립보육시설, 민간보육시설, 직장보육시설, 가정보육시설로 구분하였다.

넷째, 유치원이나 미술학원등에도 보육시설을 갖추면 보육원을 병설할 수 있도록 하였다.

다섯째, 대통령령이 정하는 일정규모이상의 사업장의 사업주는 보육시설을 설치 · 운영하도록 하였다.

여섯째, 보육시설의 입소대상은 6세미만의 취학전 아동을 원칙으로 하되, 보건사회부장관, 시 · 도지사 또는 시장 · 군수 · 구청장은 중앙보육위원회 및 지방보육위원회의 의결을 거쳐 입소대상연령을 연장 가능하도록 하였다.

일곱째, 국가 또는 지방자치단체와 사회복지법인 기타 비영리법인이 설치한 보육시설과 대통령령이 정하는 보육시설의 장은 저소득층자녀를 보육시설에 우선 입소시키도록 하였다.

여덟째, 보건사회부장관은 영유아의 보육 · 교육의 충실을 기하기 위하여 장학지도와 보육프로그램 및 교재 · 교구의 개발보급등 필요한 사항에 대하여는 문교부장관에게 협조 · 요청할 수 있도록 하였다.

아홉째, 영유아의 보호 · 교육에 필요한 비용은 보호자가 부담하는 것을 원칙으로 하되, 저소득층자녀의 보육에 필요한 비용은 국가 또는 지방자치단체가 전부 또는 일부를 부담하도록 하는 것 등이다

② 2004**년** 1**월** 29**일 전부개정**

여성의 사회참여 확대, 가족구조의 변화 등으로 인해 영유아 보육에 대한 수요가 증가함에 따라 보육시설 종사자의 자격기준을 강화하고, 영유아 보육시설 설치 · 운영을 종전 신고제에서 인가제로 전환하는 등 영유아 보육에 대한 공공성을 강화하도록 하는 한편, 영유아보육제도의 운영상 나타난 일부 미비점을 개선 · 보완하려는 것이다.

주요 내용은 다음과 같다.

첫째, 보육정책의 기본방향에 관한 심의와 관계부처간의 의견을 조정을 위하여 국무총리 소속하에 보육정책조정위원회를 두고, 보육에 관한 각종 정책 · 사업 · 보육지도 등을 심의하기 위하여 보건복지부에 중앙보육정책위원회를, 시 · 도 및 시 · 군 · 구에 지방보육정책위원회를 두도록 한다(법 제5조 및 제6조).

둘째, 국 · 공립보육시설 외의 보육시설을 설치 · 운영하고자 하는 자는 시장 · 군수 · 구청장에게 신고하도록 하였으나, 앞으로는 시장 · 군수 · 구청장의 인가를 받도록 한다(법 제13조).

셋째, 보육교사는 대학에서 일정한 보육관련 교과목 및 학점을 이수하거나 일정한 교육훈련시설에서 소정의 교육을 받은 자로서 보건복지부장관이 검정 · 수여하는 자격증을 받은 자로 하되, 보육교사 자격의 등급은 1급 내지 3급으로 구분한다(법 제21조).

넷째, 국가 또는 지방자치단체와 사회복지법인 그 밖의 비영리법인이 설치한 보육시설과 대통령령이 정하는 보육시설의 장은 영아 · 장애아 등에 대한 보육을 우선적으로 실시하도록 하고, 국민기초생활보장법에 의한 수급자와 보건복지부령이 정하는 저소득층의 자녀가 우선적으로 보육시설을 이용할 수 있도록 한다

(법 제26조 및 제28조).

다섯째, 영유아의 발달 등을 종합적으로 관찰 · 평가하여 영유아의 생활지도 및 초등학교 교육과의 연계지도에 활용할 수 있도록 하기 위하여 보육시설의 장으로 하여금 생활기록부를 작성 · 관리하도록 한다(법 제29조의2)

여섯째, 보건복지부장관은 자격이 없는 자를 채용한 보육시설의 장등에 대하여 업무를 정지시키거나, 허위 또는 부정한 방법으로 자격증을 취득한 보육교사의 자격을 취소할 수 있도록 하는 등 영유아 보육 종사자 등에 대한 감독을 강화한다(법 제46조 내지 제48조).

2) 법의 체계와 주요 내용

(1) 법령 체계

① 내용적 체계

이 법은 전체 7개의 장과 75개의 조 및 부칙으로 구성되어 있다.

② 법령 체계

- 법률 **아동복지법** [시행 2024. 1. 23.] [법률 제20101호, 2024. 1. 23., 일부개정] 본문 3단비교 판례등
  - 시행령 **아동복지법 시행령** [시행 2023. 12. 14.] [대통령령 제33892호, 2023. 11. 28., 일부개정]
    - 시행규칙 **아동복지법 시행규칙** [시행 2024. 1. 26.] [보건복지부령 제994호, 2024. 1. 26., 일부개정]
      - 행정규칙
        - 고시 사회보장급여 관련 공통서식에 관한 고시 [시행 2024. 1. 1.] [고시 제2023-250호, 2023. 12. 19., 일부개정]
    - 행정규칙
      - 고시 2024년 상반기 적용 공직유관단체 지정 고시 [시행 2024. 1. 1.] [고시 제2023-8호, 2023. 12. 29., 제정]
    - 자치법규
      - 조례 가평군 아동급식 지원에 관한 조례 [시행 2022. 10. 12.] [조례 제3035호, 2022. 10. 12., 전부개정]
      - 조례 가평군 아동보호 및 복지 증진에 관한 조례 [시행 2021. 9. 29.] [조례 제2927호, 2021. 9. 29., 전부개정]
      - 조례 강릉시 아동 급식지원 조례 [시행 2022. 12. 21.] [조례 제1579호, 2022. 12. 21., 일부개정]
      - 조례 강릉시 아동복지심의위원회 구성·운영 및 아동위원 운영 조례 [시행 2023. 12. 27.] [조례 제1677호, 2023. 12. 27., 일부개정]
      - 조례 강원특별자치도 아동보호 및 복지증진 조례 [시행 2023. 6. 11.] [조례 제5036호, 2023. 6. 9., 일부개정]
      - 조례 강진군 아동급식 지원에 관한 조례 [시행 2023. 11. 6.] [조례 제2744호, 2023. 11. 6., 일부개정]
      - 조례 강진군 아동복지 증진에 관한 조례 [시행 2023. 11. 6.] [조례 제2744호, 2023. 11. 6., 일부개정]
      - 조례 강화군 아동급식 지원에 관한 조례 [시행 2022. 12. 20.] [조례 제2730호, 2022. 12. 20., 일부개정]
      - 조례 강화군 아동복지심의위원회 구성 및 운영 등에 관한 조례 [시행 2021. 11. 17.] [조례 제2634호, 2021. 11. 17., 전부개정]

(2) 법의 주요 내용

① 정의

"영유아"란 6세 미만의 취학 전 아동을 말한다(제2조 제1호).

"보육"이란 영유아를 건강하고 안전하게 보호 · 양육하고 영유아의 발달 특성에 맞는 교육을 제공하는 어린이집 및 가정양육 지원에 관한 사회복지서비스를 말한다(제2조 제2호).

"어린이집"이란 보호자의 위탁을 받아 영유아를 보육하는 기관을 말한다(제2조 제3호).

"보호자"란 친권자 · 후견인, 그 밖의 자로서 영유아를 사실상 보호하고 있는 자를 말한다(제2조 제4호).

"보육교직원"이란 어린이집 영유아의 보육, 건강관리 및 보호자와의 상담, 그 밖에 어린이집의 관리 · 운영 등의 업무를 담당하는 자로서 어린이집의 원장 및 보육교사와 그 밖의 직원을 말한다(제2조 제5호).

② 보육이념 및 책임

● 보육 이념(제3조)

① 보육은 영유아의 이익을 최우선적으로 고려하여 제공되어야 한다.

② 보육은 영유아가 안전하고 쾌적한 환경에서 건강하게 성장할 수 있도록 하여야 한다.

③ 영유아는 자신이나 보호자의 성, 연령, 종교, 사회적 신분, 재산, 장애, 인종 및 출생지역 등에 따른 어떠한 종류의 차별도 받지 아니하고 보육되어야 한다.

● 책임(제4조)

① 모든 국민은 영유아를 건전하게 보육할 책임을 진다.

② 국가와 지방자치단체는 보호자와 더불어 영유아를 건전하게 보육할 책임을 지며, 이에 필요한 재원을 안정적으로 확보하도록 노력하여야 한다.

③ 특별자치시장 · 특별자치도지사 · 시장 · 군수 · 구청장(자치구의 구청장을 말한

다. 이하 같다)은 영유아의 보육을 위한 적절한 어린이집을 확보하여야 한다.

④ 국가와 지방자치단체는 보육교직원의 양성, 근로여건 개선 및 권익 보호를 위하여 노력하여야 한다.

③ **위원회 및 전달체계**

● 보육정책위원회(제6조)

① 보육에 관한 각종 정책·사업·보육지도 및 어린이집 평가에 관한 사항 등을 심의하기 위하여 보건복지부에 중앙보육정책위원회를, 특별시·광역시·특별자치시·도·특별자치도(이하 "시·도"라 한다) 및 시·군·구(자치구를 말한다. 이하 같다)에 지방보육정책위원회를 둔다. 다만, 지방보육정책위원회는 그 기능을 담당하기에 적합한 다른 위원회가 있고 그 위원회의 위원이 제2항에 따른 자격을 갖춘 경우에는 시·도 또는 시·군·구의 조례로 정하는 바에 따라 그 위원회가 지방보육정책위원회의 기능을 대신할 수 있다.

② 제1항에 따른 중앙보육정책위원회와 지방보육정책위원회(이하 "보육정책위원회"라 한다)의 위원은 보육전문가, 어린이집의 원장 및 보육교사 대표, 보호자 대표 또는 공익을 대표하는 자, 관계 공무원 등으로 구성한다.

③ 보육정책위원회의 구성·기능 및 운영 등에 필요한 사항은 대통령령으로 정한다.

● 육아종합지원센터(제7조)

① 영유아에게 제26조의2에 따른 시간제보육 서비스를 제공하거나 보육에 관한 정보의 수집·제공 및 상담을 위하여 보건복지부장관은 중앙육아종합지원센터를, 특별시장·광역시장·특별자치시장·도지사·특별자치도지사(이하 "시·도지사"라 한다) 및 시장·군수·구청장은 지방육아종합지원센터를 설치·운영하여야 한다. 이 경우 필요하다고 인정하는 경우에는 영아·장애아 보육 등에 관한 육아종합지원센터를 별도로 설치·운영할 수 있다.

② 제1항에 따른 중앙육아종합지원센터와 지방육아종합지원센터(이하 "육아종

합지원센터"라 한다)에는 육아종합지원센터의 장과 보육에 관한 정보를 제공하는 보육전문요원 및 보육교직원의 정서적·심리적 상담 등의 업무를 하는 상담전문요원 등을 둔다.

③ 삭제 〈2011. 8. 4.〉

④ 보건복지부장관은 업무의 효율적인 수행을 위하여 대통령령으로 정하는 공공기관 또는 민간기관·단체 등을 제1항에 따른 중앙육아종합지원센터로 지정한다. 〈신설 2021. 12. 21.〉

⑤ 육아종합지원센터의 설치·운영 및 기능, 육아종합지원센터의 장과 보육전문요원 및 상담전문요원의 자격 및 직무 등에 필요한 사항은 대통령령으로 정한다.

⑥ 육아종합지원센터의 안전사고 예방 및 사고에 따른 영유아 생명·신체 등의 피해보상에 관하여는 제31조의2를 준용한다. 이 경우 "어린이집"은 "육아종합지원센터"로, "어린이집의 원장"은 "육아종합지원센터의 장"으로 본다. 〈신설 2020. 12. 29., 2021. 12. 21.〉

● 한국보육진흥원의 설립 및 운영(제8조)

① 보육서비스의 질 향상을 도모하고 보육정책을 체계적으로 지원하기 위하여 한국보육진흥원(이하 "진흥원"이라 한다)을 설립한다.

② 진흥원은 다음 각 호의 업무를 수행한다.

1. 어린이집 평가척도 개발
2. 보육사업에 관한 교육 · 훈련 및 홍보
3. 영유아 보육프로그램 및 교재 · 교구 개발
4. 보육교직원 연수프로그램 개발 및 교재 개발
5. 이 법에 따라 보건복지부장관으로부터 위탁받은 업무
6. 그 밖에 보육정책과 관련하여 보건복지부장관이 필요하다고 인정하는 업무

③ 진흥원은 법인으로 하고, 주된 사무소의 소재지에 설립등기를 함으로써 성립한다.

④ 진흥원은 보조금, 기부금, 그 밖의 수입금으로 운영한다.

⑤ 보건복지부장관은 진흥원의 운영에 필요한 경비를 예산의 범위에서 지원할 수 있다.

⑥ 진흥원은 제2항제3호 및 제4호의 업무를 관련 전문기관 등에 위탁할 수 있다.

⑦ 진흥원에 관하여 이 법과 「공공기관의 운영에 관한 법률」에서 정한 사항 외에는 「민법」 중 재단법인에 관한 규정을 준용한다.

● 제9조(보육 실태 조사)

① 보건복지부장관은 이 법의 적절한 시행을 위하여 보육 실태 조사를 3년마다 실시하고 그 결과를 공표하여야 한다.

② 보건복지부장관은 제1항에 따른 보육 실태 조사를 위하여 어린이집 설치·운영자와 관계 기관·법인·단체의 장에게 필요한 자료의 제출 또는 의견의 진술을 요청할 수 있다. 이 경우 요청을 받은 자는 정당한 사유가 없으면 이에 협조하여야 한다. 〈신설 2020. 12. 29.〉

③ 제1항에 따른 보육 실태 조사의 방법·내용 및 결과 공표 등에 필요한 사항은 보건복지부령으로 정한다.

● 제9조의3(보육통합정보시스템 구축·운영)

① 보건복지부장관은 이 법에 따른 보육업무에 필요한 각종 자료 또는 정보의 효율적 처리와 기록·관리 업무의 전자화를 위하여 보육통합정보시스템을 구축·운영할 수 있다.

② 보건복지부장관은 제1항에 따른 보육통합정보시스템(이하 "보육정보시스템"이라고 한다)을 구축·운영하는 데 필요한 자료로서 다음 각 호의 어느 하나에 해당하는 자료를 수집·관리·보유할 수 있으며, 관계 기관 및 단체의 장에게 필요한 자료의 제공을 요청할 수 있다. 이 경우 요청을 받은 관계 기관 및 단체의 장은 정당한 사유가 없으면 요청에 따라야 한다.

1. 제19조 및 제20조에 따른 보육교직원의 임면 및 결격사유 등에 관한 자료
2. 제21조 및 제22조에 따른 어린이집의 원장 또는 보육교사의 자격검정 및 자격증 교부 등에 관한 자료
3. 제26조에 따른 취약보육에 관한 자료
4. 제27조에 따른 어린이집 이용대상에 관한 자료
5. 제28조에 따른 보육의 우선 제공에 관한 자료
6. 제30조에 따른 어린이집 평가에 관한 자료
7. 제31조 및 제31조의3에 따른 건강관리 및 예방접종 등에 관한 자료
8. 제31조의2에 따른 어린이집 안전공제사업 등에 관한 자료
9. 제34조의3에 따른 보육서비스 이용권의 지급 및 이용에 관한 자료
10. 제36조에 따른 보육사업에 드는 비용의 보조에 관한 자료
11. 제46조부터 제48조까지의 규정에 따른 어린이집 원장 및 보육교사의 자격정지 및 자격취소에 관한 자료
12. 그 밖에 보육 사업 실시에 필요한 자료로서 대통령령으로 정하는 자료

③ 보건복지부장관은 보육정보시스템의 구축·운영에 관한 사무를 수행하기 위하여 불가피한 경우 「개인정보 보호법」 제23조에 따른 건강에 관한 정보(건강관리, 건강검진 관련 정보로 한정한다)나 같은 법 제24조에 따른 고유식별정보가 포함된 자료를 처리할 수 있다. 이 경우 보건복지부장관은 「개인정보 보호법」에 따라 해당 정보를 보호하여야 한다.

④ 보육정보시스템은 「사회보장기본법」 제37조제2항에 따른 사회보장정보시스템과 연계하여 활용할 수 있다.

⑤ 보육정보시스템의 구축·운영에 필요한 사항은 대통령령으로 정한다.

제10조(어린이집의 종류) 어린이집의 종류는 다음 각 호와 같다.

1. 국공립어린이집 : 국가나 지방자치단체가 설치 · 운영하는 어린이집
2. 사회복지법인어린이집 : 「사회복지사업법」 에 따른 사회복지법인(이하 "사회복지법인"이라 한다)이 설치 · 운영하는 어린이집
3. 법인 · 단체등어린이집: 각종 법인(사회복지법인을 제외한 비영리법인)이나 단체 등이 설치 · 운영하는 어린이집으로서 대통령령으로 정하는 어린이집

4. 직장어린이집 : 사업주가 사업장의 근로자를 위하여 설치 · 운영하는 어린이집(국가나 지방자치단체의 장이 소속 공무원 및 국가나 지방자치단체의 장과 근로계약을 체결한 자로서 공무원이 아닌 자를 위하여 설치 · 운영하는 어린이집을 포함한다)
5. 가정어린이집 : 개인이 가정이나 그에 준하는 곳에 설치 · 운영하는 어린이집
6. 협동어린이집 : 보호자 또는 보호자와 보육교직원이 조합(영리를 목적으로 하지 아니하는 조합에 한정한다)을 결성하여 설치 · 운영하는 어린이집
7. 민간어린이집 : 제1호부터 제6호까지의 규정에 해당하지 아니하는 어린이집

● 제11조(보육계획의 수립 및 시행)

① 보건복지부장관, 시·도지사 및 시장·군수·구청장은 보육사업을 원활하게 추진하기 위하여 보건복지부장관의 경우에는 중앙보육정책위원회, 그 밖의 경우에는 각 지방보육정책위원회의 심의를 거쳐 어린이집 수급계획 등을 포함한 보육계획을 수립·시행하여야 한다. 이 경우 보육계획에는 국공립어린이집의 공급에 관한 계획 및 목표가 포함되어야 한다.

② 보건복지부장관, 시·도지사 및 시장·군수·구청장은 제1항에 따른 보육계획의 수립·시행을 위하여 필요하면 어린이집, 보육 관련 법인·단체 등에 대하여 자료 제공 능의 협조를 요청할 수 있으며, 그 요청을 받은 어린이집과 보육 관련 법인·단체 등은 정당한 사유가 없으면 요청에 따라야 한다.

③ 제1항에 따른 보육계획의 내용, 수립 시기 및 절차 등에 필요한 사항은 대통령령으로 정한다.

3) 아동복지법

○ 1961년 제정(아동복리법), 1981년 아동복지법, 아동:18세미만, 아동종합실태조사(5년), 아동학재예방과 방지의무,

○ 아동복지시설의 종류 : 아동양육시설, 아동일시보호시설, 아동보호치료시설, 공동생활가정, 자립지원시설, 아동상담소, 아동전용시설, 지역아동센터

〈아동 유기 및 방임은 무엇일까?〉

A씨는 2022년 6월 21일 오후 늦게 자신이 거주하는 아파트 현관문의 비밀번호를 바꿔 중학생 아들 B군이 집에 들어오지 못하게 하였다. 평소 중학생 B군이 자주 외박했기 때문이다.

그러나 B군은 엄마가 현관문 비밀번호를 바꾼 뒤 문을 열어주지 않는다며 이틀 뒤인 23일 오전 0시 40분쯤 112에 신고하였다. 현관문 비밀번호를 바꿀 당시 A씨의 남편은 외출한 상태였으며, A씨와 다른 가족은 집에 있었다. 또 B군이 신고한 날에는 집에 아무도 없었다.

경찰은 A씨를 아파트 현관문의 비밀번호를 바꿔 중학생 아들이 집에 들어오지 못하게 한 혐의(아동복지법상 아동유기 · 방임)로 입건하였다. 하지만 경찰은 A씨 입건 후 조사한 결과, 무혐의 처분하였다. A씨는 "평소 아들이 자주 외박했고 상담센터에서 상담받은 대로 했다"고 진술하였으며, 이에 경찰은 집 현관문 비밀번호를 바꾸는 과정에서 A씨가 아동학대의 고의성이 없었다고 판단했기 때문이다.

경찰 관계자는 "결과적으로 A씨의 방임 행위로 인해 어떤 학대 피해가 있어야 하는데 그런 사실이 없었다"며 "아동학대 사건은 특례법상 혐의가 없더라도 검찰에 송치하게 돼 있어 A씨 사건을 검찰에 넘겼다"고 말했다.

2. 청소년복지 법령의 이해

1) 청소년복지 법령의 의미

국가와 사회는 아동 · 청소년에 대하여 다양한 보호의무를 부담한다. 국가는 청소년의 복지향상을 위한 정책을 실시하고(헌법 제34조 제4항), 초 · 중등교육을 실시할 의무(교육기본법 제8조)를 부담한다. 사법 영역에서도 마찬가지여서 친권자는 미성년자를 보호하고 양육하여야 하고(민법 제913조), 미성년자가 법정대리인의 동의 없이 한 법률행위는 원칙적으로 그 사유에 제한 없이 취소할 수 있다(민법 제5조).

법원도 아동 · 청소년이 피해자인 사건에서 아동 · 청소년이 특별히 보호되어야 할 대상임을 전제로 판단해 왔다. 예를 들어, 대법원은 아동복지법상 아동에 대한 성적 학대행위 해당 여부를 판단함에 있어 아동이 명시적인 반대 의사를 표시하지 아니하였더라도 성적 자기결정권을 행사하여 자신을 보호할 능력이 부족한 상황에 기인한 것인지 가려보아야 한다는 취지로 판시하였고, 아동복지법상 아동매매죄에 있어서 설령 아동 자신이 동의하였더라도 유죄가 인정된다고 판시하였다. 아동 · 청소년이 자신을 대상으로 음란물을 제작하는 데에 동의하였더라도 원칙적으로 아동 · 청소년의 성보호에 관한 법률상 아동 · 청소년이용 음란물 제작죄를 구성한다는 판시도 같은 취지이다.

이와 같이 아동 · 청소년을 보호하고자 하는 이유는, 아동 · 청소년은 사회적 · 문화적 제약 등으로 아직 온전한 자기결정권을 행사하기 어려울 뿐만 아니라, 인지적 · 심리적 · 관계적 자원의 부족으로 타인의 성적 침해 또는 착취행위로부터 자신을 방어하기 어려운 처지에 있기 때문이다. 또한 아동 · 청소년은 성적 가치관을 형성하고 성 건강을 완성해 가는 과정에 있으므로 아동 · 청소년에 대한 성적 침해 또는 착취행위는 아동 · 청소년이 성과 관련한 정신적 · 신체적 건강을 추구하고 자율적 인격을 형성 · 발전시키는 데에 심각하고 지속적인 부정적 영향을 미칠 수 있다. 따라서 아동 · 청소년이 외관상 성적 결정 또는 동의로 보이는 언동을 하였더라도, 그것이 타인의 기망이나 왜곡된 신뢰관계의 이용에 의한 것이라면, 이를 아동 · 청소년의 온전한 성적 자기결정권의 행사에 의한 것이라고 평가하기 어렵다.[6]

2) 청소년기본법

(1) 법의 목적

미래사회의 주역이 될 청소년들이 지식을 바탕으로 건강하고 정서와 용기가 충만하며, 예절과 협동을 바탕으로 공동체적 삶을 실천하고, 자유민주주의 원칙에 대한 신념과 조국에 대한 긍지를 가지고 인류공영에 이바지할 줄 아는 밝고 능동적인 모습으로 자랄 수 있도록 하기 위하여 가정 · 사회 및 국가의 책임과 의무를

6) 아동 · 청소년의성보호에관한법률위반(강간)[변경된 죄명: 아동복지법위반(아동에대한음행강요 · 매개 · 성희롱등)] · 아동 · 청소년의성보호에관한법률위반(인정된 죄명: 협박) [대법원 2020. 10. 29., 선고, 2018도16466, 판결]

정하고 이를 실천하기 위한 기본적인 사항을 정하려는 것을 목적으로 1991년 12월 31일「청소년기본법」이 제정되었다.

현재 이 법은 청소년의 권리 및 책임과 가정 · 사회 · 국가 · 지방자치단체의 청소년에 대한 책임을 정하고 청소년정책에 관한 기본적인 사항을 규정함을 목적으로 하였다.

그리고「청소년 기본법」제49조제4항에 따라 청소년복지 향상에 관한 사항을 규정함을 목적으로「청소년복지 지원법」(약칭: 청소년복지법)이 2004년 2월 9일부터 제정되어 있다.

3) 법의 체계와 주요 내용

(1) 법령 체계

「청소년 기본법」은 전체 10개의 장과 66개의 조 및 부칙으로 구성되어 있다.

10개 장의 구성을 살펴보면 제1장 총칙, 제2장 청소년정책의 총괄 · 조정, 제3장 삭제, 제4장 청소년시설, 제5장 청소년지도자, 제6장 청소년단체, 제7장 청소년활동 및 청소년 복지 등, 제8장 청소년육성기금, 제9장 보칙, 제10장 벌칙이며 각 장의 법률조항은 표와 같다.

〈표 11-1〉「청소년 기본법」의 구성

장	조
제1장 총칙	제1조 목적 제2조 기본이념 제3조 정의 제4조 다른 법률과의 관계 제5조 청소년의 권리와 책임 제5조의2 청소년의 자치권 확대 제6조 가정의 책임 제7조 사회의 책임 제8조 국가 및 지방자치단체의 책임 제8조의2 교육 및 홍보 등

장	조
제2장 청소년정책의 총괄 · 조정	제9조 청소년정책의 총괄 · 조정 제10조 청소년정책위원회 제11조 지방청소년육성위원회의 설치 제12조 청소년특별회의의 개최 제13조 청소년육성에 관한 기본계획의 수립 제14조 연도별 시행계획의 수립 등 제15조 계획 수립의 협조 제16조 청소년의 달
제4장 청소년시설	제17조 청소년시설의 종류 제18조 청소년시설의 설치 · 운영 제19조 청소년시설의 지도 · 감독
제5장 청소년지도자	제20조 청소년지도자의 양성 제21조 청소년지도사

② 법령 체계

- 법률 **청소년 기본법** [시행 2023. 6. 28.] [법률 제19130호, 2022. 12. 27., 일부개정] 본문 3단비교 판례등
  - 시행령 **청소년 기본법 시행령** [시행 2020. 1. 29.] [대통령령 제30375호, 2020. 1. 29., 일부개정]
    - 시행규칙 **청소년 기본법 시행규칙** [시행 2023. 12. 28.] [여성가족부령 제201호, 2023. 12. 28., 일부개정]
      - 행정규칙
        - 훈령 청소년상담사 자격제도 운영 및 관리에 관한 규정 [시행 2015. 9. 30.] [훈령 제89호, 2015. 9. 30., 전부개정]
        - 고시 청소년상담사 자격검정 및 연수 등에 관한 고시 [시행 2022. 5. 26.] [고시 제2022-15호, 2022. 5. 26., 일부개정]
        - 고시 청소년지도사 보수교육 대상기관 [시행 2017. 8. 9.] [고시 제2017-38호, 2017. 8. 9., 전부개정]
        - 고시 청소년지도사 자격검정 및 연수 규정 [시행 2023. 4. 18.] [고시 제2023-16호, 2023. 4. 18., 일부개정]
    - 행정규칙
      - 예규 청소년정책위원회 운영규정 [시행 2019. 8. 21.] [예규 제48호, 2019. 8. 21., 일부개정]
      - 고시 청소년단체의 정의 [시행 2005. 4. 8.] [고시 제9999호, 2005. 4. 8., 제정]
      - 고시 청소년상담사 자격검정 및 연수 등에 관한 고시 [시행 2022. 5. 26.] [고시 제2022-15호, 2022. 5. 26., 일부개정]
      - 고시 청소년지도사 자격검정 및 연수 규정 [시행 2023. 4. 18.] [고시 제2023-16호, 2023. 4. 18., 일부개정]
  - 행정규칙
  - 자치법규

관계법령

- 법률 **한국청소년연맹 육성에 관한 법률** [시행 2011. 5. 19.] [법률 제10661호, 2011. 5. 19., 일부개정]

(2) 법의 주요 내용

장	조
제5장 청소년지도자	제21조의2 청소년지도사 자격의 취소 제21조의3 부정행위자에 대한 제재 제22조 청소년상담사 제23조 청소년지도사 · 청소년상담사의 배치 등 제24조 청소년지도사 · 청소년상담사의 채용 등 제24조의2 청소년지도사 · 청소년상담사의 보수교육 제25조 청소년육성 전담공무원 제26조 청소년육성 전담기구의 설치 제27조 청소년지도위원
제6장 청소년단체	제28조 청소년단체의 역할 제28조의2 청소년단체 임원의 결격사유 제29조 청소년단체에 대한 지원 등 제30조 수익사업 제40조 한국청소년단체협의회 제41조 지방청소년단체협의회
제7장 청소년활동 및청소년복지 등	제47조 청소년활동의 지원 제48조 학교교육 등과의 연계 제48조의2 청소년 방과 후 활동의 지원 제49조 청소년복지의 향상 제51조 청소년 유익환경의 조성 제52조 청소년 유해환경의 규제
제8장 청소년육성기금	제53조 기금의 설치 등 제54조 기금의 조성 제55조 기금의 사용 등 제56조 지방청소년육성기금의 조성
제9장 보칙	제57조 국유 · 공유 재산의 대부 등 제58조 조세 감면 등 제59조 감독 등 제60조 포상 제61조 유사명칭의 사용금지 제62조 수수료 등 제63조 권한의 위임 · 위탁 제63조의2 벌칙 적용에서 공무원 의제
제10장 벌칙	제64조 벌칙 제65조 양벌규정 제66조 과태료
부칙	

* 출처:「청소년 기본법」, http://www.law.go.kr/을 재구성

「청소년기본법」에서 제시된 중요한 핵심은 청소년의 주도적인 삶, 사회구성원으로서의 참여와 권리보장, 자유로운 활동 보장, 청소년의 미래 설계 제시, 청소년 유해환경 규제와 유익환경의 조성 및 제공, 청소년에 대한 전문적 서비스를 제공하기 위한 청소년지도자 전문성 강화, 그리고 지역사회와 학교와의 연계 활동을 통한 청소년활동영역을 제공하고 있다.

● 제2조(기본이념)

① 이 법은 청소년이 사회구성원으로서 정당한 대우와 권익을 보장받음과 아울러 스스로 생각하고 자유롭게 활동할 수 있도록 하며 보다 나은 삶을 누리고 유해한 환경으로부터 보호될 수 있도록 함으로써 국가와 사회가 필요로 하는 건전한 민주시민으로 자랄 수 있도록 하는 것을 기본이념으로 한다.

② 제1항의 기본이념을 구현하기 위한 장기적·종합적 청소년정책을 추진할 때에는 다음 각 호의 사항을 그 추진 방향으로 한다.

1. 청소년의 참여 보장
2. 창의성과 자율성을 바탕으로 한 청소년의 능동적 삶의 실현
3. 청소년의 성장 여건과 사회 환경의 개선
4. 민주 · 복지 · 통일조국에 대비하는 청소년의 자질 향상

● 제3조(정의)

1. "청소년"이란 9세 이상 24세 이하인 사람을 말한다. 다만, 다른 법률에서 청소년에 대한 적용을 다르게 할 필요가 있는 경우에는 따로 정할 수 있다.
2. "청소년육성"이란 청소년활동을 지원하고 청소년의 복지를 증진하며 근로 청소년을 보호하는 한편, 사회 여건과 환경을 청소년에게 유익하도록 개선하고 청소년을 보호하여 청소년에 대한 교육을 보완함으로써 청소년의 균형 있는 성장을 돕는 것을 말한다.
3. "청소년활동"이란 청소년의 균형 있는 성장을 위하여 필요한 활동과 이러한 활동을 소재로 하는 수련활동 · 교류활동 · 문화활동 등 다양한 형태의 활동을 말한다.

4. "청소년복지"란 청소년이 정상적인 삶을 누릴 수 있는 기본적인 여건을 조성하고 조화롭게 성장 · 발달할 수 있도록 제공되는 사회적 · 경제적 지원을 말한다.
5. "청소년보호"란 청소년의 건전한 성장에 유해한 물질 · 물건 · 장소 · 행위 등 각종 청소년 유해 환경을 규제하거나 청소년의 접촉 또는 접근을 제한하는 것을 말한다.
6. "청소년시설"이란 청소년활동 · 청소년복지 및 청소년보호에 제공되는 시설을 말한다.
7. "청소년지도자"란 다음 각 목의 사람을 말한다.
   가. 제21조에 따른 청소년지도사
   나. 제22조에 따른 청소년상담사
   다. 청소년시설, 청소년단체 및 청소년 관련 기관에서 청소년육성에 필요한 업무에 종사하는 사람
8. "청소년단체"란 청소년육성을 주된 목적으로 설립된 법인이나 대통령령으로 정하는 단체를 말한다.

● 제4조(다른 법률과의 관계)

① 이 법은 청소년육성에 관하여 다른 법률보다 우선하여 적용한다.

② 청소년육성에 관한 법률을 제정하거나 개정할 때에는 이 법의 취지에 맞도록 하여야 한다.

● 제5조(청소년의 권리와 책임)

① 청소년의 기본적 인권은 청소년활동·청소년복지·청소년보호 등 청소년육성의 모든 영역에서 존중되어야 한다.

② 청소년은 인종·종교·성별·나이·학력·신체조건 등에 따른 어떠한 종류의 차별도 받지 아니한다.

③ 청소년은 외부적 영향에 구애받지 아니하면서 자기 의사를 자유롭게 밝히고 스스로 결정할 권리를 가진다.

④ 청소년은 안전하고 쾌적한 환경에서 자기발전을 추구하고 정신적·신체적 건

강을 해치거나 해칠 우려가 있는 모든 형태의 환경으로부터 보호받을 권리를 가진다.

⑤ 청소년은 자신의 능력을 개발하고 건전한 가치관을 확립하며 가정·사회 및 국가의 구성원으로서의 책임을 다하도록 노력하여야 한다.

● 제5조의2(청소년의 자치권 확대)

① 청소년은 사회의 정당한 구성원으로서 본인과 관련된 의사결정에 참여할 권리를 가진다.

② 국가 및 지방자치단체는 청소년이 원활하게 관련 정보에 접근하고 그 의사를 밝힐 수 있도록 청소년 관련 정책에 대한 자문·심의 등의 절차에 청소년을 참여시키거나 그 의견을 수렴하여야 하며, 청소년 관련 정책의 심의·협의·조정 등을 위한 위원회·협의회 등에 청소년을 포함하여 구성·운영할 수 있다.

③ 국가 및 지방자치단체는 청소년과 관련된 정책 수립 절차에 청소년의 참여 또는 의견 수렴을 보장하는 조치를 하여야 한다.

④ 국가 및 지방자치단체는 청소년 관련 정책의 수립과 시행과정에 청소년의 의견을 수렴하고 참여를 촉진하기 위하여 청소년으로 구성되는 청소년참여위원회를 운영하여야 한다.

⑤ 국가 및 지방자치단체는 제4항에 따른 청소년참여위원회에서 제안된 내용이 청소년 관련 정책의 수립 및 시행과정에 반영될 수 있도록 적극 노력하여야 한다.

⑥ 제4항에 따른 청소년참여위원회의 구성과 운영에 필요한 사항은 대통령령으로 정한다.

● 제6조(가정의 책임)

① 가정은 청소년육성에 관하여 1차적 책임이 있음을 인식하여야 하며, 따뜻한 사랑과 관심을 통하여 청소년이 개성과 자질을 바탕으로 자기발전을 실현하

고 국가와 사회의 구성원으로서의 책임을 다하는 다음 세대로 성장할 수 있도록 노력하여야 한다.

② 가정은 학교 및 청소년 관련 기관 등에서 실시하는 교육프로그램에 청소년과 함께 참여하는 등 청소년을 바르게 육성하기 위하여 적극적으로 노력하여야 한다.

③ 가정은 정보통신망을 이용한 유해매체물 접촉을 차단하는 등 청소년 유해환경으로부터 청소년을 보호하기 위하여 필요한 노력을 하여야 한다.

④ 가정의 무관심·방치·억압 또는 폭력 등이 원인이 되어 청소년이 가출하거나 비행(非行)을 저지르는 경우 친권자 또는 친권자를 대신하여 청소년을 보호하는 자는 보호의무의 책임을 진다.

● 제7조(사회의 책임)

① 모든 국민은 청소년이 일상생활에서 즐겁게 활동하고 더불어 사는 기쁨을 누리도록 도와주어야 한다.

② 모든 국민은 청소년의 사고와 행동양식의 특성을 인식하고 사랑과 대화를 통하여 청소년을 이해하고 지도하여야 하며, 청소년의 비행을 바로잡는 등 그 선도에 최선을 다하여야 한다.

③ 모든 국민은 청소년을 대상으로 하거나 청소년이 쉽게 접할 수 있는 장소에서 청소년의 정신적·신체적 건강에 해를 끼치는 행위를 하여서는 아니 되며, 청소년에게 유해한 환경을 정화하고 유익한 환경이 조성되도록 노력하여야 한다.

④ 모든 국민은 경제적·사회적·문화적·정신적으로 어려운 상태에 있는 청소년들에게 특별한 관심을 가지고 이들이 보다 나은 삶을 누릴 수 있도록 노력하여야 한다.

● 제8조(국가 및 지방자치단체의 책임)

① 국가 및 지방자치단체는 청소년육성에 필요한 법적·제도적 장치를 마련하여 시행하여야 한다.

② 국가 및 지방자치단체는 근로 청소년을 특별히 보호하고 근로가 청소년의 균형 있는 성장과 발전에 도움이 되도록 필요한 시책을 마련하여야 한다.
③ 국가 및 지방자치단체는 청소년에 대한 가정과 사회의 책임 수행에 필요한 여건을 조성하여야 한다.
④ 국가 및 지방자치단체는 이 법에 따른 업무 수행에 필요한 재원을 안정적으로 확보하기 위한 시책을 수립 · 실시하여야 한다.

● 제8조의2(교육 및 홍보 등)
① 국가 및 지방자치단체는 이 법 및 「아동의 권리에 관한 협약」에서 규정한 청소년의 권리와 관련된 내용을 널리 홍보하고 교육하여야 한다.
② 국가 및 지방자치단체는 근로 청소년의 권익보호를 위하여 「근로기준법」 등에서 정하는 근로 청소년의 권리 등에 필요한 교육 및 상담을 청소년에게 실시하여야 하며, 청소년 근로권익 보호정책을 적극적으로 홍보하여야 한다.
③ 청소년 관련 기관과 청소년단체는 청소년을 대상으로 청소년의 권리에 관한 교육적 조치를 시행하여야 한다.

● 제9조(청소년정책의 총괄 · 조정)
청소년정책은 여성가족부장관이 관계 행정기관의 장과 협의하여 총괄 · 조정한다.

4) 청소년활동 지원법

「청소년활동 지원법」은 총 8개의 장 72개의 조와 부칙으로 구성되어 있다. 8개의 장의 구성을 살펴보면 제1장 총칙, 제2장 청소년활동의 보장, 제3장 청소년활동시설, 제4장 청소년수련활동의 지원, 제5장 청소년교류활동의 지원, 제6장 청소년 문화활동의 지원, 제7장 보칙, 제8장 벌칙으로 나누어져 있으며 각 장의 법률조항은 표와 같다.

〈표 11-2〉「청소년활동 지원법」의 구성

장	조
제1장 총칙	제1조 목적 제2조 정의 제3조 관계 기관의 협조 제4조 청소년운영위원회
제2장 청소년활동의보장	제5조 청소년활동의 지원 제6조 한국청소년활동진흥원의 설치 제6조의2 정관 제6조의3 임원 제6조의4 사업계획서 등의 제출 제6조의5 자료의 요청 등 제6조의6 보조금 등 제6조의7「민법」의 준용 제6조의8 유사명칭의 사용금지 제6조의9 벌칙 적용 시의 공무원 의제
제2장 청소년활동의보장	제7조 지방청소년활동진흥센터의 설치 등 제8조 청소년활동 정보의 제공 등 제9조 학교와의 협력 등 제9조의2 숙박형등 청소년수련활동 계획의 신고 제9조의3 건강상태 확인 및 의료조치 의무 등 제9조의4 숙박형등 청소년수련활동 관련 정보의 공개 제9조의5 숙박형등 청소년수련활동 관련 정보의 표시 · 고지 제9조의6 숙박형등 청소년수련활동의 제한 제9조의7 관계 기관과의 협력
제3장 청소년활동시설	제10조 청소년활동시설의 종류 제11조 수련시설의 설치 · 운영 등 제12조 수련시설의 허가 요건 제13조 수련시설의 등록 제14조 수련시설의 운영대표자 제15조 결격사유 제16조 수련시설 운영의 위탁 제16조의2 수련시설 운영 위탁계약의 해지 제17조 수련시설의 시설기준 제18조 수련시설의 안전점검 등 제18조의2 안전교육 제18조의3 감독기관의 종합 안전 · 위생점검 제18조의4 수련시설의 종사자 등에 대한 안전교육

장	조
제3장 청소년활동시설	제19조 수련시설의 운영기준 제19조의2 수련시설의 종합평가 등 제20조 시정명령 제20조의2 운영 중지 명령 제21조 금지행위 제22조 허가 또는 등록의 취소 제23조 청문 제24조 이용료 및 수련비용 제25조 보험 가입 제26조 수련시설의 승계 제27조 수련시설운영의 휴지 · 폐지 등 제28조 수련시설 건립 시 타당성의 사전 검토 제29조 삭제 〈2016.5.29〉 제30조 민간인의 참여 유도 제31조 수련시설의 이용 제32조 청소년이용시설 제33조 다른 법률에 따른 인 · 허가 등의 의
제4장 청소년수련활동의지원	제34조 청소년수련거리의 개발 · 보급 제35조 청소년수련활동 인증제도의 운영 제36조 청소년수련활동의 인증 절차 제36조의2 인증의 사후 관리 제36조의3 인증의 취소 등 제37조 인증수련활동의 결과 통보 등 제38조 유사명칭의 사용 금지 제39조 청소년수련활동의 위탁 제한 제40조 한국청소년수련시설협회 제41조 지방청소년수련시설협회 제47조 청소년수련지구의 지정 등 제48조 수련지구조성계획 제49조 둘 이상의 시 · 군 · 구에 걸치는 수련지구의 지정 등 제50조 수용 및 사용 제51조 조성계획에 따른 시설 설치 등 제52조 다른 법률에 따른 인 · 허가 등의 의제
제5장 청소년교류활동의지원	제53조 청소년교류활동의 진흥 제54조 국제청소년교류활동의 지원 제55조 지방자치단체의 자매도시협정 등 제56조 교포청소년교류활동의 지원 제57조 청소년교류활동의 사후 지원 제58조 청소년교류센터의 설치 · 운영 제59조 남 · 북청소년교류활동의 제도적 지원

장	조
제6장 청소년문화활동의지원	제60조 청소년문화활동의 진흥 제61조 청소년문화활동의 기반 구축 제62조 전통문화의 계승 제63조 청소년축제의 발굴지원 제64조 청소년동아리활동의 활성화 제65조 청소년의 자원봉사활동의 활성화
제7장 보칙	제66조 조세 감면 등 제67조 감독 제68조 수수료 제69조 권한의 위임 등
제8장 벌칙	제70조 벌칙 제71조 양벌규정 제72조 과태료
부칙	

* 출처 : 「청소년활동 지원법」, http://www.law.go.kr/을 재구성

청소년활동진흥법에서 제시된 핵심 내용은 다음과 같다.

첫째, 청소년활동 진흥으로 청소년의 문화예술활동과 교류활동(국내외, 남북) 그리고 청소년수련활동 인증제 확대, 청소년 수련시설[7] 인프라 확보 및 다양화(특화시설, 자유공간)를 주요내용으로 한다.

둘째, 청소년의 자율활동 지원으로 청소년동아리활동과 청소년축제 지원, 청소년자원봉사 활동의 강화 등 주로 청소년체험기회를 제공하고자 한다.

셋째, 청소년활동기반조성으로 청소년수련시설 등 인프라를 확대하고, 청소년단체 활동을 지원한다.

7) 청소년수련시설이란 수련활동에 필요한 여러 시설, 설비, 프로그램 등을갖추고 청소년지도자의 지도하에 체계적이고 조직적인 수련활동을 실시하는 시설을 의미한다. 2004년까지 청소년기본법상에서 생활권 수련시설(청소년수련관, 청소년문화의집), 자연권 수련시설(청소년수련원, 청소년야영장), 유스호스텔로 구분하였으나, 2005년 청소년활동 진흥법 시행에 따라 청소년수련관, 청소년수련원, 청소년문화의집, 청소년특화시설, 청소년야영장, 유스호스텔로 구분되고 있다.

〈청소년수련시설 변천과정〉[8)]

가. 청소년육성법 이전(1987년 이전)

• 1960~70년대

- 교육청 소관 학생회관과 내무부 소관의 청소년회관, 민간단체의 야영장및 민간 유스호스텔 등

• 1980년대

- 내무부의 자연학습원과 심신수련장, 노동부의 근로청소년회관 등

나. 청소년육성법 시기(1987년부터 1991년까지)

• 청소년육성법과 청소년수련시설

- 기존의 청소년수련시설인 청소년회관, 청소년사업관, 학생회관, 근로청소년회관 등을 총괄하는 청소년회관의 개념 활용

다. 청소년기본계획 및 제1차 청소년육성기본계획(1993년부터 1997까지)

- 청소년기본계획(1991. 06)과 청소년수련터전 개념
- 청소년기본계획에서 청소년수련터전을 크게 생활권 수련터전과 자연권수련터전으로 구분하고, 생활권 수련터전에 총 6종의 시설유형(한국청소년중앙공원, 청소년수련원, 청소년수련관, 청소년수련의집, 청소년수련실, 청소년수련방)을 포함
- 청소년기본법 제정에 따라 청소년수련시설을 생활권수련시설('청소년수련원', '청소년수련관', '청소년수련실')과 자연권수련시설('청소년수련마을', '청소년수련의집', '청소년야영장'), 유스호스텔로 구분

• 관련계획

- 전국 시 · 군 · 구별 청소년수련관 1개소씩 확충목표를 설정하여 추진

라. 청소년기본법 보완 및 제2차 청소년육성5개년계획(1998년부터 2004년까지)

• 1999년 청소년기본법 개정 및 제3차 청소년육성 5개년계획

- 특성화 · 전문화의 개념을 청소년수련시설에 도입하고, 청소년수련관의 전문 · 특성화를 위한 시설보완을 위하여, 국가 및 지자체가 1억~2억 규모의 시설보강 사업비를 지원
- 대규모 생활권 청소년수련시설인 '청소년수련원'과 중 · 소규모 생활권수련시설인 '청소년수련관'을 '청소년수련관'으로 명칭이 통합, '청소년수련실'은 '청소년문화의집'으로 변경
- 기존 자연권 청소년수련시설인 '청소년수련마을', '수련의집'은 '청소년수련원'으로 통합 · 변경

• 관련계획

- 지자체의 공공 생활권수련시설 건립을 유도하여 생활권 청소년수련시설건립목표로 청소년수련관(시 · 군 · 구 1개소), 청소년문화의집(150 개소)을 제시마. 청소년활동 진흥법 제정이후 2004년 2월 제정 공포된 청소년활동 진흥법
- 청소년활동과 관련된 시설을 청소년수련시설과 청소년이용시설로 구분– 청소년수련시설은 기능이나 수련거리 및 입지적 여건 등에 따라 청소년수련관, 청소년수련원, 청소년문화의집, 청소년특화시설, 청소년야영장, 유스호스텔로 구분

- 청소년이용시설은 청소년수련시설이 아닌 시설로서 그 설치 목적의 범위에서 청소년활동의 실시와 청소년의 건전한 이용 등에 제공할 수 있는 시설을 의미
- 관련계획
- 청소년수련관 건립지원(시 · 군 · 구별 1개소 이상 건립지원), 청소년문화의집 확충지원(시 · 군 · 구별로 최소 4개소 이상 설치 목표)
- 청소년활동 진흥법 제정에 따라 새롭게 신설된 청소년수련시설에 청소년운영위원회 운영 및 공공청소년수련시설 설치 시 수련시설건립자문단운영(청소년전문가와 청소년포함)을 의무화

5) 청소년복지지원법

「청소년복지 지원법」은 총 10개의 장 45개의 조와 부칙으로 구성되어 있다.

제1장 총칙, 제2장 청소년의 우대 등, 제3장 청소년의 건강보장, 제4장 지역사회 청소년통합지원체계 등, 제5장 위기청소년 지원, 제6장 예방적 · 회복적 보호지원, 제7장 청소년복지지원기관, 제8장 청소년복지시설, 제9장 보칙, 제10장 벌칙으로 나누어져 있다.

〈표 11-3〉「청소년복지 지원법」의 구성

장	조
제1장 총칙	제1조 목적 제2조 정의 제2조의2 실태조사
제2장 청소년의 우대 등	제3조 청소년의 우대 제4조 청소년증
제3장 청소년의 건강보장	제5조 건강한 성장지원 제6조 체력검사와 건강진단 제7조 건강진단 결과의 분석 등 제8조 건강진단 결과의 공개 금지
제4장 지역사회청소년통합지원체계 등	제9조 지역사회 청소년통합지원체계의 구축 · 운영 제10조 운영위원회 제11조 주민의 자원 활동 지원 제12조 상담과 전화 설치 등

장	조
제5장 위기청소년 지원	제13조 상담 및 교육 제14조 위기청소년 특별지원 제15조 특별지원의 신청 및 선정 제16조 청소년 가출 예방 및 보호 · 지원 제17조 삭제 〈2014.5.28〉 제18조 이주배경청소년에 대한 지원
제6장 예방적 · 회복적보호지원	제19조 예방적 · 회복적 보호지원의 실시 등 제20조 시설의 설치 · 운영 등 제21조 보호지원후견인
제7장 청소년복지지원기관	제22조 한국청소년상담복지개발원 제23조 정관 제24조 사업계획서의 제출 등 제25조 보조금 및 출연 등 제26조 임원 제27조 이사장 제28조 「민법」의 준용 제29조 청소년상담복지센터 제30조 이주배경청소년지원센터
제8장 청소년복지시설	제31조 청소년복지시설의 종류 제32조 청소년복지시설의 설치 제32조의2 가출청소년의 청소년쉼터 계속 이용 제33조 휴업 · 폐업 등의 신고 제34조 청소년복지시설의 종사자 제35조 시설개선, 사업정지, 폐쇄 등 제36조 청문
제9장 보칙	제37조 비밀 누설의 금지 제38조 동일 명칭의 사용 금지 제39조 감독 제40조 예산의 보조 제41조 기관 · 시설 등의 평가
제9장 보칙	제42조 권한 등의 위임 및 위탁 제42조의2 청소년복지지원기관 등의 위탁운영
제10장 벌칙	제43조 벌칙 제44조 양벌규정 제45조 과태료
부칙	

* 출처 : 「청소년복지 지원법」, http://www.law.go.kr/을 재구성

청소년복지지원법에서 제시된 핵심적 내용은 위기청소년에 대한 지원정책과 청소년 우대정책, 현재 문제가 되고 있는 청소년 건강권 확보 지원을 위한 청소년체력 및 건강검진 지원, 다문화 등 이주배경 청소년복지 지원 및 공간 구축, 청소년 복지유형의 다양화에 따른 청소년 복지지원시설의 다양화 및 청소년쉼터 제공, 나홀로 청소년을 위한 청소년자립지원관 설치 운영, 청소년 중독 등에 대한 청소년치료재활센터 구축 및 청소년회복지원시설 등이 주요 추진사업으로 구성되었다.

3. 노인복지 법령의 이해

1) 법의 목적

의약기술의 발달과 문화생활의 향상으로 평균수명이 연장되어 노인인구의 절대수가 크게 증가하는 한편 산업화, 도시화, 핵가족화의 진전에 따라 노인문제가 점차 큰 사회문제로 대두되고 있음에 대처하여 우리 사회의 전통적 가족제도에 연유하고 있는 경로효친의 미풍량속을 유지 · 발전시켜 나아가는 한편 노인을 위한 건강보호와 시설의 제공등 노인복지시책을 효과적으로 추진함으로써 노인의 안락한 생활을 북돋우어 주며 나아가 사회복지의 증진에 기여하려는 것을 취지로 1981년 6월 5일 「노인복지법」이 제정되었다.

현재 이 법은 노인의 질환을 사전예방 또는 조기발견하고 질환상태에 따른 적절한 치료 · 요양으로 심신의 건강을 유지하고, 노후의 생활안정을 위하여 필요한 조치를 강구함으로써 노인의 보건복지증진에 기여함을 목적하였다.

2) 법의 체계와 주요 내용

(1) 법령 체계

① 내용적 체계

전체 7개의 장과 62개의 조 및 부칙으로 구성되어 있다.

② 법령 체계도

- 법률 **노인복지법** [시행 2023. 12. 14.] [법률 제19449호, 2023. 6. 13., 일부개정] 본문 3단비교 판례등
  - 시행령 **노인복지법 시행령** [시행 2023. 12. 14.] [대통령령 제33901호, 2023. 12. 5., 일부개정]
    - 시행규칙 **노인복지법 시행규칙** [시행 2024. 1. 1.] [보건복지부령 제953호, 2023. 7. 17., 일부개정]
      - 행정규칙
        - 고시 사회보장급여 관련 공통서식에 관한 고시 [시행 2024. 1. 1.] [고시 제2023-250호, 2023. 12. 19., 일부개정]
        - 고시 요양보호사 실무경력자의 재가장기요양기관 관리책임자 양성 교육과정 [시행 2013. 12. 1.] [고시 제2013-184호, 2013. 11. 29., 제정]
        - 고시 인권교육 운영 및 교육기관 지정 등에 관한 고시 [시행 2018. 10. 29.] [고시 제2018-230호, 2018. 10. 29., 제정]
    - 행정규칙
      - 고시 노인성 질환 의료 지원 기준 등에 관한 고시 [시행 2020. 7. 1.] [고시 제2020-140호, 2020. 7. 1., 타법개정]
      - 고시 노인학대신고의접수및상담방법등운영기준에 관한 고시 [시행 2020. 7. 1.] [고시 제2020-140호, 2020. 7. 1., 타법개정]

(2) 법의 주요 내용

● 제1조의2(정의)

1. "부양의무자"라 함은 배우자(사실상의 혼인관계에 있는 자를 포함한다)와 직계비속 및 그 배우자(사실상의 혼인관계에 있는 자를 포함한다)를 말한다.
2. "보호자"라 함은 부양의무자 또는 업무ㆍ고용 등의 관계로 사실상 노인을 보호하는 자를 말한다.
3. "치매"란 「치매관리법」 제2조제1호에 따른 치매를 말한다.
4. "노인학대"라 함은 노인에 대하여 신체적ㆍ정신적ㆍ정서적ㆍ성적 폭력 및 경제적 착취 또는 가혹행위를 하거나 유기 또는 방임을 하는 것을 말한다.
5. "노인학대관련범죄"란 보호자에 의한 65세 이상 노인에 대한 노인학대로서 법률에서 정한 죄를 말한다.

● 제2조(기본이념)

①노인은 후손의 양육과 국가 및 사회의 발전에 기여하여 온 자로서 존경받으며 건전하고 안정된 생활을 보장받는다.

②노인은 그 능력에 따라 적당한 일에 종사하고 사회적 활동에 참여할 기회를 보장 받는다.

③노인은 노령에 따르는 심신의 변화를 자각하여 항상 심신의 건강을 유지하고 그 지식과 경험을 활용하여 사회의 발전에 기여하도록 노력하여야 한다.

● 제3조(가족제도의 유지 · 발전)

국가와 국민은 경로효친의 미풍양속에 따른 건전한 가족제도가 유지 · 발전되도록 노력하여야 한다.

● 제4조(보건복지증진의 책임)

①국가와 지방자치단체는 노인의 보건 및 복지증진의 책임이 있으며, 이를 위한 시책을 강구하여 추진하여야 한다.

②국가와 지방자치단체는 제1항의 규정에 의한 시책을 강구함에 있어 제2조에 규정된 기본이념이 구현되도록 노력하여야 한다.

③노인의 일상생활에 관련되는 사업을 경영하는 자는 그 사업을 경영함에 있어 노인의 보건복지가 증진되도록 노력하여야 한다.

● 제4조의2(안전사고 예방)

① 국가와 지방자치단체는 노인의 안전을 보장하고 낙상사고 등 노인에게 치명적인 사고를 예방하기 위하여 필요한 시책을 수립 · 시행하여야 한다. 이 경우 안전사고 예방 시책은 「재난 및 안전관리 기본법」에 따른 국가안전관리기본계획, 시 · 도안전관리계획 및 시 · 군 · 구안전관리계획과 연계되어야 한다.

● 제5조(노인실태조사)

①보건복지부장관은 노인의 보건 및 복지에 관한 실태조사를 3년마다 실시하고 그 결과를 공표하여야 한다.

② 보건복지부장관은 제1항에 따른 실태조사를 위하여 관계 기관·법인·단체·시설의 장에게 필요한 자료의 제출 또는 의견의 진술을 요청할 수 있다. 이 경우 관계 기관·법인·단체·시설의 장은 정당한 사유가 없으면 그 요청에 따라야 한다.

● 제5조의2(노인정책영향평가)

① 국가와 지방자치단체는 대통령령으로 정하는 바에 따라 노인 관련 정책이 노인복지에 미치는 영향을 분석·평가(이하 "노인정책영향평가"라 한다)하고, 그 결과를 노인 관련 정책의 수립·시행에 반영하여야 한다.

● 제6조(노인의 날 등)

①노인에 대한 사회적 관심과 공경의식을 높이기 위하여 매년 10월 2일을 노인의 날로, 매년 10월을 경로의 달로 한다.

②부모에 대한 효사상을 앙양하기 위하여 매년 5월 8일을 어버이날로 한다.

④ 범국민적으로 노인학대에 대한 인식을 높이고 관심을 유도하기 위하여 매년 6월 15일을 노인학대예방의 날로 지정하고, 국가와 지방자치단체는 노인학대예방의 날의 취지에 맞는 행사와 홍보를 실시하도록 노력하여야 한다.

4. 장애인복지 법령의 이해

1) 장애인복지법

(1) 법의 목적

산업화 · 도시화 추세에 따른 생활환경의 변화로 심신장애자의 삭가 증가하고, 이들의 복지욕구도 크게 증대되고 있음에 대처하여 심신장애의 발생예방과 심신장애자의 의료 · 직업재활 및 생활보호등 복지시책을 효과적으로 추진함으로써 장애자의 재활 · 자립과 그 가족의 정상적인 경제 · 사회활동을 도와주며, 나아가 사회복지의 증진에 기여하려는 것을 취지로 1981년 6월 5일 「심신장애자복지법」을 제정하였다.

그러나 1989년 12월 30일 "심신장애자"라는 용어를 "장애인"으로 변경하고, 이에 따라 이 법의 제명을 "장애인복지법"으로 변경©하고, 장애인등록제를 신설하는 등의 내용으로 전부개정되어 현재와 같이 「장애인복지법」으로 시행되고 있다.

현재 이 법은 장애인의 인간다운 삶과 권리보장을 위한 국가와 지방자치단체 등의 책임을 명백히 하고, 장애발생 예방과 장애인의 의료 · 교육 · 직업재활 · 생활환경개선 등에 관한 사업을 정하여 장애인복지대책을 종합적으로 추진하며, 장애인의 자립생활 · 보호 및 수당지급 등에 관하여 필요한 사항을 정하여 장애인의 생활안정에 기여하는 등 장애인의 복지와 사회활동 참여증진을 통하여 사회통합에 이바지함을 목적으로 하였다.

2) 법의 체계와 주요 내용

(1) 법령 체계

① 내용적 체계

전체 9개의 장과 90개의 조 및 부칙으로 구성되어 있다.

② 법령 체계도

- 법률 **장애인복지법** [시행 2023. 11. 3.] [법률 제19400호, 2023. 5. 2., 일부개정] 본문 3단비교 판례등
  - 시행령 **장애인복지법 시행령** [시행 2023. 11. 3.] [대통령령 제33839호, 2023. 10. 31., 일부개정]
    - 시행규칙 **장애인복지법 시행규칙** [시행 2023. 11. 29.] [보건복지부령 제981호, 2023. 11. 29., 일부개정]
      - 행정규칙
        - 고시 사회보장급여 관련 공통서식에 관한 고시 [시행 2024. 1. 1.] [고시 제2023-250호, 2023. 12. 19., 일부개정]
        - 고시 장애인 서비스 지원 종합조사의 내용 및 점수 산정 방법에 관한 고시 [시행 2020. 10. 30.] [고시 제2020-237호, 2020. 10. 30., 일부개정]
        - 고시 장애인 응시자에 대한 시험 편의제공의 내용·방법 등 [시행 2021. 12. 17.] [고시 제2021-304호, 2021. 12. 17., 일부개정]
        - 고시 장애인보조견전문훈련기관의시설기준 [시행 2022. 12. 30.] [고시 제2022-315호, 2022. 12. 30., 타법개정]
        - 고시 장애정도심사규정 [시행 2023. 3. 21.] [고시 제2023-43호, 2023. 3. 21., 일부개정]
        - 고시 장애정도판정기준 [시행 2023. 3. 21.] [고시 제2023-42호, 2023. 3. 21., 일부개정]
    - 행정규칙
      - 고시 언어재활사 자격시험관리를 위한 업무 위탁기관 지정 [시행 2022. 12. 30.] [고시 제2022-315호, 2022. 12. 30., 타법개정]
      - 고시 장애정도심사규정 [시행 2023. 3. 21.] [고시 제2023-43호, 2023. 3. 21., 일부개정]
  - 행정규칙
    - 고시 보건의료인국가시험 응시자격 관련 외국 학교 등 인정기준 [시행 2020. 5. 1.] [고시 제2020-92호, 2020. 5. 1., 제정]
  - 자치법규
    - 조례 가평군 장애인복지에 관한 조례 [시행 2019. 7. 1.] [조례 제2745호, 2019. 5. 15., 일부개정]
    - 조례 강릉시 장애인복지위원회 구성 및 운영 조례 [시행 2020. 1. 2.] [조례 제1374호, 2020. 1. 2., 제정]
    - 조례 강원특별자치도 장애인복지위원회 설치 및 운영 조례 [시행 2023. 6. 11.] [조례 제5036호, 2023. 6. 9., 일부개정]
    - 조례 강진군 장애인복지위원회 설치 및 운영 조례 [시행 2022. 10. 6.] [조례 제2637호, 2022. 10. 6., 일부개정]

(2) 법의 주요 내용

- 2조(장애인의 정의 등)

①"장애인"이란 신체적·정신적 장애로 오랫동안 일상생활이나 사회생활에서 상당한 제약을 받는 자를 말한다.

②이 법을 적용받는 장애인은 제1항에 따른 장애인 중 다음 각 호의 어느 하나에 해당하는 장애가 있는 자로서 대통령령으로 정하는 장애의 종류 및 기준에 해당하는 자를 말한다.

1. "신체적 장애"란 주요 외부 신체 기능의 장애, 내부기관의 장애 등을 말한다.
2. "정신적 장애"란 발달장애 또는 정신 질환으로 발생하는 장애를 말한다.

③ "장애인학대"란 장애인에 대하여 신체적·정신적·정서적·언어적·성적 폭력이나 가혹행위, 경제적 착취, 유기 또는 방임을 하는 것을 말한다. 〈신설 2012. 10. 22., 2015. 6. 22.〉

④ "장애인학대관련범죄"란 장애인학대로서 법률에 해당하는 죄를 말한다.

● 제3조(기본이념)

장애인복지의 기본이념은 장애인의 완전한 사회 참여와 평등을 통하여 사회통합을 이루는 데에 있다.

● 제4조(장애인의 권리)

①장애인은 인간으로서 존엄과 가치를 존중받으며, 그에 걸맞은 대우를 받는다.

②장애인은 국가·사회의 구성원으로서 정치·경제·사회·문화, 그 밖의 모든 분야의 활동에 참여할 권리를 가진다.

③장애인은 장애인 관련 정책결정과정에 우선적으로 참여할 권리가 있다.

● 제5조(장애인 및 보호자 등에 대한 의견수렴과 참여)

국가 및 지방자치단체는 장애인 정책의 결정과 그 실시에 있어서 장애인 및 장애인의 부모, 배우자, 그 밖에 장애인을 보호하는 자의 의견을 수렴하여야 한다. 이 경우 당사자의 의견수렴을 위한 참여를 보장하여야 한다.

● 제6조(중증장애인의 보호)

국가와 지방자치단체는 장애 정도가 심하여 자립하기가 매우 곤란한 장애인(이하 "중증장애인"이라 한다)이 필요한 보호 등을 평생 받을 수 있도록 알맞은 정책을 강구하여야 한다.

● 제7조(여성장애인의 권익보호 등)

국가와 지방자치단체는 여성장애인의 권익을 보호하고 사회참여를 확대하기 위하여 기초학습과 직업교육 등 필요한 시책을 강구하여야 한다.

● 제8조(차별금지 등)

①누구든지 장애를 이유로 정치·경제·사회·문화 생활의 모든 영역에서 차별을 받지 아니하고, 누구든지 장애를 이유로 정치·경제·사회·문화 생활의 모든 영역에서 장애인을 차별하여서는 아니 된다.

②누구든지 장애인을 비하·모욕하거나 장애인을 이용하여 부당한 영리행위를 하여서는 아니 되며, 장애인의 장애를 이해하기 위하여 노력하여야 한다.

● 제9조(국가와 지방자치단체의 책임)

①국가와 지방자치단체는 장애 발생을 예방하고, 장애의 조기 발견에 대한 국민의 관심을 높이며, 장애인의 자립을 지원하고, 보호가 필요한 장애인을 보호하여 장애인의 복지를 향상시킬 책임을 진다.

②국가와 지방자치단체는 여성 장애인의 권익을 보호하기 위하여 정책을 강구하여야 한다.

③국가와 지방자치단체는 장애인복지정책을 장애인과 그 보호자에게 적극적으로 홍보하여야 하며, 국민이 장애인을 올바르게 이해하도록 하는 데에 필요한 정책을 강구하여야 한다.

● 제10조(국민의 책임)

모든 국민은 장애 발생의 예방과 장애의 조기 발견을 위하여 노력하여야 하며, 장애인의 인격을 존중하고 사회통합의 이념에 기초하여 장애인의 복지향상에 협력하여야 한다.

● 제10조의2(장애인정책종합계획)

① 보건복지부장관은 장애인의 권익과 복지증진을 위하여 관계 중앙행정기관의 장과 협의하여 5년마다 장애인정책종합계획(이하 "종합계획"이라 한다)을 수립·시행하여야 한다.

② 종합계획에는 다음 각 호의 사항이 포함되어야 한다.

1. 장애인의 복지에 관한 사항
2. 장애인의 교육문화에 관한 사항
3. 장애인의 경제활동에 관한 사항
4. 장애인의 사회참여에 관한 사항
5. 장애인의 안전관리에 관한 사항
6. 그 밖에 장애인의 권익과 복지증진을 위하여 필요한 사항

● 제10조의3(국회에 대한 보고)

보건복지부장관은 종합계획을 수립하거나 해당 연도의 사업계획, 전년도 사업계획의 추진실적, 추진성과의 평가를 확정한 때에는 이를 지체 없이 국회 소관 상임위원회에 보고하여야 한다.

● 제11조(장애인정책조정위원회)

①장애인 종합정책을 수립하고 관계 부처 간의 의견을 조정하며 그 정책의 이행을 감독·평가하기 위하여 국무총리 소속하에 장애인정책조정위원회(이하 "위원회"라 한다)를 둔다.

②위원회는 다음 각 호의 사항을 심의·조정한다.

1. 장애인복지정책의 기본방향에 관한 사항
2. 장애인복지 향상을 위한 제도개선과 예산지원에 관한 사항
3. 중요한 특수교육정책의 조정에 관한 사항
4. 장애인 고용촉진정책의 중요한 조정에 관한 사항
5. 장애인 이동보장 정책조정에 관한 사항
6. 장애인정책 추진과 관련한 재원조달에 관한 사항

7. 장애인복지에 관한 관련 부처의 협조에 관한 사항
8. 그 밖에 장애인복지와 관련하여 대통령령으로 정하는 사항

● 제14조(장애인의 날)

①장애인에 대한 국민의 이해를 깊게 하고 장애인의 재활의욕을 높이기 위하여 매년 4월 20일을 장애인의 날로 하며, 장애인의 날부터 1주간을 장애인 주간으로 한다.

②국가와 지방자치단체는 장애인의 날의 취지에 맞는 행사 등 사업을 하도록 노력하여야 한다.

● 제15조(다른 법률과의 관계)

제2조에 따른 장애인 중 「국가유공자 등 예우 및 지원에 관한 법률」 등 대통령령으로 정하는 다른 법률을 적용 받는 장애인에 대하여는 대통령령으로 정하는 바에 따라 이 법의 적용을 제한할 수 있다.

● 제16조(법제와 관련된 조치 등)

국가와 지방자치단체는 이 법의 목적을 달성하기 위하여 필요한 법제(法制) · 재정과 관련된 조치를 강구하여야 한다.

● 기본정책의 강구

제17조(장애발생 예방), 제18조(의료와 재활치료), 제19조(사회적응 훈련), 제20조(교육), 제21조(직업), 제23조(편의시설), 제24조(안전대책 강구), 제25조(사회적 인식개선 등), 제25조의2(인식개선교육의 위탁 등), 제25조의3(홍보영상의 제작 · 배포 · 송출), 제26조(선거권 행사를 위한 편의 제공), 제27조(주택 보급), 제28조(문화환경 정비 등), 제29조(복지 연구 등의 진흥), 제29조의2(한국장애인개발원의 설립 등), 제30조(경제적 부담의 경감), 제30조의2(장애인 가족 지원)

- 복지 조치

제3장 제31조부터 제52조까지 규정

- 자립생활의 지원

제4장 제53조부터 제56조까지 규정

- 복지시설과 단체

제5장 제57조부터 제64조까지 규정

- 장애인보조기구

제6장 제65조부터 제70조까지 규정

- 장애인복지 전문인력

제7장 제71조부터 제78조까지 규정

3) 장애인 고용촉진 등에 관한 법률

"장애인의 노동시장 진입 및 성과를 제고할 목적으로 1990년에 장애인 의무고용에 대한 조항이 포함된 '장애인 고용촉진 등에 관한 법률'이 국회를 통과하였고, 1991년 발효되었다. 본 법률에 따르면 장애인 의무고용 대상 기업이 장애인 의무고용률을 충족하지 못한다면 미충족률에 비례하는 부담금을 납부해야 하고, 의무고용률 이상으로 장애인을 고용하는 경우 초과분에 비례하는 장려금을 지급받는다. 즉, 본 법률은 장애인 고용 증가를 목적으로 금전적 벌금 · 보상제도를 정책 수단으로 이용한다. 본 법률은 1991년부터 직원 수 300인 이상의 공 · 사기업을 대상으로 2%의 장애인 고용을 요구하였으나, 2004년에는 직원 수 50명 이상의 공 · 사기업까지 그 대상을 확대하였다."[8)]

8) 조승연(2022). "장애인 의무고용정책의 변화와 장애인 고용에 관한 연구". 장애와 고용. 32(2). pp.59–76.

5. 노숙인복지 법령의 이해

1) 노숙인 등의 복지 및 자립지원에 관한 법률(약칭: 노숙인복지법)

(1) 법의 목적

2010년대까지 「사회복지사업법」에 근거한 「부랑인및노숙인 보호시설설치 · 운영규칙」에 따른 노숙인 등 지원정책은 주거, 일자리 지원 등 자활 프로그램과 예방 및 지원정책이 미비하여 시설 퇴소 후 가정과 지역사회로 복귀하는 데는 많은 어려움이 있고, 이원화되어 있는 노숙인과 부랑인의 정의와 행정체계로 인하여 국가와 지방자치단체 간의 협력이나 연계가 잘 이루어지지 않았던 한계가 있다.

이에 노숙인 등에 대한 지원체계를 통합하고, 주거, 급식, 의료 등 복지서비스 제공과 민간단체와의 협력사항을 국가와 지방자치단체의 책임으로 정하여 노숙인 등의 인권을 보호하고 자립을 지원함으로써 이들의 건전한 사회복귀를 도모하려는 취지에서 2011년 6월 7일 「노숙인 등의 복지 및 자립지원에 관한 법률」(약칭: 노숙인복지법)이 제정되었다.

현행 이 법은 노숙인(露宿人) 등의 인간다운 생활을 할 권리를 보호하고 재활 및 자립을 위한 기반을 조성하여 이들의 건전한 사회복귀와 복지증진에 이바지하는 것을 목적으로 한다.

(2) 법의 체계와 주요 내용

가. 법령 체계

전체 6개의 장과 28개의 조 및 부칙으로 구성되어 있다.

법령 체계도는 다음과 같다.

- 법률 노숙인 등의 복지 및 자립지원에 관한 법률 [시행 2021. 6. 30.] [법률 제17775호, 2020. 12. 29., 일부개정] 본문 3단비교 판례등
  - 시행령 노숙인 등의 복지 및 자립지원에 관한 법률 시행령 [시행 2020. 12. 15.] [대통령령 제31269호, 2020. 12. 15., 일부개정]
    - 시행규칙 노숙인 등의 복지 및 자립지원에 관한 법률 시행규칙 [시행 2021. 6. 30.] [보건복지부령 제808호, 2021. 6. 30., 일부개정]
  - 행정규칙
    - 고시 노숙인진료시설 지정 등에 관한 고시 [시행 2023. 3. 22.] [고시 제2023-48호, 2023. 3. 22., 일부개정]

(2) 법의 주요 내용

● 제2조(정의)

1. "노숙인 등"이란 다음 각 목의 어느 하나에 해당하는 사람 중 보건복지부령으로 정하는 사람을 말한다.
   가. 상당한 기간 동안 일정한 주거 없이 생활하는 사람
   나. 노숙인시설을 이용하거나 상당한 기간 동안 노숙인시설에서 생활하는 사람
   다. 상당한 기간 동안 주거로서의 적절성이 현저히 낮은 곳에서 생활하는 사람
2. "노숙인시설"이란 이 법에 따른 노숙인 등을 위한 노숙인복지시설, 노숙인종합지원센터를 말한다.
3. "노숙인시설 종사자"란 노숙인시설에서 노숙인 등의 보호, 상담, 복지서비스 연계 및 노숙인 등의 복지에 관한 업무를 담당하는 사람으로서 노숙인시설의 장 및 그 종사자를 말한다.

● 제3조(국가와 지방자치단체의 책임)

① 국가와 지방자치단체는 노숙 등을 예방하고, 노숙인 등의 권익을 보장하며, 보호와 재활 및 자활을 지원하기 위한 정책을 마련하여 노숙인 등의 사회복귀 및 복지를 향상시킬 책임을 진다.

② 국가와 지방자치단체는 성별 특성을 고려하여 노숙인 등을 위한 지원사업을 하여야 한다.

③ 국가와 지방자치단체는 노숙인 등을 위한 지원사업을 원활히 추진하기 위하여 관련 민간단체와 협력하여야 한다.

● 제4조(노숙인 등의 권리와 책임)

① 노숙인 등은 국가와 지방자치단체로부터 적절한 주거와 보호 등을 제공받을 수 있으며, 스스로 생활수준을 향상시키기 위하여 성실히 노력하여야 한다.

② 노숙인 등은 제14조에 따른 응급상황 발생 시 경찰공무원(「제주특별자치도 설치 및 국제자유도시 조성을 위한 특별법」에 따른 자치경찰공무원을 포함한다. 이하 같다), 소방공무원 또는 노숙인 등 관련 업무 종사자의 응급조치에

응하여야 한다.

● 제5조(중복지원의 제한)

다른 법률에 따라 이 법에서 정한 복지서비스의 내용과 유사한 보호 또는 지원을 받고 있는 노숙인 등에 대하여는 대통령령으로 정하는 바에 따라 이 법에 따른 복지서비스를 제한할 수 있다.

● 제6조(다른 법률과의 관계)

이 법에서 특별히 규정하지 아니한 사항에 대하여는 「사회복지사업법」에서 정하는 바에 따른다.

● 노숙인 등을 위한 종합계획의 수립 등

제2장에서 규정

제7조(노숙인 등의 복지 및 자립지원 종합계획의 수립 등), 제8조(시행계획의 수립 · 시행 등), 제8조의2(국회에 대한 보고), 제9조(실태조사)

● 복지서비스 제공

제3장에서 규정

제10조(주거지원), 제11조(급식지원), 제12조(의료지원), 제12조의2(여성노숙인 등에 대한 보건위생물품 지원), 제13조(고용지원), 제14조(응급조치의 의무)

● 노숙인시설

제4장에서 규정

제15조(노숙인시설의 설치 · 운영 등), 제16조(노숙인복지시설의 종류), 제17조(노숙인복지시설의 입소 · 퇴소 등), 제17조의2(상속인 없는 재산의 처리), 제18조(노숙인복지시설의 서비스) , 제20조(인권교육), 제21조의2(위반사실의 공표), 제21조의3(인권지킴이단), 제21조의4(지도 · 감독)

▣ 학습문제

<table>
<tr><th colspan="2">문제 1</th></tr>
<tr><td colspan="2">「청소년 기본법」 제5조 청소년의 권리와 책임에 해당하지 않는 것은?

① 청소년은 인종 · 종교 · 성별 · 나이 · 학력 · 신체조건 등에 따른 어떠한 종류의 차별도 받지 아니한다.
② 청소년은 외부적 영향에 구애받지 아니하면서 자기 의사를 자유롭게 밝히고 스스로 결정할 권리를 가진다.
③ 청소년의 기본적 인권은 청소년활동 · 청소년복지 · 청소년보호 등 청소년육성의 영역에서만 존중되어야 한다.
④ 청소년은 자신의 능력을 개발하고 건전한 가치관을 확립하며 가정 · 사회 및 국가의 구성원으로서의 책임을 다하도록 노력하여야 한다.
⑤ 청소년은 안전하고 쾌적한 환경에서 자기발전을 추구하고 정신적 · 신체적 건강을 해치거나 해칠 우려가 있는 모든 형태의 환경으로부터 보호받을 권리를 가진다.</td></tr>
<tr><td>정답</td><td>③</td></tr>
<tr><td>해설</td><td>제5조 제1항 청소년의 기본적 인권은 청소년활동 · 청소년복지 · 청소년보호 등 청소년육성의 모든 영역에서 존중되어야 한다.</td></tr>
</table>

<table>
<tr><th colspan="2">문제 2</th></tr>
<tr><td colspan="2">「아동복지법」의 기본 이념으로 틀린 것은?

① 아동에 관한 모든 활동에 있어서 아동의 이익이 최우선적으로 고려되어야 한다.
② 아동은 완전하고 조화로운 인격발달을 위하여 안정된 가정환경에서 행복하게 자라나야 한다.
③ 아동은 아동의 권리보장과 복지증진을 위하여 이 법에 따른 보호와 지원을 받을 권리를 가진다.
④ 아동은 연령에 따르는 심신의 변화를 자각하여 항상 심신의 건강을 유지하고 그 지식과 경험을 활용하여 사회의 발전에 기여하도록 노력하여야 한다.
⑤ 아동은 자신 또는 부모의 성별, 연령, 종교, 사회적 신분, 재산, 장애유무, 출생지역, 인종 등에 따른 어떠한 종류의 차별도 받지 아니하고 자라나야 한다.</td></tr>
<tr><td>정답</td><td>④</td></tr>
<tr><td>해설</td><td>"연령에 따르는 심신의 변화를 자각하여 항상 심신의 건강을 유지하고 그 지식과 경험을 활용하여 사회의 발전에 기여하도록 노력하여야 한다."는 「노인복지법」의 기본이념이다.</td></tr>
</table>

문제 3	
「아동복지법」에서 규정하고 있는 아동학대에 해당하지 않는 경우는? ① 아동의 보호자가 아동을 유기하는 경우 ② 아동의 보호자가 아동을 가정위탁하는 경우 ③ 보호자를 포함한 성인이 아동의 건강 또는 복지를 해치는 경우 ④ 보호자를 포함한 성인이 아동의 정상적 발달을 저해할 수 있는 가혹행위를 하는 경우 ⑤ 보호자를 포함한 성인이 아동의 정상적 발달을 저해할 수 있는 정신적 폭력을 하는 경우	
정답	②
해설	「아동복지법」 제3조 제7호 “아동학대”란 보호자를 포함한 성인이 아동의 건강 또는 복지를 해치거나 정상적 발달을 저해할 수 있는 신체적 · 정신적 · 성적 폭력이나 가혹행위를 하는 것과 아동의 보호자가 아동을 유기하거나 방임하는 것을 말한다.

문제 4	
「노인복지법」에서 노인에 대하여 신체적 · 정신적 · 정서적 · 성적 폭력 및 경제적 착취 또는 가혹행위를 하거나 유기 또는 방임을 하는 것을 뜻하는 용어는? ① 노인보호 ② 노인복지 ③ 노인활동지원 ④ 노인학대 ⑤ 노인인권	
정답	④
해설	「노인복지법」 제1조의2(성의) 제4호 “노인학대”라 함은 노인에 대하여 신체적 · 정신적 · 정서적 · 성적 폭력 및 경제적 착취 또는 가혹행위를 하거나 유기 또는 방임을 하는 것을 말한다.

문제 5	
「장애인복지법」에서 장애인에 대한 국민의 이해를 깊게 하고 장애인의 재활의욕을 높이기 위하여 정한 장애인의 날은? ① 4월 20일 ② 5월 20일 ③ 6월 20일 ④ 7월 20일 ⑤ 8월 20일	
정답	①
해설	「장애인복지법」 제14조(장애인의 날) ① 장애인에 대한 국민의 이해를 깊게 하고 장애인의 재활의욕을 높이기 위하여 매년 4월 20일을 장애인의 날로 하며, 장애인의 날부터 1주간을 장애인 주간으로 한다.

12장

영역별 사회복지서비스법제의 개별 법령

KEY WORD :

<table><tr><td>

학 습 목 표

1. 영역별 사회복지서비스 법령의 목적과 특징을 설명할 수 있다.
2. 영역별 사회서복지비스 법령의 조문을 해석할 수 있다.

</td></tr></table>

1. 정신건강복지법의 이해

1) 법의 목적

생활환경의 급격한 변화로 인하여 정신질환자가 증가함에 따라 정신질환을 예방하고 정신질환자에 대한 효율적인 의료 및 사회복귀를 위하여 필요한 사항을 정함으로써 국민의 정신건강증진에 이바지하려는 것을 이유로 1995년 12월 30일 「정신보건법」이 제정되었다(시행은 1996년 12월 31일).

이후 정신질환자의 범위를 중증정신질환자로 축소 정의하고, 전 국민 대상의 정신건강증진의 장을 신설하며, 비자의 입원 · 퇴원 제도를 개선하고, 정신질환자에 대한 복지서비스 제공을 추가하는 등 기존 「정신보건법」에서 「정신건강증진 및 정신질환자 복지서비스 지원에 관한 법률」(약칭: 정신건강복지법)로 법률의 명칭을 변경하는 등 2016년 5월 29일 전부개정되었다.

현행 이 법은 정신질환의 예방 · 치료, 정신질환자의 재활 · 복지 · 권리보장과 정신건강 친화적인 환경 조성에 필요한 사항을 규정함으로써 국민의 정신건강증진 및 정신질환자의 인간다운 삶을 영위하는 데 이바지함을 목적으로 하였다.

〈근대적 국가의 강제입원제도 역사〉

근대적 국가에서 강제입원은 개인의 신체의 자유를 제약하는 것이어서 엄격히 제한된 형식(법률)과 절차 속에서 이루어져 왔다.

(1) 서구의 강제입원

영국, 미국, 독일, 프랑스 등의 서구국가들은 20세기 이후 정신 의료의 발전에 힘입어 위험한 사람을 치안적 목적에서 수용하는 시스템에서 점차 의료 · 복지적 목적에서 정신장애인의 치료와 사회적 삶을 보장하는 시스템으로 전환해 왔고, 국가가 이를 담당하는 시스템을 마련해 왔다.

20세기 전반에는 국가 주도의 국 · 공립정신병원의 확충 등을 통한 시설수용이 증대되었고, 20세기 후반에는 탈시설 정책 등을 통해 정신장애인의 지역사회 내에서의 사회적 삶을 보장하는 제도와 정책이 확대되었다.

(2) 동북아 국가의 강제입원

동북아 국가(한국, 일본 등)는 근대 이전부터 가족이 정신장애인을 돌보아 왔고, 근대화 이후에도 이러한 경향이 이어졌다. 한국과 일본에서는 사실상 가족이 정신장애인의 입원과 치료를 결정하는 시스템(보호의무자제도)이 제도화되고, 국가의 권한과 책임은 가족이 관여하지 못하는 때에만 보충적으로 작동해 왔다.

20세기 후반에 일본과 한국은 정신보건법(정신위생법)을 통해 근대적 강제입원제도를 마련하였으나 초기에는 공공 정신병원의 부족, 국가의 역할 미비로 인해 가족에 의한 입원을 승인하는 형태로 법 · 제도를 마련하게 되었다.

* 출처 : 윤석준.신권철.백종우.고든솔.김근아 (2018). 개정 정신건강복지법 평가 및 제도개선 연구. 보건복지부 · 고려대학교 의료원 산학협력단.

2) 법의 주요 연혁

(1) 정신보건법

가. 1995년 정신보건법 제정

① 제정 이유

1991년 일부 정신질환자에 의한 범죄 발생 사건에 의해 법 제정이 추진되었다.

② **주요 내용**

첫째, 정신보건에 대한 인력과 시설 등 국가적 관리체계 마련 : 정신보건시설, 정신보건전문요원, 재정부담 등

둘째, 정신장애인의 입원유형, 요건과 절차 등을 마련 : 자의입원, 보호입원, 평가입원, 시 · 도지사에 의한 입원, 응급입원

셋째, 강제입원과 강제치료에 있어 가족(보호의무자. 이하 가족이라고만 함)의 동의권을 마련하여 사실상 가족에 의한 입 · 퇴원제도를 설정하였다.

넷째, 입원과 치료에 있어 정신과 전문의와 정신의료기관의 권한과 책임을 강화하였다.

다섯째, 최초입원은 가족 1인과 정신과전문의 1인 진단으로 6개월 동안 입원 가능하였다. 입원연장은 가족 1인의 동의서와 정신과 전문의 1인 진단의견을 제출받아 시 · 도 정신보건심판위원회에서 6개월마다 서면 심사하도록 하였다.

〈한국 강제입원제도의 근거〉

(1) 1945 해방 전

일제 강점기에는 일본에서 시행되던 당시의 '정신병원법'을 바탕으로 정신병원 설립이 논의되었으나 실제 설립하지는 못하였다.

배회하거나 위험해 보이는 정신장애인에 대해서는 병원이나 행려병자수용소 등에 수용하였다.

(2) 1945년 해방 후

해방 후인 1959년, 국내에서도 당시의 보건사회부가 정신보건법을 입안하고, 입법 조치를 위한 모임을 설립하기도 하였으나 실제 입법화되지는 못하였다. 1968년 대한신경정신의학회가 '정신위생법 초안'을 마련하여 보건사회부에 제안하였으나 경제적 여건을 이유로 정부가 받아들이지 않았다.

해방 후 1960년대 법령상 강제입원의 근거 규정은 없었으나 국립정신병원 입원 규정에 따른 입원 방식은 가족인 보호자가 환자를 입원시키고, 그 치료비용과 환자의 인수에 대한 책임을 부담하도록 하였다. 실제 해방 후 정신장애인의 가족 내 돌봄이 어려운 경우에는 가족이 일정한 비용을 부담하면서 미인가요양원 등에 보내어 수용하거나 가족의 도움마저 없어 노숙인 · 행려자가 된 경우에는 경찰 등에 의해 국가의 지원을 받는 지역의 부랑인시설에 수용되는 경우가 많았다.

(3) 1980년대 이후

1983년 정신장애인이 수용된미인가요양원(기도원)의 인권침해가 TV 탐사보도로 사회적 이슈가 되어 정부가 정신보건법안을 입안하여 1985년 국회에 제출하였으나 치안적 요소가 강하여 야당과 사회단체 등의 반대로 국회 회기(임기) 만료로 폐기되었다.

1987년 정신장애인 등이 사실상 수용되어 온 부랑인수용시설인 부산 형제복지원에서는 원생 간 폭행 및 사망, 원장의 횡령 등이 확인된 이른바 형제복지원 사건 이후 부랑인 등을 강제로 수용하는 규정이 폐지되었다.

1991년 20세 젊은이에 의한 여의도 광장 차량질주사건과 지역농민의 대구 거성관 나이트 방화사건이 발생하자 당시 법무부 장관은 정신질환자의 범죄를 막기 위해 '정신보건법' 제정을 제안하였다. 보건사회부가 1992년 '정신보건법안'을 국회에 제출하여 3년여의 심사과정을 거쳐 1995년 12월 정신보건법이 제정되었다.

* 출처 : 윤석준.신권철.백종우.고든솔.김근아 (2018). 개정 정신건강복지법 평가 및 제도개선 연구. 보건복지부 · 고려대학교 의료원 산학협력단.

나. 1997년 정신보건법 전문개정

① 개정 이유

1995년 제정 정신보건법은 기존의 정신요양시설을 폐지하고, 기존의 정신요양시설은 7년 이내에 정신요양병원 또는 사회복귀시설로 시설기준을 갖추어 허가를 받아 전환하도록 하였다. 그러나 실제 전환이 쉽지 않아 정부가 강제입소가 가능한 정신요양시설을 재운영하기 위해 전문 개정하였다.

② 주요 내용

첫째, 제정 정신보건법이 폐지한 정신요양시설(정신질환자요양시설)의 재운영

둘째, 제정 정신보건법이 신설한 정신요양병원의 폐지

셋째, 퇴원 가능한 보호입원 환자에 대해 보호의무자의 퇴원신청 없는 퇴원을 허용해 줌으로써 불필요한 장기입원 제한

넷째, 행정입원에 대한 가퇴원 외에 보호입원에 대한 가퇴원제도 마련

다. 2004년 정신보건법 일부개정

① **주요 내용**

- 정신보건센터 설치의 근거 규정 신설
- 중앙 및 지방의 정신보건사업지원단 근거 규정 신설
- 사회복귀시설신고수리및행정처분권한을시 · 도지사에서시 · 군 · 구청장으로 이양

라. 2008년 정신보건법 일부개정

① **개정 이유**

10여 년의 정신보건법 시행 이후 입원과정에서의 인권침해 문제를 개선하고, 지역사회에 기반을 둔 재활을 마련하고자 보호입원 동의 요건을 강화하고, 시설종사자 인권교육, 정신보건시설 평가, 자의입원환자와 퇴원의사 확인 등을 신설하였다.

② **주요 내용**

- 국가 및 지방자치단체 정신보건계획사업 수립의무
- 정신보건시설 운영자 및 종사자 인권교육의 실시
- 자의입원환자의 매년 정기적 퇴원의사 확인
- 보호입원에 있어 보호의무자 1인 동의에서 2인 동의로 강화
- 정신의료기관의 입원환자 신상정보 확인의무
- 시 · 도지사 소속 지방정신보건심의(심판)위원회를 시 · 군 · 구 기초정신보건심의(심판)위원회로 이양하여 입원연장심사와 퇴원 및 처우개선심사를 맡도록 함
- 외래치료명령 신설
- 강제노동 금지와 입원환자에 대한 작업요법 신설

(2) 정신건강복지법

가. 2016년 정신건강복지법 제정(전면개정)

① 제정(전면개정) 이유

첫째, 정신보건법 대상 위헌소송의 영향 때문이다. 구 정신보건법의 보호입원 조항에 대해 환자권익옹호단체에서 위헌법률심판 제청신청을 하고, 법원이 이를 받아들여 2014년 5월 헌법재판소에 위헌법률심판제청을 하여 위헌소송이 계류되었다. 향후 위헌결정이 내려질 경우의 혼란을 사전에 방지하기 위해 정부의 적극적인 개정 노력이 있었다.

둘째, UN 장애인권리위원회의 권고의 영향 때문이다. 한국정부가 2008년 비준한 UN 장애인권리협약은 국내법적 효력을 가지는데, 위 협약에 따라 UN 장애인권리위원회가 한국 정부보고서를 심사하였다. 2014년 10월, 한국의 높은 강제입원률과 장기입원, 격리 · 강박 등에 심각한 우려를 나타내고서 정신장애 등에 기반한 자유박탈조치 관련 현존 법령의 폐지, 설명과 동의에 기반한 정신보건서비스 마련, 심사와 이의제기 절차의 보장 등을 권고하였다.

셋째, 정신장애인단체의 법 개정 노력의 영향 때문이다. 2013년 정부가 입법예고한 정신보건법 개정안(정신건강증진법안)에 대해 정신장애 당사자단체와 장애인권단체가 반발하면서 여러 단체가 연대하여 2015년 '정신장애인 복지지원법 추진 공동행동'을 결성하고, 국회의원실을 통해 '정신장애인 복지지원 등에 관한 법률안'을 마련해 제안하여 최종적으로 현행 정신건강복지법의 제1장의 기본이념과 제4장의 복지서비스 제공 규정들을 입안하게 되었다.

넷째, 강제입원에 대한 비판적 사회여론과 국회의원들의 개정 입법화의 영향 때문이다. 무분별한 강제입원에 대한 사회적 비판여론이 확산되면서 2012년부터 2014년까지 제19대 국회에서 약 10여 개의 강제입원 개선 법률안이 제안되었다. 2명 이상의 정신과 전문의 진단, 강제입원 요건의 강화, 법원에 대한 퇴원청구와 국선변호인 선임, 권리고지의무 강화, 보호입원 기간 단축, 입원적 합여부심사위원회 신설, 법원의 입원심사제도 신설, 응급환자이송업자 규제, 친족에 의한 보호입원 제한 등의 내용이 제안되었다.

② **주요 내용**

- 정신장애인의 자기결정권, 도움을 받을 권리, 정책 결정에 참여할 권리 보장
- 자발적 입원의 한 유형으로 자의 입원 외에 보호의무자와 환자가 함께 입원을 신청(동의)하고, 환자 증상을 고려해 퇴원이 제한되어 강제입원으로 전환될 수 있는 동의입원제도 신설
- 강제입원(보호입원과 행정입원) 환자의 진단을 위해 소속이 서로 다른 정신과 전문의 2인의 일치된 진단결과를 요구하여 진단의 객관성을 보장
- 강제입원에 대한 최초 입원심사기관으로 국립정신병원 산하에 정신과 전문의, 변호사, 가족 대표 등으로 구성된 합의체 '입원적합성심사위원회(이하 입적심)'를 신설하고, 심사·의결기관에 의해 강제입원의 적법성과 필요성을 심사
- 보호의무자인 가족이 없거나 가족이 보호할 수 없는 상황인 경우, 시·군·구청장이 보충적으로 보호의무자가 되어 환자를 보호입원시키는 제도를 폐지함
- 구 정신보건법과 달리 행정입원의 경우에도 보호입원과 같이 입원연장이 가능하도록 하고, 시·군·구청장이 정신과 전문의나 정신건강전문요원의 신청을 받아 진단의뢰와 입원의뢰를 할 수 있도록 함
- 입원적합성심사의자료를 확보하고, 환자의 인권침해를 막기 위해 강제입원 환자의 입원과정을 조사할 수 있는 조사원을 두어 환자의 신청 또는 입적심 위원장의 직권으로 환자와 병원을 방문하도록 함
- 지역 정신건강심사위원회의 입원연장이나 퇴원 청구에서의 심사결정을 계속입원과 퇴원 외에도 외래치료명령 조건부 퇴원, 기한부 퇴원, 재심사, 입원유형전환, 다른 정신의료기관으로의 이송 등 다양한 선택지를 부여하여 환자의 선택권과 지역사회 삶을 보장
- 정신장애인 복지서비스로서 연구지원체계 구축, 고용 및 직업재활 지원, 평생교육 지원, 문화·예술·여가·체육활동 지원, 지역사회 거주·치료·재활 통합지원, 가족에 대한 정보제공과 교육 등의 근거규정 마련

- 강제입원에 대한 국가적 관리를 위하여 전산정보 처리를 통한 국가·퇴원 관리시스템을 구축하여 강제입원의 신고에서부터 지정 진단 의사의 요청, 입원적합성 여부 통보, 입원연장심사에 이르기까지 입·퇴원관리시스템 (www.amis.go.kr)을 통한 정보처리와 절차 진행

〈표 12-1〉 보호의무자에 의한 입원(강제입원)에 관한 2016년 전부개정된 정신건강복지법 내용

구분	개정 전	개정 후
요건	입원치료가 필요한 정신질환 또는(or) 자·타해 위험	입원치료가 필요한 정신질환 및(and) 자·타해 위험
입원 절차 (진단요건)	보호의무자 2인의 동의 + 정신과전문의 1인 진단 ⇒ 입원(6개월)	보호의무자* 2인의 신청 * 보호의무자 순서 변경: 후견인〉부양의무자 순 + 정신과전문의 권고 ⇒ 진단입원(2주)
		+ 소속*이 다른 정신과 전문의 2인 일치 소견 * 1명 이상은 국립병원 등 복지부 장관이 정하는 소속 ⇒ 치료입원(최초 입원일 기준 3개월)
입원 적합성 심사	–	최초 입원 3일 이내 입원사실 신고 최초 입원 1개월 내 입원적합여부 판단 ※ 국립정신병원 등에 입원적합성심사위원회 설치 및 심사
계속 입원 심사	정신과전문의 1인 판단 + 보호의무자의 동의	소속이 다른 정신과전문의 2인 소견 + 보호의무자 2명 이상 동의
	(주기) 6개월	(주기) 3개월, 2회 실시 후 6개월

* 출처 : 윤석준.신권철.백종우.고든솔.김근아 (2018). 개정 정신건강복지법 평가 및 제도개선 연구. 보건복지부·고려대학교 의료원 산학협력단. 2쪽.

나. 2018년 이후 정신건강복지법

- 국립트라우마센터 설치 및 운영의 근거규정 신설(2018. 6. 12. 개정)
- 중독관리통합지원센터 설치 및 운영의 근거규정 신설(2018. 12. 11. 개정)
- 퇴원(퇴소)환자 대상 정신건강증진시설의 장이 정신보건수첩 등 비치(2019.

4. 23.개정)

- 퇴원환자에 대한 정신의료기관장의 퇴원 통보(2019. 4. 23.개정. 2019. 10. 24.시행) : 퇴원하는 증상악화 우려 환자에 대해 정신의료기관장이 본인 동의가 없더라도 정신건강심사위원회의 심사를 거쳐 정신건강복지센터에 통보하고, 정신건강복지센터의 장은 퇴원할 사람이나 보호의무자와 상담하여 재활과 사회적응 지원방안을 마련할 의무를 규정
- 외래치료지원 청구 확대(2019. 4. 23. 개정. 2020. 4. 24. 시행) : 정신의료기관장 외에 정신건강복지센터장도 외래치료지원청구를 할 수 있도록 하고, 보호의무자 동의 없이도 입원환자뿐만 아니라 지역사회환자에 대해서도 외래치료지원을 명령할 수 있도록 하며, 그 기간도 1년 단위로 연장가능하도록 함

3) 법적 체계

(1) 법률 체계도

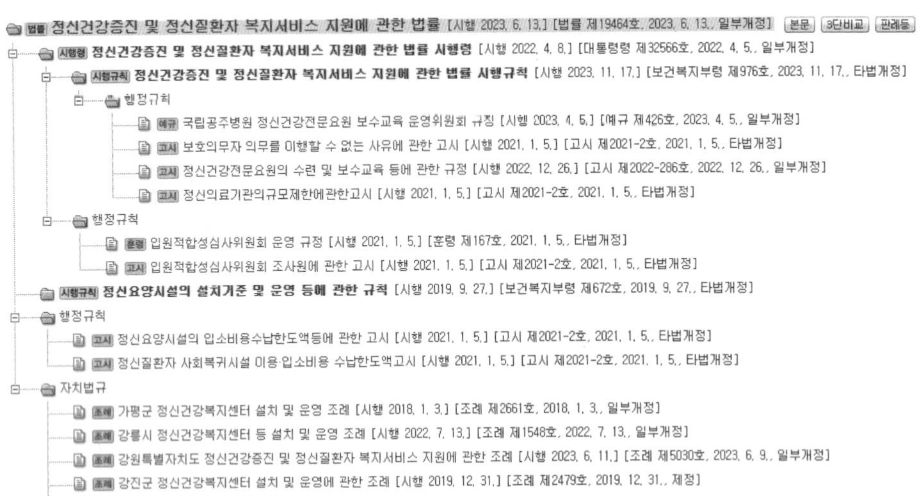

전체 8개의 장과 89개의 조 및 부칙으로 구성되어 있다.

4) 주요 내용

(1) 기본이념

① 모든 국민은 정신질환으로부터 보호받을 권리를 가진다.

② 모든 정신질환자는 인간으로서의 존엄과 가치를 보장받고, 최적의 치료를 받을 권리를 가진다.

③ 모든 정신질환자는 정신질환이 있다는 이유로 부당한 차별대우를 받지 아니한다.

④ 미성년자인 정신질환자는 특별히 치료, 보호 및 교육을 받을 권리를 가진다.

⑤ 정신질환자에 대해서는 입원 또는 입소(이하 "입원등"이라 한다)가 최소화되도록 지역 사회 중심의 치료가 우선적으로 고려되어야 하며, 정신건강증진시설에 자신의 의지에 따른 입원 또는 입소(이하 "자의입원등"이라 한다)가 권장되어야 한다.

⑥ 정신건강증진시설에 입원등을 하고 있는 모든 사람은 가능한 한 자유로운 환경을 누릴 권리와 다른 사람들과 자유로이 의견교환을 할 수 있는 권리를 가진다.

⑦ 정신질환자는 원칙적으로 자신의 신체와 재산에 관한 사항에 대하여 스스로 판단하고 결정할 권리를 가진다. 특히 주거지, 의료행위에 대한 동의나 거부, 타인과의 교류, 복지서비스의 이용 여부와 복지서비스 종류의 선택 등을 스스로 결정할 수 있도록 자기결정권을 존중받는다.

⑧ 정신질환자는 자신에게 법률적·사실적 영향을 미치는 사안에 대하여 스스로 이해하여 자신의 자유로운 의사를 표현할 수 있도록 필요한 도움을 받을 권리를 가진다.

⑨ 정신질환자는 자신과 관련된 정책의 결정과정에 참여할 권리를 가진다.

(2) 정의

1. “정신질환자”란 망상, 환각, 사고(思考)나 기분의 장애 등으로 인하여 독립적으로 일상생활을 영위하는 데 중대한 제약이 있는 사람을 말한다.
2. “정신건강증진사업”이란 정신건강 관련 교육 · 상담, 정신질환의 예방 · 치료, 정신질환자의 재활, 정신건강에 영향을 미치는 사회복지 · 교육 · 주거 · 근로 환경의 개선 등을 통하여 국민의 정신건강을 증진시키는 사업을 말한다.
3. “정신건강복지센터”란 정신건강증진시설, 「사회복지사업법」에 따른 사회복지시설(이하 “사회복지시설”이라 한다), 학교 및 사업장과 연계체계를 구축하여 지역사회에서의 정신건강증진사업 및 제33조부터 제38조까지의 규정에 따른 정신질환자 복지서비스 지원사업(이하 “정신건강증진사업등”이라 한다)을 하는 다음 각 목의 기관 또는 단체를 말한다.
   가. 제15조제1항부터 제3항까지의 규정에 따라 국가 또는 지방자치단체가 설치 · 운영하는 기관
   나. 제15조제6항에 따라 국가 또는 지방자치단체로부터 위탁받아 정신건강증진사업등을 수행하는 기관 또는 단체
4. “정신건강증진시설”이란 정신의료기관, 정신요양시설 및 정신재활시설을 말한다.
5. “정신의료기관”이란 주로 정신질환자를 치료할 목적으로 설치된 다음 각 목의 어느 하나에 해당하는 기관을 말한다.
   가. 「의료법」에 따른 의료기관 중 제19조제1항 후단에 따른 기준에 적합하게 설치된 병원(이하 “정신병원”이라 한다) 또는 의원
   나. 「의료법」에 따른 병원급 의료기관에 설치된 정신건강의학과로서 제19조제1항 후단에 따른 기준에 적합한 기관
6. “정신요양시설”이란 제22조에 따라 설치된 시설로서 정신질환자를 입소시켜 요양 서비스를 제공하는 시설을 말한다.
7. “정신재활시설”이란 제26조에 따라 설치된 시설로서 정신질환자 또는 정신건강상 문제가 있는 사람 중 대통령령으로 정하는 사람(이하 “정신질환자등”이라 한다)의 사회적응을 위한 각종 훈련과 생활지도를 하는 시설을 말한다.

(3) 국가와 지방자치단체의 책무(제4조)

① 국가와 지방자치단체는 국민의 정신건강을 증진시키고, 정신질환을 예방·치료하며, 정신질환자의 재활 및 장애극복과 사회적응 촉진을 위한 연구·조사와 지도·상담 등 필요한 조치를 하여야 한다.

② 국가와 지방자치단체는 정신질환의 예방·치료와 정신질환자의 재활을 위하여 정신건강복지센터와 정신건강증진시설, 사회복지시설, 학교 및 사업장 등을 연계하는 정신건강서비스 전달체계를 확립하여야 한다.

③ 국가와 지방자치단체는 정신질환자등과 그 가족에 대한 권익향상, 인권보호 및 지원 서비스 등에 관한 종합적인 시책을 수립하고 그 추진을 위하여 노력하여야 한다.

④ 국가와 지방자치단체는 정신질환자등과 그 가족에 대한 모든 차별 및 편견을 해소하고 차별받은 정신질환자등과 그 가족의 권리를 구제할 책임이 있으며, 정신질환자등과 그 가족에 대한 차별 및 편견을 해소하기 위하여 적극적인 조치를 하여야 한다.

⑤ 국가와 지방자치단체는 정신질환자등의 적절한 치료 및 재활과 자립을 지원하기 위하여 정신질환자등과 그 가족에 대하여 정신건강증진사업등에 관한 정보를 제공하는 등 필요한 시책을 강구하여야 한다.

(4) 국민의 의무(제5조)

모든 국민은 정신건강증진을 위하여 국가와 지방자치단체가 실시하는 조사 및 정신건강증진사업등에 협력하여야 한다.

(5) 정신건강증진시설의 장의 의무(제6조)

① 정신건강증진시설의 장은 정신질환자등이 입원등을 하거나 사회적응을 위한 훈련을 받으려고 하는 때에는 지체 없이 정신질환자등과 그 보호의무자에게 이 법 및 다른 법률에 따른 권리 및 권리행사 방법을 알리고, 그 권리행사에 필요한 각종 서류를 정신건강증진시설에 갖추어 두어야 한다.

② 정신건강증진시설의 장은 정신질환자등이 퇴원 및 퇴소(이하 "퇴원등"이라 한다)를 하려는 때에는 정신질환자등과 그 보호의무자에게 정신건강복지센터의 기능·역할 및 이용 절차 등을 알리고, 지역사회 거주 및 치료에 필요한 정보를 제공하는 정신보건수첩 등 각종 서류를 정신건강증진시설에 갖추어 두어야 한다.

③ 정신건강증진시설의 장은 정신질환자등의 치료, 보호 및 재활과정에서 정신질환자등의 의견을 존중하여야 한다.

④ 정신건강증진시설의 장은 입원등 또는 거주 중인 정신질환자등이 인간으로서의 존엄과 가치를 보장받으며 자유롭게 생활할 수 있도록 노력하여야 한다.

(6) 정신건강증진 정책의 추진(제2장)

- 국가계획의 수립 등(제7조)

① 보건복지부장관은 관계 행정기관의 장과 협의하여 5년마다 정신건강증진 및 정신질환자 복지서비스 지원에 관한 국가의 기본계획(이하 "국가계획"이라 한다)을 수립하여야 한다.

② 특별시장·광역시장·특별자치시장·도지사·특별자치도지사(이하 "시·도지사"라 한다)는 국가계획에 따라 각각 특별시·광역시·특별자치시·도·특별자치도(이하 "시·도"라 한다) 단위의 정신건강증진 및 정신질환자 복지서비스 지원에 관한 계획(이하 "지역계획"이라 한다)을 수립하여야 한다. 이 경우 해당 지역계획은 「지역보건법」 제7조에 따른 지역보건의료계획과 연계되도록 하여야 한다.

③ 국가계획 또는 지역계획에는 다음 각 호의 사항이 포함되어야 한다.

1. 정신질환의 예방, 상담, 조기발견, 치료 및 재활을 위한 활동과 각 활동 상호간 연계
2. 영·유아, 아동, 청소년, 중·장년, 노인 등 생애주기(이하 "생애주기"라 한다) 및 성별에 따른 정신건강증진사업
3. 정신질환자의 조기퇴원 및 사회적응

4. 적정한 정신건강증진시설의 확보 및 운영
5. 정신질환에 대한 인식개선을 위한 교육 · 홍보, 정신질환자의 법적 권리보장 및 인권보호 방안
6. 전문인력의 양성 및 관리
7. 정신건강증진을 위한 교육, 주거, 근로환경 등의 개선 및 이와 관련된 부처 또는 기관과의 협력 방안
8. 정신건강 관련 정보체계 구축 및 활용
9. 정신질환자와 그 가족의 지원
10. 정신질환자의 건강, 취업, 교육 및 주거 등 지역사회 재활과 사회참여
11. 정신질환자에 대한 복지서비스의 연구 · 개발 및 평가에 관한 사항
12. 정신질환자에 대한 복지서비스 제공에 필요한 재원의 조달 및 운용에 관한 사항
13. 그 밖에 보건복지부장관 또는 시 · 도지사가 정신건강증진을 위하여 필요하다고 인정하는 사항

(7) 강제입원 절차

기존 강제입원 시 전문의 1인의 진단으로 입원했으나, 정신건강복지법은 서로 다른 정신의료기관 소속인 전문의 2인의 진단을 받아야 2주 이상 입원이 가능하다.

모든 강제입원은 1개월 이내에 '입원적합성심사위원회'에서 입원적합성 여부 심사를 받아야 하였다.

기존엔 강제입원 시 6개월에 한 번 입원기간 연장 심사를 했으나, 입원 초기에 3개월 간격으로 심사하도록 기간을 단축하였다.

(8) 정신질환자 차별 해소

정신병의 경중과 무관하게 모든 환자를 정신질환자로 정의했으나, 개정된 정신건강복지법에서는 정신질환자의 법적 의미를 '정신질환으로 독립적 일상생활을 하는데 중대한 제약이 있는 사람'으로 축소하였다.

우울증 등 경증 환자도 이 · 미용사, 언어재활사, 화장품제조판매업 등의 자격을 취득하고 사회활동을 할 수 있다.

(9) 정신건강 증진·복지서비스 근거 마련

국가 · 지역 정신건강증진계획을 수립하고 이에 따라 정신질환의 예방 · 조기발견 등 정신건강증진사업을 실시하도록 규정하였다.

정신질환자의 복지서비스 (고용 · 교육 · 문화서비스 지원, 지역사회 통합 지원 등)에 관한 규정을 신설하였다.

(10) 동의입원

자의에 의한 입원이라도 보호의무자 1인의 동의를 받아 입원하고, 퇴원 시 정신과 전문의 판단으로 72시간 동안 퇴원을 제한할 수 있는 "동의입원" 제도를 신설하였다(제42조).

자 · 타해 위험이 의심되는 사람의 행정입원을 경찰관이 요청할 수 있도록 하여 경찰관의 적극적 개입 근거를 마련했다(제44조제2항 신설).

기존엔 강제입원 시 6개월에 한 번 입원기간 연장 심사를 했으나, 입원 초기에 3개월 간격으로 심사하도록 기간을 단축하였다.

2. 가족복지 법제의 이해

1) 가족복지 법제의 체계

가족복지법제와 관련된 주요 법률은 다양하며, 계속적으로 변경되고 있다.

가족복지관련법이라 함은 가족 또는 가족보호와 직/간접적으로 관계가 있는 법으로서 가족을 직접 대상으로 하거나 가족보호와 관계된 조항을 포함하는 법령을 말한다.

헌법 제36조에서는 ① 혼인과 가족생활은 개인의 존엄성과 양성의 평등을 기초로 성립되고 유지되어야 하며 국가는 이를 보장한다. ② 국가는 모성의 보호를 위하여 노력해야 한다고 명시되어 있다.

우리나라 법 중에서 가장 직접적이고 구체적으로 혼인, 친자, 친족, 상속관계 등 가정생활을 규율하는 법은 민법의 제4편(친족편), 제5편(상속편) 및 호적법으로 가족법을 대신하고 있다. 가족의 범위/ 혼인에 관한 규정/이혼에 관한 규정/부모자녀관계에 대한 규정 등이 있다.

가족복지법으로 가장 기본적인 법은 가정 내 평화를 유지하고 가족 구성원의 복지를 증진하기 위해 마련된 법률로서 가정폭력 예방, 가족지원 등을 다루고 있는 건강가정기본법, 한부모가족지원법, 그리고 가족폭력방지법 등이 있다.

다문화가족에 대한 지원을 목적으로 하는 법률로 다문화가족지원법이 있다. 이는 다문화가족의 사회적 통합과 복지를 증진하기 위한 내용을 다루고 있다.

2) 건강가정기본법의 주요 조항

(1) 목적 및 이념

① 목적

건강한 가정생활의 영위와 가족의 유지 및 발전을 위한 국민의 권리 · 의무와 국가 및 지방자치단체 등의 책임을 명확히 하고, 현대사회에서 제기되는 다양한 가정문제의 적절한 해결방안을 강구하며, 가족원의 복지 증진에 이바지할 수 있는 지원정책을 시행함으로써 건강가정을 구현하고, 나아가 사회통합에 기여하도록 하려는 것을 이유로 2004년 2월 9일 「건강가정기본법」이 제정되었다.

현행 이 법은 건강한 가정생활의 영위와 가족의 유지 및 발전을 위한 국민의 권리 · 의무와 국가 및 지방자치단체 등의 책임을 명백히 하고, 가정문제의 적절한 해결방안을 강구하며 가족구성원의 복지증진에 이바지할 수 있는 지원정책을 강화함으로써 건강가정 구현에 기여하는 것을 목적으로 한다(제1조).

② 이념

가정은 개인의 기본적인 욕구를 충족시키고 사회통합을 위하여 기능할 수 있도록 유지 · 발전되어야 한다(제2조).

3) 법률 체계

(1) 내용적 체계

이 법은 전체 5개의 장과 37개의 조 및 부칙으로 구성되어 있다.

(2) 법령 체계도

- 법률 **건강가정기본법** [시행 2020. 5. 19.] [법률 제17280호, 2020. 5. 19., 일부개정] 본문 3단비교 판례등
  - 시행령 **건강가정기본법 시행령** [시행 2019. 1. 1.] [대통령령 제29421호, 2018. 12. 24., 타법개정]
    - 시행규칙 **건강가정기본법 시행규칙** [시행 2023. 8. 4.] [여성가족부령 제192호, 2023. 8. 4., 일부개정]
    - 자치법규
      - 조례 가평군 건강가정지원센터 설치 및 운영 조례 [시행 2020. 5. 6.] [조례 제2801호, 2020. 5. 6., 일부개정]
      - 조례 강릉시 가족센터 설치 및 운영 조례 [시행 2023. 4. 12.] [조례 제1599호, 2023. 4. 12., 제정]
      - 조례 강화군 건강가정 · 다문화가족 지원 조례 [시행 2021. 12. 31.] [조례 제2644호, 2021. 12. 31., 일부개정]
      - 조례 거제시 건강가정 · 다문화가족지원센터 운영 조례 [시행 2022. 7. 7.] [조례 제1944호, 2022. 7. 7., 제정]
      - 조례 거창군 건강가정·다문화가족지원센터 설치 및 운영 조례 [시행 2021. 9. 29.] [조례 제2674호, 2021. 9. 29., 제정]

4) 주요 법 내용

(1) 정의

- "가족"이라 함은 혼인 · 혈연 · 입양으로 이루어진 사회의 기본단위를 말한다.
- "가정"이라 함은 가족구성원이 생계 또는 주거를 함께 하는 생활공동체로서 구성원의 일상적인 부양 · 양육 · 보호 · 교육 등이 이루어지는 생활단위를 말한다.
- "1인가구"라 함은 1명이 단독으로 생계를 유지하고 있는 생활단위를 말한다.
- "건강가정"이라 함은 가족구성원의 욕구가 충족되고 인간다운 삶이 보장되는 가정을 말한다.
- "건강가정사업"이라 함은 건강가정을 저해하는 문제(이하 "가정문제"라 한다)의 발생을 예방하고 해결하기 위한 여러 가지 조치와 가족의 부양 · 양육 · 보호 · 교육 등의 가정기능을 강화하기 위한 사업을 말한다.

● 제4조(국민의 권리와 의무)

①모든 국민은 가정의 구성원으로서 안정되고 인간다운 삶을 유지할 수 있는 가정생활을 영위할 권리를 가진다.

②모든 국민은 가정의 중요성을 인식하고 그 복지의 향상을 위하여 노력하여야 한다.

● 제5조(국가 및 지방자치단체의 책임)

① 국가 및 지방자치단체는 건강가정을 위하여 필요한 제도와 여건을 조성하고 이를 위한 시책을 강구하여 추진하여야 한다.

② 국가 및 지방자치단체는 제1항의 시책을 강구함에 있어 가족구성원의 특성과 가정유형을 고려하여야 한다.

③ 국가 및 지방자치단체는 민주적인 가정형성, 가정친화적 환경조성, 양성평등한 가족가치 실현 및 가사노동의 정당한 가치평가를 위하여 노력하여야 한다.

● 제6조(다른 법률과의 관계)

국가는 건강가정사업과 관련되는 다른 법률을 제정 또는 개정하는 경우에는 이 법에 부합되도록 하여야 한다.

● 제7조(가족가치)

가족구성원은 부양 · 자녀양육 · 가사노동 등 가정생활의 운영에 함께 참여하여야 하고 서로 존중하며 신뢰하여야 한다.

● 제8조(혼인과 출산)

①모든 국민은 혼인과 출산의 사회적 중요성을 인식하여야 한다.

②국가 및 지방자치단체는 출산과 육아에 대한 사회적 책임을 인식하고 모·부성권 보호 및 태아의 건강보장 등 적절한 출산·육아환경을 조성하기 위하여 적극적으로 지원하여야 한다.

● 제9조(가족해체 예방)

①가족구성원 모두는 가족해체를 예방하기 위하여 노력하여야 한다.

②국가 및 지방자치단체는 가족해체를 예방하기 위하여 필요한 제도와 시책을 강구하여야 한다.

● 제10조(지역사회자원의 개발·활용)

국가 및 지방자치단체는 건강한 가정구현에 기여할 수 있도록 지역사회자원을 최대한 개발하고 활용하여야 한다.

● 제12조(가정의 날)

가정의 중요성을 고취하고 건강가정을 위한 개인 · 가정 · 사회의 적극적인 참여분위기를 조성하기 위하여 매년 5월을 가정의 달로 하고, 5월 15일을 가정의 날로 한다.

● 제21조(가정에 대한 지원)

①국가 및 지방자치단체는 가정이 원활한 기능을 수행하도록 지원하여야 한다.

②제1항의 규정에 의하여 지원하여야 할 사항은 다음 각호와 같다.

1. 가족구성원의 정신적 · 신체적 건강지원
2. 소득보장 등 경제생활의 안정
3. 안정된 주거생활
4. 태아검진 및 출산 · 양육의 지원
5. 직장과 가정의 양립
6. 음란물 · 유흥가 · 폭력 등 위해환경으로부터의 보호
7. 가정폭력으로부터의 보호
8. 가정친화적 사회분위기의 조성
9. 그 밖에 건강한 가정의 기능을 강화 · 지원할 수 있는 관련 사항

3. 한부모가족지원법의 이해

1) 목적

날로 도시화 · 공업화 · 핵가족화되고 있는 오늘날의 산업사회는 배우자와의 사별, 이혼, 유기, 별거등의 사유로 배우자가 없거나 배우자가 있어도 폐질 · 불구 등으로 장기간 근로능력을 상실하여 여성이 생계의 책임을 지는 모자가정이 날로 격증하고 있는 바, 이들 모자가정이 자립자활할 수 있도록 생계보호 · 교육보호 · 생업자금융자 · 주택제공등을 통하여 모자가정의 건강하고, 문화적인 생활을 보장하려는 것을 이유로 1989년 4월 1일 「모자복지법」이 제정되었다.

그러나 기존 「모자복지법」에서는 배우자를 상실한 여성, 노동능력을 상실한 배우자를 가진 여성, 미혼여성, 기타 보건복지부령이 정하는 여성이 세대주(세대원을 사실상 부양하고 있는 자를 포함함)인 모자가정에 대해서만 국가 등이 경제적 · 사회적 지원을 하도록 하고 있었으나, 이를 확대하여 같은 조건의 남성이 세대주인 부자가정에 대하여도 지원하도록 하려는 것을 이유로 2002년 12월 18일 일부개정되었는데, 이 때 법률 명칭이 「모 · 부자복지법」으로 변경되었다.

또한, 자녀가 취학중인 경우 자립능력이 갖추어지지 아니한 상태로 학비 등으로 인한 생활비 지출이 증가될 수 있는 시기라는 점을 고려하여 자녀가 취학중인 때에는 22세 미만까지 확대하여 지원하도록 하며, 65세 이상의 고령자들과 손자녀로 구성되어 있는 조손가족의 경우도 이 법에 따른 보호대상자로 함으로써 조손가족의 생활안정과 복지증진을 도모하는 것을 이유로 2007년 10월 17일 일부개정되면서 제명을 「한부모가족지원법」(약칭: 한부모가족법)으로 변경하였다.

이 법은 한부모가족이 안정적인 가족 기능을 유지하고 자립할 수 있도록 지원함으로써 한부모가족의 생활 안정과 복지 증진에 이바지함을 목적으로 한다(제1조).

2) 법률 체계

(1) 내용적 체계

- 전체 5개의 장과 31개의 조 및 부칙으로 구성되어 있다.

(2) 법령 체계도

- 법률 **한부모가족지원법** [시행 2023. 10. 12.] [법률 제19340호, 2023. 4. 11., 일부개정] 본문 3단비교 판례등
  - 시행령 **한부모가족지원법 시행령** [시행 2021. 4. 21.] [대통령령 제31619호, 2021. 4. 13., 일부개정]
    - 시행규칙 **한부모가족지원법 시행규칙** [시행 2023. 10. 12.] [여성가족부령 제196호, 2023. 10. 12., 일부개정]
      - 행정규칙
        - 고시 2024년도 한부모가족 지원대상자의 범위 [시행 2024. 1. 1.] [고시 제2023-61호, 2024. 1. 2., 제정]
        - 고시 사회보장급여 관련 공통서식에 관한 고시 [시행 2024. 1. 1.] [고시 제2023-250호, 2023. 12. 19., 일부개정]
      - 자치법규
        - 조례 광명시 한부모가족지원 조례 [시행 2021. 4. 16.] [조례 제2731호, 2021. 4. 16., 일부개정]
    - 행정규칙
      - 고시 2024년도 한부모가족 지원대상자의 범위 [시행 2024. 1. 1.] [고시 제2023-61호, 2024. 1. 2., 제정]
  - 자치법규
    - 조례 청주시 한부모가족 지원 조례 [시행 2021. 4. 16.] [조례 제1121호, 2021. 4. 16., 일부개정]

3) 주요 법 내용

(1) 정의

- "모" 또는 "부"란 다음 각 목의 어느 하나에 해당하는 자로서 아동인 자녀를 양육하는 자를 말한다.

가. 배우자와 사별 또는 이혼하거나 배우자로부터 유기(遺棄)된 자
나. 정신이나 신체의 장애로 장기간 노동능력을 상실한 배우자를 가진 자
다. 교정시설 · 치료감호시설에 입소한 배우자 또는 병역복무 중인 배우자를 가진 사람
라. 미혼자{ 사실혼(事實婚) 관계에 있는 자는 제외한다}
마. 가목부터 라목까지에 규정된 자에 준하는 자로서 여성가족부령으로 정하는 자

- "청소년 한부모"란 24세 이하의 모 또는 부를 말한다.
- "한부모가족"이란 모자가족 또는 부자가족을 말한다.

- "모자가족"이란 모가 세대주{세대주가 아니더라도 세대원(世代員)을 사실상 부양하는 자를 포함한다}인 가족을 말한다.
- "부자가족"이란 부가 세대주{세대주가 아니더라도 세대원을 사실상 부양하는 자를 포함한다}인 가족을 말한다.
- "아동"이란 18세 미만(취학 중인 경우에는 22세 미만을 말하되, 「병역법」에 따른 병역의무를 이행하고 취학 중인 경우에는 병역의무를 이행한 기간을 가산한 연령 미만을 말한다)의 자를 말한다.
- "지원기관"이란 이 법에 따른 지원을 행하는 국가나 지방자치단체를 말한다.
- "한부모가족복지단체"란 한부모가족의 복지 증진을 목적으로 설립된 기관이나 단체를 말한다.

● 제2조(국가 등의 책임)

① 국가와 지방자치단체는 한부모가족의 복지를 증진할 책임을 진다.

② 국가와 지방자치단체는 한부모가족의 권익과 자립을 지원하기 위한 여건을 조성하고 이를 위한 시책을 수립·시행하여야 한다.

③ 국가와 지방자치단체는 한부모가족에 대한 사회적 편견과 차별을 예방하고, 사회구성원이 한부모가족을 이해하고 존중할 수 있도록 교육 및 홍보 등 필요한 조치를 하여야 한다.

④ 교육부장관과 특별시·광역시·특별자치시·도·특별자치도의 교육감은 「유아교육법」 제2조제2호의 유치원, 「초·중등교육법」 제2조 및 「고등교육법」 제2조의 학교에서 한부모가족에 대한 이해를 돕는 교육을 실시하기 위한 시책을 수립·시행하여야 한다.

⑤ 국가와 지방자치단체는 청소년 한부모가족의 자립을 위하여 노력하여야 한다.

⑥ 모든 국민은 한부모가족의 복지 증진에 협력하여야 한다.

● 제3조(한부모가족의 권리와 책임)

① 한부모가족의 모(母) 또는 부(父)는 임신과 출산 및 양육을 사유로 합리적인 이유 없이 교육·고용 등에서 차별을 받지 아니한다.

② 한부모가족의 모 또는 부와 아동은 한부모가족 관련 정책결정과정에 참여할 권리가 있다.

③ 한부모가족의 모 또는 부와 아동은 그가 가지고 있는 자산과 노동능력 등을 최대한으로 활용하여 자립과 생활 향상을 위하여 노력하여야 한다.

● 제5조의4(한부모가족의 날)

① 한부모가족에 대한 국민의 이해와 관심을 제고하기 위하여 매년 5월 10일을 한부모가족의 날로 한다.

② 국가와 지방자치단체는 한부모가족의 날의 취지에 맞는 행사 등 사업을 실시할 수 있다.

● 제5조의5(한부모가족 정책에 관한 기본계획의 수립)

① 여성가족부장관은 한부모가족 지원을 위하여 한부모가족 정책에 관한 기본계획(이하 "기본계획"이라 한다)을 5년마다 수립하여야 한다.

② 기본계획에는 다음 각 호의 사항이 포함되어야 한다.

1. 한부모가족 지원 정책의 기본방향
2. 한부모가족 지원을 위한 분야별 발선시책과 평가에 관한 사항
3. 한부모가족 지원을 위한 제도 개선에 관한 사항
4. 한부모가족 구성원의 경제 · 사회 · 문화 등 각 분야에서의 활동 증진에 관한 사항
5. 한부모가족 지원을 위한 재원 확보 및 배분에 관한 사항
6. 그 밖에 한부모가족 지원을 위하여 필요한 사항

● 제5조의6(연도별 시행계획의 수립 · 시행 등)

① 여성가족부장관, 관계 중앙행정기관의 장과 시 · 도지사는 매년 기본계획에 따라 한부모가족정책에 관한 시행계획(이하 "시행계획"이라 한다)을 수립 · 시행하여야 한다.

② 관계 중앙행정기관의 장과 시·도지사는 전년도의 시행계획에 따른 추진실적 및 다음 연도의 시행계획을 대통령령으로 정하는 바에 따라 매년 여성가족부장관에게 제출하여야 한다.

● 제6조(실태조사 등)

① 여성가족부장관은 한부모가족 지원을 위한 정책수립에 활용하기 위하여 3년마다 한부모가족에 대한 실태조사를 실시하고 그 결과를 공표하여야 한다. 또한, 여성가족부장관은 필요한 경우 여성가족부령으로 정하는 바에 따라 청소년 한부모 등에 대한 실태를 조사·연구할 수 있다.

② 여성가족부장관은 제1항에 따른 실태조사를 위하여 관계 공공기관 또는 관련 법인·단체에 대하여 필요한 자료의 제출 등 협조를 요청할 수 있으며, 요청받은 관계 공공기관 또는 관련 법인·단체는 특별한 사유가 없으면 이에 협조하여야 한다.

● 제10조(지원대상자의 조사 등)

① 특별자치시장·특별자치도지사·시장·군수·구청장(자치구의 구청장을 말한다. 이하 같다)은 매년 1회 이상 관할구역 지원대상자의 가족상황, 생활실태 등을 조사하여야 한다.

② 특별자치시장·특별자치도지사·시장·군수·구청장은 제1항에 따른 조사 결과를 대장(臺帳)으로 작성·비치하여야 한다. 다만, 「사회복지사업법」 제6조의2제2항에 따른 정보시스템을 활용할 때에는 전자적으로 작성하여 관리할 수 있다.

● 제11조(복지 급여의 신청)

① 지원대상자 또는 그 친족이나 그 밖의 이해관계인은 제12조에 따른 복지 급여를 관할 특별자치시장·특별자치도지사·시장·군수·구청장에게 신청할 수 있다.

● 제12조(복지 급여의 내용)

① 국가나 지방자치단체는 제11조에 따른 복지 급여의 신청이 있으면 다음 각 호의 복지 급여를 실시하여야 한다.

1. 생계비
2. 아동교육지원비
3. 삭제 〈2011. 4. 12.〉
4. 아동양육비
5. 그 밖에 대통령령으로 정하는 비용

4. 다문화가족지원법의 이해

1) 목적

결혼이민자 및 그 자녀 등으로 구성되는 다문화가족은 언어 및 문화적 차이로 인하여 사회부적응과 가족구성원 간 갈등 및 자녀교육에 어려움을 겪고 있음에 따라, 다문화가족의 구성원이 우리 사회의 구성원으로 순조롭게 통합되어 안정적인 가족생활을 영위할 수 있도록 하기 위한 가족상담 · 부부교육 · 부모교육 및 가족생활교육 등을 추진하고, 문화의 차이 등을 고려한 언어통역, 법률상담 및 행정지원 등의 전문적인 서비스를 제공하도록 하는 등 다문화가족에 대한 지원정책의 제도적인 틀을 마련하려는 것을 이유로 2008년 3월 21일 「다문화가족지원법」(약칭: 다문화가족법)이 제정되었다.

현행 이 법은 다문화가족 구성원이 안정적인 가족생활을 영위하고 사회구성원으로서의 역할과 책임을 다할 수 있도록 함으로써 이들의 삶의 질 향상과 사회통합에 이바지함을 목적으로 하였다.

2) 법률 체계

(1) 내용적 체계

- 전체 17개의 조 및 부칙으로 구성되어 있다.

(2) 법령 체계도

- 법률 **다문화가족지원법** [시행 2020. 5. 19.] [법률 제17281호, 2020. 5. 19., 일부개정] 본문 3단비교 판례등
  - 시행령 **다문화가족지원법 시행령** [시행 2022. 12. 1.] [대통령령 제33004호, 2022. 11. 29., 타법개정]
    - 시행규칙 **다문화가족지원법 시행규칙** [시행 2021. 4. 2.] [여성가족부령 제163호, 2021. 4. 2., 타법개정]
    - 행정규칙
      - 고시 다문화가족 종합정보 전화센터의 설치·운영 위탁 대상기관 지정 [시행 2017. 1. 18.] [고시 제2017-2호, 2017. 1. 18., 제정]
  - 행정규칙
    - 고시 2024년도 방문교육서비스 비용 및 지원가구 소득기준 [시행 2024. 1. 1.] [고시 제2023-60호, 2024. 1. 2., 폐지제정]

3) 주요 법 내용

(1) 정의

- “다문화가족”이란 다음 각 목의 어느 하나에 해당하는 가족을 말한다.

가. 「재한외국인 처우 기본법」 제2조제3호의 결혼이민자와 「국적법」 제2조부터 제4조까지의 규정에 따라 대한민국 국적을 취득한 자로 이루어진 가족

나. 「국적법」 제3조 및 제4조에 따라 대한민국 국적을 취득한 자와 같은 법 제2조부터 제4조까지의 규정에 따라 대한민국 국적을 취득한 자로 이루어진 가족

- “결혼이민자등”이란 다문화가족의 구성원으로서 다음 각 목의 어느 하나에 해당하는 자를 말한다.

가. 「재한외국인 처우 기본법」 제2조제3호의 결혼이민자

나. 「국적법」 제4조에 따라 귀화허가를 받은 자

- “아동·청소년”이란 24세 이하인 사람을 말한다.

● 제3조(국가와 지방자치단체의 책무)

① 국가와 지방자치단체는 다문화가족 구성원이 안정적인 가족생활을 영위하고

경제·사회·문화 등 각 분야에서 사회구성원으로서의 역할과 책임을 다할 수 있도록 필요한 제도와 여건을 조성하고 이를 위한 시책을 수립·시행하여야 한다.

② 특별시·광역시·특별자치시·도·특별자치도 및 시·군·구(자치구를 말한다. 이하 같다)에는 다문화가족 지원을 담당할 기구와 공무원을 두어야 한다.

③ 국가와 지방자치단체는 이 법에 따른 시책 중 외국인정책 관련 사항에 대하여는 「재한외국인 처우 기본법」 제5조부터 제9조까지의 규정에 따른다.

● 제3조의2(다문화가족 지원을 위한 기본계획의 수립)

① 여성가족부장관은 다문화가족 지원을 위하여 5년마다 다문화가족정책에 관한 기본계획(이하 "기본계획"이라 한다)을 수립하여야 한다.

② 기본계획에는 다음 각 호의 사항을 포함하여야 한다.

1. 다문화가족 지원 정책의 기본 방향
2. 다문화가족 지원을 위한 분야별 발전시책과 평가에 관한 사항
3. 다문화가족 지원을 위한 제도 개선에 관한 사항

3의2. 다문화가족 구성원의 경제·사회·문화 등 각 분야에서 활동 증진에 관한 사항

4. 다문화가족 지원을 위한 재원 확보 및 배분에 관한 사항
5. 그 밖에 다문화가족 지원을 위하여 필요한 사항

● 제3조의4(다문화가족정책위원회의 설치)

① 다문화가족의 삶의 질 향상과 사회통합에 관한 중요 사항을 심의·조정하기 위하여 국무총리 소속으로 다문화가족정책위원회(이하 "정책위원회"라 한다)를 둔다.

② 정책위원회는 다음 각 호의 사항을 심의·조정한다.

1. 제3조의2에 따른 다문화가족정책에 관한 기본계획의 수립 및 추진에 관한 사항
2. 제3조의3에 따른 다문화가족정책의 시행계획의 수립, 추진실적 점검 및 평가

에 관한 사항
3. 다문화가족과 관련된 각종 조사, 연구 및 정책의 분석 · 평가에 관한 사항
4. 각종 다문화가족 지원 관련 사업의 조정 및 협력에 관한 사항
5. 다문화가족정책과 관련된 국가 간 협력에 관한 사항
6. 그 밖에 다문화가족의 사회통합에 관한 중요 사항으로 위원장이 필요하다고 인정하는 사항

● 제4조(실태조사 등)

① 여성가족부장관은 다문화가족의 현황 및 실태를 파악하고 다문화가족 지원을 위한 정책수립에 활용하기 위하여 3년마다 다문화가족에 대한 실태조사를 실시하고 그 결과를 공표하여야 한다.

● 제5조(다문화가족에 대한 이해증진)

① 국가와 지방자치단체는 다문화가족에 대한 사회적 차별 및 편견을 예방하고 사회구성원이 문화적 다양성을 인정하고 존중할 수 있도록 다문화 이해교육을 실시하고 홍보 등 필요한 조치를 하여야 한다.

② 여성가족부장관은 제1항에 따른 조치를 함에 있어 홍보영상을 제작하여 「방송법」 제2조제3호에 따른 방송사업자에게 배포하여야 한다.

③ 여성가족부장관은 「방송법」 제2조제3호에 따른 방송사업자(이하 이 조에서 "방송사업자"라 한다)에게 같은 법 제73조제4항에 따라 대통령령으로 정하는 비상업적 공익광고 편성비율의 범위에서 제2항의 홍보영상을 채널별로 송출하도록 요청할 수 있다.

④ 방송사업자는 제2항의 홍보영상 외에 독자적으로 홍보영상을 제작하여 송출할 수 있다. 이 경우 여성가족부장관에게 필요한 협조 및 지원을 요청할 수 있다.

⑤ 교육부장관과 특별시 · 광역시 · 특별자치시 · 도 · 특별자치도의 교육감은 「유아교육법」 제2조, 「초 · 중등교육법」 제2조 또는「고등교육법」 제2조에 따른 학교

에서 다문화가족에 대한 이해를 돕는 교육을 실시하기 위한 시책을 수립·시행하여야 한다. 이 경우 제4조에 따른 실태조사의 결과 중 다문화가족 구성원인 아동·청소년의 교육현황 및 아동·청소년의 다문화가족에 대한 인식 등에 관한 사항을 반영하여야 한다.

⑥ 교육부장관과 특별시·광역시·특별자치시·도·특별자치도의 교육감은 「유아교육법」 제2조 및 「초·중등교육법」 제2조에 따른 학교의 교원에 대하여 대통령령으로 정하는 바에 따라 다문화 이해교육 관련 연수를 실시하여야 한다.

● 제6조(생활정보 제공 및 교육 지원)

① 국가와 지방자치단체는 결혼이민자등이 대한민국에서 생활하는데 필요한 기본적 정보(아동·청소년에 대한 학습 및 생활지도 관련 정보를 포함한다)를 제공하고, 사회적응교육과 직업교육·훈련 및 언어소통 능력 향상을 위한 한국어교육 등을 받을 수 있도록 필요한 지원을 할 수 있다.

② 국가와 지방자치단체는 결혼이민자등의 배우자 및 가족구성원이 결혼이민자등의 출신 국가 및 문화 등을 이해하는 데 필요한 기본적 정보를 제공하고 관련 교육을 지원할 수 있다.

③ 국가와 지방자치단체는 제1항 및 제2항에 따른 교육을 실시함에 있어 거주지 및 가정환경 등으로 인하여 서비스에서 소외되는 결혼이민자등과 배우자 및 그 가족구성원이 없도록 방문교육이나 원격교육 등 다양한 방법으로 교육을 지원하고, 교재와 강사 등의 전문성을 강화하기 위한 시책을 수립·시행하여야 한다.

④ 국가와 지방자치단체는 제3항의 방문교육의 비용을 결혼이민자등의 가구 소득수준, 교육의 종류 등 여성가족부장관이 정하여 고시하는 기준에 따라 차등지원할 수 있다.

⑤ 국가와 지방자치단체가 제4항에 따른 비용을 지원함에 있어 비용 지원의 신청, 금융정보 등의 제공, 조사·질문 등은 「아이돌봄 지원법」 제22조부터 제

25조까지의 규정을 준용한다.

⑥ 결혼이민자등의 배우자 등 다문화가족 구성원은 결혼이민자등이 한국어교육 등 사회적응에 필요한 다양한 교육을 받을 수 있도록 노력하여야 한다.

● 제7조(평등한 가족관계의 유지를 위한 조치)

국가와 지방자치단체는 다문화가족이 민주적이고 양성평등한 가족관계를 누릴 수 있도록 가족상담, 부부교육, 부모교육, 가족생활교육 등을 추진하여야 한다. 이 경우 문화의 차이 등을 고려한 전문적인 서비스가 제공될 수 있도록 노력하여야 한다.

● 제8조(가정폭력 피해자에 대한 보호 · 지원)

① 국가와 지방자치단체는 「가정폭력방지 및 피해자보호 등에 관한 법률」에 따라 다문화가족 내 가정폭력을 예방하기 위하여 노력하여야 한다.

② 국가와 지방자치단체는 가정폭력으로 피해를 입은 결혼이민자등을 보호 · 지원할 수 있다.

③ 국가와 지방자치단체는 가정폭력의 피해를 입은 결혼이민자등에 대한 보호 및 지원을 위하여 외국어 통역 서비스를 갖춘 가정폭력 상담소 및 보호시설의 설치를 확대하도록 노력하여야 한다.

④ 국가와 지방자치단체는 결혼이민자등이 가정폭력으로 혼인관계를 종료하는 경우 의사소통의 어려움과 법률체계 등에 관한 정보의 부족 등으로 불리한 입장에 놓이지 아니하도록 의견진술 및 사실확인 등에 있어서 언어통역, 법률상담 및 행정지원 등 필요한 서비스를 제공할 수 있다.

● 제9조(의료 및 건강관리를 위한 지원)

①국가와 지방자치단체는 결혼이민자등이 건강하게 생활할 수 있도록 영양 · 건강에 대한 교육, 산전 · 산후 도우미 파견, 건강검진 등의 의료서비스를 지원할 수 있다.

② 국가와 지방자치단체는 결혼이민자등이 제1항에 따른 의료서비스를 제공받을 경우 외국어 통역 서비스를 제공할 수 있다.

● 제10조(아동 · 청소년 보육 · 교육)

① 국가와 지방자치단체는 아동 · 청소년 보육 · 교육을 실시함에 있어서 다문화가족 구성원인 아동 · 청소년을 차별하여서는 아니 된다.

② 국가와 지방자치단체는 다문화가족 구성원인 아동 · 청소년이 학교생활에 신속히 적응할 수 있도록 교육지원대책을 마련하여야 하고, 특별시 · 광역시 · 특별자치시 · 도 · 특별자치도의 교육감은 다문화가족 구성원인 아동 · 청소년에 대하여 학과 외 또는 방과 후 교육 프로그램 등을 지원할 수 있다.

③ 국가와 지방자치단체는 다문화가족 구성원인 18세 미만인 사람의 초등학교 취학 전 보육 및 교육 지원을 위하여 노력하고, 그 구성원의 언어발달을 위하여 한국어 및 결혼이민자등인 부 또는 모의 모국어 교육을 위한 교재지원 및 학습지원 등 언어능력 제고를 위하여 필요한 지원을 할 수 있다.

④ 「영유아보육법」 제10조에 따른 어린이집의 원장, 「유아교육법」 제7조에 따른 유치원의 장, 「초 · 중등교육법」 제2조에 따른 각급 학교의 장, 그 밖에 대통령령으로 정하는 기관의 장은 아동 · 청소년 보육 · 교육을 실시함에 있어 다문화가족 구성원인 아동 · 청소년이 차별을 받지 아니하도록 필요한 조치를 하여야 한다.

● 제11조(다국어에 의한 서비스 제공)

국가와 지방자치단체는 제5조부터 제10조까지의 규정에 따른 지원정책을 추진함에 있어서 결혼이민자등의 의사소통의 어려움을 해소하고 서비스 접근성을 제고하기 위하여 다국어에 의한 서비스 제공이 이루어지도록 노력하여야 한다.

● 제11조의2(다문화가족 종합정보 전화센터의 설치·운영 등)

① 여성가족부장관은 다국어에 의한 상담·통역 서비스 등을 결혼이민자등에게 제공하기 위하여 다문화가족 종합정보 전화센터(이하 "전화센터"라 한다)를 설치·운영할 수 있다. 이 경우 「가정폭력방지 및 피해자보호 등에 관한 법률」 제4조의6제1항 후단에 따른 외국어 서비스를 제공하는 긴급전화센터와 통합하여 운영할 수 있다.

● 제12조(다문화가족지원센터의 설치·운영 등)

① 국가와 지방자치단체는 다문화가족지원센터(이하 "지원센터"라 한다)를 설치·운영할 수 있다.

④ 지원센터는 다음 각 호의 업무를 수행한다.

1. 다문화가족을 위한 교육·상담 등 지원사업의 실시
2. 결혼이민자등에 대한 한국어교육
3. 다문화가족 지원서비스 정보제공 및 홍보
4. 다문화가족 지원 관련 기관·단체와의 서비스 연계
5. 일자리에 관한 정보제공 및 일자리의 알선
6. 다문화가족을 위한 통역·번역 지원사업
7. 다문화가족 내 가정폭력 방지 및 피해자 연계 지원
8. 그 밖에 다문화가족 지원을 위하여 필요한 사업

5. 가족폭력방지법의 이해

1) 목적 및 이념

(1) 목적

가정내의 폭력으로 인하여 가정이 파산되고 가정구성원이 신체적 · 정신적 피해를 당하고 있어 가정폭력을 예방하고 가정폭력으로 인한 피해자를 보호함으로서 건전한 가정을 육성하려는 것을 이유로 1997년 12월 31일 「가정폭력방지 및 피해자보호 등에 관한 법률」(약칭: 가정폭력방지법)이 제정되었다.

현행 이 법은 가정폭력을 예방하고 가정폭력의 피해자를 보호 · 지원함을 목적으로 한다(제1조).

(2) 이념

가정폭력 피해자는 피해 상황에서 신속하게 벗어나 인간으로서의 존엄성과 안전을 보장받을 권리가 있다(제2조).

2) 법률 체계

(1) 내용적 체계

- 전체 22개의 조 및 부칙으로 구성되어 있다.

(2) 법령 체계도

법률 가정폭력방지 및 피해자보호 등에 관한 법률 [시행 2023. 4. 11.] [법률 제19339호, 2023. 4. 11., 타법개정] 본문 3단비교 판례등
- 시행령 가정폭력방지 및 피해자보호 등에 관한 법률 시행령 [시행 2022. 8. 16.] [대통령령 제32875호, 2022. 8. 16., 일부개정]
  - 시행규칙 가정폭력방지 및 피해자보호 등에 관한 법률 시행규칙 [시행 2023. 2. 17.] [여성가족부령 제185호, 2023. 2. 17., 일부개정]

3) 주요 법 내용

(1) 정의

- “가정폭력”이란 「가정폭력범죄의 처벌 등에 관한 특례법」 제2조제1호의 행위를 말한다.
- “가정폭력행위자”란 「가정폭력범죄의 처벌 등에 관한 특례법」 제2조제4호의 자를 말한다.
- “피해자”란 가정폭력으로 인하여 직접적으로 피해를 입은 자를 말한다.
- “아동”이란 18세 미만인 자를 말한다.

● 제4조(국가 등의 책무)

① 국가와 지방자치단체는 가정폭력의 예방·방지와 피해자의 보호·지원을 위하여 다음 각 호의 조치를 취하여야 한다.

1. 가정폭력 신고체계의 구축 및 운영
2. 가정폭력의 예방과 방지를 위한 조사 · 연구 · 교육 및 홍보
3. 피해자를 보호 · 지원하기 위한 시설의 설치 · 운영
4. 임대주택의 우선 입주권 부여, 직업훈련 등 자립 · 자활을 위한 지원서비스 제공
5. 법률구조 및 그 밖에 피해자에 대한 지원서비스 제공
6. 피해자의 보호와 지원을 원활히 하기 위한 관련 기관 간의 협력 체계 구축 및 운영
7. 가정폭력의 예방 · 방지와 피해자의 보호 · 지원을 위한 관계 법령의 정비와 각종 정책의 수립 · 시행 및 평가
8. 피해자와 제4조의6에 따른 긴급전화센터, 제5조에 따른 가정폭력 관련 상담소, 제7조에 따른 가정폭력피해자 보호시설의 상담원 등 종사자의 신변보호를 위한 안전대책 마련
9. 가정폭력 피해의 특성을 고려한 피해자 신변노출 방지 및 보호 · 지원체계 구축
10. 가정폭력을 목격하거나 피해를 당한 아동의 신체적 · 정신적 회복을 위하여 필요한 상담 · 치료프로그램 제공

● 제4조의2(가정폭력 실태조사)

① 여성가족부장관은 3년마다 가정폭력에 대한 실태조사를 실시하여 그 결과를 발표하고, 이를 가정폭력을 예방하기 위한 정책수립의 기초자료로 활용하여야 한다.

● 제4조의3(가정폭력 예방교육의 실시)

①국가기관, 지방자치단체 및 「초·중등교육법」에 따른 각급 학교의 장, 그 밖에 대통령령으로 정하는 공공단체의 장은 가정폭력의 예방과 방지를 위하여 필요한 교육을 실시하고, 그 결과를 여성가족부장관에게 제출하여야 한다.

● 제4조의4(아동의 취학 지원)

① 국가나 지방자치단체는 피해자나 피해자가 동반한 가정구성원 (「가정폭력범죄의 처벌 등에 관한 특례법」 제2조제2호의 자 중 피해자의 보호나 양육을 받고 있는 자를 말한다. 이하 같다)이 아동인 경우 주소지 외의 지역에서 취학(입학·재입학·전학 및 편입학을 포함한다. 이하 같다)할 필요가 있을 때에는 그 취학이 원활히 이루어지도록 지원하여야 한다.

● 제4조의5(피해자에 대한 불이익처분의 금지)

피해자를 고용하고 있는 자는 누구든지 「가정폭력범죄의 처벌 등에 관한 특례법」에 따른 가정폭력범죄와 관련하여 피해자를 해고(解雇)하거나 그 밖의 불이익을 주어서는 아니 된다.

● 제4조의6(긴급전화센터의 설치·운영 등)

① 여성가족부장관 또는 시·도지사는 다음 각 호의 업무 등을 수행하기 위하여 긴급전화센터를 설치·운영하여야 한다. 이 경우 외국어 서비스를 제공하는 긴급전화센터를 따로 설치·운영할 수 있다.

1. 피해자의 신고접수 및 상담
2. 관련 기관·시설과의 연계

3. 피해자에 대한 긴급한 구조의 지원
4. 경찰관서 등으로부터 인도받은 피해자 및 피해자가 동반한 가정구성원(이하 "피해자등"이라 한다)의 임시 보호

● 제4조의7(가정폭력 추방 주간)

① 가정폭력에 대한 사회적 경각심을 높이고 가정폭력을 예방하기 위하여 대통령령으로 정하는 바에 따라 1년 중 1주간을 가정폭력 추방 주간으로 한다.

② 국가와 지방자치단체는 가정폭력 추방 주간의 취지에 맞는 행사 등 사업을 시행하여야 한다. 이 경우 「성폭력방지 및 피해자보호 등에 관한 법률」 제6조에 따른 성폭력 추방 주간의 행사와 통합하여 시행할 수 있다.

● 제5조(상담소의 설치·운영)

① 국가나 지방자치단체는 가정폭력 관련 상담소(이하 "상담소"라 한다)를 설치·운영할 수 있다.

● 제6조(상담소의 업무)

상담소의 업무는 다음 각 호와 같다.

1. 가정폭력을 신고받거나 이에 관한 상담에 응하는 일
1의2. 가정폭력을 신고하거나 이에 관한 상담을 요청한 사람과 그 가족에 대한 상담
2. 가정폭력으로 정상적인 가정생활과 사회생활이 어렵거나 그 밖에 긴급히 보호를 필요로 하는 피해자등을 임시로 보호하거나 의료기관 또는 제7조제1항에 따른 가정폭력피해자 보호시설로 인도(引渡)하는 일
3. 행위자에 대한 고발 등 법률적 사항에 관하여 자문하기 위한 대한변호사협회 또는 지방변호사회 및 「법률구조법」에 따른 법률 구조법인(이하 "법률구조법인"이라 한다) 등에 대한 필요한 협조와 지원의 요청
4. 경찰관서 등으로부터 인도받은 피해자등의 임시 보호
5. 가정폭력의 예방과 방지에 관한 교육 및 홍보
6. 그 밖에 가정폭력과 그 피해에 관한 조사 · 연구

● 제7조(보호시설의 설치)

① 국가나 지방자치단체는 가정폭력피해자 보호시설(이하 "보호시설"이라 한다)을 설치·운영할 수 있다.

② 「사회복지사업법」에 따른 사회복지법인(이하 "사회복지법인"이라 한다)과 그 밖의 비영리법인은 시장·군수·구청장의 인가(認可)를 받아 보호시설을 설치·운영할 수 있다.

③ 보호시설에는 상담원을 두어야 하고, 보호시설의 규모에 따라 생활지도원, 취사원, 관리원 등의 종사자를 둘 수 있다.

● 제7조의2(보호시설의 종류)

① 보호시설의 종류는 다음 각 호와 같다.

1. 단기보호시설 : 피해자등을 6개월의 범위에서 보호하는 시설
2. 장기보호시설 : 피해자등에 대하여 2년의 범위에서 자립을 위한 주거편의(住居便宜) 등을 제공하는 시설
3. 외국인보호시설 : 외국인 피해자등을 2년의 범위에서 보호하는 시설
4. 장애인보호시설 : 「장애인복지법」의 적용을 받는 장애인인 피해자등을 2년의 범위에서 보호하는 시설

● 제7조의3(보호시설의 입소대상 등)

① 보호시설의 입소대상은 피해자등으로서 다음 각 호의 어느 하나에 해당하는 경우로 한다.

1. 본인이 입소를 희망하거나 입소에 동의하는 경우
2. 「장애인복지법」 제2조에 따른 지적장애인이나 정신장애인, 그 밖에 의사능력이 불완전한 자로서 가정폭력행위자가 아닌 보호자가 입소에 동의하는 경우
3. 「장애인복지법」 제2조에 따른 지적장애인이나 정신장애인, 그 밖에 의사능력이 불완전한 자로서 상담원의 상담 결과 입소가 필요하나 보호자의 입소 동의를 받는 것이 적절하지 못하다고 인정되는 경우

● 제7조의4(보호시설의 퇴소)

제7조의3에 따라 보호시설에 입소한 자는 본인의 의사 또는 같은 조 제1항제2호에 따라 입소 동의를 한 보호자의 요청에 따라 보호시설을 퇴소할 수 있으며, 보호시설의 장은 입소한 자가 다음 각 호의 어느 하나에 해당하는 경우에는 퇴소를 명할 수 있다.

1. 보호의 목적이 달성된 경우
2. 보호기간이 끝난 경우
3. 입소자가 거짓이나 그 밖의 부정한 방법으로 입소한 경우
4. 보호시설 안에서 현저한 질서문란 행위를 한 경우

● 제7조의5(보호시설에 대한 보호비용 지원)

① 국가나 지방자치단체는 보호시설에 입소한 피해자나 피해자가 동반한 가정 구성원의 보호를 위하여 필요한 경우 다음 각 호의 보호비용을 보호시설의 장 또는 피해자에게 지원할 수 있다. 다만, 보호시설에 입소한 피해자나 피해자가 동반한 가정 구성원이 「국민기초생활 보장법」 등 다른 법령에 따라 보호를 받고 있는 경우에는 그 범위에서 이 법에 따른 지원을 하지 아니한다.

1. 생계비
2. 아동교육지원비
3. 아동양육비
4. 직업훈련비

4의2. 퇴소 시 자립지원금

5. 그 밖에 대통령령으로 정하는 비용

● 제8조(보호시설의 업무)

① 보호시설은 피해자등에 대하여 다음 각 호의 업무를 행한다. 다만, 피해자가 동반한 가정 구성원에게는 제1호 외의 업무 일부를 하지 아니할 수 있고, 장기보호시설은 피해자등에 대하여 제1호부터 제5호까지에 규정된 업무(주거편의를 제공하는 업무는 제외한다)를 하지 아니할 수 있다.

1. 숙식의 제공
2. 심리적 안정과 사회적응을 위한 상담 및 치료
3. 질병치료와 건강관리(입소 후 1개월 이내의 건강검진을 포함한다)를 위한 의료기관에의 인도 등 의료지원
4. 수사 · 재판과정에 필요한 지원 및 서비스 연계
5. 법률구조기관 등에 필요한 협조와 지원의 요청
6. 자립자활교육의 실시와 취업정보의 제공
7. 다른 법률에 따라 보호시설에 위탁된 사항
8. 그 밖에 피해자등의 보호를 위하여 필요한 일

● 제9조의4(사법경찰관리의 현장출동 등)

① 사법경찰관리는 가정폭력범죄의 신고가 접수된 때에는 지체 없이 가정폭력의 현장에 출동하여야 한다.

② 제1항에 따라 출동한 사법경찰관리는 피해자를 보호하기 위하여 신고된 현장 또는 사건 조사를 위한 관련 장소에 출입하여 관계인에 대하여 조사를 하거나 질문을 할 수 있다.

③ 가정폭력행위자는 제2항에 따른 사법경찰관리의 현장 조사를 거부하는 등 그 업무 수행을 방해하는 행위를 하여서는 아니 된다.

④ 제2항에 따라 출입, 조사 또는 질문을 하는 사법경찰관리는 그 권한을 표시하는 증표를 지니고 이를 관계인에게 내보여야 한다.

⑤ 제1항에 따른 현장출동 시 수사기관의 장은 긴급전화센터, 상담소 또는 보호시설의 장에게 가정폭력 현장에 동행하여 줄 것을 요청할 수 있고, 요청을 받은 긴급전화센터, 상담소 또는 보호시설의 장은 정당한 사유가 없으면 그 소속 상담원을 가정폭력 현장에 동행하도록 하여야 한다.

⑥ 제2항에 따라 조사 또는 질문을 하는 사법경찰관리는 피해자 · 신고자 · 목격자 등이 자유롭게 진술할 수 있도록 가정폭력행위자로부터 분리된 곳에서 조사하는 등 필요한 조치를 하여야 한다.

▣ 학습문제

<table>
<tr><th colspan="2">문제 1</th></tr>
<tr><td colspan="2">「정신건강증진 및 정신질환자 복지서비스 지원에 관한 법률」(약칭: 정신건강복지법)의 기본 이념이 아닌 것은?

① 모든 국민은 정신질환으로부터 보호받을 권리를 가짐.
② 정신질환자는 자신과 관련된 정책의 결정과정에 참여할 권리를 가짐.
③ 성인인 정신질환자는 특별히 치료, 보호 및 교육을 받을 권리를 가짐.
④ 모든 정신질환자는 정신질환이 있다는 이유로 부당한 차별대우를 받지 아니함.
⑤ 모든 정신질환자는 인간으로서의 존엄과 가치를 보장받고, 최적의 치료를 받을 권리를 가짐.</td></tr>
<tr><td>정답</td><td>③</td></tr>
<tr><td>해설</td><td>「정신건강증진 및 정신질환자 복지서비스 지원에 관한 법률」(약칭: 정신건강복지법) 제2조(기본이념) ④ 미성년자인 정신질환자는 특별히 치료, 보호 및 교육을 받을 권리를 가진다.</td></tr>
</table>

<table>
<tr><th colspan="2">문제 2</th></tr>
<tr><td colspan="2">구 「정신보건법」과 달리 행정입원의 경우에도 보호입원과 같이 입원연장이 가능하도록 하고, 시 · 군 · 구청장이 정신과 전문의나 정신건강전문요원의 신청을 받아 진단의뢰와 입원의뢰를 할 수 있도록 「정신건강증진 및 정신질환자 복지서비스 지원에 관한 법률」이 제정된 해는?

① 2011년 ② 2016년 ③ 2021년
④ 2022년 ⑤ 2023년</td></tr>
<tr><td>정답</td><td>②</td></tr>
<tr><td>해설</td><td>구 「정신보건법」과 달리 행정입원의 경우에도 보호입원과 같이 입원연장이 가능하도록 하고, 시 · 군 · 구청장이 정신과 전문의나 정신건강전문요원의 신청을 받아 진단의뢰와 입원의뢰를 할 수 있도록 2016년 5월 29일 「정신건강증진 및 정신질환자 복지서비스 지원에 관한 법률」으로 전부개정되었다.</td></tr>
</table>

문제 3	
「건강가정기본법」의 기본이념이다. ( ) 안에 들어갈 용어는? 가정은 개인의 기본적인 욕구를 충족시키고 (　　)을 위하여 기능할 수 있도록 유지 · 발전되어야 한다. ① 사회통합　② 소득재분배　③ 양육 ④ 가족이익　⑤ 사회적 갈등	
정답	①
해설	「건강가정기본법」 제2조(기본이념) 가정은 개인의 기본적인 욕구를 충족시키고 사회통합을 위하여 기능할 수 있도록 유지 · 발전되어야 한다.

문제 4	
「정신건강증진 및 정신질환자 복지서비스 지원에 관한 법률」에서 정신질환자를 입소시켜 요양 서비스를 제공하는 시설을 뜻하는 용어는? ① 정신건강복지센터 ② 정신건강증진센터 ③ 정신요양시설 ④ 정신의료기관 ⑤ 정신재활시설	
정답	③
해설	「정신건강증진 및 정신질환자 복지서비스 지원에 관한 법률」 제3조(정의) 6. "정신요양시설"이란 제22조에 따라 설치된 시설로서 정신질환자를 입소시켜 요양 서비스를 제공하는 시설을 말한다.

문제 5	
혼인 · 혈연 · 입양으로 이루어진 사회의 기본단위를 뜻하는 법률적 용어는? ① 가정 ② 가구 ③ 혼인 ④ 가족 ⑤ 친족	
정답	④
해설	「건강가정기본법」 제3조(정의) 1. "가족"이라 함은 혼인 · 혈연 · 입양으로 이루어진 사회의 기본단위를 말한다.

13장

사회복지 인적·물적자원법제의 구성과 개별 법령

KEY WORD :

학 습 목 표

1. '모금회법'의 조문을 해석할 수 있다.
2. '봉사법'의 조문을 해석할 수 있다.
3. 사회복지사의 법적 지위와 의무를 설명할 수 있다.
4. '처우법'의 조문을 해석할 수 있다.

1. 사회복지의 인적 및 물적자원법제의 의미와 구성

1) 사회복지 인적자원법제의 의미

사회복지 인적자원관리에 관련된 법제란 사회복지 서비스 제공 및 발전을 위해 효과적으로 인적자원을 활용하고 관리하는 것을 목표로 하는 법률 및 제도를 의미하였다. 사회복지 인적자원관리 관련 법제에서 다루는 주요 요소들을 다음과 같다.

첫째, 인적자원계획으로, 사회복지시설에서 복지서비스의 수요와 인력 공급을 조절하여 효율적으로 운영할 수 있도록 하는 기준을 제공한다.

둘째, 채용 및 모집으로, 인적자원을 효과적으로 확보하기 위해 채용 및 모집 프로세스이며, 이 과정에서는 적절한 인재를 찾아내고 선택하는데 필요한 기준을 제공한다.

셋째, 교육 및 개발으로, 사회복지시설 종사자들이 지속적인 교육 및 개발을 통해 전문성을 향상시켜야 하는 과업을 제공한다.

넷째, 처우 및 지위 향상과 보상으로, 사회복지시설 종사자들에 대한 공정하고 유인력 있는 보상을 위한 제도적 노력과 처우 및 지위 향상을 위한 정부 및 지방자치단체 등의 노력과 책임 등을 규정

이러한 요소들을 다루고 있는 법률로는 「사회복지사업법」과 「사회복지사 등의 처우 및 지위 향상을 위한 법」(약칭: 사회복지사법)이 있다.

또한, 사회복지분야 등 우리 사회 전반에 국민의 협동적인 참여 능력을 높일 수 있는 방향 및 자원봉사활동을 진흥하고 행복한 공동체 건설에 이바지하는 것을 목표로 하는 「자원봉사활동 기본법」(약칭: 자원봉사법)이 있다.

2) 사회복지 물적자원법제의 의미

사회복지 물적자원관리에 관련된 법제란 사회복지전달체계의 물적자원에 대한 효율적이고 지속 가능한 관리 체계를 통해 사회복지서비스를 효과적으로 제공하고, 자원을 효율적으로 활용하기 위한 법과 제도를 의미하였다.

주로 시설 및 장비 관리, 재무 및 예산관리, 자원 할당 및 운영 계획 등을 다루는 「사회복지법인 및 사회복지시설 재무 · 회계 규칙」, 「사회복지공동모금회법」, 「기부금품의 모집 및 사용에 관한 법률」(약칭: 기부금품법) 등이 있다.

1970년대 이전, 한국에서는 현재의 사회복지공동모금과 같은 체계적인 법령이나 전국적인 규모의 사회복지공동모금 제도는 존재하지 않았다. 그러나 이 시기에는 다양한 사회복지활동과 기부활동이 이루어졌으며, 이를 위해 지역사회 단체, 기업, 종교단체, 개인 등이 각자의 방식으로 자발적인 모금과 기부를 실천하였다.

한국 전쟁 이후, 사회복지의 필요성이 대두되면서 다양한 단체와 기관에서 자발적인 기부 및 모금활동이 활발히 이루어졌다. 하지만 이는 주로 지역사회 단위에서 이루어진 것이었고, 특별한 법적 체계나 국가 차원의 사회복지공동모금 제도는 아직 확립되지 않은 시기였다.

1997년에는 「사회복지공동모금 및 사회복지법인 등에 관한 법률」이 제정되었다. 이 법은 기부 문화를 활성화하고 공익사업을 지원하기 위해 기부 활동을 다양한 형태로 확대하고자 하였다. 이 법은 사회복지공동모금에 대한 규정뿐만 아니라 사회복지법인의 설립과 운영에 관한 내용도 다루고 있다. 2013년에는 개정되었는데, 사회복지공동모금의 범위를 확대하고 모금의 투명성과 효율성을 높이기 위해 다양한 제도적 개선이 이루어졌다.

대한민국에서는 2017년에 「사회적기업 및 사회적기업가 지원에 관한 법률」이 제정되었다. 이 법은 사회적기업을 통한 사회문제 해결을 촉진하기 위한 법률로, 사회적기업은 경제활동을 통해 사회적 가치 창출을 목표로 한다. 이와 관련하여 기부와 모금에 대한 규정도 포함되어 있다.

〈사회복지시설이란〉

"구 사회복지사업법(2012. 1. 26. 법률 제11239호로 개정되기 전의 것, 이하 같다) 제2조 제4호는 '사회복지시설'에 관하여 "사회복지사업을 할 목적으로 설치된 시설을 말한다."라고, 제34조 제1항은 "국가나 지방자치단체는 사회복지시설(이하 '시설'이라 한다)을 설치 · 운영할 수 있다."라고 각 규정하고 있다. 또한 구 사회복지사업법 제40조 제1항은 "보건복지부장관, 시 · 도지사 또는 시장 · 군수 · 구청장은 시설이 다음 각 호의 어느 하나에 해당할 때에는 그 시설의 개선, 사업의 정지, 시설의 장의 교체를 명하거나 시설의 폐쇄를 명할 수 있다."라고 규정하고, 그 각 호의 하나로 "회계부정이나 불법행위 또는 그 밖의 부당행위 등이 발견되었을 때"(제4호)를 들고 있다.

위와 같은 관련 법령의 규정 내용, 문언 및 취지 등을 종합하여 알 수 있는 다음과 같은 사정 즉, ① 구 사회복지사업법 제40조 제1항에서 정한 '시설의 개선'에서 '시설'이라 함은 구 사회복지사업법 제34조 제1항이 규정한 것과 같이 '사회복지시설'의 약칭으로서, 사회복지사업을 할 목적으로 조직화된 유기적 일체로서의 사회복지시설을 의미한다고 보아야 하고 이를 '물적인 설비'에 국한된 것으로 보기 어려운 점, ② 사회복지시설의 회계부정, 불법행위 또는 그 밖의 부당행위에 관하여 '과거의 잘못된 점을 고치는 것' 역시 해당 시설이 장래를 향하여 원활히 운영될 수 있도록 하기 위한 전제가 되므로, '개선'의 통상적인 문언적 의미를 벗어나지 아니한다고 볼 수 있는 점, ③ 만약 '개선'의 의미를 이와 달리 보아 '회계부정이나 불법행위 또는 그 밖의 부당행위 등'이 있음에도 문제 된 금원 상당액을 해당 사회복지시설 내로 환원 내지 입금하도록 할 수 없고 다만 장래를 향하여 관계 법령에 부합하는 회계처리를 하거나 불법행위 또는 부당행위를 금지하는 내용의 개선명령만 할 수 있다고 볼 경우, 해당 사회복지시설의 원활한 운영에도 지장을 초래할 우려가 있을 뿐만 아니라 문제가 발생한 사회복지시설에 대하여 잘못을 바로잡아 그 목적으로 하는 사회복지사업을 공정 · 투명 · 적정하게 수행할 수 있도록 하려는 구 사회복지사업법 제40조 제1항의 개선명령제도의 입법 취지에도 부합하지 아니하는 점, ④ 구 사회복지사업법 제40조 제1항은 개선명령의 내용이나 방법 등을 특별히 특정 · 제한하고 있지 아니한 점 등을 종합하여 보면, 관할 행정청이 '회계부정이나 불법행위 또는 그 밖의 부당행위 등'으로 인하여 사회복지시설의 운용에 사용되어야 할 자금이 그 목적과 무관한 용도로 사용되는 등 사회복지시설에 금전적 손실이 발생한 경우 그 금액 상당을 해당 사회복지시설로 다시 입금 내지 회복하도록 명하는 것도 구 사회복지사업법 제40조 제1항이 정한 개선명령으로서 허용된다고 보아야 한다."[10)]

9) 과징금부과처분취소등 [대법원 2016. 7. 27., 선고, 2015두46390, 판결]

2. 사회복지 인적자원법제의 개별 법령

1) 사회복지사업법

(1) 사회복지사 자격증의 발급 등(제11조)

① 보건복지부장관은 사회복지에 관한 전문지식과 기술을 가진 사람에게 사회복지사 자격증을 발급할 수 있다. 다만, 자격증 발급 신청일 기준으로 제11조의2에 따른 결격사유에 해당하는 사람에게 자격증을 발급해서는 아니 된다.

② 제1항에 따른 사회복지사의 등급은 1급 · 2급으로 하되, 정신건강 · 의료 · 학교 영역에 대해서는 영역별로 정신건강사회복지사 · 의료사회복지사 · 학교사회복지사의 자격을 부여할 수 있다.

③ 사회복지사 1급 자격은 국가시험에 합격한 사람에게 부여하고, 정신건강사회복지사 · 의료사회복지사 · 학교사회복지사의 자격은 1급 사회복지사의 자격이 있는 사람 중에서 보건복지부령으로 정하는 수련기관에서 수련을 받은 사람에게 부여한다.

⑥ 제1항에 따라 사회복지사 자격증을 발급받은 사람은 다른 사람에게 그 자격증을 빌려주어서는 아니 되고, 누구든지 그 자격증을 빌려서는 아니 된다.

⑦ 누구든지 제6항에 따라 금지된 행위를 알선하여서는 아니 된다.

(2) 사회복지사의 결격사유(제11조의2)

• 다음 각 호의 어느 하나에 해당하는 사람은 사회복지사가 될 수 없다.

1. 피성년후견인 또는 피한정후견인
2. 금고 이상의 형을 선고받고 그 집행이 끝나지 아니하였거나 그 집행을 받지 아니하기로 확정되지 아니한 사람
3. 법원의 판결에 따라 자격이 상실되거나 정지된 사람
4. 마약 · 대마 또는 향정신성의약품의 중독자

5. 「정신건강증진 및 정신질환자 복지서비스 지원에 관한 법률」 제3조제1호에 따른 정신질환자. 다만, 전문의가 사회복지사로서 적합하다고 인정하는 사람은 그러하지 아니하다.

(3) 사회복지사의 자격취소 등(제11조의3)

① 보건복지부장관은 사회복지사가 다음 각 호의 어느 하나에 해당하는 경우 그 자격을 취소하거나 1년의 범위에서 정지시킬 수 있다. 다만, 제1호부터 제3호까지에 해당하면 그 자격을 취소하여야 한다.

1. 거짓이나 그 밖의 부정한 방법으로 자격을 취득한 경우
2. 제11조의2 각 호의 어느 하나에 해당하게 된 경우
3. 자격증을 대여 · 양도 또는 위조 · 변조한 경우
4. 사회복지사의 업무수행 중 그 자격과 관련하여 고의나 중대한 과실로 다른 사람에게 손해를 입힌 경우
5. 자격정지 처분을 3회 이상 받았거나, 정지 기간 종료 후 3년 이내에 다시 자격정지 처분에 해당하는 행위를 한 경우
6. 자격정지 처분 기간에 자격증을 사용하여 자격 관련 업무를 수행한 경우

② 보건복지부장관은 제1항제4호에 해당하여 사회복지사의 자격을 취소하거나 정지시키려는 경우에는 제46조에 따른 한국사회복지사협회의 징 등 관계 전문가의 의견을 들을 수 있다.

③ 제1항에 따라 자격이 취소된 사람은 취소된 날부터 15일 내에 자격증을 보건복지부장관에게 반납하여야 한다.

④ 보건복지부장관은 제1항에 따라 자격이 취소된 사람에게는 그 취소된 날부터 2년 이내에 자격증을 재교부하지 못한다.

(4) 유사명칭의 사용금지

- 이 법에 따른 사회복지사가 아니면 사회복지사 또는 이와 유사한 명칭을 사용하지 못한다.

(5) 국가시험(제12조)

① 제11조제3항에 따른 국가시험은 보건복지부장관이 시행하되, 시험의 관리는 대통령령으로 정하는 바에 따라 시험관리능력이 있다고 인정되는 관계 전문기관에 위탁할 수 있다.

② 보건복지부장관은 제1항에 따라 국가시험의 관리를 위탁하였을 때에는 그에 드는 비용을 예산의 범위에서 보조할 수 있다.

③ 제1항에 따라 시험의 관리를 위탁받은 기관은 보건복지부장관의 승인을 받아 정한 금액을 응시수수료로 받을 수 있다.

④ 시험 과목, 응시자격 등 시험의 실시에 필요한 사항은 대통령령으로 정한다.

(6) 사회복지사의 채용 및 교육 등(제13조)

① 사회복지법인 및 사회복지시설을 설치 · 운영하는 자는 대통령령으로 정하는 바에 따라 사회복지사를 그 종사자로 채용하고, 보고방법 · 보고주기 등 보건복지부령으로 정하는 바에 따라 특별시장 · 광역시장 · 특별자치시장 · 도지사 · 특별자치도지사(이하 "시 · 도지사"라 한다) 또는 시장 · 군수 · 구청장에게 사회복지사의 임면에 관한 사항을 보고하여야 한다. 다만, 대통령령으로 정하는 사회복지시설은 그러하지 아니하다.

② 보건복지부장관은 사회복지사의 자질 향상을 위하여 필요하다고 인정하면 사회복지사에게 교육을 받도록 명할 수 있다. 다만, 사회복지법인 또는 사회복지시설에 종사하는 사회복지사는 정기적으로 인권에 관한 내용이 포함된 보수교육(補修敎育)을 받아야 한다.

③ 사회복지법인 또는 사회복지시설을 운영하는 자는 그 법인 또는 시설에 종사하는 사회복지사에 대하여 제2항 단서에 따른 교육을 이유로 불리한 처분을 하여서는 아니 된다.

④ 보건복지부장관은 제2항에 따른 교육을 보건복지부령으로 정하는 기관 또는 단체에 위탁할 수 있다.

⑤ 제2항에 따른 교육의 기간·방법 및 내용과 제4항에 따른 위탁 등에 관하여 필요한 사항은 보건복지부령으로 정한다.

(7) 사회복지의 날(제15조의2)

① 국가는 국민의 사회복지에 대한 이해를 증진하고 사회복지사업 종사자의 활동을 장려하기 위하여 매년 9월 7일을 사회복지의 날로 하고, 사회복지의 날부터 1주간을 사회복지주간으로 한다.

② 국가와 지방자치단체는 사회복지의 날의 취지에 적합한 행사 등 사업을 하도록 노력하여야 한다.

(8) 한국사회복지사협회(제46조)

① 사회복지사는 사회복지에 관한 전문지식과 기술을 개발·보급하고, 사회복지사의 자질 향상을 위한 교육훈련을 실시하며, 사회복지사의 복지증진을 도모하기 위하여 한국사회복지사협회(이하 "협회"라 한다)를 설립한다.

② 제1항에 따른 협회는 법인으로 하되, 협회의 조직과 운영 등에 필요한 사항은 대통령령으로 정한다.

③ 협회에 관하여 이 법에서 규정한 사항을 제외하고는 「민법」 중 사단법인에 관한 규정을 준용한다.

(9) 포상(제50조)

- 정부는 사회복지사업에 관하여 공로가 현저하거나 모범이 되는 자에게 포상(褒賞)을 할 수 있다.

2) 사회복지사법

(1) 목적 및 체계

① 목적

사회복지법인 등에 종사하는 사회복지사 등은 지역단위의 사회복지서비스 전달체계의 주요한 구성요소임에도 열악한 근로환경, 낮은 임금 수준, 과중한 업무량으로 높은 이직률을 보이고 있어 사회복지서비스 제공의 지속성과 전문성을 위협함은 물론 사회복지 역량을 극대화하는데 장애가 되고 있다. 이에 따라, 국가와 지방자치단체가 사회복지사 등의 처우와 지위 향상을 위하여 지속적이고 적극적으로 노력하도록 책무를 부여하고, 사회복지사 등의 생활안정과 복지증진을 도모하기 위하여 사회복지공제회를 설립하여 운영하도록 함으로써 사회복지사 등의 처우를 개선하고 궁극적으로 국민의 복지를 증진하려는 것을 이유로 2011년 3월 30일「사회복지사 등의 처우 및 지위 향상을 위한 법률」(약칭: 사회복지사법)이 제정되었다.

법률 제정 이후 사회복지사법은 2023년 현재까지 여러 차례 개정되었다. 가장 처음 개정된 사항은 2012년 5월 사회복지공제회 명칭과 공제회 회원자격 확대 및 공제회 운영자금의 정부지원 단서를 신설하는 내용을 골자로 하였다. 이는 법률 시행 4개월만의 일부 개정으로 다소 이른 개정이기는 하나, 공제회 운영을 위한 기초 입법요인(유사명칭 사용 금지 등)의 미비함을 보완했다는 점에서 의의가 있음- 2018년의 개정은 지자체 재정상황에 따른 인건비 기준으로 동일 업무에 대한 보수수준 차이 발생의 문제를 완화하기 위해 정부가 적정 인건비 지침을 마련하도록 하고 지자체가 이를 준수하기 위해 노력하도록 하는 등의 내용을 담고 있다. 2021년에는 처우개선위원회를 보건복지부, 시도 및 시군구에 두되 시군구의 경우 기능상 다른 위원회가 이를 대신 수행할 수 있도록 하는 등의 개정으로, 사회복지시설 종사자들의 처우를 개선하기 위한 정부 및 지자체의 전담기구를 법적으로 명시했다는 점에서 의의가 있다. 다만 보건복지위원회 의결과정에서 개정안 원안의 '보수지침'을 '적정 인건비에 관한 기준'으로 변경함으로써 사회복지시설 종사자의 인건비에 관한 정부의 책임있는 조치가 후퇴한 것으로 평가할 수 있다. 사회복지사 등에 대한 지위향상을 지위향상과 폭력으로부터 보호하도록 하는 조치는 2020년 제안된 이후 2023년 3월 본회의 통과되어 공포되었다.

〈표 13-1〉 사회복지사법 주요 개정사항

개정일	주요 내용
2012.5.23.	• 사회복지공제회를 '한국사회복지공제회'로 명칭변경(제4조) • 공제회 회원자격 구체화 및 관련 분야 종사자로 확대 • 공제회 필요자금 국가지원 단서 신설 등
2018.12.11.	• 사회복지사 등의 처우개선과 신분보장(제3조) 내 인건비 기준 마련의 국가의무와 지자체 준수노력 명문화 • 인건비 기준 및 지급실태 조사 공표 의무 명문화 • 위법 및 부당행위 신고자 신분보장 신설
2021.12.21.	• 처우개선위원회 설치 및 운영 등에 관한 사항 신설(제3조의2)
2023.3.28.	• 사회복지사 등의 처우개선과 신분보장(제3조) 내 폭력으로부터의 보호 노력 추가

* 출처 : 김미진 외(2023). 충청남도 사회복지시설 종사자 처우 개선방안 연구. 충청남도여성가족청소년사회서비스원.

현행 이 법은 사회복지사 등에 대한 처우를 개선하고 신분보장을 강화하여 사회복지사 등의 지위를 향상하도록 함으로써 사회복지 증진에 이바지하는 것을 목적으로 하였다.

② 법령 체계도

법률 **사회복지사 등의 처우 및 지위 향상을 위한 법률** [시행 2023. 3. 28.] [법률 제19296호, 2023. 3. 28., 일부개정] 본문 3단비교 판례등

- 시행령 **사회복지사 등의 처우 및 지위 향상을 위한 법률 시행령** [시행 2022. 6. 22.] [대통령령 제32696호, 2022. 6. 14., 일부개정]

(2) 주요 내용

가. 정의(제2조)

- “사회복지사 등”이란 다음 각 호의 어느 하나에 해당하는 법인 등(이하 “사회복지법인 등”이라 한다)에서 사회복지사업에 종사하는 자를 말한다.

1. 「사회복지사업법」 제16조에 따라 사회복지사업을 행할 목적으로 설립된 사회복지법인
2. 「사회복지사업법」 제2조에 따라 사회복지사업을 행할 목적으로 설치된 사회복지시설
3. 그 밖에 대통령령으로 정하는 사회복지 관련 단체 또는 기관

나. 사회복지사 등의 처우개선과 신분보장(제3조)

① 국가와 지방자치단체는 사회복지사 등의 처우를 개선하고 복지를 증진함과 아울러 그 지위를 향상시키고, 사회복지사 등을 폭력으로부터 보호하기 위하여 적극적으로 노력하여야 한다.

② 국가와 지방자치단체는 사회복지사 등의 보수가 사회복지전담공무원의 보수 수준에 도달하도록 노력하여야 한다.

③ 국가는 사회복지사 등의 적정 인건비에 관한 기준을 마련하여야 하며, 지방자치단체는 해당 기준을 준수하기 위하여 노력하여야 한다.

④ 보건복지부장관과 지방자치단체의 장은 사회복지사 등의 보수 수준 및 지급 실태, 제3항에 따른 기준의 지방자치단체별 준수율 등에 관하여 3년마다 조사·공표하여야 한다.

⑤ 사회복지사 등은 사회복지법인 등의 운영과 관련된 위법·부당 행위 및 그 밖의 비리 사실 등을 관계 행정기관과 수사기관에 신고하는 행위로 인하여 징계 조치 등 신분상 불이익이나 근무조건상 차별을 받지 아니한다.

다. 처우개선위원회(제3조의2)

① 사회복지사 등의 처우개선 등에 관한 사항을 심의하기 위하여 보건복지부와 특별시 · 광역시 · 특별자치시 · 도 · 특별자치도(이하 "시 · 도"라 한다) 및 시 · 군 · 구(자치구를 말한다. 이하 같다)에 각각 처우개선위원회를 둔다. 다만, 시 · 군 · 구에 두는 처우개선위원회는 그 기능을 담당하기에 적합한 다른 위원회가 있는 경우에는 시 · 군 · 구의 조례로 정하는 바에 따라 그 위원회가 처우개선위원회의 기능을 수행할 수 있다.

② 보건복지부에 두는 처우개선위원회는 다음 각 호의 사항을 심의한다.

1. 사회복지사 등의 처우개선에 관한 사항
2. 제3조제3항에 따른 적정 인건비 기준에 관한 사항
3. 그 밖에 사회복지사 등의 처우개선 등에 관한 사항으로서 위원장이 필요하다고 인정하여 회의에 부치는 사항

라. 한국사회복지공제회(제4조부터 제7조)

제4조 ① 사회복지사 등은 생활안정과 복지증진을 도모하기 위하여 보건복지부장관의 인가를 받아 한국사회복지공제회(이하 "공제회"라 한다)를 설립할 수 있다.

제4조 ② 공제회는 법인으로 하고, 주된 사무소는 서울특별시에 둔다.

제6조 ① 공제회는 그 목적을 달성하기 위하여 다음 각 호의 사업을 한다.

1. 회원에 대한 공제급여의 지급
2. 사회복지시설의 안전 · 화재 등에 대한 공제사업
3. 자금조성을 위한 사업
4. 회원의 복지 · 후생을 위한 사업
5. 제1호부터 제4호까지의 사업에 부대되는 사업 중 정관으로 정하는 사업

제6조 ② 공제회는 그 목적을 달성하기 위하여 필요한 범위에서 수익사업을 할 수 있다.

3) 자원봉사활동 기본법

(1) 목적 및 체계

가. 목적

시민사회의 성숙에 따라 자원봉사활동이 사회 각 분야에 널리 확대되고 있으나 이에 대한 국가적 차원에서의 체계적인 지원이 미흡한 실정이므로 자원봉사에 관한 기본적인 사항을 정하여 국민의 자원봉사활동에 대한 참여를 높이고 행복한 공동체를 건설하는 데에 기여하려는 것을 이유로 2005년 8월 4일 「자원봉사활동 기본법」(약칭: 자원봉사법)이 제정되었다.

현행 이 법은 자원봉사활동에 관한 기본적인 사항을 규정함으로써 자원봉사활동을 진흥하고 행복한 공동체 건설에 이바지함을 목적으로 하였다.

나. 법령 체계도

- 법률 **자원봉사활동 기본법** [시행 2017. 7. 26.] [법률 제14839호, 2017. 7. 26., 타법개정] 본문 3단비교 판례등
  - 시행령 **자원봉사활동 기본법 시행령** [시행 2021. 1. 5.] [대통령령 제31380호, 2021. 1. 5., 타법개정]
    - 자치법규
      - 조례 가평군 자원봉사활동 지원에 관한 조례 [시행 2021. 8. 4.] [조례 제2912호, 2021. 8. 4., 일부개정]
      - 조례 강릉시 자원봉사활동 지원조례 [시행 2017. 10. 11.] [조례 제1221호, 2017. 10. 11., 일부개정]
      - 조례 강원특별자치도 자원봉사활동 지원 조례 [시행 2023. 6. 11.] [조례 제5030호, 2023. 6. 9., 일부개정]
      - 조례 강진군 자원봉사활동 지원 조례 [시행 2023. 11. 6.] [조례 제2744호, 2023. 11. 6., 일부개정]
      - 조례 강화군 대민봉사 상해보험 지원 조례 [시행 2021. 12. 31.] [조례 제2643호, 2021. 12. 31., 제정]

다. 기본 방향(제2조)

- 자원봉사활동의 진흥을 위한 정책은 다음 각 호의 사항을 기본 방향으로 하여야 한다.

1. 자원봉사활동은 국민의 협동적인 참여 능력을 높일 수 있는 방향으로 추진하여야 한다.
2. 자원봉사활동은 무보수성, 자발성, 공익성, 비영리성, 비정파성(非政派性), 비종파성(非宗派性)의 원칙 아래 수행될 수 있도록 하여야 한다.

3. 모든 국민은 나이, 성별, 장애, 지역, 학력 등 사회적 배경에 관계없이 누구든지 자원봉사활동에 참여할 수 있도록 하여야 한다.
4. 자원봉사활동의 진흥을 위한 정책은 민 · 관 협력의 기본 정신을 바탕으로 하여 추진하여야 한다.

(2) 정의 및 자원봉사활동의 범위

가. 정의(제3조)

- 이 법에서 사용하는 용어의 뜻은 다음과 같다(제3조).

1. "자원봉사활동"이란 개인 또는 단체가 지역사회 · 국가 및 인류사회를 위하여 대가 없이 자발적으로 시간과 노력을 제공하는 행위를 말한다.
2. "자원봉사자"란 자원봉사활동을 하는 사람을 말한다.
3. "자원봉사단체"란 자원봉사활동을 주된 사업으로 하거나 이를 지원하기 위하여 설립된 비영리 법인 또는 단체를 말한다.
4. "자원봉사센터"란 자원봉사활동의 개발 · 장려 · 연계 · 협력 등의 사업을 수행하기 위하여 법령과 조례 등에 따라 설치된 기관 · 법인 · 단체 등을 말한다.

나. 자원봉사활동의 범위(제7조)

- 이 법의 적용을 받는 자원봉사활동의 범위는 다음 각 호와 같다.

1. 사회복지 및 보건 증진에 관한 활동
2. 지역사회 개발 · 발전에 관한 활동
3. 환경보전 및 자연보호에 관한 활동
4. 사회적 취약계층의 권익 증진 및 청소년의 육성 · 보호에 관한 활동
5. 교육 및 상담에 관한 활동
6. 인권 옹호 및 평화 구현에 관한 활동
7. 범죄 예방 및 선도에 관한 활동
8. 교통질서 및 기초질서 계도에 관한 활동
9. 재난 관리 및 재해 구호에 관한 활동
10. 문화 · 관광 · 예술 및 체육 진흥에 관한 활동
11. 부패 방지 및 소비자 보호에 관한 활동

12. 공명선거에 관한 활동
13. 국제협력 및 국외봉사활동
14. 공공행정 분야의 사무 지원에 관한 활동
15. 그 밖에 공익사업의 수행 또는 주민복리의 증진에 필요한 활동

(3) 주요 내용

가. 국가와 지방자치단체의 책무(제4조)

- 국가와 지방자치단체는 자원봉사활동의 진흥에 관한 시책을 마련하여 국민의 자원봉사활동을 권장하고 지원하여야 한다.

나. 정치활동 등의 금지 의무(제5조)

- 제14조, 제18조 및 제19조에 따라 지원을 받는 자원봉사단체 및 자원봉사센터는 그 명의 또는 그 대표의 명의로 특정 정당이나 특정인의 선거운동을 하여서는 아니 된다.

다. 자원봉사활동의 강요 금지(제5조의2)

- 누구든지 개인 또는 단체에 대하여 자원봉사활동을 강요하여서는 아니 된다.

라. 다른 법률과의 관계(제6조)

- 자원봉사활동의 진흥 등에 관하여는 다른 법률에 특별한 규정이 있는 경우를 제외하고는 이 법에서 정하는 바에 따른다.

마. 자원봉사진흥위원회(제8조)

- 자원봉사활동에 관한 주요 정책을 심의하기 위하여 행정안전부장관 소속으로 관계 공무원 및 민간 전문가로 구성된 자원봉사진흥위원회를 둔다.
- 자원봉사진흥위원회는 다음 각 호의 사항을 심의한다.

1. 자원봉사활동의 진흥을 위한 정책 방향의 설정 및 협력 · 조정
2. 자원봉사활동의 진흥을 위한 국가기본계획과 연도별 시행계획에 관한 사항
3. 자원봉사활동의 진흥을 위한 제도 개선에 관한 사항
4. 그 밖에 자원봉사활동의 진흥에 필요한 사항

바. 자원봉사활동의 진흥에 관한 국가기본계획의 수립(제9조)

- 행정안전부장관은 관계 중앙행정기관의 장과 협의하여 자원봉사활동의 진흥을 위한 국가기본계획(이하 "기본계획"이라 한다)을 5년마다 수립하여야 한다.
- 기본계획에는 다음 각 호의 사항이 포함되어야 한다.

1. 자원봉사활동의 진흥에 관한 기본 방향
2. 자원봉사활동의 진흥에 관한 추진 일정
3. 관계 중앙행정기관의 자원봉사활동에 관한 추진 시책
4. 자원봉사활동의 진흥을 위하여 필요한 재원(財源)의 조달방법
5. 그 밖에 자원봉사활동의 진흥을 위하여 특히 필요하다고 인정되는 사항

사. 자원봉사자의 날 및 자원봉사주간(제13조)

- 국가는 국민의 자원봉사활동에 대한 참여를 촉진하고 자원봉사자의 사기를 높이기 위하여 매년 12월 5일을 자원봉사자의 날로 하고 자원봉사자의 날부터 1주일간을 자원봉사주간으로 설정한다.
- 자원봉사자의 날 및 자원봉사주간의 행사에 필요한 사항은 대통령령으로 정한다.

아. 자원봉사자의 보호(제14조)

- 국가와 지방자치단체는 자원봉사활동이 안전한 환경에서 이루어질 수 있도록 노력하여야 한다.
- 자원봉사자에 대한 보험의 가입 등 보호의 종류와 내용에 관하여 필요한 사항은 대통령령으로 정한다.

자. 자원봉사활동의 관리(제4조)

- 자원봉사단체 및 자원봉사센터는 자원봉사자에 대한 교육훈련 및 안전대책 등이 체계적으로 관리될 수 있도록 노력하여야 한다.

차. 한국자원봉사협의회(제17조)

- 자원봉사단체는 전국 단위의 자원봉사활동을 진흥·촉진하기 위한 다음 각 호의 활동을 하기 위하여 한국자원봉사협의회를 설립할 수 있다.

1. 회원단체 간의 협력 및 사업 지원
2. 자원봉사활동의 진흥을 위한 대국민 홍보 및 국제교류
3. 자원봉사활동과 관련된 정책의 개발 및 조사 · 연구
4. 자원봉사활동과 관련된 정책의 건의
5. 자원봉사활동과 관련된 정보의 연계 및 지원
6. 그 밖에 자원봉사활동의 진흥과 관련하여 국가 및 지방자치단체로부터 위탁받은 사업

- 한국자원봉사협의회는 법인으로 한다.
- 한국자원봉사협의회는 정관을 작성하여 행정안전부장관의 인가를 받아 등기함으로써 설립된다.

카. 자원봉사단체에 대한 지원(제18조)

- 국가 및 지방자치단체는 자원봉사단체의 활동에 필요한 행정적 지원을 할 수 있으며 「비영리민간단체지원법」에 따라 사업비를 지원할 수 있다.

타. 자원봉사센터의 설치 및 운영(제19조)

- 국가기관 및 지방자치단체는 자원봉사센터를 설치할 수 있다. 이 경우 자원봉사센터를 법인으로 하여 운영하거나 비영리 법인에 위탁하여 운영하여야 한다.
- 제1항 후단에도 불구하고 자원봉사활동을 효율적으로 추진하기 위하여 필요하다고 인정할 경우에는 국가기관 및 지방자치단체가 운영할 수 있다.
- 국가는 자원봉사센터의 설치·운영이 활성화될 수 있도록 적극 노력하여야 하며, 지방자치단체는 자원봉사센터의 운영에 필요한 경비를 지원할 수 있다.

3. 사회복지 물적자원법제의 개별 법령

1) 사회복지법인 및 사회복지시설 재무 · 회계 규칙

(1) 목적 및 체계

「사회복지사업법」 제12조제2항의 규정에 의하여 사회복지법인의 재무와 회계에 관한 사항을 정하여 재무회계의 명확성 및 공정성을 기함으로써 사회복지법인이 그 설립목적에 따라 건전하게 운영되도록 하려는 것을 이유로 1988년 2월 8일 보건사회부령 제813호로 「사회복지법인재무 · 회계규칙」이 제정되었고, 그 해 6월 1일부터 시행되었다.

사회복지시설의 재무 · 회계 투명성을 높이기 위하여 사회복지시설을 설치 · 운영하는 자에 대해서도 보건복지부령으로 정하는 재무 · 회계에 관한 기준에 따르도록 하는 내용 등으로 「사회복지사업법」이 개정(법률 제10997호, 2011. 8. 4. 공포, 2012. 8. 5. 시행)됨에 따라 2012년 8월 7일 현재와 같은 「사회복지법인 및 사회복지시설 재무 · 회계 규칙」(보건복지부령 제152호)으로 일부개정되었다.

현행 이 규칙은 「사회복지사업법」 제23조제4항, 제34조제4항, 제45조제2항 및 제51조제2항에 따라 사회복지법인 및 사회복지시설의 재무 · 회계, 후원금관리 및 회계감사에 관한 사항을 규정하여 재무 · 회계, 후원금관리 및 회계감사의 명확성 · 공정성 · 투명성을 기함으로써 사회복지법인 및 사회복지시설의 합리적인 운영에 기여함을 목적으로 한다.

(2) 법령 체계도

- 법률 **사회복지사업법** [시행 2023. 7. 14.] [법률 제19453호, 2023. 6. 13., 일부개정] 본문 3단비교 판례등
  - 시행령 **사회복지사업법 시행령** [시행 2020. 12. 12.] [대통령령 제31236호, 2020. 12. 8., 일부개정]
    - 시행규칙 **사회복지사업법 시행규칙** [시행 2023. 7. 14.] [보건복지부령 제950호, 2023. 7. 13., 일부개정]
      - 행정규칙
  - 시행규칙 **사회복지법인 및 사회복지시설 재무 · 회계 규칙** [시행 2023. 1. 1.] [보건복지부령 제928호, 2022. 12. 28., 일부개정]
    - 자치법규
      - 조례 경기도 사회복지서비스 품질관리 조례 [시행 2023. 4. 11.] [조례 제7625호, 2023. 4. 11., 일부개정]
      - 조례 광주광역시 사회복지시설 감사 조례 [시행 2019. 12. 15.] [조례 제5355호, 2019. 12. 15., 제정]
      - 조례 서울특별시 도봉구 사회복지시설 설치 및 운영에 관한 조례 [시행 2021. 12. 30.] [조례 제1597호, 2021. 12. 30., 일부개정]
      - 조례 서울특별시 사회복지시설 설치 및 운영에 관한 조례 [시행 2023. 5. 22.] [조례 제8714호, 2023. 5. 22., 일부개정]
      - 조례 서울특별시 서초구 사회복지시설 설치 및 운영에 관한 조례 [시행 2021. 1. 13.] [조례 제1290호, 2021. 1. 13., 일부개정]
      - 조례 전라남도 사회복지서비스 품질관리 조례 [시행 2020. 6. 29.] [조례 제5119호, 2020. 6. 29., 제정]
      - 조례 하남시 사회복지시설 행정 및 회계 감사에 관한 조례 [시행 2016. 3. 10.] [조례 제1351호, 2016. 3. 10., 제정]
      - 조례 화성시 사회복지시설 설치 및 운영에 관한 조례 [시행 2023. 6. 28.] [조례 제2101호, 2023. 6. 28., 일부개정]
  - 자치법규
    - 조례 경기도 사회복지서비스 품질관리 조례 [시행 2023. 4. 11.] [조례 제7625호, 2023. 4. 11., 일부개정]
    - 조례 고양시 종합사회복지관 설치 및 위탁운영에 관한 조례 [시행 2021. 10. 1.] [조례 제2469호, 2021. 10. 1., 일부개정]
    - 조례 광주광역시 사회복지시설 감사 조례 [시행 2019. 12. 15.] [조례 제5355호, 2019. 12. 15., 제정]
    - 조례 부산광역시 사회복지시설 설치 및 운영 조례 [시행 2023. 12. 27.] [조례 제7127호, 2023. 12. 27., 일부개정]
    - 조례 서울특별시 도봉구 사회복지시설 설치 및 운영에 관한 조례 [시행 2021. 12. 30.] [조례 제1597호, 2021. 12. 30., 일부개정]
    - 조례 서울특별시 사회복지시설 설치 및 운영에 관한 조례 [시행 2023. 5. 22.] [조례 제8714호, 2023. 5. 22., 일부개정]
    - 조례 서울특별시 서초구 사회복지시설 설치 및 운영에 관한 조례 [시행 2021. 1. 13.] [조례 제1290호, 2021. 1. 13., 일부개정]
    - 조례 전라남도 사회복지서비스 품질관리 조례 [시행 2020. 6. 29.] [조례 제5119호, 2020. 6. 29., 제정]
    - 조례 하남시 사회복지시설 행정 및 회계 감사에 관한 조례 [시행 2016. 3. 10.] [조례 제1351호, 2016. 3. 10., 제정]
    - 조례 화성시 사회복지시설 설치 및 운영에 관한 조례 [시행 2023. 6. 28.] [조례 제2101호, 2023. 6. 28., 일부개정]

(3) 기본 원칙 및 다른 법령과의 관계

① 기본 원칙(제2조)

- 사회복지법인(이하 "법인"이라 한다) 및 사회복지시설(법인이 설치 · 운영하는 사회복지시설을 포함하며, 이하 "시설"이라 한다)의 재무 · 회계는 그 설립목적에 따라 건전하게 운영되어야 한다.

② 다른 법령과의 관계(제3조)

- 법인 및 시설의 재무 및 회계 처리에 관하여 다른 법령에 특별한 규정이 있는 경우를 제외하고는 이 규칙이 정하는 바에 따른다.

(4) 주요 내용

① 회계연도

- 법인 및 시설의 회계연도는 정부의 회계연도에 따른다. 다만, 「영유아보육법」 제2조에 따른 어린이집의 회계연도는 매년 3월 1일에 시작하여 다음 연도 2월 말일에 종료한다(제3조).
- 법인 및 시설의 수입 및 지출의 발생과 자산 및 부채의 증감·변동에 관하여는 그 원인이 되는 사실이 발생한 날을 기준으로 하여 연도소속을 구분한다. 다만, 그 사실이 발생한 날을 정할 수 없는 경우에는 그 사실을 확인한 날을 기준으로 하여 연도소속을 구분한다(제4조).

② 출납기한(제5조)

- 1회계연도에 속하는 법인 및 시설의 세입·세출의 출납은 회계 연도가 끝나는 날까지 완결하여야 한다.

③ 회계의 구분(제6조)

1. 이 규칙에서의 회계는 법인의 업무전반에 관한 회계(이하 "법인회계"라 한다), 시설의 운영에 관한 회계(이하 "시설회계"라 한다) 및 법인이 수행하는 수익사업에 관한 회계(이하 "수익사업회계"라 한다)로 구분한다.
2. 법인의 회계는 법인회계, 해당 법인이 설치·운영하는 시설의 시설회계 및 수익사업회계로 구분하여야 하며, 시설의 회계는 해당 시설의 시설회계로 한다.

④ 예산

- 제2장 제1절 제7조부터 제18조까지 규정

⑤ 결산

- 제2장 제2절 제19조와 제20조에서 규정

⑥ 회계

- 제3장에서 제1절 총칙(제21조부터 제24조까지), 제2절 수입(제25조부터 제27조까지), 제3절 지출(제28조부터 제30조까지), 제4절 계약(제30조의2부

터 제31조까지) 등으로 규정

⑦ **물품**

- 제4장 제38조부터 제41조까지 규정

⑧ **후원금의 관리**

- 제4장의2 제41조의2부터 제41조의7까지 규정

⑨ **감사**

- 제5장 제42조와 제42조의2에서 규정

2) 기부금품법

(1) 목적 및 체계

가. 목적

6·25사변으로 국토의 태반이 전화를 입고 국가의 재정이 곤란하게 된 현재, 시국대책 또는 멸공구국운동등의 미명하에 그동안 억제중에 있던 기부금품모집행위가 성행되고 있어 각종세금의 증액, 국채소화의 강행, 인플레등으로 국민생활의 궁핍을 초래하는 원인이 되고 있으므로 이 법을 제정함으로써 국민의 재산권보장과 생활안정에 기여토록 하려는 것을 이유로 1951년 11월 17일 「기부금품모집금지법」이 제정되었다.[10)]

1995년 12월 30일 법의 제명을 「기부금품모집규제법」(약칭: 기부금품법)으로 변경하는 등의 전부개정이 되었고, 2006년 9월 22일 일부개정되면서 현재와 같은 「기부금품의 모집 및 사용에 관한 법률」(약칭: 기부금품법)로 있다.

현행 이 법은 기부금품(寄附金品)의 모집절차 및 사용방법 등에 관하여 필요한 사항을 규정함으로써 성숙한 기부문화를 조성하고 건전한 기부금품 모집제도를 정착시키며, 모집된 기부금품이 적정하게 사용될 수 있게 함을 목적으로 하였다.

---

10) 이전에는 법률제68호 「기부통제법」이 있었다가, 이 법의 제정으로 폐지되었다.

나. 법령 체계도

- 법률 **기부금품의 모집 및 사용에 관한 법률** [시행 2023. 1. 1.] [법률 제18490호, 2021. 10. 19., 일부개정] 본문 3단비교 판례등
  - 시행령 **기부금품의 모집 및 사용에 관한 법률 시행령** [시행 2024. 1. 1.] [대통령령 제34037호, 2023. 12. 26., 일부개정]
  - 자치법규
    - 조례 가평군 기부심사위원회 구성 및 운영 조례 [시행 2023. 1. 1.] [조례 제3051호, 2022. 12. 7., 일부개정]
    - 조례 강원특별자치도 기부자 예우 및 기부심사위원회 운영에 관한 조례 [시행 2023. 6. 11.] [조례 제5028호, 2023. 6. 9., 일부개정]
    - 조례 강화군 기부자 예우 및 기부심사위원회 운영 조례 [시행 2020. 6. 29.] [조례 제2525호, 2020. 6. 29., 제정]
    - 조례 경기도 기부자 예우 및 기부심사위원회 운영에 관한 조례 [시행 2020. 12. 31.] [조례 제6828호, 2020. 12. 31., 일부개정]
    - 조례 경상남도 기부자 예우 및 기부심사위원회 운영에 관한 조례 [시행 2024. 1. 2.] [조례 제5562호, 2024. 1. 2., 일부개정]

다. 정의 및 다른 법률과의 관계

① **정의(제2조)**

1. "기부금품"이란 환영금품, 축하금품, 찬조금품(贊助金品) 등 명칭이 어떠하든 반대급부 없이 취득하는 금전이나 물품을 말한다. 다만, 다음 각 목의 어느 하나에 해당하는 것은 제외한다.
   가. 법인, 정당, 사회단체, 종친회(宗親會), 친목단체 등이 정관, 규약 또는 회칙 등에 따라 소속원으로부터 가입금, 일시금, 회비 또는 그 구성원의 공동이익을 위하여 모은 금품
   나. 사찰, 교회, 향교, 그 밖의 종교단체가 그 고유활동에 필요한 경비에 충당하기 위하여 신도(信徒)로부터 모은 금품
   다. 국가, 지방자치단체, 법인, 정당, 사회단체 또는 친목단체 등이 소속원이나 제3자에게 기부할 목적으로 그 소속원으로부터 모은 금품
   라. 학교기성회(學校期成會), 후원회, 장학회 또는 동창회 등이 학교의 설립이나 유지 등에 필요한 경비에 충당하기 위하여 그 구성원으로부터 모은 금품
2. "기부금품의 모집"이란 서신, 광고, 그 밖의 방법으로 기부금품의 출연(出捐)을 타인에게 의뢰·권유 또는 요구하는 행위를 말한다.
3. "모집자"란 제4조에 따라 기부금품의 모집을 등록한 자를 말한다.
4. "모집종사자"란 모집자로부터 지시·의뢰를 받아 기부금품의 모집에 종사하는 자를 말한다.

라. 다른 법률과의 관계(제3조)

- 다음 각 호의 법률에 따른 기부금품의 모집에 대하여는 이 법을 적용하지 아니한다.

1. 「정치자금법」
2. 「결핵예방법」
3. 「보훈기금법」
4. 「문화예술진흥법」
5. 「한국국제교류재단법」
6. 「사회복지공동모금회법」
7. 「재해구호법」
8. 「문화유산과 자연환경자산에 관한 국민신탁법」
9. 「식품등 기부 활성화에 관한 법률」
10. 「한국장학재단 설립 등에 관한 법률」
11. 「고향사랑 기부금에 관한 법률」

(2) 주요 내용

가. 기부금품의 모집등록(제4조)

① 1천만원 이상의 금액으로서 대통령령으로 정하는 금액 이상의 기부금품을 모집하려는 자는 다음의 사항을 적은 모집·사용계획서를 작성하여 대통령령으로 정하는 바에 따라 행정안전부장관 또는 특별시장·광역시장·도지사·특별자치도지사(이하 "등록청"이라 한다)에게 등록하여야 한다. 모집·사용계획서의 내용을 변경하려는 경우에도 또한 같다.

1. 모집자의 성명, 주소, 주민등록번호 및 연락처(모집자가 법인 또는 단체인 경우에는 그 명칭, 주된 사무소의 소재지와 대표자의 성명, 주소, 주민등록번호 및 연락처)
2. 모집목적, 모집금품의 종류와 모집목표액, 모집지역, 모집방법, 모집기간, 모집금품의 보관방법 등을 구체적으로 밝힌 모집계획. 이 경우 모집기간은 1년 이내로 하여야 한다.

3. 모집비용의 예정액 명세와 조달방법, 모집금품의 사용방법 및 사용기한 등을 구체적으로 밝힌 모집금품 사용계획
4. 모집사무소를 두는 경우에는 그 소재지
5. 그 밖에 대통령령으로 정하는 기부금품의 모집에 필요한 사항

나. 국가 등 기부금품 모집·접수 제한 등(제5조)

① 국가나 지방자치단체 및 그 소속 기관·공무원과 국가 또는 지방자치단체에서 출자·출연하여 설립된 법인·단체는 기부금품을 모집할 수 없다. 다만, 대통령령으로 정하는 국가 또는 지방자치단체에서 출자·출연하여 설립된 법인·단체는 기부금품을 모집할 수 있다.

② 국가 또는 지방자치단체 및 그 소속 기관·공무원과 국가 또는 지방자치단체에서 출자·출연하여 설립된 법인·단체는 자발적으로 기탁하는 금품이라도 법령에 다른 규정이 있는 경우 외에는 이를 접수할 수 없다. 다만, 다음 각 호의 어느 하나에 해당하면 이를 접수할 수 있다.

1. 대통령령으로 정하는 바에 따라 사용용도와 목적을 지정하여 자발적으로 기탁하는 경우로서 제3항에 따른 기부심사위원회의 심의를 거친 경우
2. 모집자의 의뢰에 의하여 단순히 기부금품을 접수하여 모집자에게 전달하는 경우
3. 제1항 단서에 따른 대통령령으로 정하는 국가 또는 지방자치단체에서 출자·출연하여 설립한 법인·단체가 기부금품을 접수하는 경우

③ 다음 각 호의 기관이나 지방자치단체의 장은 제2항에 따라 자발적으로 기탁하는 금품의 접수 여부를 심사하기 위하여 필요한 경우 기부심사위원회(이하 이 조에서 "위원회"라 한다)를 구성·운영할 수 있다.

1. 국회, 대법원, 헌법재판소 및 중앙선거관리위원회
2. 행정안전부 및 대통령령으로 정하는 기관

④ 위원회의 위원에는 민간인 위원이 포함되어야 한다.

다. 기부금품의 접수장소 등(제7조)

① 기부금품은 국가기관, 지방자치단체, 언론기관, 금융기관, 그 밖의 공개된 장소에서 접수하여야 한다.

② 모집자나 모집종사자는 기부금품의 접수사실을 장부에 적고, 기부자에게 영수증을 내주어야 하며, 제14조제2항에 따라 기부금품의 모집 및 사용 결과가 공개되는 사실을 알려야 한다. 다만, 익명기부 등 기부자를 알 수 없는 경우에는 그러하지 아니하다.

③ 모집종사자는 기부금품의 모집을 중단하거나 끝낸 후 5일 이내에 모집자에게 접수명세와 접수금품을 인계하여야 한다.

라. 기부금품의 사용(제12조)

① 모집된 기부금품은 제13조에 따라 모집비용에 충당하는 경우 외에는 모집목적 외의 용도로 사용할 수 없다. 다만, 다음 각 호의 어느 하나에 해당하면 대통령령으로 정하는 바에 따라 등록청의 승인을 받아 등록한 모집목적과 유사한 용도로 사용할 수 있다.

1. 기부금품의 모집목적을 달성할 수 없는 경우
2. 모집된 기부금품을 그 목적에 사용하고 남은 금액이 있는 경우

② 등록청은 제1항 단서에 따라 모집금품을 사용하려는 용도가 당초의 모집목적과 같은 사업(제4조제2항의 구분에 따른 사업을 말한다)에 해당되면 승인을 하여야 한다.

마. 모집비용 충당비율(제13조)

- 모집자는 모집된 기부금품의 규모에 따라 100분의 15 이내의 범위에서 대통령령으로 정하는 비율을 초과하지 아니하는 기부금품의 일부를 기부금품의 모집, 관리, 운영, 사용, 결과보고 등에 필요한 비용에 충당할 수 있다.

바. 공개의무와 회계감사 등(제14조)

① 모집자와 모집종사자는 대통령령으로 정하는 바에 따라 기부금품의 모집상황과 사용명세를 나타내는 장부 · 서류 등을 작성하고 갖추어 두어야 한다.

② 모집자가 기부금품의 모집을 중단하거나 끝낸 때, 모집된 기부금품을 사용하거나 제12조제1항 단서에 따라 다른 목적에 사용한 때에는 대통령령으로 정

하는 바에 따라 그 결과를 공개하여야 한다.

③ 모집자가 기부금품의 사용을 끝낸 때에는 대통령령으로 정하는 바에 따라 모집상황과 사용명세 등에 대한 보고서에 「공인회계사법」 제7조에 따라 등록한 공인회계사나 「주식회사의 외부감사에 관한 법률」 제3조에 따른 감사인이 작성한 감사보고서를 첨부하여 등록청에 제출하여야 한다. 다만, 모집된 기부금품이 대통령령으로 정하는 금액 이하이면 감사보고서의 첨부를 생략할 수 있다.

④ 특별시장·광역시장·도지사 또는 특별자치도지사는 제3항에 따른 보고서를 제출받은 경우에는 이를 행정안전부장관에게 통보하여야 한다.

3) 사회복지공동모금회법

(1) 법의 성립과 목적

공동모금제도의 기원은 1873년 영국의 리버풀시에서 지역의 유력인사들이 기부금 모집의 중복과 강제적인 권유를 피하기 위해 스스로 기부금을 적립하여 자선단체를 구성하게 된 것에서 시작되었다. 그러나 본격적인 지역공동모금은 1887년 미국 콜로라도주의 덴버시에서 시작되었고, 특히 19세기 후반 영국과 미국을 중심으로 전개되었던 자선조직협회(C.O.S.) 운동이 직접적인 계기가 되었다.[11]

1990년대 중반까지 이웃돕기모금활동의 정부주도 및 기금의 국가예산 투입에 대한 문제가 제기되면서 민간에 의한 자발적인 복지자원 개발 활동을 지원하기 위해 '사회복지 공동모금법'이 1997년 3월 27일자로 제정되었다.

1970년 사회복지사업법에 기초하여 1972년 공동모금사업이 처음으로 이루어졌다가 석유파동으로 인한 경제위기와 사업준비 부족 및 사회적 여건이 불충분함으로 인해 실패한 이후 사회복지 분야에서 공동모금제도의 도입에 대한 논의는 끊임없이 제기되어 왔기 때문에 비록 '사회복지 공동모금법'이 많은 문제점을 가지

11) 이중엽(2016). 사회복지법제론(개정4판). 양서원.

고 있었다 할지라도 민간사회복지분야의 발전을 위해서는 고무적인 일이었다고 평가할 수 있다.

(2) 공동모금제도와 공동모금회[12)]

공동모금제도는 사회복지 영역 등을 포괄하는 사회영역에서 민간자원을 보다 효율적이고 책임성 있게 동원하기 위한 하나의 사회 전략임. 공동모금제도는 사회구성원들에게 우리 모두가 속한 사회를 위해 나눔을 통한 참여의 가치를 인식시켜 의식의 연대로까지 발전토록 이끄는 기제로써 궁극적으로는 공동체 및 지역사회의 문제를 함께 해결해 보고자 하는 목적을 지니고 있다.

민간자원은 정부의 여력이 미치지 못하는 사각지대의 문제를 발굴하고 해결하면서 정부의 사회문제 해결을 보완해서 사회발전의 과정에서 레버리지 효과를 창출한다는 측면에서 그 중요성이 있다. 이러한 의미를 갖는 민간자원 형성과 관련해서 대표적인 것으로 평가되는 공동모금제도는 모금창구 단일화를 통해 기부자의 참여를 쉽고 편리하고 하여 사회구성원 모두에 의한 나눔의 증진을 가져올 수 있는 제도이다.

공동모금제도는 민간 자원 구축을 위한 창구 일원화의 의미 이외에도 사회문제 해결을 위한 합리적 배분 시스템의 구축에서 또 다른 의미를 갖는 제도임. 즉 새롭게 부상하는 사각지대의 문제에 대해서 정부를 보완하는 기능을 수행하고, 정부의 역량으로는 불충분함이 있는 문제에 대해서 보충적인 기능을 수행하면서 민간 영역에서 해결할 수 있는 문제에 대해서 각 지역사회별로 우선순위설정을 통해서 합리적으로 해결하는 것을 모색하는 제도이다.

그리고 동법 부칙에 따라 1998년 7월 1일 이후 '사회복지공동모금회'라는 조직이 탄생하였다.

공동모금회는 공동모금제도의 속성과 원칙에 기반해서 설립된 민간 자원 구축의 창구시스템이면서 동시에 사회구성원 모두의 참여에 기반해서 정부의 기능을 보충보완하며 사회문제 해결의 첨병기능을 수행하는 민간시스템이라할 수 있다.

---

12) 강철희(2010). 한국 공동모금제도의 사회적 성과와 발전과제. 사회복지공동모금회.

(3) 사회복지공동금회의 설립과 발전과정[13)]

한국의 공동모금제도는 1970년대 이래 설립 필요성에 대한 지속적인 논의를 통해 설립의 토대가 마련되었으며, 불우이웃돕기 성금의 민간영역으로의 이양 필요성에 대한 감사원의 지적에 따라 1997년「사회복지공동모금법」을 제정하여 공동모금회 설립의 기초를 마련하였다.

이러한 배경 하에 설립된 공동모금회에 제시된 사회적 과제는 정부로부터 독립된 민간전문모금기관으로서의 기능, 사회복지영역의 다양한 이해집단을 아우르는 투명하고 공정한 배분기관으로서의 기능, 지역의 민간자원형성을 견인해 내는 기능, 지역사회의 문제를 해결하는 민간영역의 대표적 기관으로서의 기능 등이었다.

공동모금회의 성장과 발전과정은 다음과 같다.

① 설립초기(1998~2001년)

연말집중모금 캠페인을 중심으로 모금의 기초를 닦은 시기. 새로운 모금방식을 고안하는 노력과 함께 주요기업의 참여를 이끌어 낸 시기. 배분사업의 기본적 틀이 형성하며 효율적인 배분 시스템 구축을 위한 노력이 시작된 시기.

② 성장1기(2002~2005년)

기업기부의 급속한 성장을 통해 총 모금액 규모의 비약적인 성장을 이뤄낸 시기. '외국동전 모으기 운동' 등의 이벤트 성격의 개인모금 캠페인을 통해 시민 개인의 참여 기반을 마련한 시기. 초기 배분 사업의 성과를 목격하며 보다 체계적인 배분시스템을 구축한 시기.

③ 성장2기(2006~2010)

모금방식을 주요 타겟별로 세분화시켜 모금 규모의 파격적 성장을 이룩한 시기. 새롭고 다양한 상품의 도입과 함께 시민 개인 기부의 활성화를 모색하는 시기. 연간모금액 3천억이라는 새로운 기록을 이룩하게 되는 시기. 배분의 책임성에 대한 문제의식과 함께 지역사회의 삶의 질 향상에 초점을 두는 커뮤니티 임팩트 사업들을 배분에서 실험적으로 도입하는 시기.

13) 강철희(2010). 한국 공동모금제도의 사회적 성과와 발전과제. 사회복지공동모금회.

(4) 법령 체계도

법률	사회복지공동모금회법		
↓			
시행규칙	사회복지공동모금회법 시행규칙	→ 행정규칙	(고시) 사회보장급여 관련 공통서식에 관한 고시

(5) 목적

이 법은 사회복지공동모금회의 공동모금을 통하여 국민이 사회복지를 이해하고 참여하도록 함과 아울러 국민의 자발적인 성금으로 조성된 재원(財源)을 효율적이고 공정하게 관리 · 운용함으로써 사회복지증진에 이바지함을 목적으로 한다.

(6) 주요내용

① 용어의 정의

- "사회복지사업"이란 「사회복지사업법」 제2조제1호의 사회복지사업을 말한다.
- "사회복지공동모금"이란 사회복지사업이나 그 밖의 사회복지활동 지원에 필요한 재원을 조성하기 위하여 이 법에 따라 기부금품을 모집하는 것을 말한다.

② 기본 원칙

- 기부하는 자의 의사에 반하여 기부금품을 모집하여서는 아니 된다.
- 제17조에 따라 조성된 재원(이하 "공동모금재원"이라 한다)은 지역 · 단체 · 대상자 및 사업별로 복지수요가 공정하게 충족되도록 배분하여야 하고, 제1조의 목적 및 제25조에 따른 용도에 맞도록 공정하게 관리 · 운용하여야 한다.
- 공동모금재원의 배분은 객관적인 기준에 따라 효율적으로 이루어지도록 하고, 그 결과를 공개하여야 한다.

③ 사회복지공동모금회의 설립

- 사회복지공동모금사업을 관장하도록 하기 위하여 사회복지공동모금회(이하 "모금회"라 한다)를 둔다.

- 모금회는 「사회복지사업법」 제2조제3호의 사회복지법인으로 한다.
- 모금회는 정관을 작성하여 보건복지부장관의 인가를 받아 등기함으로써 설립된다.

④ **사업**

- 사회복지공동모금사업
- 공동모금재원의 배분
- 공동모금재원의 운용 및 관리
- 사회복지공동모금에 관한 조사 · 연구 · 홍보 및 교육 · 훈련
- 제14조에 따른 사회복지공동모금지회의 운영
- 사회복지공동모금과 관련된 국제교류 및 협력증진사업
- 다른 기부금품 모집자와의 협력사업
- 그 밖에 모금회의 목적 달성에 필요한 사업

▣ 학습문제

문제 1	
1. 사회복지에 관한 전문지식과 기술을 개발 · 보급하고, 사회복지사의 자질 향상을 위한 교육훈련을 실시하며, 사회복지사의 복지증진을 도모하기 위하여 설립된 법정 단체는? ① 한국사회복지협의회 ② 한국지역사회보장협의체 ③ 한국보건복지인력개발원 ④ 한국사회복지사협회 ⑤ 중앙사회서비스원	
정답	④
해설	사회복지사업법 제46조제1항에서 "사회복지사는 사회복지에 관한 전문지식과 기술을 개발 · 보급하고, 사회복지사의 자질 향상을 위한 교육훈련을 실시하며, 사회복지사의 복지증진을 도모하기 위하여 한국사회복지사협회(이하 "협회"라 한다)를 설립한다."고 규정하고 있다.

문제 2	
2. 사회복지법인 및 사회복지시설의 재무 · 회계, 후원금관리 및 회계감사에 관한 사항을 규정하여 재무 · 회계, 후원금관리 및 회계감사의 명확성 · 공정성 · 투명성을 기함으로써 사회복지법인 및 사회복지시설의 합리적인 운영에 기여함을 목적으로 하고 있는 법은? ① 「사회복지법인 및 사회복지시설 재무 · 회계 규칙」 ② 「국가회계법」 ③ 「사회복지공동모금회법」 ④ 「기부금품의 모집 및 사용에 관한 법률」(약칭: 기부금품법) ⑤ 「사회복지사업법」	
정답	①
해설	「사회복지법인 및 사회복지시설 재무 · 회계 규칙」 제1조에서 목적이 정의되어 있다.

문제 3	
「사회복지사 등의 처우 및 지위 향상을 위한 법률」(약칭: 사회복지사법)이 제정된 연도는? ① 1997년 ② 2002년 ③ 2007년 ④ 2011년 ⑤ 2018년	
정답	④
해설	국가와 지방자치단체가 사회복지사 등의 처우와 지위 향상을 위하여 지속적이고 적극적으로 노력하도록 책무를 부여하고, 사회복지사 등의 생활안정과 복지증진을 도모하기 위하여 사회복지공제회를 설립하여 운영하도록 함으로써 사회복지사 등의 처우를 개선하고 궁극적으로 국민의 복지를 증진하려는 것을 이유로 2011년 3월 30일 「사회복지사 등의 처우 및 지위 향상을 위한 법률」(약칭: 사회복지사법)이 제정되었다.

문제 4	
「사회복지공동모금법」에서 정한 사회복지공동모금회의 사업이 아닌 것은? ① 사회복지공동모금사업 ② 공동모금재원의 배분 ③ 공동모금재원의 운용 및 관리 ④ 사회복지공동모금을 위한 사회복지협의회의 운영 ⑤ 사회복지공동모금과 관련된 국제교류 및 협력증진사업	
정답	④
해설	「사회복지공동모금법」 제5조(사업) 모금회는 「다음 각 호의 사업을 수행한다. 1. 사회복지공동모금사업 2. 공동모금재원의 배분 3. 공동모금재원의 운용 및 관리 4. 사회복지공동모금에 관한 조사 · 연구 · 홍보 및 교육 · 훈련 5. 제14조에 따른 사회복지공동모금지회의 운영 6. 사회복지공동모금과 관련된 국제교류 및 협력증진사업 7. 다른 기부금품 모집자와의 협력사업 8. 그 밖에 모금회의 목적 달성에 필요한 사업

문제 5	
자원봉사활동의 수행 원칙으로 보기 어려운 것은? ① 보수성 ② 자발성 ③ 공익성 ④ 비영리성 ⑤ 비정파성	
정답	①
해설	「자원봉사활동 기본법」 제2조(기본 방향) 2. 자원봉사활동은 무보수성, 자발성, 공익성, 비영리성, 비정파성(非政派性), 비종파성(非宗派性)의 원칙 아래 수행될 수 있도록 하여야 한다.

저자소개

김제선

강원대학교 사회복지학과 교수

김현기

강동대학교 사회복지학과 교수

이덕희

부산예술대학교 복지예술치료상담학과 교수

최인하

부산과학기술대학교 사회복지학과 교수

사회복지 법제와 실천

초 판 1쇄 인쇄 2024년 2월 6일
초 판 1쇄 발행 2024년 2월 13일

지 은 이 | 김제선 · 김현기 · 이덕희 · 최인하
펴 낸 이 | 김기섭
편 집 인 | 오선율
펴 낸 곳 | 창지사 www.changjisa.com
08589 서울시 금천구 가산디지털 1로 83 파트너스타워 1차 9층
전화 (02)719-2211~3
팩스 (02)701-9386
등 록 | 1977년 4월 28일 · 제1-421호

ISBN 978-89-426-1851-4 (93330)

값 26,000원